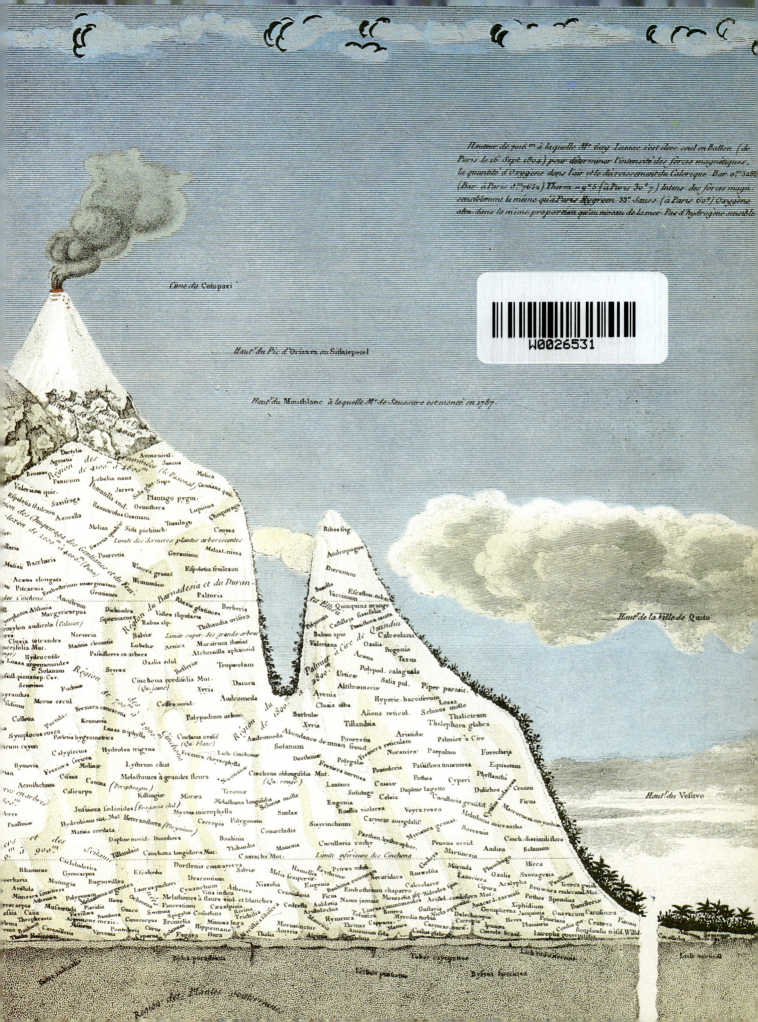

Loren A. McIntyre

Die amerikanische Reise

**Auf den Spuren
Alexander v. Humboldts**

Herausgeber: Rolf Winter
Lektorat: Ortwin Fink
Gestaltung: Erwin Ehret, Andreas Krell
Bildredaktion: Ursula Carus
Wissenschaftliche Beratung:
Professor Dr. Hanno Beck, Universität Bonn;
Leiter des Amtes für Forschung der
Humboldt-Gesellschaft

Produktion: Druckzentrale G+J
Lithographie: Fritz Bütehorn KG., Hannover
Druck: Brillant Offset GmbH & Co., Hamburg
© GEO im Verlag
Gruner+Jahr AG & Co , Hamburg

1. Auflage 1982
ISBN: 3-570-07029-8

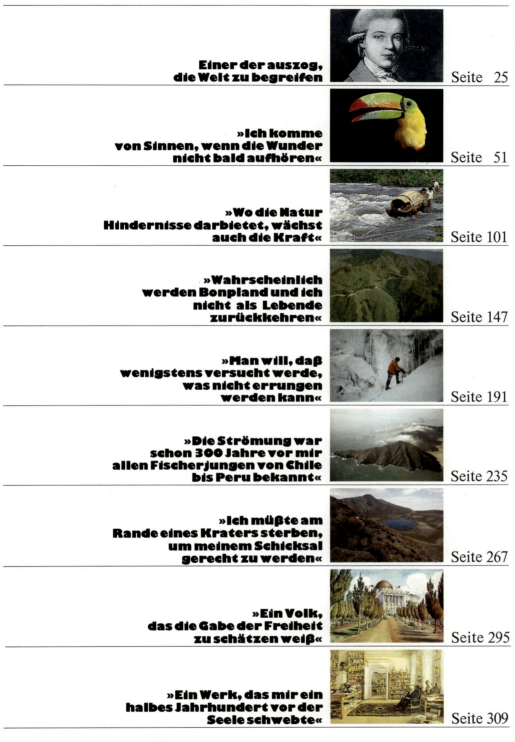

Humboldt-Strom

Kalt, mit Temperaturen
von nur 15 bis 16 Grad, zieht eine
Strömung von der südamerikanischen Küste nach Norden,
deren Verlauf und Temperaturen
Alexander von Humboldt
erstmals maß. Als seine Daten später
veröffentlicht wurden, setzte
sich für das bis dahin „Peru-Strom"
genannte Phänomen der Name
Humboldt-Strom durch

Humboldt Peak

Die Vereinigten Staaten,
mit deren drittem Präsidenten
Thomas Jefferson der
preußische Naturforscher
befreundet war, ehrten
Humboldt, indem sie einen
Berg im Bundesstaat Nevada
nach ihm benannten

Núcleo Pioneiro de Humboldt

Im Urwald des brasilianischen
Mato Grosso und nahe dem
Dardanelos-Wasserfall wurde
1973 am 204. Geburtstag Hum-
boldts ein ihm gewidmetes
Wissenschaftszentrum eröffnet,
in dem „der Mensch und die
Biosphäre" studiert werden

Humboldt Bay

Als am 9. April 1850 das
Schiff „Laura Virginia" in den
Hafen der zwischen Sandhalb-
inseln gelegenen kalifor-
nischen Bucht einlief, hieß sie
noch „Trinity Bay". Kapitän
Douglas Ottinger gab ihr
den Namen des Geologen aus
Preußen. Heute steht eine
Papiermühle am Ufer der Bucht
südlich der Stadt Eureka

Humboldt County

Im Norden Kaliforniens
heißen 9250 Quadratkilometer
reichen Landes nach Alexander
von Humboldt: Das Humboldt
County, einem Landkreis
vergleichbar, das am 12. Mai
1853 konstituiert wurde

13

Humboldt-Felsen

Im früheren Aussig, dem
heutigen Ustí nad Labem,
oberhalb der jungen Elbe trägt
ein Basaltfelsen den Namen
des Mannes, der als junger
Bergwerksexperte auch im
damaligen Böhmen,
heute ČSSR, tätig war

Humboldt Mountains

1863 gab der Landver-
messer James Mc Kerrow
dem im Südteil der neusee-
ländischen Südinsel
2700 Meter hoch aufragenden
Gebirge den Namen des
größten Naturforschers
seiner Zeit

Humboldt-Gletscher

In der Mitte des vorigen
Jahrhunderts erblickten Forscher
auf Grönland erstmals den
Eisgiganten, der 100 Meter
hoch und annähernd 100 Kilometer breit ist. Der amerikanische
Expeditionsleiter Elisha Kent
brachte ihn als „Humboldt
Glacier" auf die Landkarten

Humboldt-Senke

Im amerikanischen Bundes-
staat Nevada, wo im ver-
gangenen Jahrhundert viele
Menschen umkamen, die
den Kontinent nach Westen
durchdringen wollten, liegt die
Humboldt-Senke. Auch
„National Forests", Flüsse
und ein See in Nevada tragen
Humboldts Namen

Humboldt-Shan

Der Russe Nicolai Michailo-
witsch Prschewalsky, der 1879
und 1880 große Teile des nördlichen
Tibets erforschte, nannte die bis
zu 6000 Meter hohe Bergkette,
die zwischen der Tschai-Dam-
Niederung und der Wüste
Gobi die Wasserscheide bildet,
nach dem Mann, den eine Expedition auch nach Rußland führte.
100 Jahre später flog der
Landsat-Satellit über das Gebirge
und machte diese Aufnahme

22

Humboldt-Denkmal
Unzählige Straßen in vielen
Ländern der Welt tragen Alexander
von Humboldts Namen,
viele Schulen und wissen-
schaftliche Institute. Und, natürlich, Denkmäler wurden ihm
errichtet, wie dieses im
Humboldt-Park von Chikago

Einer
der auszog, die Welt
zu begreifen

In Berlin, im Schloß Tegel, das er und sein Bruder Wilhelm „Schloß Langweil" nannten, erlebte Alexander von Humboldt eine Kindheit in „entbehrender Einsamkeit". Schon mit 15 Jahren ahnte er, daß es seine Bestimmung sei, ferne Kontinente und die Gestirne des Südens zu sehen. Und: Daß er es seinem Leben schulde, berühmt zu werden

Das erste Mal in meinem Leben kreuzte ich Alexander von Humboldts Weg, wenn auch 136 Jahre später, in der Nähe der Westindischen Inseln im Atlantischen Ozean. Da wurde ich gerade achtzehn.

Ich weiß noch genau, daß es auf 16 Grad nördlicher Breite war. Als junger Sailor an Bord eines amerikanischen Schiffes war ich auf meiner Wache abkommandiert, dem Navigator bei der Ortsbestimmung zu assistieren. Dafür peilten wir den Alpha Crucis an, einen hellen Stern am Fuße des Kreuzes des Südens.

Wenige Jahre später, während des Zweiten Weltkriegs, traf der Torpedo eines deutschen U-Boots mein Schiff fast auf derselben Position. Es ging unter; ich wurde irgendwie aufgefischt.

In diesen Augenblicken habe ich gewiß nicht an Alexander von Humboldt, mein heutiges Idol, gedacht, ja, ich gebe zu, daß ich zu jener Zeit den ersten und größten wissenschaftlichen Entdecker des südamerikanischen Kontinents noch gar nicht kannte.

Erst später erfuhr ich, daß Humboldt auf genau dieser geographischen Breite zum erstenmal jene himmlische Konstellation sah, an Deck der spanischen Korvette „Pizarro", die hier die Hälfte ihres Weges von Europa nach Amerika zurückgelegt hatte. Es war die Nacht vom 4. auf den 5. Juli 1799, und der An-

blick des Kreuzes des Südens war dem damals Dreißigjährigen ein unvergeßliches Erlebnis. Kurz darauf schrieb er, daß sich in dieser Nacht die Träume seiner Jugend erfüllt hätten.

Ich habe als Kind, in Seattle im Bundesstaat Washington im Nordwesten der Vereinigten Staaten aufgewachsen, nie von diesem großen Mann gehört, auch nicht, als ich mich für Südamerika zu interessieren begann. Mein erster Versuch in der Grundschule, persönliche Assoziationen zu diesem Subkontinent zu Papier zu bringen, lautete noch: „Rosa Blitze von Feuerwaffen blühten vor der grünen Mauer der Bäume, die am Ufer des Amazonas stand."

Ich sammelte, als ich zehn Jahre alt war, Muscheln am Strand und genoß die Natur, doch besaß ich weder die Veranlagung noch die Ausbildung noch das Instrumentarium, mit dem der junge Alexander von Humboldt fast zwei Jahrhunderte vor mir die Natur studiert hatte.

Immerhin besaß ich, als ich zwölf Jahre alt war, etwas, um das mich Alexander von Humboldt gewiß beneidet hätte: eine Kamera. Eine solche Kodak hätte ihm ungezählte Stunden des Skizzierens erspart, wenngleich er diese Tätigkeit auch sehr liebte; auf jeden Fall aber gab er ein Vermögen aus, damit seine Bücher mit den besten Abbildungen aus der Neuen Welt illustriert werden konnten.

Ich hatte meine Kamera immer bei mir: Als Heranwachsender, als junger Sailor, der nach Japan, China und auf die Philippinen fuhr, als Student der University of California, wo ich lateinamerikanische Geographie bei dem international angesehenen Professor Carl O. Sauer studierte, und auch später, nach dem Zweiten Weltkrieg, als ich Berater der peruanischen Marine war und mit einem morschen Unterseeboot des Baujahres 1924 in die Tiefen des Humboldt-Stromes tauchte.

Hier, im „La Corriente Humboldt", wie er in Peru heißt, entflammte meine Faszination für den deutschen Forscher. Seither war ich überall in Südamerika und in Mexico, wo auch mein

Kaum etwas anderes faszinierte den jungen Humboldt mehr als der Himmel der südlichen Hemisphäre, den er zu sehen hoffte. Bis dahin studierte er Sternenatlanten, wie den Johann Klefekers, aus dem dieses „Kreuz des Südens" (Bildmitte, rechts) stammt

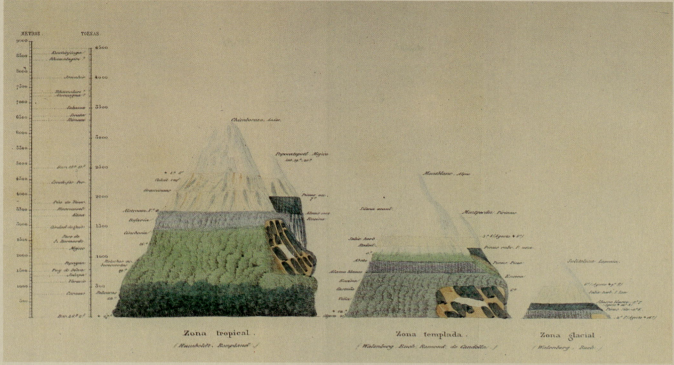

Die „Verteilung der
Pflanzen" an Bergen
unterschiedlicher Klima-
zonen skizzierte der
große Geograph am Bei-
spiel des Chimborazo,
des Montblanc und des
nördlich des Polarkreises
liegenden Sulitjema

Idol gewesen ist; ich glaube, daß dies nicht sehr viele Menschen von sich sagen können. Ich folgte seiner Spur, zwar nicht, wie er, um mit Teleskop oder Sextant, Kompaß oder Thermometer oder anderen Instrumenten penible Messungen vorzunehmen. Ich hielt stets an, um Fotos zu schießen; inzwischen sind es 300 000 Bilder von jenem Kontinent, als dessen wissenschaftlicher Entdecker Alexander von Humboldt gilt.

Viele dieser Fotos sind in Büchern erschienen und in Zeitschriften; in Deutschland in GEO, in den Vereinigten Staaten unter anderem im „National Geographic Magazine". Grob gerechnet, habe ich drei Milliarden Mal südamerikanische Eindrücke an Betrachter vermittelt, und: Es war relativ einfach, ein so riesiges Publikum zu erreichen, denn die Verleger erstatteten mir die Kosten und zahlten obendrein noch Honorar.

Für Alexander von Humboldt dagegen war es ungeheuer aufwendig, die Impressionen von seinen Reisen unter die Leute zu bringen, denn er zahlte alles selber. Binnen 30 Jahren veröffentlichte er mehr als 30 Bücher über die wissenschaftliche Entdeckung der Neuen Welt. Seine Werke enthalten 1425 Karten und Abbildungen, teils von Illustratoren im Auftrag angefertigt, viele davon farbig – das kostete seinerzeit ein Vermögen. Humboldt nahm somit das gewaltigste publizistische Projekt auf sich, das sich ein einzelner Mensch bis dahin zugetraut hatte. Die Kosten waren derart immens, daß sie den einst reichen Adligen fast ruinierten.

Sein Werk erschien in viel zu kleiner Auflage, um kostengünstig kalkuliert zu sein, und es geriet wegen der aufwendigen Ausstattung viel zu teuer, um gewinnträchtig Absatz zu finden. Der Preis war so hoch, daß noch nicht einmal der Autor selber eine vollständige Ausgabe seines Lebenswerkes besaß.

Ein anderer Grund dafür, daß seine Bücher keine Verkaufserfolge waren: Er weigerte sich, einen reinen Erlebnisbericht zu schreiben, der gewiß publikumswirksam einen breiten Absatz gefunden hätte. „Von einer großen, erhabenen Natur umgeben", schrieb er, „und lebhaft mit ihren bei jedem Schritte sich darbietenden Phänomen beschäftigt, hat man wenig Lust, persönliche Vorfälle und kleinliche Lebensbegebenheiten aufzunehmen."

So hört sein Bericht in der persönlichen Darstellung der fünfjährigen Reise durch Amerika nach den ersten beiden Jahren auf. Humboldt berichtet zwar noch empfindungsreich von der Reise über den Atlantik, über Abenteuer in Venezuela, über Reisen durch die Karibik nach Kuba und zurück; aber schon diese Berichte sind angefüllt mit langen Abschweifungen und nüchternen Darstellungen, Statistiken etwa über Wassertemperaturen, indianische Sprachen, kubanische Exporte und dergleichen.

Anfangs war ich betrübt darüber, daß Humboldt nie einen persönlichen Erlebnisbericht über seine letzten drei Jahre in Amerika geschrieben hat. Aber dann fand ich glücklicherweise Forscher in sechs amerikanischen Ländern und in einem europäischen, die sich damit beschäftigt haben, penibel jeden Tag dieser drei in Humboldts persönlichem Tagebuch fehlenden Jahre zusammenzustellen, und die freundlich genug waren, mit ihrem Wissen zu diesem Buch beizutragen. Sie nutzten die lokalen Bibliotheken, sie verglichen Eintragungen in Humboldts astronomischen und botanischen Büchern, sie gingen auf anstrengende Exkursionen und studierten die unvollkommenen Aufzeichnungen des Forschers.

Diese Tagebücher wurden nie ediert. Würde das jemand einmal vorhaben, er brauchte viel Geduld: Es sind Tausende von Seiten, voll von hastiger, weitgehend unleserlicher Schrift eines Mannes, der mehrere Sprachen zugleich und durcheinander benutzte.

Gleichwohl: Ich habe mit Hilfe von GEO diese Forschungsreise Alexander von Humboldts durch Amerika nachvollzogen. Ich bin ihm, je länger ich seinen Spuren und seinem Geist folgte, immer näher gekommen, und je strapaziöser es wurde, desto mehr wurden Darwins Worte auch die meinen: „Ich

Charles Robert Darwin begleitete von 1831 bis 1836 die Forschungsreise des Kapitäns Fitzroy nach Südamerika und in den Stillen Ozean. Sein „Darwinismus" wirkte umwälzend in Biologie und Geisteswissenschaft. „Ich habe Humboldt bewundert," schrieb er einmal, „jetzt verehre ich ihn."

habe Humboldt bewundert – jetzt verehre ich ihn".

Der Nachname Alexander von Humboldts, der Name des Mannes also, den man mit guten Gründen den führenden Geographen und maßgebenden Forschungsreisenden der Neuzeit nennt, kommt auf der Weltkarte häufiger vor als der irgendeines anderen Menschen. So oft und in so voneinander entfernt liegenden Gegenden findet er sich, daß man sagen kann, im Reiche Humboldts gehe die Sonne nie unter.

14 000 Kilometer südlich von Berlin, der Vaterstadt Alexanders, auf dem antarktischen Kontinent, liegt die Humboldt Mountain Range, und genau am entgegengesetzten Ende der Welt, 20 Grad vom Nordpol entfernt, schiebt sich der Humboldt-Gletscher, der größte Grönlands, 100 Kilometer breit ins Meer.

Wiederum 9000 Kilometer südlich von diesem Monstrum aus mählich wanderndem Eis, im größten tropischen Regenwald der Erde und über einem etwa 150 Meter hohen Wasserfall, der zu einem Nebenfluß des mächtigen Amazonas-Stromes gehört, liegt das brasilianische „Nucleo Pioneiro de Humboldt", ein Forschungszentrum, das 1972 zum 203. Geburtstag Humboldts dem Studium des Menschen und der Biosphäre gewidmet wurde.

Nach Humboldt ist auf dem Sarisarinama-Plateau von Venezuela ein erst 1974 entdeckter Abgrund benannt, eine zylindrische Öffnung mit 370 Metern Durchmesser und 314 Metern Tiefe. Etwas weiter westlich, ebenfalls in Venezuela, ragt der Humboldt-Berg 4942 Meter hoch. Daneben erhebt sich der Bonpland-Berg, genannt nach jenem französischen Botaniker, der Alexander von Humboldt durch Amerika begleitete. Diese abenteuerliche Forschungsreise währte von 1799 bis 1804 und steht im Mittelpunkt dieses Buches.

Neun Städte in den Vereinigten Staaten von Amerika heißen nach Alexander von Humboldt, dazu noch eine in Kanada. Im US-Bundesstaat Colorado reckt sich in der Sangre de Cristo-Range ein Humboldt-Peak gegen den Himmel, und im US-Bundesstaat Nevada, von dem man in Europa gemeinhin nur die Spielerstadt Las Vegas kennt, gibt es gleich eine ganze Fülle von verschiedenartigen „Humboldt": Ein County, etwa einem deutschen Landkreis vergleichbar, eine Bergkette, einen See, ein Städtchen, einen Salzsumpf, sieben „Humboldt National Forest"-Reservate mit Gipfeln bis zu 4000 Metern, und einen Fluß. Dieser Humboldt-River wurde unter allen amerikanischen Flüssen zuletzt entdeckt; an seinen Ufern war einst Endstation für viele, die in den Westen ziehen wollten und hier an Hunger starben.

An der amerikanischen Westküste wächst eine zarte Lilie, die Humboldts Namen trägt – ebenso wie ein Pinguin ihm zu Ehren benannt ist – und ein einzigartiger Wald, der „Humboldt Redwoods State Park" in Kalifornien mit 2000 Jahre alten Bäumen, von denen einer erstaunliche 115 Meter hoch ist. Fort Humboldt gibt es in Kalifornien, ein Humboldt County, die Humboldt Bay – und viel weiter westlich, auf der anderen Seite des Pazifischen Ozeans, ist mit dem „Humboldt" immer noch kein Ende.

In Neuseeland nämlich tragen wiederum Berge den Namen des deutschen Forschers, in Neu-Kaledonien ragt der Humboldt Peak auf, an der Nordküste von Neuguinea weitet sich die Humboldt Bay, und schließlich gibt es ein ganzes Gebirge, das Alexander von Humboldt zum Paten hat: die Humboldt-Kette, auf der Grenze zwischen den chinesischen Provinzen Gansu und Quinhai, überragt von einem 6346 Meter hohen Riesen mit ewigem Eis.

Selbst am Himmel sind dem deutschen Edelmann Denkmäler gesetzt: Auf dem Mond liegen das Mare Humboldtianum und der Humboldt-Krater – angemessene Ehren für einen erstaunlichen Mann, der auf seinen Reisen durch Europa, Amerika und Asien Hunderte von Nachtstunden nicht schlief, sondern mit Hilfe der Sterne die geographische Länge und Breite seiner Aufenthaltsorte bestimmte.

Weltweit am bekanntesten freilich ist wohl der „Humboldt-Strom". Zwar heißt er auch „Peru-Strom", aber diese Bezeichnung hat sich nicht allgemein durchgesetzt. Der Meeresstrom, der antarktisch kaltes Wasser an den Wüstenküsten Chiles und Perus vorbei nach Norden trägt, war schon spanischen Seeleuten bekannt, die als Konquistadoren gekommen waren und seit 1522 südlich von Panama nach dem sagenhaften Inka-Reich suchten. Es kann mithin nicht die Rede davon sein, daß Humboldt diesen Strom entdeckt habe, und er selber wehrte sich nachdrücklich gegen solche Lesart. Allenfalls, so schrieb Humboldt seinem Freund, dem Kartographen Heinrich Berghaus, könne er für sich beanspruchen, als erster die Temperaturen und die Fließgeschwindigkeit des sonderbaren Flusses im Meer gemessen zu haben. Immerhin: Damit hatte er ihn für die Wissenschaft entdeckt, und diese Leistung schätzte Berghaus hoch genug ein, um 1837 die Benennung jener gewaltigen Strömung nach Humboldt vorzuschlagen.

Als sich sein Geburtstag zum hundertsten Mal jährte, 1869, zehn Jahre

Mehr als tausend Pflanzen, Tiere, Berge, Flüsse, Orte und Erzeugnisse tragen den Namen Humboldts, darunter der Humboldt-Pinguin, der auf den Inseln vor Peru brütet, sowie auch die Humboldt-Lilie

nach seinem Tode, hielten überall auf der Welt wissenschaftliche Gesellschaften besondere Ehrungen für den großen Mann ab.

Sie hatten viele Gründe.

Hätte sich Alexander von Humboldt in seinem langen Leben auf nur einen Wissenschaftszweig konzentriert, so wäre er gewiß eine namhafte Persönlichkeit in der Reihe jener Forscher geworden, mit denen die Menschheit epochemachende Fortschritte verbindet: Galilei, Newton, Lavoisier, Pasteur, Einstein. Aber Alexander von Humboldt war viel zu vielseitig, viel zu umtriebig und zu genial, als daß er mit der Zuwendung zu nur einer Wissenschaft hätte leben können. Die Bilanz seines Lebens hat nicht ihresgleichen.

Als Botaniker sammelte er, nach eigenen Angaben und gemeinsam mit Aimé Bonpland, mehr als 5000 Pflanzen in der tropischen Neuen Welt und beschrieb 3600 neue Arten.

Als Zoologe zeichnete, beschrieb und sezierte er südamerikanische Tiere. Er beobachtete oft ihr Verhalten, und er brachte Proben des in Peru in riesiger Menge vorhandenen Guanos

Wie Galileo Galilei, war auch Humboldt von den Phänomenen des Himmels fasziniert. Mit dem französischen Forscher Claude Louis Graf von Berthollet traf Humboldt in Paris zusammen; Antoine Laurent Lavoisier hat er sehr verehrt

zur gründlichen Analyse mit nach Europa. Dieser Vogelmist erwies sich gegenüber dem üblichen Stallmist als 136mal wirksamer.

Als Pflanzengeograph war er bereits auf dem Weg zur modernen Ökologie, indem er die Beziehungen der Vegetation zu Klima, Boden und Höhe untersuchte. Sein Buch über die Geographie der Pflanzen ist eine Pionierleistung: In einem Idealprofil faßte er seine Forschungen anschaulich zusammen.

Als Anthropologe und Ethnograph trug er zur Erkenntnis über die Indianer und schwarzen Sklaven bei; er bereicherte seine Beobachtungen mit erstaunlich exakten demographischen Statistiken und sozialkritischen Anmerkungen. Es war ihm weit wichtiger, für das Menschenrecht der Unterdrückten einzutreten, als seine – gewiß genialen – wissenschaftlichen Ergebnisse zu gewinnen. Daran hat er nie auch nur den leisesten Zweifel gelassen.

Er half seinem Bruder Wilhelm, einem der Begründer der vergleichenden Linguistik und der Sprachphilosophie, mehrfach mit Wortlisten von fremder Zunge und sorgte nach dessen Tod für die Veröffentlichung vorbereiteter Werke.

Alexander von Humboldt war einer der führenden Historiker der Entdeckungen und der Kartographie. Er regt Forscher bis heute an. Seine Entdeckungen alter Darstellungen und Zusammenhänge sind erstaunlich, und sie öffneten ebenso neue Horizonte wie seine Leistungen als Geograph.

Als Physiologe experimentierte er mit der Elektrizität, unter anderem durch die Untersuchung sogenannter Zitteraale. Ebenso berichtete er über den Einfluß großer Höhen auf den menschlichen Organismus.

Als Klimatologe beobachtete Humboldt das tropische Wettergeschehen und seine klimatische Regel. Zusammen mit Gay-Lussac fand er das erste Gesetz für die Zusammensetzung der Luft, das heute jedes bessere Schulbuch vermerkt. Er entwarf die ersten Isothermen und zeichnete die ersten Karten dafür.

Humboldt scheute
keinen Aufwand, um
Pflanzenbilder drucken
zu können, die nach
seinen Skizzen oder
seinen Angaben
hergestellt wurden.
Bei diesen Beispielen
handelt es sich um
Melastoma Holosericea
acuminata (rechts),
sowie (von oben) um
Lupinus nubigenus,
Inga ernata und
Rhexia scoparia

Im Rahmen seiner umfassenden Physikalischen Geographie führten Humboldts Forschungen zur Entdeckung des magnetischen Äquators – mit der Feststellung nämlich, daß die Intensität des irdischen Magnetfeldes von den Polen zum Äquator beständig abnimmt. Er initiierte das erste große international organisierte Netz zur Beobachtung des Erdmagnetismus und eilte damit den Möglichkeiten des 20. Jahrhunderts weit voraus.

Als Ozeanograph trug er mit der Erforschung von marinen Temperaturen und Strömen zum Verständnis der Weltmeere bei, die 70 Prozent der Erdoberfläche bedecken. Seine Kenntnisse in Astronomie und Mathematik befähigten ihn zu mehr als 700 Ortsbestimmungen – präziser denn je zuvor. Außerdem wurden 459 Höhen von ihm trigonometrisch und barometrisch ermittelt. Danach entwarf er das erste Profil eines europäischen Landes – Spanien – und eines kontinentalen Gebietes in Übersee – Mexiko. Es ist die Grundlage der modernen Landeskunde.

Als Kartograph trug er wesentlich zur Korrektur des Bildes bei, das sich die Menschheit zu seiner Zeit von Südamerika machte. Über alle Zeiten ist sein Ruf als größter Geograph der Neuzeit unangefochten geblieben.

Das Genie, das, wie wir sehen werden, unter dem Leitgedanken einer praktisch sämtliche Erdwissenschaften umfassenden Physikalischen Geographie die Grundlagen der Ökologie schuf, entstammte einer brandenburgischen Familie. Sein Vater war Kammerherr der Prinzessin von Preußen, als Friedrich Wilhelm Heinrich Alexander von Humboldt am 14. September 1769 in Berlin geboren wurde.

1769 – das war ein inhaltsschweres Jahr.

Es war, zum Beispiel, das erste international-wissenschaftliche Jahr; in vielen Ländern taten sich Forscher zusammen, um an ausgewählten Punkten rund um die Erde durch koordinierte Messungen die genau Entfernung des Mondes von der Erde zu ermitteln.

Ebenfalls 1769 vollendete Louis Antoine de Bougainville seine abenteuerliche Weltreise und machte die staunenden Menschen in Paris mit höchst sonderbaren Pflanzen bekannt, die er aus Südamerika über den Ozean mitgebracht hatte.

Im heute amerikanischen Kalifornien gründeten die Spanier 1769 die Städte San Diego und Los Angeles. Das spanische Imperium umfaßte damals die halbe bekannte Welt und kontrollierte als Kolonialmacht weithin auch jene Regionen Amerikas, durch die Alexander von Humboldt später reisen sollte.

1769 traf Friedrich der Große in Schlesien mit Kaiser Josef II. zusammen, um mit ihm eine Allianz gegen Rußland zu besprechen. In Polen, übrigens, besaß Humboldts Mutter Ländereien. Und im selben Jahr befaßte sich in Frankfurt am Main ein zwanzigjähriger Student namens Goethe mit magischer und geheimwissenschaftlicher Literatur.

James Watt ließ 1769 seine Dampfmaschine patentieren. Arkwrights Spinnmaschine begann sich durchzusetzen – zwei Vorgänge, die wesentlich zur

1769, im Geburtsjahr Alexander von Humboldts, kam es in Neiße zu der Begegnung zwischen Friedrich dem Großen von Preußen und dem Kaiser des Heiligen Römischen Reiches Deutscher Nation, Joseph II.

1769 wurde James Watts Dampfmaschine patentiert, mit der Muskelkraft ersetzt werden konnte. Watt trug mit seiner Erfindung wesentlich zur industriellen Revolution bei

ersten industriellen Revolution in England beitrugen. In Europa ging um diese Zeit der Hunger um, aber nirgendwo nahm er so katastrophale Formen an wie im indischen Bengalen, wo zehn Millionen Menschen starben.

Bei Quito in Ecuador brach 1769 der 5897 Meter hohe Cotopaxi so heftig aus, daß die Menschen weithin auch am Tage Handlaternen brauchten, um sich zurechtzufinden. Und auf Korsika begab sich, was die Alte wie die Neue Welt noch stärker erschüttern sollte als ein Vulkanausbruch: Am 15. August 1769 wurde Napoleon Bonaparte geboren.

Alle diese Ereignisse sollten auf mehr oder weniger drastische Weise das Leben Alexander von Humboldts beeinflussen. Aber auch: Als sein Leben fast neunzig Jahre später endete, hatte er der ganzen Welt die Spuren seines Wirkens aufgedrückt.

Alexander war ein einsames Kind. Am liebsten trieb er sich im dunklen Wald des Familienbesitzes bei Berlin herum, sammelte Pflanzen und Steine und träumte von Reisen in ferne Länder. Seine Leidenschaft zu reisen, blieb auch später wach, und doch, merkwürdig genug: Abgesehen vom Humboldt-

Strom und einigen wenigen Orten, ist er an den meisten Plätzen, die nach ihm benannt sind, nie gewesen.

Sein Vater starb, als Alexander zehn Jahre alt war. Er lebte mit seinem zwei Jahre älteren Bruder Wilhelm und seiner strengen Mutter in Schloß Tegel, das die Buben „Schloß Langweil" nannten. Später würde er sich an eine Kindheit „entbehrender Einsamkeit" erinnern, und auch daran, daß er im Königlichen Botanischen Garten von Berlin vor einem fremdartigen Drachenbaum immer aufs neue Fernweh empfand.

Hauslehrer unterrichteten die Brüder und stopften vor allem Latein, Griechisch, Französisch, Italienisch, Englisch, Geschichte und Geographie in sie hinein. Alexander tat sich dabei anfangs schwer: Das spätere Genie

Vierzehn Jahre war Alexander alt, als er diese Zeichnungen der Neuen Welt und des Kopernikanischen Planetensystems anfertigte

lernte erst Lesen und Schreiben, als es beinahe sechs Jahre alt war; Bruder Wilhelm konnte das schon mit drei, war allerdings für Philologie allgemein weit empfänglicher.

Gefühle blieben im Hause Humboldt unerwidert. Wichtig waren nicht Liebe und Spiel, sondern Arbeit und geregelter Tagesablauf. Alexander, den Bekannte „petit esprit malin" nannten, weil er in gewisser Weise pfiffig war, wirkte häufig kränklich, was gewiß auch psychosomatische Ursachen hatte, denn er erhielt die Zuwendung und die Liebe nicht, die ein Kind braucht.

Während der Junge davon träumte, einmal das Kreuz des Südens zu erblicken, hatte die Mutter ihn für eine Beamtenlaufbahn vorgesehen. „Furcht und Schmerz" überfielen ihn, wenn er daran dachte, „der Hoffnung entsagen zu müssen, die schönen Sternbilder zu sehen, welche in der Nähe des Südpols leuchten".

Alexander hatte trotz seiner Scheu ein starkes Bedürfnis nach Anerkennung. Schon als Heranwachsender arbeitete er hart, bis zur Erschöpfung, um Wissen anzuhäufen – und sich damit hervorzutun; Freunde verübelten ihm das. Er arbeitete so verbissen und schlief so wenig, daß man in der Familie befürchtete, er werde entweder verrückt werden oder früh sterben. Sein Motiv: Er wollte berühmt werden.

Viele, besonders unter seinen Zeitgenossen, hatten seine Träume von Reisen und Ruhm genährt. Georg Forster, zum Beispiel, dessen Beschreibungen pazifischer Inseln den jungen Humboldt faszinierten. Oder Hodge, dessen Gemälde lebensechte Szenen vom Ganges zeigten. Oder Louis Antoine de Bougainville, dessen „Voyage autour du monde" der junge Adelige geradezu verschlungen hatte. Humboldt bezog sich offenkundig auf ältere Schriftsteller, als er, neunzehn Jahre alt, seinem Freund Karl Ludwig Willdenow schrieb, er habe in den Schriften früher Botaniker große Entdeckungen gemacht. Willdenow hatte den jungen Humboldt zu einer Zeit, in der von den 140 000 Einwohnern Berlins nur wenige etwas von dieser Wissenschaft wußten, die Botanik gelehrt. Übrigens bekannte sich Humboldt früh und ausdrücklich zur Philosophie der Aufklärung, zu den Lehren Lockes, Voltaires und Rousseaus, als er, ebenfalls an Willdenow, schrieb, was denn Entdeckungen wert seien, wenn man sie nicht verbreite – ein Gedanke seines Tutors Kunth, der dem jungen Baron die Überzeugung vermittelt hatte, daß in dem Maße Glück in der Welt um sich greifen werde, in dem es gelinge, Wissen unter der Menschheit zu verbreiten.

Schon mit neunzehn Jahren sah Humboldt es als sein Ziel an, durch ei-

Carl Ludwig Willdenow, seit 1801 Direktor des Botanischen Gartens in Berlin, gehörte zum Freundeskreis Humboldts. Mit Georg Forster unternahm Alexander eine Studien- und Forschungsreise nach England und Frankreich. James Cook, dessen Tod auf den Sandwich-Inseln dieser Druck darstellt, war einer der größten Entdecker seiner Zeit. Er starb 1779

gene Publikationen dazu beizutragen. Zwar, so schrieb er an Willdenow, werde er nicht sofort, wohl aber in zehn Jahren als Autor hervortreten und dann etwas Neues entdeckt haben; ziemlich genau zehn Jahre später traf er in Südamerika ein, wo ihm zur Gewißheit wurde, daß er von Entdeckungen berichten werde.

Den Brief an Willdenow schrieb Alexander von Humboldt 1789, dem Jahr der Französischen Revolution, und dem Jahr der Bekanntschaft mit seinem Idol, Georg Forster.

Forster hatte als Achtzehnjähriger und gemeinsam mit seinem Vater an einem der bedeutendsten Forschungsunternehmen jener Zeit teilgenommen: an Kapitän Cooks zweiter Reise um die Welt. Georg Forster war als Illustrator dabeigewesen und hatte 1778 ein Buch herausgegeben, das Humboldt sofort faszinierte: „Reise um die Welt", eine Mischung aus Reise- und Forschungsbericht, die Forster berühmt machte, wenn auch nur vorübergehend. Jetzt, inzwischen 36 Jahre alt, war der Geograph und Linguist nur noch ein unbedeutender Bibliothekar in Mainz, aber er war immer noch vom Fernweh besessen. Also lud er den gerade zwanzig Jahre alt gewordenen Alexander von Humboldt ein, mit ihm auf eine Erkundigungsreise zu gehen, nach Holland, Belgien, England und ins revolutionäre Frankreich.

Im März 1790 fuhren die beiden rheinabwärts. Nichts entging der Aufmerksamkeit Humboldts; er notierte die Farbe eines Minerals am Ufer ebenso wie die Preise der Wolle auf dem Markt. In Dünkirchen, im Angesicht der See, erinnerte sich Forster nachhaltig an seine Abenteuer im Pazifischen Ozean – Humboldt hörte gebannt zu und trocknete, während er am Ofen saß, Blumen und Muscheln, die er gesammelt hatte.

Im französischen Lille wurden die beiden Reisenden Zeugen von Bürgerunruhen. In England erlebten sie die Gerichtsverhandlung gegen Warren Hastings, den ersten und mächtigsten – zu eigenmächtigen – Generalgouver-

Während seines Besuchs in England erlebte Alexander von Humboldt die Qual von Kindern, die in Bergwerken arbeiten und die Kohle ans Tageslicht wuchten mußten

In Paris sah Humboldt 1790 den festlich geschmückten Place de la Bastille und erlebte die revolutionäre Begeisterung der Franzosen. Für den langen Rest seines Lebens empfand sich Humboldt als ein Verfechter der Menschenrechte

neur von Indien. Sie hörten Musik in der Westminster Abbey, beobachteten Wahlen zum Unterhaus, besuchten Gemäldeausstellungen und, ganz besonders häufig, naturhistorische und physikalische Sammlungen; sie besichtigten Shakespeares Haus und fuhren ein in Kohlegruben, in denen schlimme Arbeitsverhältnisse herrschten.

London mit seinen damals 700 000 Einwohnern war fünfmal größer als jede Stadt, die Humboldt zuvor gesehen hatte – das war aufregend genug, aber aufregender noch waren ihm die Begegnungen mit Männern wie Alexander Dalrymple, dem Anreger von Expeditionen, und mit Sir Joseph Banks, der Kapitän Cook auf dessen erster Weltreise begleitet hatte und ein berühmtes Herbarium sowie eine botanische Bibliothek besaß. Wieder gestand Humboldt tief beeindruckt, daß ihn diese Begegnungen mit der Sehnsucht erfüllten, tropische Länder zu sehen, nur: Solange sein Mutter lebe, fügte er an, dürfe er an die Verwirklichung dieser Träume nicht denken.

In Paris, ebenfalls einer Stadt mit 700 000 Menschen, kamen Forster und Humboldt Anfang Juli 1790 an. Menschen tanzten auf den Straßen, sie feier-

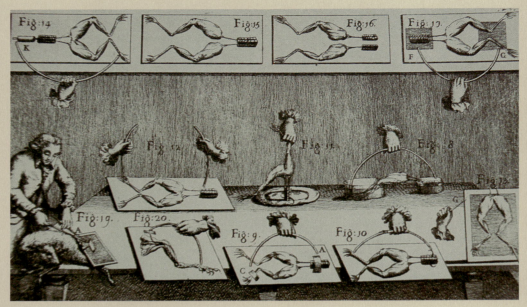

ten ihr erstes Jahr der Freiheit und glaubten noch an das Ideal der Gleichheit aller Menschen – der Terror hatte noch nicht begonnen. So sehr beeindruckte Humboldt, was er in der französischen Hauptstadt sah und empfand, daß er sich fortan stets als Verfechter der Menschenrechte, der Devise der französischen Revolution, empfand. Georg Forster erging es ähnlich. Ihn freilich führte sein Enthusiasmus für die Sache der Freiheit so weit, daß er in die „Reichsacht" kam. Er starb nur vier Jahre später im Elend.

Forster und Humboldt trennten sich in Mainz; sie sahen einander nie wieder. In Humboldts Leben markiert diese erste größere Reise einen Wendepunkt: ihm war klarer denn je, daß er dazu bestimmt war, die Erde zu bereisen, die Natur zu erforschen und darüber zu schreiben, so daß die Welt sein Wissen teilen konnte.

1790 war auch das Jahr seiner ersten Publikation: Ein Büchlein mit dem Titel „Mineralogische Beobachtungen über einige Basalte am Rhein" erschien, dem bis zu seiner Abreise nach Amerika noch eine ganze Reihe folgten, vor allem eine Arbeit, in Latein, über die unterirdische Pflanzenwelt Freiberger Schächte, und, in Deutsch, zwei dicke Bände über die Ergebnisse von 4000 elektrischen Reihenversuchen, die an lebenden Organismen vorgenommen worden waren – wobei Humboldt auch Selbstversuche unternahm.

Zugleich absolvierte er auf Drängen der Mutter, aber nicht ohne eigene Wißbegier, fünf Studienjahre – in Frankfurt an der Oder, in Göttingen und Hamburg. Erstmals bestimmte er sein Leben selbst, als er sich an der Bergakademie in Freiberg/Sachsen einschrieb, der ältesten technischen Hochschule der Welt. Sehr bald begann bereits seine Karriere im Staatsdienst: 1792 wurde Alexander von Humboldt zum Assessor im preußischen Bergdepartment ernannt.

Dort arbeitete er ebenso besessen, wie er zuvor gearbeitet hatte und für den Rest seines Lebens arbeiten würde. Er inspizierte Bergwerke und Salzgewinnungsanlagen, er kam dabei nach

München, Wien, in das Gebiet der heutigen Tschechoslowakei, Polen und Ostdeutschland. Schnee bedeckte das Land, das er mit der Kutsche durchfuhr: Das Wetter, schrieb er einem Freund, sei widerlich, denn alles sei zugedeckt und den Blicken entzogen – er vermißte seine Pflanzen und Steine.

Er fuhr durch armes, durch hungerndes Land. Oft reckten sich bettelnde Hände in die Kutsche des Barons, der, bedenkt man seine Herkunft, die Zeit und die gesellschaftlichen Umstände, ein erstaunliches Gefühl für soziale Gerechtigkeit besaß. Vorurteilslos erkannte er die jämmerliche Lebenslage der Menschen. Und so gründete er – neben anderen Aktivitäten – mit eigenem Geld in Steben eine Freie Bergschule, um den Bergleuten mit fachgerechter Ausbildung zu helfen. Er schrieb ein Lehrbuch, und er sorgte sogar für Unterricht in heimischer Mundart. Der zuständige Minister hat all dies nachträglich genehmigt, ja, er ließ Humboldt sogar das Geld zurückerstatten.

Schon bald nach dem Studium geriet er auf der Trittleiter der ungeliebten, aber zur Erweiterung seiner Kenntnise intensiv genutzten Beamtenlaufbahn eine Stufe höher: 1793 wurde er als Oberbergmeister zum Leiter des fränkischen Reviers im preußischen Ansbach-Bayreuth berufen. Und er tat wieder, wie in seinem ganzen Leben, mehr als seine Pflicht.

Er war nun 26 und, obgleich durch seine administrativen Aufgaben beschäftigt, immer noch dabei, wie besessen zu lernen. Er untersuchte Phänomene des Erdmagnetismus, der Klimatologie, der Pflanzengeographie und die Wirkung von Gasen auf Tiere. Als wäre er damit immer noch nicht ausreichend beschäftigt, ließ er sich zweimal im Auftrag des Königs von Preußen in diplomatischer Mission einsetzen, und zwar, um Differenzen zwischen den deutschen Kleinstaaten auszuräumen. Und dann fand er auch noch die Zeit, die Bekanntschaft so berühmter Männer wie Goethe – der nannte Humboldt

1796, als Franzosen in Schwaben eindrangen, gehörte Humboldt zu einer Mission, die über den Schutz preußischen Eigentums verhandelte. Dabei sah er auch einen Condés'schen Luftballon. Goethe, mit dem Humboldt oft zusammentraf, bewunderte das Wissen des Preußen. Schiller dagegen lehnte Humboldts Bemühen um eine Formelsprache scharf ab

„ein cornu copiae der Naturwissenschaft" – und Schiller zu machen, der Humboldts Versuch einer wissenschaftlichen Symbolsprache scharf ablehnte.

Im November 1796 starb Humboldts Mutter, Marie Elisabeth, geborene Colomb, an Brustkrebs, mit dem sie sich lange gequält hatte. Sie starb so furchtbar, daß Alexander schrieb, man habe ihr Ende aus Gründen der Menschlichkeit wünschen müssen. Die letzte Bindung an das „Schloß Langweil" zerriß damit, die bedrückende Zeit des mütterlichen Regiments war vorüber.

Die beiden Brüder Wilhelm und Alexander, erbten ein Vermögen, das jeden von ihnen nach den Maßstäben ihrer Zeit zum Millionär machte.

Angesichts dieser neuen familiären und finanziellen Freiheit gab Alexander seine Tätigkeit in Staatsdiensten sofort auf und begann unverzüglich damit, die Teilnahme an Expeditionen in fremde, ferne Länder vorzubereiten. Er schaffte die besten wissenschaftlichen Instrumente an, und – wie nebenbei: Er hörte auf zu kränkeln.

Aber eine Expedition nach der anderen scheiterte, ehe sie noch begonnen hatte: Napoleon hielt Europa in Atem.

Zunächst war Italien Humboldts Ziel. Dort wollte er vor allem am Vesuv und Ätna den Vulkanismus studieren. In Jena begann er, diese Reise vorzubereiten. Sie stand unter keinem guten Stern. Eine „Karawane", wie Goethe die Gruppe nannte, der er sich ursprünglich anschließen wollte, setzte sich in Bewegung: in Alexanders Begleitung zwei naturwissenschaftlich interessierte Freunde mit ihren Frauen, fünf Kinder, zwei Dienstmädchen, ein Diener; manche fieberten, und alles zwängte sich in mehrere Kutschen, die zusätzlich mit vier Instrumenten-Kisten hoffnungslos überladen waren.

Dresden war die erste Station dieser Reisegesellschaft. Dort wollte Alexander bei einem Instrumentenbauer neue Geräte erproben und seinen Bruder zu letzten Gesprächen über die Erbteilung erwarten.

Der Aufenthalt zog sich in die Länge; ohnehin machten die Verhältnisse in Italien nicht gerade Mut zur Fortsetzung des Unternehmens – denn dort wurde geschossen: Napoleon beendete gerade seinen italienischen Feldzug. So wurde Dresden auch zur letzten Station der „Karawane", die Gesellschaft löste sich auf.

Humboldt reiste allein nach Wien weiter, wo er in den Kaiserlichen Gärten von Schönbrunn seltene, exotische Pflanzen studierte und die Bekanntschaft des Professors Joseph Barth machte, eines reichen Arztes, der den Ruf hatte, der beste Chemiker und Physiologe Wiens, aber auch ein etwas sonderbarer Mensch zu sein, der grundsätzlich nur einmal am Tage, nämlich abends um zehn Uhr, aß, weil er behauptete, Nahrung ermüde den Körper tagsüber zur Unzeit, und der, als Humboldt ihn besuchte, gerade einen Hut konstruierte, der sich nach dem Zug an einem Band zu einem Regenschirm entfalten sollte.

Den Winter 1797/98 verbrachte Humboldt in Salzburg mit magnetischen, geodätischen, meteorologischen und astronomischen Beobachtungen. Begleitet wurde er dabei zeitweise vom Geologen Leopold von Buch, den Humboldt von der Bergakademie in Freiberg kannte, und der, ähnlich wie Joseph Barth, ebenso reich wie exzentrisch war.

Die beiden Wissenschaftler arbeiteten in beißender Kälte, oft bis tief in die Nacht hinein. Sie maßen den barometrischen Druck, die Feuchtigkeit sowie den Sauerstoff- und Kohlendioxyd-Gehalt der Luft. Humboldt hantierte überdies ständig mit seinem Sextanten, machte sich anhand von Ephemeriden und Büchern mit der Astronomie vertraut und ebenso mit der Funktion der sphärischen Trigonometrie bei der Ermittlung der akkuraten geographischen Länge und Breite bestimmter Orte. Er fand nach umfangreichen Vergleichen seiner Messungen, daß die zeitgenössischen Landkarten beträchtliche Längenfehler aufwiesen. So differierten beispielsweise die Angaben der bayerischen Landkarten um rund zehn Kilometer.

Den Winter 1797/98 verbrachte Humboldt in Salzburg mit naturwissenschaftlichen Beobachtungen. Zeitweise wurde er dabei von Leopold von Buch begleitet, einem reichen und exzentrischen Geologen und Alpenkenner

Und noch einmal kreuzte ein exzentrischer Reicher den Weg des Barons: Lord Bristol, der Bischof von Derby, lud Alexander von Humboldt ein, an einer Expedition nilaufwärts teilzunehmen. Der Kirchenmann hatte vor, zwei Yachten mit allem Notwendigen auszustatten, auch mit Waffen, erlesenen Speisen und Weinen, ein Reihe von Wissenschaftlern mitzunehmen, aber auch Kunstmaler – und Damen.

Humboldt eilte im April 1798 nach Paris, um Ausrüstung für die Reise zu kaufen. Aber wieder vereitelten Napoleons Aktivitäten seinen Plan. Der Kaiser ließ gerade Segel für seine Militäraktion gegen Ägypten setzen. Humboldt war tief enttäuscht und notierte, er hätte gern vierzig Jahre früher gelebt, oder vielleicht vierzig Jahre später. In denselben Zeilen sah er in seiner Welt, die ihn fortgesetzt an seinen Reiseplänen hinderte, nur einen Vorzug: Den Untergang des Feudalsystems mit all seinen aristokratischen Privilegien, von denen er meinte, sie hätten die ärmeren, aber auch die intellektuellen Klassen der Menschheit unterdrückt.

Alexander, ganz und gar Anhänger der Französischen Revolution, hielt nichts von diesen Privilegien.

Andererseits: Er war sonst ganz und gar kein sonderlich bescheidener Mensch. Sein bester Freund, nämlich sein Bruder Wilhelm, hielt gar Eitelkeit und den Drang nach Anerkennung für dessen gravierendsten Fehler – was Wilhelm freilich nicht abhielt, seinen Bruder für den intelligentesten Mann zu halten, den er kannte. Auch Goethe war von dem enormen Wissen Alexanders beeindruckt und meinte, man könne an acht Tagen nicht soviel aus Büchern lernen, wie Humboldt in einer Stunde Gespräch vermittle.

Daß auch aus der Expedition auf dem Nil nichts wurde, erwies sich im nachhinein für Humboldt eher als Vorteil, denn er war nun in Paris, und Paris war, trotz des Terrors und trotz der Guillotine, die viele geniale Köpfe abgeschlagen hatte, die intellektuelle Hauptstadt der Welt. Alexander, der im Hause seines Bruders wohnte, nutzte die Gele-

genheit zur Bekanntschaft mit einer Reihe von Wissenschaftlern, deren Namen so unsterblich wie ihre Taten sind: Er traf die Astronomen Laplace und Borda und die Zoologen Lamarck und Cuvier, er nahm an Delambres geodätischen Arbeiten teil, die später zur Grundlage des metrischen Systems wurden, und er lernte Louis Antoine de Bougainville kennen, dessen „Voyage autour du monde" zu Humboldts favorisierten Büchern gehört hatte.

Der alte Admiral bot dem Preußen an, an einer offiziellen französischen Expedition rund um die Erde teilzunehmen. Fünf Jahre sollte diese Unternehmung dauern, nach Südamerika sollte es gehen, nach Mexico und Kalifornien, nach Madagaskar und Afrika, und vom Pazifischen Ozean aus sollte sogar versucht werden, den Südpol zu erreichen.

Endlich: Die Welt umsegeln! Humboldt war begeistert, schon wieder. Also eilte er abermals durch Paris, um wichtige Instrumente zu beschaffen. Er traf die anderen Expeditionsteilnehmer, junge, kräftige, wohltrainierte Männer, von denen einer sofort seine

1798 wurde Humboldt von einem englischen Baron zu einer Expedition nilaufwärts eingeladen, aber das Unternehmen scheiterte an den kriegerischen Aktionen eines Mannes, der Humboldt oft im Wege war: Napoleon – links eine Ölstudie von Jacques Louis David – führte Krieg in Ägypten

In Paris lernte Humboldt den französischen Botaniker Aimé Jacques Alexandre Goujaud-Bonpland kennen. Er wurde der ebenso verläßliche wie verdienstvolle Begleiter Humboldts auf der fünfjährigen Reise durch Amerika

Sympathie gewann: der 25 Jahre alte Botaniker Aimé Jacques Alexandre Bonpland, dessen eigentlicher Name Goujaud lautete. Humboldt lernte den freundlichen jungen Mann im Hotel Boston in der Rue Colombier kennen, wo beide während der letzten Vorbereitungen für das weltweite Unternehmen logierten.

Aber dann, wiederum, ging alles schief: Bougainville, der große, alte Mann, wurde als Leiter der Expedition abgesetzt. Statt dessen sollte Kapitän Baudin das Unternehmen leiten. Dann fand die Regierung, sie könne die ursprünglich in Aussicht gestellten 300 000 Francs nicht aufbringen. Die Expedition wurde um ein Jahr verschoben. Es war wie verhext.

Es gab neue Pläne und Enttäuschungen, die Humboldts Ansicht bestärkten, die Welt sei gegen ihn. Gemeinsam mit Bonpland erwog er immer neue Reisepläne, von denen doch wenigstens einer angepackt wurde: Sie machten sich um die Jahreswende 1798/99 nach Spanien auf, von wo aus sie weiter nach Smyrna segeln wollten.

Sechs Wochen brauchten sie von Südfrankreich bis Madrid, und wiederum war erstaunlich, was Humboldt unterwegs alles sah und tat. Er berichtete von Bergen, deren Schneekuppen über Blumen ragten, über Dattelpalmen, die Klöster zierten, über Orangenpreise (eine Peseta für acht Orangen) in Valencia. Aber er berichtete auch, daß er – wie konnte es anders sein? – wieder magnetische, astronomische und barometrische Untersuchungen vorgenommen hatte, die, übrigens, zu Humboldts erstem Profil eines europäischen Landes führen sollten.

An einem kalten Februartag des Jahres 1799 kamen sie in Madrid an. Wenig sprach dafür, daß Humboldt ausgerechnet hier das große Glück finden würde, aber diesmal waren endlich alle Umstände auf seiner Seite.

Vor zwei Jahren in Dresden, beim unrühmlichen Ende der in Jena gestarteten „Expedition", war Humboldt dem sächsischen Botschafter am spanischen Hof, Baron Philipp von Forell,

begegnet. Der für die Wissenschaften sehr aufgeschlossene Mann sorgte durch Beziehungen dafür, daß Humboldt dem spanischen König vorgestellt wurde.

So stand Alexander von Humboldt im März 1799 in Aranjuez dem König Carlos IV. gegenüber. Der Preuße erläuterte dem Monarchen, wie dringlich er in die spanischen Kolonien in Ameri-

ka und nach den Philippinen zu reisen wünschte, um dort zu forschen, und er versprach, den Spaniern alle seine Studienergebnisse und mineralogischen Sammlungen zur Auswertung zugänglich zu machen.

Wenige Wochen später erhielten Humboldt und Bonpland – der Franzose als „Begleiter und Sekretär" – mit dem königlichen Siegel autorisierte Reisepässe, ausgestellt am 7. Mai 1799 und versehen mit der Order an alle Behörden, den Aufenthalt und die Forschungsarbeiten der beiden Europäer nach Kräften zu unterstützen.

Nie zuvor waren Ausländern die Türen zu den überseeischen Besitzungen des spanischen Weltreichs so weit geöffnet worden. Humboldt konnte sein Glück kaum fassen. Nach Jahren voll

König Carlos IV. von Spanien, hier mit seiner Familie in Aranjuez nach einem Gemälde von Francisco José de Goya, öffnete Humboldt den Zugang nach Amerika. Der Reisepaß mit dem königlichen Siegel garantierte Humboldt und Bonpland nicht nur Unversehrtheit, sondern auch Unterstützung durch die Obrigkeiten in den spanischen Kolonien

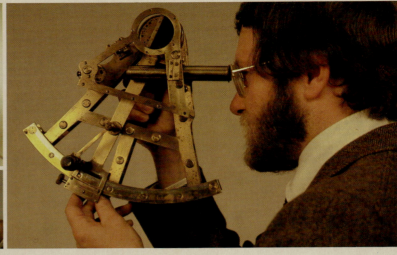

Zur Geländevermessung führte Humboldt in seiner umfangreichen Expeditionsausrüstung einen Quadranten mit, zur Feststellung geographischer Breiten, einen Sextanten – rechts daneben – und zur Winkelmessung bis 70 Grad einen Dosensextanten. Anders als andere Expeditionen, wurde Humboldts Unternehmung von niemandem gefördert. Der von seiner Arbeit besessene Forscher trug alle Kosten selber

von Enttäuschung schrieb er, er begreife noch gar nicht ganz, daß nun die Realisierung seiner Wünsche bevorstehe. Endlich war er mit der Welt versöhnt.

Schwerlich konnte der König von Spanien ahnen, daß er mit der Reiseerlaubnis für den preußischen Baron zur Beendigung des spanischen Kolonialismus' beitrug. Just zu dieser Zeit nämlich war der sechzehnjährige Venezolaner Simón Bolívar in Spanien angekommen, um hier zu studieren – derselbe Bolívar, den Humboldt nach seiner Rückkehr aus Südamerika in Paris treffen würde, um ihm zu berichten, daß nach seiner Meinung die Kolonien reif für die Unabhängigkeit seien. Bolívar führte dann den Kampf für die Freiheit und gegen die Spanier in eben jenen Ländern, durch die Humboldt gezogen

war: Venezuela, Kolumbien, Ekuador und Peru.

Kaum besaßen sie ihre Pässe, eilten Humboldt und Bonpland von Madrid nach La Coruña. Dort empfahl ihnen der Hafenkapitän zur Überfahrt die „Pizarro", die über Venezuela nach Kuba segeln sollte. Sie sei, sagte er, kein besonders schnelles Schiff, aber sie habe dennoch den glücklichen Ruf, noch nie einem Kriegsschiff aus dem feindlichen England begegnet zu sein.

Kapitän Manuel Cagigal von der „Pizarro" wurde angewiesen, an Bord Vorrichtungen anzubringen, die Humboldt eine wissenschaftliche Arbeit auch während der Überfahrt gestatteten. Dann wurden die Instrumente an Bord gebracht und montiert; ihre Aufzählung* sagt eine Menge über das Pro-

* 1. Eine Uhr (Chronometer) zur Längenbestimmung (Nr. 27 von Louis Berthoud).
2. Ein Halb-Chronometer von Johann Heinrich Seyffert zur Zeitübertragung bei kurzen Zwischenräumen.
3. Ein achromatisches (farbloses) Fernrohr von John Dollond zur Bestimmung der Jupiter-Satelliten.
4. Ein Fernrohr von Noël Simon Caroché, geringeren Umfangs als Nr. 3, mit einer Vorrichtung zur Befestigung an Baumstämmen.
5. Ein Korrektur-Fernrohr, mit einer in Glas gravierten Mikrometereinteilung von Johann Gottfried Koehler (Dresden), um z. B. die sehr kleinen Winkel zu bestimmen, die entfernte Gebirge ergeben.
6. Ein Sextant von Jesse Ramsden, mit Silber-Limbus.
7. Ein Snuffbox-Sextant von Edward Troughton mit künstlichem Kristallhorizont.
8. Ein Künstlicher Horizont von Noël Simon Caroché.
9. Ein Viertelkreis von John Bird.
10. Ein Graphometer von Jesse Ramsden auf einem Rohrstock mit einer Magnetnadel zur Registrierung des magnetischen Azimuts.
11. Eine Inklinations-Bussole, nach den Grundsätzen Jean Charles de Bordas konstruiert von Etienne Le Noir; Instrument zur Beobachtung des Erdmagnetismus, vom französi-

schen „Bureau des Longitudes" (Amt für Längenmessungen) eigens mitgegeben.
12. Eine Deklinations-Bussole (Erdmagnetisches Beobachtungsinstrument) von Etienne Le Noir, nach den Grundsätzen Johann Heinrich Lamberts konstruiert.
13. Eine Nadel von 12 Zoll Länge, mit Visiereinrichtung, an einem torsionsfreien Faden aufgehängt, nach der Methode Charles Augustin Coulombs.
14. Ein unveränderliches Pendel, von Megnié in Madrid konstruiert, zur Schweremessung.
15. Zwei Barometer von Jesse Ramsden.
16. Zwei barometrische Apparate zur Bestimmung der mittleren Höhe des Barometers.
17. Mehrere Thermometer von Paul (Genf), Jesse Ramsden, Megnié (Madrid) und Jean Fortin.
18. Ein Hygrometer (Haarhygrometer) von Horace-Bénédict de Saussure und ein Fischbein-Hygrometer von Jean-André de Luc.
19. Zwei Elektrometer von Bennet und Horace-Bénédict de Saussure.
20. Ein Cyanometer (zur Messung der Himmelsbläue) von Paul, eingerichtet von Marc-Auguste Pictet.
21. Ein Eudiometer von Felice Fontana zur Messung atmosphärischen Gases.

gramm aus, das sich der Baron und sein Freund vorgenommen hatten.

Während der üblichen turbulenten Vorbereitungen zur Ausreise bekräftigte Humboldt an Bord der „Pizarro" in seinen letzten Briefen aus Europa noch einmal, was er mit seiner so lang herbeigesehnten Reise bezweckte.

Alexander von Humboldt war glücklich – vielleicht das erste Mal in seinem Leben. „So unabhängig, so frohen Sinnes, so regsamen Gemütes hat wohl nie ein Mensch sich jener Zone genähert", schrieb er an einen Freund in Berlin, und: „Ich werde Pflanzen und Tiere sammeln, die Wärme, die Elastizität, den magnetischen und elektrischen Gehalt der Atmosphäre untersuchen, sie zerlegen, geographische Längen und Breiten bestimmen, Berge messen, aber dies alles ist nicht der Zweck meiner Reise. Mein eigentlicher, einziger Zweck ist, das Zusammen- und Ineinanderweben aller Naturkräfte zu untersuchen, den Einfluß der toten Natur auf die belebte Tier- und Pflanzenschöpfung".

Am 5. Juni 1799, endlich, lichtete die „Pizarro" die Anker – Alexander von Humboldt war auf seinem Weg. Den Herkulesturm von La Coruña beobachtete er noch – das älteste Leuchtfeuer Europas, schon in der Römerzeit gegründet –, als sich der Abend senkte, und dann, um neun Uhr, sah er zuletzt das Licht einer Fischerhütte von Sisarga. Dann versank das Abendland hinter dem Horizont.

22. Ein Phosphor-Eudiometer von Reboul.
23. Eine thermometrische Sonde von Dumotier.
24. Zwei Areometer zur Bestimmung der Dichte von Flüssigkeiten von Nicholson und John Dollond.
25. Ein Mikroskop von Hofmann.
26. Ein metrisches Eichmaß, von Etienne Le Noir.
27. Eine Meßkette.
28. Eine Waage.
29. Ein Hyetometer.
30. Absorptionsröhren zum Nachweis von kleinen Gasmengen durch Kalkwasser.
31. Elektroskopische Apparate von René-Just Hauy.
32. Gefäße zur Messung der Verdampfung von Flüssigkeiten.
33. Ein künstlicher Quecksilberhorizont.
34. Kleine Leidener Flaschen, die durch Reibung elektrisch aufgeladen werden können.
35. Galvanische Apparate.
36. Reagenzien zum Nachweis der chemischen Zusammensetzung von Mineralwassern.
37. Eine große Zahl notwendiger kleiner Werkzeuge zur Reparatur von Instrumenten.
38. Gnomon.

Nebel und Regenschleier erleichterten der „Pizarro" den Durchbruch durch die englische Blockade. Sturm kam auf. Die „Pizarro" rollte schwer in der Dünung, aber Humboldt war ungerührt an Deck und hievte Proben von Meerwasser an Bord, um sie zu untersuchen.

Die „Pizarro" folgte dem Kurs von Christoph Columbus, segelte also über die Kanarischen Inseln nach Westindien. Bald war das Schiff im Golfstrom. Humboldt wurde unverzüglich zum Ozeanographen. Zwar war er ästhetisch angetan von den phosphoreszierenden Funken im Meer wie von den blitzenden Sternkonstellationen am Himmel, aber ebenso begeistert war er von der Möglichkeit, galvanische Versuche an Mollusken vornehmen und mit dem Sextanten die Entfernung der Sterne voneinander messen zu können, also seine Interessen vielfältig und tätig zu verfolgen. Humboldt erlag sofort dem Reiz des Neuen. Er trug in sein Ta-

Der Herkulesturm von La Coruña, das älteste Leuchtfeuer Europas aus der Römerzeit, gehörte zum Letzten, was Humboldt von der Alten Welt sah, als er am 5. Juni 1799 mit der „Pizarro" die Fahrt nach Amerika begann

gebuch ein, was ihm wert erschien, er zeichnete, was er festzuhalten wünschte und er legte, im Fazit, damit einen der Grundsteine der modernen Meereskunde.

Der Kapitän der „Pizarro" machte sich bei seiner Navigation gern die Messungen zunutze, die Humboldt nahezu unaufhörlich vornahm. Aber dann, als sich das Schiff den Kanarischen Inseln näherte, verließ er sich doch auf seine Seekarten – und irrte. Humboldt berichtete später eher amüsiert, der Kapitän habe einmal auf Grund von Erzählungen portugiesischer Fahrensleute angenommen, in der Nähe eines kleinen Forts zu sein, und dann habe er vor der vermeintlichen Befestigung, die in Wahrheit bloß ein Basaltfelsen war, durch Hissen der spanischen Flagge salutiert und ein Boot an Land geschickt, dessen Besatzung die Anwesenheit englischer Schiffe in diesem Seegebiet erkunden sollte.

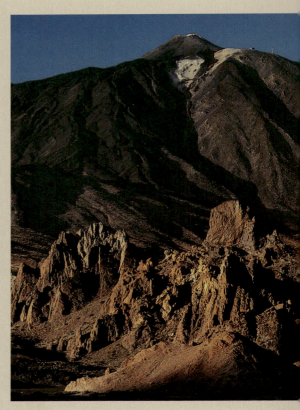

Humboldt und Bonpland nutzten die Gelegenheit. Sie gingen mit an Land, um die Küste zu erforschen. Es war eine vorgelagerte Insel, unbewohnt. Ein Fischer, der hier ebenfalls ankerte, sah die Fremden und verbarg sich ängstlich zwischen den Felsen. Als sie ihn aufgestöbert hatten und befragten, erzählte er, er habe schon wochenlang kein Schiff gesehen.

Schließlich ankerte die „Pizarro" vor Santa Cruz unterhalb jenes Forts, von dem eine Kanone zwei Jahre zuvor dem englischen Admiral Nelson einen Arm weggeschossen hatte. Und schon fand Humboldt ein neues Ziel: den Teide zu besteigen, den 3710 Meter hohen Vulkan, der genau zwölf Monate zuvor zuletzt ausgebrochen war.

Für Humboldt war dieser Ausflug erneut die Verwirklichung eines alten Traums. Sehr sachlich hat er darüber in seinen Büchern berichtet; ich fand den spontanen und sehr emotionalen Brief eindrucksvoller, den er am Fuße des Vulkans an seinen Bruder schrieb. Es heißt darin:

„. . . Den 23. Juni, abends. Gestern nacht kam ich vom Pik zurück. Welch ein Anblick, welch ein Genuß! Wir wa-

ren bis tief im Krater; vielleicht weiter als irgendein Naturforscher . . . Gefahr ist wenig dabei; aber Fatigue (Ermüdung) von Hitze und Kälte: im Krater brannten die Schwefeldämpfe Löcher in unsere Kleider, und die Hände erstarrten bei 2 Grad Réaumur. Gott, welche Empfindung auf dieser Höhe (11 500 Fuß!). Die dunkelblaue Himmelsdecke über sich; alte Lavaströme zu den Füßen; um sich dieser Schauplatz der Verheerung (3 Quadratmeilen Bimsstein), umkränzt von Lorbeerwäl-

Auf Teneriffa bestieg Humboldt den vulkanischen Pico de Teide, der zwölf Monate zuvor zuletzt ausgebrochen war. Die Zeichnung des Kraters entstand nach einer Skizze des Forschers. Als Kind hatte Humboldt immer Fernweh verspürt, wenn er im Botanischen Garten von Berlin an einem Drachenbaum vorbeikam. Nun, auf Teneriffa, sah er diese Bäume in der Wildnis. Die beiden Exemplare auf dem Foto wachsen bei Puntagorda. Der Stich aus der Zeit des Forschers zeigt einen Drachenbaum, den Humboldt auf der Insel sah

dern; tiefer hinab die Weingärten, zwischen denen Pisangbüsche sich bis ans Meer erstrecken, die zierlichen Dörfer am Ufer, das Meer und alle sieben Inseln, von denen Palma und Gran Canaria sehr hohe Vulkane haben, wie eine Landkarte unter uns . . . Der Pik ist ein Basaltberg."

Damit hat Humboldt den sogenannten Neptunismus seiner Zeit aufgegeben, der selbst den Basalt noch als Sediment, also als Gestein verstehen wollte, das sich im Wasser abgesetzt habe.

Auch von einem gewaltigen Drachenbaum schwärmte er seinem Bruder vor, dessen Umfang schon vor vier Jahrhunderten, also zur Zeit der Guanchen, der Urbewohner, so mächtig wie jetzt gewesen sei. Fast sei ihm zum Weinen zumute, schrieb er, wenn er daran denke, diesen Ort wieder verlassen zu müssen. Aber dann neues Schwärmen über den Reichtum der Vegetation, über alte Wälder, über Wein und Rosen; selbst die Tatsache bestaunte er, daß die Menschen hier ihre Schweine mit Aprikosen mästeten und die Straßen durch Kamelien begrenzt seien. Aber so sehr er auch alles bewunderte, was ihn umgab: „Wir segeln am 25. Juni", schrieb er, das klang definitiv.

Südöstliche Winde brachten die „Pizarro" exakt auf den Kurs von Columbus während dessen dritter Reise. Es waren gute, freundliche Winde, die Humboldt verstehen ließen, weshalb spanische Seeleute diese atlantische Strecke El Golfo de las Damas nannten: Selbst Frauen würden auf ihr navigieren können. Humboldt zog aus der bequemen Passage einen nicht nur persönlich erhellenden Schluß: Weil die Reise nach Amerika so angenehm wie die Rückreise nach Europa gefürchtet sei, schrieb er, würden viele Europäer lieber in Amerika bleiben.

Sie segelten durch das Sargasso-Meer mitten im Atlantik mit seinen dichten Wiesen von Seegras und einer Art von Ledertang (Fucus giganteus), aus dem Seeleute schon seit Jahrhunderten ergebnislos versucht hatten, „Tropenwein" zu machen. Fliegende Fische lösten sich von den Kämmen der Wellen und platschten auf das Deck der „Pizarro": willkommene Studienobjekte für Humboldt, der ermittelte, daß sich die Flossen – oder Flügel – der Tiere öffneten, wenn man ihnen einen Stromstoß gab, und daß ihre Schwimmblasen zu 94 Prozent Stickstoff enthielten, während die der Tiefwasserfische hauptsächlich Sauerstoff aufwiesen. Humboldt notierte so etwas wertfrei; er schien sich selber nie nach der Nützlichkeit solcher Informationen zu befragen: Er hatte ein neues Faktum des Lebens gefunden – das war ihm genug.

Während seiner Reise in die Neue Welt stand Humboldt in jeder klaren Nacht an Deck, um das Meer und den Himmel zu beobachten. Zwar war es mühsam, im Dunkeln die Instrumente abzulesen; der Kapitän hatte jedes Licht an Bord untersagt, um nicht von englischen Kriegsschiffen entdeckt zu werden. Aber weder diese Order konnte Humboldt von seinen Messungen abhalten, noch der Umstand, daß sein Begleiter, Aimé Bonpland, seekrank un-

ter Deck lag. Man brauche zwar, schrieb Alexander seinem Bruder Wilhelm, viel Geduld, um präzise astronomische Beobachtungen „con amore" zu machen, aber ihm scheine, als beeinträchtige die drückende Hitze seine Tätigkeiten nicht.

Unter Deck freilich war die tropische Temperatur – Humboldt maß 36 Grad Celsius – die Hölle für die Passagiere in den dreckigen Quartieren. Als sich die „Pizarro" dem amerikanischen Kontinent näherte, brach an Bord auch noch Typhus aus. Viele lagen im Delirium. Es war zwar ein Arzt an Bord – „ignorant und phlegmatisch" nannte ihn Humboldt –, er wurde der Krankheit nicht Herr. Als die Küste schon nahe war, starb ein neunzehnjähriger Spanier.

Humboldt und Bonpland wurden von der Epidemie an Bord nicht betroffen, aber begreiflicherweise wollten sie nun dringend der „Pizarro" entkommen. Eigentlich hatten sie vor, sich in Kuba auszuschiffen, doch nun entschlossen sie sich, schon im ersten südamerikanischen Hafen an Land zu gehen. Diese Entscheidung, eine der vielen schnellen, die Humboldt traf, veränderte nicht nur den Lauf des Lebens der beiden Forscher, sondern auch die Richtung der wissenschaftlichen Erforschung Amerikas.

Der Kapitän der „Pizarro" hatte Schwierigkeiten, den nächsten Hafen zu finden: Cumaná in Venezuela. Zwar hatte Columbus schon drei Jahrhunderte zuvor diese Küste entdeckt, und Spanier besegelten seither die Gewässer, aber die Seekarten waren immer noch gefährlich ungenau. Sie führten Inseln und Meeresströme auf, die es nicht gab, verzeichneten dagegen aber nicht höchst reale Felsen und Untiefen vor der Küste von Venezuela.

Als Land in Sicht kam, jene südamerikanische Küste, die Columbus 1498 entdeckt hatte, beschloß der Kapitän, ein Ruderboot auszusetzen, um sich zu orientieren. Aber das erwies sich als überflüssig. Zwei Segelkanus kamen schon auf die „Pizarro" zu.

Das war der Augenblick, in dem Alexander von Humboldt seine ersten

Amerikaner sah. In jedem Kanu zählte er achtzehn Guayqueria-Indianer. Sie waren, berichtet er in einem seiner ersten Briefe aus Amerika, sehr groß, nackt bis hinunter zur Taille, und sie erinnerten ihn an Statuen aus Bronze.

Die Indianer kamen an Bord, als sie sicher waren, es mit einer freundlichen Besatzung zu tun zu haben. Sie brachten frische Kokosnüsse und Fische in prächtigen Farben mit. Als einer der Kanu-Führer dem Forscher vom tierischen und pflanzlichen Leben an diesem Küstenstrich erzählte, von Krokodilen und Boa constrictors, von elektrischen Fischen und vielfältigen Wildkatzen, konnte es Humboldt kaum noch abwarten, an Land zu kommen: Endlich war er in den Tropen.

Humboldt engagierte den Indianer auf der Stelle. Er hieß Carlos del Pino und wurde während der nächsten sechzehn Monate wichtiger dritter Mann und Führer der Expedition durch Venezuela. Wohin es die beiden europäischen Forscher auch trieb: Carlos ging voran oder folgte ihnen, auf den Schultern die kostbaren und zerbrechlichen Instrumente.

In der Nacht blieb die „Pizarro" noch auf Reede liegen. Die Ausschiffung sollte bei Tageslicht beginnen – und damit auch der eigentliche Anfang des unvergleichlichen Lebenswerkes von Alexander von Humboldt.

Nie zuvor – und nie danach – hat ein Mensch eine so gewaltige Anstrengung auf sich genommen, die Natur zu begreifen, und niemand anders hat auch nur annähern so viel getan, um seine Mitmenschen über „das Zusammen- und Ineinanderwirken aller Naturkräfte" aufzuklären, das zu erforschen er als „einzigen Zweck" seiner Reise durch Amerika bezeichnete.

Hat die Menschheit, was sie von Humboldt hätte lernen können, aufgenommen?

Was Humboldt vorgefunden hatte, war noch im Wortsinne die „Neue Welt", jene nämlich, die, bevor die westliche Zivilisation ihre Landschaft veränderte, weitgehend von der Natur beherrscht wurde. Über sie, und über

Land- und Seekarten waren zu Humboldts Zeit ungenau und mithin gefährlich, obwohl der Erdteil schon 300 Jahre zuvor durch Kolumbus entdeckt worden war. Der Stich zeigt Kolumbus, wie er Perlenfischer trifft. Humboldt, der an Bord der „Pizarro" unausgesetzt Messungen vornahm, untersuchte auch Fliegende Fische, die an Bord sprangen

den Platz, den der Mensch in ihr hatte, berichtete er. Er sah, er maß, er verglich, aber er veränderte nichts – und schuf doch Voraussetzungen künftiger Wandlungen. Er gab Hinweise, wo Kanäle angelegt werden könnten, aber er war kein Ingenieur. Er wollte nichts bauen, regte aber mehrfach technische und organisatorische Verbesserungen an.

Nach ihm freilich kamen die vielen, die daran glaubten, daß es die Aufgabe des Menschen sei, sich die Erde untertan zu machen. Auch ich habe daran geglaubt – wer aus meiner Generation hätte das nicht getan? Wo Humboldt die Natur beobachtet und untersucht hatte, veränderten später Menschen mit phantastischen Fähigkeiten und großen Maschinen das Land total.

Würde Alexander von Humboldt seine Reise heute wiederholen können, wie ich das getan habe, er wäre gewiß überrascht, sicherlich betroffen, aber auch erfreut über große und kleine Veränderungen, die sich seit seiner Zeit im Land getan haben. Die Pocken, damals noch eine schreckliche Geißel der Menschheit, gibt es nicht mehr. Menschen können mit raffinierter Ausrüstung vor den Küsten tauchen und die Schönheit marinen Lebens bewundern – eine technische Möglichkeit, die Humboldt gewiß gern genutzt hätte. Sie können, was sie an Worten festzuhalten wünschen, in nahezu jeder Situation auf ein Tonband sprechen und brauchen nicht mehr umständlich Notizbücher zu benutzen. Es gibt Kühlschränke und ständig kalte Getränke, es gibt Außenbordmotoren für bequeme Wassertouren, es gibt verläßliche Mittel gegen Moskitos und Malaria – was hätte wohl Alexander von Humboldt für diese Segnungen der Zivilisation in Erdteilen gegeben, in denen sie viel wichtiger sind als in den gemäßigten Breiten?

Aber ganz gewiß würde auch vieles aus der amerikanischen Welt von heute den Reisenden von damals bedrücken:

In Venezuela ist das wunderschöne Tal von Caracas und das nicht minder schöne Umland von einer Vielzahl ständig stark befahrenen Autobahnen ver-

unziert, an deren Rändern – und nicht nur dort – unüberschaubare Berge von Abfällen modern.

In Kolumbien hat der Export von Rauschgift den des Kaffees und aller anderen Güter bei weitem übertroffen und ein Geschäft begründet, das jeden korrumpiert, der mit ihm zu tun hat.

In Peru hat die Überfischung des Humboldtstromes in den sechziger und siebziger Jahren unseres Jahrhunderts das ökologische Gleichgewicht des organismenreichsten Gewässers der Erde zerstört. Zweihundert Millionen Tonnen Anchovis fielen dem Raubbau anheim, 100 Millionen Guanovögel verschwanden, und die Welt verlor eine bis dahin reiche Protein-Quelle.

In Mexiko, dessen klaren Himmel Humboldt einst bewunderte, ist die Luft inzwischen so verschmutzt, daß Flugzeuge gelegentlich selbst an Sonnentagen um die Mittagszeit mit Hilfe ihrer Automatik landen müssen.

Und auch in meinem Heimatland, in den Vereinigten Staaten, würde sich Humboldt wundern: Die einst so schöne Landschaft zwischen Philadelphia und Washington, durch die er acht Tage mit der Kutsche gefahren war, ist heute fast total bedeckt mit Asphalt und Häusern, die Ruhe von damals ist längst dahin, immer hängt der Lärm von Jets am Himmel.

Ich weiß, daß Alexander von Humboldt seinen Augen nicht trauen würde, könnte er sehen, was aus Teilen des amerikanischen Kontinents geworden ist, wo der Mensch aus „großer, erhabener Natur" schlimme, smogverhangene Industriewüsten machte. Auch hier – wie in anderen Erdteilen – sind Tiere vom Aussterben bedroht, einige seit Humboldts Zeit längst ausgerottet, und es ist nicht abzusehen, daß die Menschheit ihren ruinösen Kurs ändert und sich mit der Natur versöhnt.

„Möge es der Nachwelt glükken . . .", hatte Alexander von Humboldt geschrieben, „den Zusammenhang zwischen der materiellen und moralischen Welt in ein helles Licht zu setzen."

Ach, Alexander.

Nirgendwo auf
Humboldts Route durch
Amerika zeigt sich heute
der Wandel der Zeit
dramatischer als in
Mexico City: Aus der einst
schönen Stadt unter
kristallklarem Himmel
ist ein luftverpesteter
Moloch geworden

»Ich komme von Sinnen, wenn die Wunder nicht bald aufhören«

Am 16. Juli 1799 betrat Alexander von Humboldt im venezolanischen Cumaná den Boden Amerikas. Ein Traum hatte sich erfüllt. Er bestaunte die „kraftvolle, üppige Pflanzennatur", die Farbenpracht der Tukane und anderer Vögel. Hier begann ein wissenschaftliches Unternehmen, das seinesgleichen zuvor und auch danach nicht hatte

Zur Verblüffung der Haupt-
stadtbewohner, denen so
etwas nie in den Sinn gekommen wäre, bestieg Humboldt
die südlich von Caracas
gelegene Silla, die heute,
nach vielen verheerenden
Bränden, ein Nationalpark ist.
Humboldt bewunderte wie
Bonpland, daß in einem
kleinen Stück Tropenwald
mehr Vielfalt als in allen
Wäldern Europas war

Am Manzanares
suchen Bürger von Cumaná
heute wie zu Humboldts
Zeiten Erfrischung in der
lastenden Hitze. Der
preußische Baron schwärmte:
„Wir sind im göttlichsten
und vollsten Lande...
wo der Mensch dem Natur-
zustand noch nahe ist"

Ein Brillenkaiman mit Beute – für Humboldt, als er die Ströme Südamerikas befuhr, war das ein nahezu alltäglicher Anblick – wie es auch geboten war, sich nachts vor Jaguaren zu schützen. Seither hat der Mensch die südamerikanische Tierwelt dramatisch reduziert

Immer wieder erlebte
Humboldt während seiner
Amerika-Reise Naturvorgänge,
die er in dieser Intensität
aus Europa nicht kannte.
Hier geht ein tropischer
Wolkenbruch nieder

Viele jener Tierarten,
die zu Humboldts Zeiten
noch Amerika bevölkerten, sind
seither stark dezimiert oder
ganz ausgerottet. Verhältnismäßig gut hat sich die Vogelwelt
erhalten. Diese Roten Aras
und Grünflügel-Aras fessen
mineralhaltige Erde

Als Humboldt durch
Caracas kam, war das noch
eine idyllische Stadt mit
schöner Umgebung. Heute hat
Caracas genau wie andere
Hauptstädte Südamerikas
seine riesigen Slums, die hier
Ranchos heißen und ständig
weiter in die Landschaft
wachsen

Auf dem Dach eines
67stöckigen Hauses entstand
dieses Foto von Caracas.
Rechts im Vordergrund ist
das alte Stadtzentrum zu sehen,
in dem sich Alexander von
Humboldt aufhielt

Am Morgen des 16. Juli 1799 gingen die Passagiere der „Pizarro" an Land, 41 Tage nach ihrer Abreise aus dem spanischen La Coruña. Die Kranken kamen aus den verwahrlosten Quartieren an Deck und freuten sich wie Kinder. Sie sahen Silberreiher und rosa Flamingos, die am Strand nach Nahrung suchten, und sie sahen braune Pelikane, die in die grüne See tauchten.

Humboldt und Bonpland, als sie ihre Füße auf den Boden des fremden Kontinents setzten, waren wie benommen vor Glück. Für sie erschien, was sie umgab, als ein Land voll von Wundern. In Briefen, die Alexander von Humboldt kurz danach schrieb, spiegelt sich der nahezu kindliche Überschwang, der ihn erfüllte. Wohin er auch sah: Es war alles zum Staunen.

Er staunte über die Höhe der Kokospalmen und über die Pracht der Poinciana. Er staunte über Bäume mit Blüten, die groß wie eine Männerhand waren, und er schwärmte über die Fülle von Pflanzen, bei denen er sicher war, daß die Wissenschaft viele von ihnen noch gar nicht kannte. Er bewunderte den Glanz im Gefieder der Vögel, die Farben der Fische, sogar die Krabben leuchteten himmelblau und golden.

„Wie die Narren", meldete er nach Europa, „laufen wir bis jetzt umher." Und: „In den ersten Tagen können wir nichts bestimmen, da man immer wieder einen Gegenstand wegwirft, um einen anderen zu ergreifen. Bonpland versichert, daß er von Sinnen kommen werde, wenn diese Wunder nicht bald aufhören. Aber schöner noch als diese Wunder ist der Eindruck, den das Ganze dieser kraftvollen, üppigen und dabei doch so leichten erheiternden, milden Pflanzennatur macht."

Alexander, der scheue, entbehrend einsame Knabe von einst, fühlte sich im Angesicht der so lange herbeigesehnten exotischen Welt wie im Paradies. Er lief wie ein Kind hinter buntschillernden Schmetterlingen her, er beobachtete nächtelang die Sterne, schlug Steine mit einem Hammer auf, nahm erdmagneti-

sche Messungen vor, stellte barometrische Experimente an, analysierte die Luftzusammensetzung – kurzum: Er tat, was er von nun an während seiner jahrelangen strapaziösen Reise immer tun würde, auch unter den schwierigsten Umständen. Vor allem aber beschäftigte ihn die mehr als üppige Vegetation, immer wieder – die Wunder hörten wirklich nicht auf.

Einen der gesundesten Orte Südamerikas nannte Humboldt dieses Cumaná: Ich fand, als ich zum erstenmal nach Cumaná kam, das Klima unerträglich, und ich sah ziemlich verändert, was Humboldt noch als Paradies bezeichnet hatte: Die Strände waren von Öl verdreckt, die Hügel nahezu abgeholzt. Es gab noch Kokospalmen, aber Hurrikane hatten sie arg zerrupft. Ich sah Pelikane, und sie tauchten noch immer um Beute ins grüne Wasser, aber es gab keine Silberreiher mehr, auch keine Flamingos – der Mensch war mit den Wundern, die Humboldt noch entzückt

hatten, nicht sehr gut umgegangen. Das Fort auf dem Hügel stand noch da, mit Auch längst verrosteten Kanonen aus Humboldts Zeiten.

Aber dann die öde Stadt: Der Friedhof, so schien mir, war der belebteste Stadtteil. Ich fand in ganz Cumaná kein Denkmal für den jungen Preußen, der diesen Ort geliebt und mindestens unter Naturwissenschaftlern weltberühmt gemacht hat. Nur ein Kino war nach dem Mann benannt, der hier ein Stück Weltgeschichte der Forschung zu schreiben begonnen hatte, und neben dem Kino eine Eisdiele. Nein, dieses Cumaná ist kein Wunder mehr, sondern auf bedrückende Weise ein Spiegel unserer Zeit.

Nichts von der Bedrückung aber bei Humboldt während seiner ersten Tage in Amerika. Er war am Ziel, oder, genauer: Er war in dem Erdteil, endlich, in dem er seine Ziele finden würde. Dreißig Jahre Hoffnung setzten sich in die Wirklichkeit um. Er war nun Entdecker in einer ganz und gar exotischen Welt. Was er, zuweilen unter deprimierenden Umständen, im fernen Preußen ersehnt hatte, war Tatsache geworden: Er sah Nacht für Nacht die südlichen Sternbilder, die bis dahin nie an seinem Himmel erschienen waren.

Eine eher weltliche Angelegenheit riß die Ankömmlinge kurz aus der überschäumenden Schwärmerei der ersten Tage, aber auch sie erwies sich als überraschend angenehm: Humboldt und Bonpland hatten dem Gouverneur ihre Pässe vorzulegen. Zum erstenmal sollte sich der königliche Freibrief beweisen. Würde er das in vollem Umfang tun?

Ihre gelinden Zweifel erwiesen sich als unbegründet. Die Pässe spielten kaum eine Rolle, und die Ankömmlinge lernten Don Vicente Emparan, den Gouverneur von Nueva Andalusia, wie diese Gegend Venezuelas damals genannt wurde, als einen verbindlichen und gütigen Mann kennen. Der frühere Marineoffizier baskischer Herkunft zeigte

Vier Monate lang erkundeten die Forscher die Umgebung ihres Ankunftshafens Cumaná. Das nächste Ziel war Caracas. Auf dem Weg dorthin trennten sie sich: Bonpland zog den Fußmarsch über Land der Schaukelei auf See vor. Zehn Wochen verbrachten sie in der venezolanischen Hauptstadt. Dann, nach Abstechern ins Umland, brachen sie zu ihrem Treck durch die Llanos auf, die sich 1300 Kilometer lang und 450 Kilometer breit zwischen den Anden und dem Orinoko erstrecken

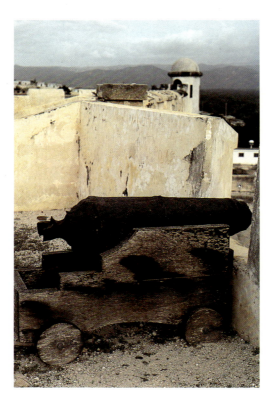

Oberhalb der Hafenstadt Cumaná, in der Humboldt erstmals amerikanischen Boden betrat, steht das alte Fort mit seinen Kanonen noch so, wie der preußische Baron es sah

seinen unerwarteten Besuchern Baumwolle, die mit lokalen Pflanzen gefärbt worden war sowie Möbel aus einheimischen Hölzern. Er sagte, wie sehr er sich darüber freue, daß die europäischen Herren eine Weile bleiben wollten, und dann, Humboldt traute seinen Ohren kaum, fragte er, ob wohl die Atmosphäre unter dem schönen Himmel der Tropen weniger Stickstoff als die Atmosphäre über Spanien enthalte, und ob die Geschwindigkeit, mit der hier das Eisen roste, mit der größeren Luftfeuchtigkeit zu tun habe, die er festgestellt habe.

Wissenschaftsjargon aus dem Munde eines Einwohners von Cumaná – das hatten Humboldt und Bonpland in der Neuen Welt nicht erwartet. Sie antworteten dem Gouverneur ausführlich und waren sicher, in ihm einen einflußreichen Mann gefunden zu haben, der ihre weiteren Wege eben helfen würde.

Sie mieteten ein Haus am Hauptplatz der Stadt, die 16 000 Einwohner hatte, und sie richteten sich komfortabel darin ein. Ein alter Seemann aus Paris, der lange in Santa Domingo und auf den Philippinen gelebt hatte, führte ihnen den Haushalt, unterstützt von schwarzen Helfern.

Es war heiß. Die Bürger der Stadt verbrachten viel Zeit am und im Wasser. Humboldt sah, daß jedermann, auch die Kinder, schwimmen konnte. Das fiel ihm besonders auf – er selbst war Nichtschwimmer.

An den Abenden gingen Humboldt und Bonpland am Ufer des Manzanares spazieren und beobachten belustigt, wie die Einheimischen auf ihren Stühlen im Wasser saßen und Stunden damit verbrachten, Zigarren zu rauchen und über das Wetter oder das luxuriöse Leben von Caracas und Havanna zu reden. Sie achteten der Krokodile nicht, die es im Fluß gab, wie Humboldt erstaunt notierte, aber dafür rannten Badende erschreckt ans Ufer, wenn mit der Dunkelheit die Delphine den Fluß heraufkamen und urplötzlich prustend neben ihnen auftauchten.

Tagsüber waren die Forscher trotz der Hitze damit beschäftigt, Pflanzen, Muscheln und Insekten zu sammeln sowie ihre Instrumente auszuprobieren, die mehr Aufmerksamkeit unter den Einheimischen erregten, als den Europäern lieb war. Vor dem Haus versammelten sich gelegentlich Menschen, die durch das Teleskop auf den Mond sehen – oder darüber staunen wollten, wie groß eine Laus von ihrem Kopf unter dem Mikroskop aussah.

Wenn sie nicht spazieren gingen, stand Humboldt, manchmal bis tief in die Nacht, auf dem Balkon und beobachtete die Vorgänge um sich herum und am Himmel. Was ihn umgab, war nicht sehr viel anders als das, was er an Bord der „Pizarro" erlebt hatte: Wie Organismen im Meer, so trugen hier Käfer eine Phosphoreszenz in sich; wie winzige Lampen sirrten die Tiere durch die Dunkelheit. Und hoch droben am Himmel die Sterne waren ebenso klar wie noch vor wenigen Tagen auf hoher See. Er schrieb nach Europa wahre Hymnen über die Schönheit der Nächte und die fabelhafte Sichtigkeit der Luft. So berichtete er, er habe seinen Sextanten, wenn auch mit Hilfe eines Vergrößerungsglases, beim Licht der Venus ablesen können.

Nach ein paar ersten Ausflügen ins trockene, kaktusbewachsene Umland schrieb Humboldt dem Baron von Forell, der ihm in Madrid zum Reisepaß verholfen hatte, einen etwas merkwürdigen Brief – nicht frei von Übertreibungen. Weder Jaguare, schrieb er, noch Kaimane noch Affen fürchteten sich hier vor Menschen, und dann berichtete er von der Boa constrictor, die ein Pferd schlucken könne.

Bei allem Respekt: Es sieht so aus, als hätte auch Humboldt kurz nach seinem Eintreffen in Südamerika an einem Wettbewerb teilgenommen, der bis heute anhält und nie entschieden werden wird: Wer erzählt die Geschichte von der größten Schlange der Welt?

Wahr ist: Nicht einmal Anakondas, denen Humboldt später am Orinoko begegnete, können ein Pferd erwürgen – geschweige denn schlucken. Die Anakonda, die noch länger als eine Boa constrictor ist, zählt zu den größten Schlangen der Welt. In einem Museum in London gibt es ein präpariertes Exemplar von 8,70 Metern Länge. Rudolpho von Ihering, der Doyen der brasilianischen Zoologen, fand Beweise für ein Monstrum, das gar 11,28 Meter maß. Ich selber habe Anakonda-Häute gesehen, die acht Meter lang und etwa 75 Zentimeter breit waren – zu Lebzeiten gewiß Tiere, denen man nicht in jenen Gewässern begegnen möchte, in denen sie nachts jagen. Übrigens behaupten Einheimische heute noch, daß die Anakonda seltsame Geräusche macht und Vögel und kleine Tiere imitiert, um sie als Beute anzulocken. Bewiesen ist das nicht.

Oberst Percy H. Fawcett, ein berühmter Reisender, der für die britische Armee die südamerikanischen Grenzen inspizierte und 1925 spurlos im Urwald des Amazonas verschwand, will eine sage und schreibe achtzehn Meter lange Anakonda getötet haben. Mehr noch: Am Rio Paraguay, berichtete der Oberst, habe eine brasilianische Grenzkommission ein Biest von 24 Metern Länge erlegt, und man habe Anakon-

da-Spuren von zwei Metern Breite gesehen, ja, man wisse von Anakondas, die Menschen aus Kanus geholt hätten, und es gebe sogar eine besondere Spezies, die man „den Schläfer" nenne, weil sie schnarche.

Ich bin in den meisten Gegenden gewesen, die Fawcett bereiste, selbst in jener Region am Mato Grosso, wo er auf der Suche nach einer verborgenen Goldstadt schließlich verschwand. Ich glaube, daß der Oberst, was seine Anakonda-Geschichten angeht, ein phantastischer Erzähler war.

Gewiß, auch ich bin Schlangen begegnet, aber keiner, die in jenem Wettbewerb um die Geschichte von der größten Schlange der Welt einen der vorderen Plätze einnehmen könnte. Die größte Anakonda, die ich in der Wildnis sah, war immerhin sieben Meter lang. Ein kolumbianischer Bekannter,

So sah der Maler Bellermann den kleinen Hafen Cumaná am Rio Manzanares. Nach Europa schrieb Humboldt, nirgendwo sei der Himmel so schön wie in diesen Breiten. Delphine erschreckten abends die Bürger von Cumaná, die ihre Stühle ins Wasser gestellt hatten und auf Kühlung hofften

1. Thamyris.

Humboldt machte, während er mit Bonpland durch Amerika zog, gleichsam Inventur der Natur. Nicht nur notierten die Forschungsreisenden, was sie fanden, sondern sie machten auch Skizzen und ließen später viele davon in prächtige Zeichnungen umsetzen. Diese Abbildungen stammen aus dem Band „Recueil d'Observations de Zoologie et d'Anatomie comparée" des Humboldtschen Reisewerks

trainiert im Umgang mit solchen Tieren, erbot sich, sie aus einem Sumpf zu holen, damit ich Fotos machen konnte. Sie wog gewiß um 100 Kilo, und als sie damit begann, Kopf, Brust und Arme von ihm zu umklammern – er hielt ihren Kopf eisern zwischen den Händen –, mußten Helfer in den Sumpf, um ihn aus seiner Lage zu befreien.

Die größte Boa constrictor, der ich je begegnete, wäre wohl in der Lage gewesen, ein Baby oder ein kleines Tier zu schlucken, gewiß aber kein Pferd, auch kein Fohlen. Übrigens sind nicht diese Würgeschlangen, sondern Giftschlangen für Mensch und Tier viel gefährlicher, obwohl sie kleiner sind. Die gefährlichste von allen ist der Surucucú oder Buschmeister, eine Höhlenviper, die eine große Menge Gift produziert. In Peru sah ich einen Buschmeister, der dicker als mein Arm und etwa vier Meter lang war; das ist, sagen Herpetologen, ungefähr die maximale Größe, die der Buschmeister erreicht.

Jener Oberst Fawcett, übrigens, wußte auch über den Buschmeister ein paar haarsträubende Geschichten: Er behauptete, daß der Buschmeister den Menschen regelrecht jagt und daß er, obwohl schon der erste Biß tödlich ist, sein Opfer weiterhin beißt, bis der Giftvorrat erschöpft ist.

Ich weiß nur von einer südamerikanischen Kreatur, die in den Verdacht kommen könnte, wenn schon nicht ein Pferd, so doch einen Menschen schlukken zu können: Ein im Amazonas lebender gigantischer Wels, der bis zu 200 Kilo schwer wird. Als einmal der Kopf eines solchen Fisches im Schlachthaus von Letivia abgeschlagen wurde, machte sich ein Junge den Spaß, sich im Maul zu verstecken.

Humboldt begann also damit, seine ersten, oft mit Jägerlatein gewürzten Berichte nach Europa zu schicken. Er beklagte sich selten, aber es gab ein paar Dinge, die ihn während seines gesamten Amerika-Aufenthaltes störten. Eines war das sogenannte Miasma, die aus sumpfigem Gelände aufsteigenden Dämpfe, von denen man damals annahm, daß sie Fieber erzeugen. Ein an-

In Kolumbien erbot sich dieser Mann, im Kampf mit einer Anakonda für Fotos zu posieren. Das wäre um ein Haar tödlich ausgegangen: Die hundert Kilo schwere Schlange drohte den Mann zu erdrücken. Helfer mußten in den Sumpf, um den Schlangenbändiger zu befreien

deres Ärgernis war, daß es kein Weizenmehl gab, aus dem man jenes Brot hätte backen können, das der Forscher so gern mochte.

Das waren freilich Bagatellen, verglichen mit einem Skandal, der Humboldt in Rage brachte: die Sklaverei.

Vom flachen Dach seines Hauses aus konnte er den Sklavenmarkt überblikken, und der Anblick empörte ihn immer wieder aufs neue. Er, der seit seiner Pariser Zeit an die Gleichheit der Menschen glaubte, mußte erleben, wie junge Schwarze, 15 bis 20 Jahre alt und frisch vom Schiff aus Afrika, gezwun-

gen wurden, allmorgendlich ihre Körper mit Kokosöl einzureiben, damit sie schön glänzten. Noch schlimmer: Der Forscher sah, wie Interessenten den Sklaven den Mund aufrissen und die Zähne examinierten, als wären es zum Verkauf stehende Pferde. Humboldt schickte darüber gallige Kommentare nach Europa: „Es ist das Vorrecht der Religion", zürnte er, „die Menschlichkeit über einige in ihrem Namen begangene Untaten zu trösten."

Nach einem Monat in Cumaná brachen Humboldt und Bonpland zur ersten größeren Exkursion auf, nach Araya, einer Halbinsel auf der anderen Seite des Golfes von Cariaco, die einmal berühmt gewesen war, wegen ihrer Sklavenmärkte und ihrer Perlenfischereien. Sie fuhren in einem offenen Boot, in dem es zum Schlafen wärmende Jaguar-Felle gab. Zwar fielen die Temperaturen nachts nur bis 22 Grad Celsius, aber Humboldt fror gleichwohl, denn er hatte sich inzwischen an die Tagestemperaturen der Tropen gewöhnt.

In Araya machten die Reisenden geologische Studien und besichtigten die Salinen sowie die Festung.

Als ich Humboldts Spuren zur Halbinsel Araya nachreiste, fand ich das Land ziemlich unfruchtbar, wenig einladend und nur dünn bevölkert. Auch Humboldt erlebte hier nichts Aufregendes, er schuf nur selber ein bißchen Aufregung, als er sich nämlich ohne einen lebensnotwendigen Wasservorrat verirrte und gesucht werden mußte, aber später schrieb er über diese Gegend mit derselben Zuneigung, die er für fast alle seine Stationen in Südamerika hatte.

Die Forscher fanden in einer Indio-Hütte in der Nähe des aufgegebenen Forts Unterkunft, und Humboldt rühmte die Gastfreundschaft der Einheimischen, welche die Reisenden oh-

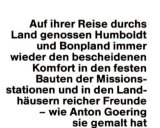

Auf den Märkten der Städte, die Humboldt passierte, wurden Sklaven verkauft, die, wie dieses Bild zeigt, zuvor dafür hergerichtet wurden. Der liberale Preuße griff den Sklavenhandel scharf an

Auf ihrer Reise durchs Land genossen Humboldt und Bonpland immer wieder den bescheidenen Komfort in den festen Bauten der Missionsstationen und in den Landhäusern reicher Freunde – wie Anton Goering sie gemalt hat

ne weiteres aufnahmen. Sie aßen Fisch, Mehlbananen und – was in den heißen Zonen der Erde allemal noch besser als exzellentes Essen ist: Sie konnten einwandfreies Wasser trinken.

Am ersten Morgen trafen sie den „Weisen" des Dorfes, einen Europäer, Schuhmacher von Beruf, der hier im Lande barfüßiger Indios hängengeblieben war. Er war gerade dabei, sich zur Vogeljagd einen Pfeil herzurichten, denn er hatte kein Pulver mehr für sein Schießeisen, und klärte die Besucher über die Natur der Erdbeben, über Goldminen und Perlen auf. Er zitierte unvermittelt aus dem Buch Hiob und erläuterte dann medizinische Pflanzen, die er, so berichtete Humboldt, wie alle Kolonisten von Chile bis Kalifornien in heiße und kalte oder anregende und beruhigende einteilte. Schließlich holte der Mann aus einem Lederbeutel ein paar kleine Perlen und bestand darauf, daß seine Besucher sie annahmen. Und er bat Humboldt, aufzuschreiben, daß ein weißer Schuhmacher, arm, aber Mitglied des noblen kastilischen Menschenschlages, in der Lage gewesen sei, ihnen etwas zu schenken, was auf der anderen Seite des großen Teiches wertvoll war.

Auf der Halbinsel roch es nach Petroleum, das aus der Erde empordrang und das Venezuela inzwischen zum reichsten Land in Südamerika gemacht hat. Die Bewohner damals interessierten sich freilich viel mehr für die Piedra de los ojos, den Augenstein, von dem man sagte, er befreie die Augen von eingedrungenen Staubkörnchen, indem er Tränen auslöse. Die Einheimischen, wunderte sich Humboldt, redeten ständig von diesem sonderbaren Stein. Sie erboten sich, den Besuchern Sand in die Augen zu werfen, damit sie selber das Wunder des Augensteines erleben könnten, und sie offerierten Hunderte dieser Steine. Humboldt war kein Mann, der sich mit Unerklärlichem abfand. Er untersuchte die Natur der Steine und fand, daß es sich um Teile kleiner Seemuscheln handelte. Freilich berichtet er nicht, ob er ihre hilfreiche Wirkung selber ausprobiert habe;

übrigens hängt man heute jenem Aberglauben nicht mehr an.

Neben dem Augenstein gab es zwei weitere lokale Phänomene: einen Mann, der ein Baby aus eigener Brust nährte – und „lebende Fettquellen", sonderbare Ölvögel in einer legendären Höhle.

Am 4. September 1799 brachen Humboldt und Bonpland zur Aufklärung dieser Erscheinungen in das bergige Hinterland südlich von Cumaná auf. Das Ziel des ersten Tages, eine Missionsstation der Kapuziner im Land der Chayma-Indios, versprach zwar erträgliche Unterbringung, aber der Weg war steil, ja sogar gefährlich. Um voranzukommen, mußten die Forscher Instrumente zurücklassen. Nur Spiegelsextant zur Längenbestimmung, Kompaß, Thermometer, Hygrometer, Cyanometer zur Messung der Himmelsbläue und ein Chronometer wurden auf Mauleseln mitgeführt.

Mit von der Partie war ein Mann, der während Humboldts Amerika-Reisen eine besondere Rolle spielte, ein zuverlässiger Helfer, der allein nur das Barometer zur Bestimmung der Höhe des Standorts über dem Meeresspiegel tragen durfte und der später sogar mit nach Europa ging: der Schilderung nach ein Schwarzer – aber trotz der humanitären Einstellung Humboldts ist der Name dieses ständigen Begleiters sonderbarerweise nirgendwo auch nur erwähnt.

Die Gruppe war vor der Morgendämmerung aufgebrochen. Dann, als die Sonne über den Horizont kam, waren die Männer schon im Schutz dichten Waldes und bald auch in der angenehm kühleren Luft des Hochlandes. Sie sahen höhere Bäume, als sie je gesehen hatten, und sie staunten über meterlange Blätter. Erstmals bemerkten sie die „Massenhaftigkeit" tropischer Vegetation. Sie kreuzten schäumende Bäche, an deren Ufern Moose und gigantische Farne wuchsen. Lianen hingen in der grünen Dunkelheit ihres schmalen Waldweges, und immer wieder sahen sie Pflanzen, von denen man in Europa noch nichts wußte.

Am Abend erreichten sie den Imposible, einen 500 Meter hohen Hügel, und blickten zurück nach Norden zum Golf von Cariaco mit seinen Inseln – in einer Luftspiegelung schien alles, was sie sahen, über dem Boden zu schweben. Hier hatten sie ihren ersten weiten Blick auf einen der riesigen tropischen Wälder Südamerikas, auf ein wogendes Meer in Grün, in dem es gelegentlich gelbe oder feuerfarbene Tupfer von Blüten gab. Vielfarbene Papageien flogen in Massen umher und lärmten so sehr, daß sie sogar einen Wasserfall übertönten, der weiter unten lag. Es waren Szenen wie diese, die Humboldts Träume von einer Reise in die Welt der Tropen bestätigten. Er war, wie immer, unausgesetzt tätig. Er stellte Messungen an, und selbst den Nachtschlaf unterbrach er, um mit seinem Sextanten den Durchgang des Fomalhaut, eines Sterns 1. Größe im Sternbild des südlichen Fisches, zu beobachten.

Heute ist es nur knapp eine Stunde Autofahrt auf einer gute Straße von Cumaná zum Imposible. Humboldt hätte keine Freude an dem gehabt, was ich sah. Der mächtige Tropenwald, den er noch bewunderte, ist verschwunden, abgeholzt. Die Luft war verqualmt vom Abbrennen der Stoppeln auf den Feldern. Vom Imposible aus konnte ich den Golf mit seinen Märcheninseln vor Rauchschwaden nicht mehr sehen.

Humboldt und seine Begleiter wurden am nächsten Morgen durch die Rufe unsichtbarer Pirole geweckt. Für mich ist das immer die schönste Musik, die aus dem Urwald kommen kann: Es klingt manchmal wie drei traurige Noten eines im Walde irrenden Oboe-Spielers, manchmal wie das fließende Echo einer Glocke, die in einen tiefen Brunnen geworfen wird.

Die Forscher verbrachten einen weiteren Tag in der dunklen Tiefe des Waldes und sahen kaum je den Himmel. Oft brachen sie in Rufe der Enttäuschung aus, wenn sie Blüten oder Bromelien nicht erreichen konnten, die hoch auf den Bäumen wuchsen.

Am Abend erreichten sie die Casa del Rey, das Gästehaus der Kapuzinermission von San Fernando. Dies war die erste von Hunderten von Nächten, die sie auf katholischen Missionsstationen verbringen sollten. Humboldt achtete darauf, stets Briefe von Kirchenautoritäten bei sich zu haben, die es ihm und seinen Begleitern gestatteten, länger als nur die eine Nacht zu bleiben, die gewöhnlichen Besuchern zugebilligt wurde. Diese Begleitschreiben waren ebenso wichtig wie der königliche Reisepaß. Die Missionsstationen waren nämlich staatlichem Einfluß entzogen. Die Geistlichen am Ort und vollends die Obrigkeit in Rom waren ein Staat für sich mit einer von der spanischen Regierung unabhängigen Hierarchie.

Die Missionsstationen waren die letzten Vorposten der Zivilisation, so daß die Forscher für Unterkunft und viele praktische Ratschläge von ihnen abhängig wurden. Zwar hat Humboldt oft den Zweck und die Funktion der Missionare kritisiert, aber andererseits wäre sein großes Unternehmen ohne diese Stationen sehr viel schwieriger, riskanter und vermutlich auch kürzer ausgefallen. Humboldt räumte denn auch ein, daß er den frommen Männern für ihre stete Gastfreundschaft dankbar sein müsse, denn schließlich sei er ein Fremder, aus einem protestantischen Land obendrein, ein Eindringling. Nominell war Alexander von Humboldt ein Calvinist, aber er betonte seine Konfession nicht.

150 bis 180 Jahre später, als ich durch Südamerika reiste, war zumindest das noch unverändert: Auch ich hing vom guten Willen der Missionare ab. Da die meisten von Spenden leben und am Rande der Armut existieren, mußte ich, genau wie Humboldt, Hängematte und Nahrung mitbringen. Nur eines hat sich inzwischen gewandelt: Die meisten Missionsstationen in Südamerika sind evangelisch. Sie praktizieren nicht jene reducción, die seit dem 16. Jahrhundert spanisch-katholische Politik war. Reducción – das war die Bemühung, die Indios aus ihren Wäldern und Bergen zu holen und sie in neue Siedlungen zu zwingen, in denen man sie lehrte, westliche Zivilisation anzunehmen.

Anton Goerings Aquarell entstand vor den Toren von Caracas und spiegelt Dichte und Vielfalt eines tropischen Regenwaldes, die Humboldt erstaunlich fand. Als er und Bonpland den Avila bei Caracas bestiegen, bewunderten die Forscher die Bromelien auf den Zweigen des wolkenverhangenen Waldes

Während meiner Reisen zwischen Missionsstationen quer durch Südamerika hatte ich zwei Vorzüge, die das Fortkommen in diesem weitenteils immer noch abweisenden Kontinent entscheidend veränderten: Funk und Flugzeuge. Heute pflegen alle Missionsstationen Kurzwellenkontakt untereinander wie auch mit Farmern und Behörden, und die meisten haben irgendwo in der Nähe eine kurze, holperige Rollbahn für kleine Flugzeuge. Und noch etwas hat sich zugunsten der Reisenden von heute verändert: Katholische und protestantische Missionare von heute besitzen die Freiheit, auch ohne Einwilligung ihrer Vorgesetzten Unterkunft zu gewähren.

Humboldts erste Bekanntschaft mit einem Missionar in San Fernando, einem rundlichen Mann, veranlaßte ihn, seine Vorstellung von jenem besinnlichen Leben zu korrigieren, die er sich bis dahin von den frommen Männern gemacht hatte. Der Missionar war schon betagt, aber er war herzlich und jovial, an europäischer Politik und dem Verlauf der Kriege interessiert, und er stellte, schrieb Humboldt später, „tausend Fragen nach dem Sinn unserer Reise", die er für gefährlich, wenn nicht gar für sinnlos hielt. Der fromme Mann aus Aragón genoß sein Leben sichtlich, pries das Trinkwasser und die Nahrung und hielt ein gutes Steak für das äußerste sinnliche Vergnügen. Aus den Indios, für die er hier war, hatte er eine militärische Einheit zusammengestellt, die mit Pfeilen armiert war. Es gab 100 Familien in San Fernado, und die Zahl der Menschen nahm stetig zu.

Im nächsten Dorf, in Arenas, lebte Francisco Lozano, jener Mann, über den jedermann in Cumaná redete, weil er in der Lage gewesen sei, eines seiner Kinder fünf Monate lang aus der eigenen Brust zu nähren. Seine Milch entspreche genau der weiblichen Milch, berichtete Humboldt staunend nach Europa, nachdem Bonpland, der medizinische Kenntnisse besaß, den Mann untersucht und gefunden hatte, die Geschichte, die sich erst ganz und gar unglaubhaft angehört hatte, könne tatsächlich wahr gewesen sein – obwohl sie sich schon 13 Jahre zuvor zugetragen haben sollte.

Nach dieser Visite verließen sie die Hügel und kamen nach Cumanacoa, einer nach Humboldts Geschmack uninteressanten, melancholischen Stadt mit 2300 Einwohnern, die Tabak und Indigo anbauten. Die Forscher verbrachten vier Tage damit, das Flachland und die Berge nach seltenen Pflanzen und geologischen Formationen abzusuchen und Fragen von Einheimischen zu beantworten, von denen viele an den unmöglichsten Plätzen Gold entdeckt zu haben glaubten; Humboldt klagte, man habe ihm, wohin auch immer er in Südamerika gekommen sei, alle möglichen Erzklumpen gezeigt – wahrscheinlich in der Annahme, daß jeder Deutsche ein Grubenexperte sei, wie auch jeder Franzose ein Arzt sein müsse.

Am 14. September 1799, einem regenreichen Tag, an dem Humboldt stundenlang durch tiefen Matsch gegangen war, betrat er abends die Mission von Guanaguana. Er war naß bis auf die Haut und feierte seinen 30. Geburtstag an einem Ort, an dem noch niemand je von Preußen gehört hatte und alle Indios nackt waren. Ein alter Priester brachte die Forscher in seinem geräumigen Haus unter und erklärte, daß in der natürlichen Reihenfolge der Dringlichkeiten demnächst eine Kirche gebaut werden solle, ehe man damit beginnen werde, die Indios zu kleiden.

Den folgenden Tag verlebte Humboldt an einem Ort, an den er sich für den Rest des Lebens besonders gern erinnerte: In Caripe, dem Ziel der ersten, von Cumaná aus gestarteten Exkursion. Über seine Ankunft berichtete er, sie seien durch ein Spalier von Avocado-Bäumen zum Hospiz der Kapuziner aus Aragón gelangt. Auf der Mitte eines Platzes sei ein Kreuz errichtet gewesen, während an den Rändern Bänke standen, auf denen Mönche ihre Rosenkränze herbeteten. Hinter dem Konvent habe sich ein steiler Felshang befunden, dicht bewachsen. Nur schwerlich, schrieb er, könne man sich einen schöneren Platz vorstellen.

Die Reisenden wurden von den spanischen Mönchen warm willkommen geheißen. Humboldt baute seine Instrumente auf und nahm dankbar die etwas komfortablere Zelle des Superiors an, der abwesend war. Als er sich umsah, fand Humboldt zu seiner Überraschung eine gute Sammlung von Büchern: Ihr Eigentümer, berichtete er, verbringe seine Tage offenbar auch mit dem Studium der Chemie.

Das Land ringsum war wild und doch ruhig, dunkel und doch schön. Humboldt fand kaum die Worte, um seinem Entzücken den rechten Ausdruck zu geben. Die Tage verflogen, während er und Bonpland durch die Wälder in die Berge zogen, um Pflanzen zu sammeln. Regnete es, dann trocknete Bonpland im Haus exotische Pflanzen und zeichnete solche, von denen er annahm, daß sie just entdeckt waren, während Humboldt mit den Chayma-Indios parlierte und eine Wörterliste für seinen Bruder, den Philologen Wilhelm, anlegte. Seine wesentlichsten Informanten waren die Alcaldes, ernsthafte Indio-Autoritäten, die sich selber sehr wichtig nahmen. Als Humboldt den Fehler beging, den Indios Branntwein anzubieten, kamen sie, wie notierte, häufiger, als es den Mönchen recht war.

Das Hauptziel der Exkursion nach Caripe war jene Fetthöhle, von der in Cumaná soviel erzählt wurde. Am 18. September brachen Humboldt und seine Begleiter auf, querten eine Ebene, erreichten die waldigen Berge, folgten einem Flußlauf aufwärts, und dann, plötzlich nach einer Biegung, standen sie vor der riesigen Öffnung einer Höhle. Der Eingang war 22 Meter hoch und von Bäumen, tropischem Wein und Blumen umgeben.

Während Humboldt in die Höhle eindrang, ließ er ein Maßband ablaufen. Er ging dem Weg des Flusses durch die Höhle entgegen auf einem Ufersaum, der aus nichts als Vogelkot zu bestehen schien. Etwa 430 Schritt vom Eingang entfernt, wo kein Tageslicht mehr eindrang, hörten Humboldt und seine Begleiter zum ersten Mal das schreckliche Kreischen der Guacharo-Vögel, die

hier hausten. Tausende von Tieren stimmten in den lärmenden Protest gegen die Störenfriede ein, ihr Geschrei brach sich an den Wänden und wurde so überwältigend, daß sich die Männer anbrüllen mußten, um einander noch verstehen zu können.

Die Indios entzündeten Fackeln, um den Forschern die Nester der sonderbaren Vögel zu zeigen. Sie waren etwa fünfzehn bis zwanzig Meter hoch in Erdlöchern angelegt. Nun vollends durch das Licht der Fackeln aufgeschreckt, schrien die Vögel immer lauter. Der Schritt der Indios wurde zögernd, sie fürchteten sich, und nur die Beharrlichkeit der Mönche, die ebenfalls mitgekommen waren, konnte sie bewegen, weiterzugehen.

Hinter einem kleinen Wasserfall wurde die Höhle enger. Guacharos flogen über die Eindringlinge, auf deren Köpfe Exkremente klatschten, während der Rauch der Fackeln ihre Augen und Kehlen schmerzte, und doch: Was für ein Erlebnis!

In einer kleinen Felsnische sahen sie weiße Vegetation aus dem Vogelmist wachsen. Die Pflanzen, die ohne Sonnenlicht gediehen und mithin kein Chlorophyll enthielten, waren aus harten Samen gekeimt, welche die Vögel nachts auf der Suche nach Nahrung aus den Wäldern hereingetragen hatten. Die Nahrung würgten sie nach der Rückkehr zu ihren Nestern hervor, um ihre Jungen zu füttern.

Die Indios starrten entsetzt auf die weißen, geisterhaften Pflanzen, aber Humboldt war fasziniert, denn was er sah, erinnerte ihn an Beobachtungen während seiner Studienzeit in Freiberg, wo er in einem Stollen das Wesen unterirdischer Pflanzen studiert und darüber eines seiner ersten Bücher geschrieben hatte.

472 Meter zeigte Humboldts Maßband schließlich. Aber nun weigerten sich die Indios entschieden, noch weiter zu gehen. Humboldt nannte sie feige, aber später räumte er ein, daß diese Furcht der Indios die Guacharos vor der Ausrottung bewahrt habe: Einmal im Jahr nämlich, wenn die Cosecha de la man-

Die Inspektion der
Guácharo-Höhle bei
Caripe gehörte zu den
ersten Höhepunkten der
Expedition Humboldts.
Die Szene des Eingangs –
oben ein Gemälde von
Bellermann, unten ein
Foto aus der Gegenwart –
hat sich verändert, nicht
aber das Leben in der
Höhle, in der immer
noch Millionen von Kaker-
laken und Gewächse
vegetieren, die ohne
Licht gedeihen

teca war, die „Fetternte", überlebten nur jene Jungvögel, die weit im Innern des Berges hockten.

Zur Fetternte um die Jahresmitte drangen die Indios mit langen Stöcken in die vom Tageslicht erhellten Höhlenteile ein und schlugen Tausende von Nestern herab. Die jungen Nesthocker, fast so groß wie die ausgewachsenen Guacharos, besaßen schon einen dikken Ring aus Fett, der sich um ihren Unterleib spannte. Die Indios schnitten das Fett an Ort und Stelle ab; der restliche Kadaver blieb liegen. Dann, vor dem Eingang zur Höhle, schmolzen sie ihre schaurige Beute in Lehmtöpfen. Die Ernte: etwa 150 Liter dickflüssigen, durchsichtigen und geruchlosen Öls, das nicht ranzig wurde. Die Indios verwendeten es ebenso als Speiseöl wie die Köche im katholischen Konvent.

Auf dem Rückweg feuerte Bonpland ziellos ein paar Schüsse in die Dunkelheit und traf tatsächlich zwei Guacharos, so daß Humboldt diesen bislang weitgehend unbekannten Vogel skizzieren konnte, der zur selben Gattung wie der europäische Ziegenmelker gehört. Er hat die Größe und die Stimme einer großen Krähe, eine Flügelspannweite von einem Meter und außerordentlich lichtempfindliche Augen.

Humboldt verglich seine Expedition in die Höhle mit einem Abstieg in die Hölle. Er war, als er wieder im Freien stand, erleichtert, der schrecklichen Dunkelheit und dem unirdischen Schreien der Vögel entkommen zu sein. Und doch: Der Forscher hat hier nicht die ganze Show gesehen, denn er kehrte noch bei Tag in sein Quartier zurück. So verpaßte er die dramatischste Naturvorführung, die ich je erlebte.

Es war noch Tag, als ich das erste Mal zu der Höhle kam, die man heute nicht mehr die „Fetthöhle" nennt. Sie ist vor Nesträubern geschützt und trägt den Namen „Alexander von Humboldt-Höhle der Guacharos". Es gibt den Fluß nicht mehr, der zu Humboldts Zeiten wie der Styx aus der Unterwelt hervorschoß; er ist ausgetrocknet, und der Kranz der blühenden Bäume, der den Eingang umgab, ist gestutzt.

Am Eingang war es still. Auf einem Stalagmiten links hängt in Bronze Humboldts Profil. Rechts ermutigt eine Inschrift auf Marmor den Besucher, in die Erde einzudringen:

Der Ruf der Grotte
Sei gegrüßt, wer du auch bist, Reisender!
Was verschlug Dich in die Fremde?
Ich bin das Wunder am Wege,
das der Berg auf seinem Rücken trägt.
Schreckt Dich die Finsternis, die kalte,
die große?
Ich verberge in meinem Innern weder
ein Untier
Noch den wilden Löwen oder den grausamen Wolf,
Auch nicht den Engel des Bösen, der die
Seele bedroht.
Fürchte Dich nicht, tritt ein in mein
Reich,
Wo die Ruhe der Seele wohnt,
Wenn auch das Wunder Dein Herz erschrecken läßt.
Halt' es wie Humboldt, der tapf're Edelmann,
Der seinen Namen in mein Innerstes
meißelte
und sein Antlitz mit meinen Wassern benetzte.

Ein Fremdenführer wies mir mit einer Petroleumfunzel den Weg in die riesige Kaverne und bat darum, keine Taschenlampe zu benutzen, um die Vögel nicht zu erschrecken. Dennoch, sie schrien mächtig aus ihren Nestern.

Zwar hat man inzwischen die Höhle bis zu einer Länge von neun Kilometern in den Berg hinein vermessen, aber der für Besucher zugängliche Teil endet an einer Tafel, die jenen Punkt markiert, bis zu dem Humboldt kam. Unter Vogeldreck kann der Besucher lesen, daß die venezolanische Gesellschaft für Naturwissenschaften dem universellen Wissenschaftler Alexander von Humboldt höchste Bewunderung zollt.

Ich ging zurück und erreichte wieder Sonnenlicht. Die Schreie der Guacharos wurden leiser, und dann, am Eingang, waren sie nicht mehr zu hören. Vor der Höhle war es vollends still.

Ich wartete ab. Als der Tag verdämmerte, füllte sich die Luft mit dem Duft

LA VOZ DEL ANTRO

SALVD, QVIEN QVIERA QVE TV SEAS, VIAJERO!
¿ERES ACASO DE REGIÓN EXTPAÑA?
YO SOY LA MARAVILLA DEL SENDERO
QVE RESISTE EN SV DORSO LA MONTAÑA...

¿TE AMEDRENTA EL NEGROR, FRÍO Y SEVERO?
YO NO GVARDO EN MI SENO LA ALIMAÑA,
NI EL HIRSVTO LEÓN, NI EL LOBO FIERO
NI EL ANGEL INFERNAI QVE EL ALMA EMPAÑA

PENETRA SIN TEMBLAR HASTA MI FONDO,
EN DONDE EL ALMA DEL SILENCIO ESCONDO,
Y AVNQVE EL MISTERIO EL CORAZÓN TE ASOMBRE,

HAZ COMO HVMBOLDT, EL BARÓN VALIENTE,
QVE EN MIS ENTRAÑAS ESCVLPIÓ SV NOMBRE
Y CON MIS LINFAS SE SIGNÓ EN LA FRENTE!

FELIX ANTONIO CALDERÓN

Unmittelbar hinter dem Eingang zur Höhle hängt eine Plakette mit einem Gedicht, das den Besucher ermutigt, „wie der tapf're Baron" zu sein, der erst tief in der Höhle umkehrte, als ihm furchtsame Indios die Gefolgschaft verweigerten

der im Englischen „Engelstrompete" genannten Datura, aus deren großen, glockenförmigen Blüten man früher Narkotika gewann. Dann war ein fernes Klicken wie von Kastagnetten aus der Höhle zu hören: die Guacharos.

Das Klicken wurde intensiver. Keine monströsen Schreie mehr wie tagsüber, nur unzählige „Klicks", während die Guacharos aus ihren Nestern kamen.

Jedes „Klick" ist ein Signal, das dem Vogel in der Finsternis wie ein Sonargerät die Flugorientierung ermöglicht. Jetzt flogen Tausende von Vögeln innerhalb der Höhle auf, und sie flogen nach einer genauen Ordnung: unten in Richtung Ausgang, oben in Richtung Höhleninneres, aber kein Vogel kam ins Freie, solange noch ein Schimmer von Tageslicht zu sehen war. Die Klicks verdichteten sich, schwollen an, kamen immer näher, und, ganz wie das Kreischen in der Höhle, hörten sie sich an, als kämen sie nicht von dieser Welt.

Dann war es fast finster. Ich ahnte mehr als ich es sah, wie ein Guacharo hinausflog, dann ein weiterer, dann Dutzende, dann Schwärme. Tausende kreisten plötzlich vor dem Ausgang.

Die Verwaltung dieses Naturmonuments gibt die Zahl der Guacharos mit 40 000 an. Davon fliegt nach meiner Beobachtung die Hälfte nachts in den Wald, um Palmnüsse und Beeren zu suchen, während die andere Hälfte in der Höhle bleibt, wohl um die Brut zu bewachen. Unausgesetzt kam das unirdische Klicken aus der Höhle. Ich schlief auf einer Bank ein.

Um fünf Uhr morgens stellte ich mich wieder in den Eingang. Ganze Wolken von Vögeln waren über mir und bekleckerten mich. Kurz vor der Dämmerung sah ich, wie die Guacharos gleichsam vom Himmel fielen und in die Höhle einschwenkten. Und dann, noch ehe es wirklich hell war, kam auch der letzte Vogel zurück. Während die Sonne langsam die Erde erleuchtete, erstarb das Klicken. Als die Sonne aufging, war es still. Käme ein Unwissender, er könnte sich nicht vorstellen, welches unglaubliche Naturschauspiel hier stattgefunden hat.

Humboldts anatomische Zeichnung des Guácharo, des Fettschwalms, war für Europa, wo man den Vogel nicht kannte, eine Sensation. Viele der in der Höhle bei Caripe lebenden Vögel wurden Jahr für Jahr umgebracht: Die Einheimischen „ernteten" das Fett, das die Guácharos an ihrem Körper haben

Humboldt und Bonpland haben diese Nachtvorstellung der Guacharos nicht erlebt, die seit Ewigkeiten stattfindet und nur unterbleibt, wenn schwerer tropischer Regen fällt.

Ich fuhr zurück nach Caripe, einer angenehmen kleinen Stadt. Die Bevölkerung ist weiß; die Indios sind verschwunden. Auf einem runden Platz steht ein Denkmal Humboldts. Es zeigt ihn, wie er Tiere füttert, die zu ihm kommen, als spräche er zu ihnen wie der Heilige Franziskus.

Ich denke, daß sich Humboldt über das Monument freuen würde. Aber gewiß noch mehr darüber, daß der Guacharo einen wissenschaftlichen Namen bekommen hat, der an jenes Abenteuer in der „Fetthöhle" erinnert: Steatornis caripensis humboldtiani.

Tropische Regenfälle und himmlische Sturzbäche, wie Humboldt sie in Europa nie erleben konnte, verzögerten seine Abreise aus Caripe. Während es monoton auf das Dach des Hauses trommelte, in dem er zu Gast war, verbrachte er den Tag mit dem Schreiben von Briefen. Am Ende eines langen Berichts an den Astronomen von Zach, den Direktor der Sternwarte auf dem Seeberg bei Gotha, garnierte er die Tatsachen auf erstaunliche Weise: Bonpland und er seien umgeben von ständig gefräßigen Jaguaren und Krokodilen.

Diese koketten Übertreibungen in seinen Briefen zeigen, daß Humboldt schon dabei war, so etwas wie „Public Relations" für sich zu betreiben, insbesondere für die Zeit, in der er wieder in Europa sein würde. Er baute sich gleichsam, so wenig er das auch nötig hatte, als abenteuernden Wissenschaftler auf und hoffte offenkundig, mit solchen Mitteilungen die Zeit zu überbrücken, in der er in der Heimat wissenschaftlich nicht publizieren konnte. Leute mit Beziehungen, wie etwa von Zach oder sein Bruder Wilhelm, erhielten deshalb häufig Briefe, von denen man annehmen durfte, daß Alexander sie auch in der Hoffnung schrieb, die Empfänger würden sie an Journale weitergeben: So ist es denn auch immer wieder geschehen.

Alexander von Humboldt, ein sonderbarer Fall von Ruhmsucht, hat sein Licht nie unter den Scheffel gestellt. Er sorgte mit Charme für eigene Publicity. Seine Leistungen jedoch entschuldigen sein gelegentliches Selbstlob.

Wieder zurück in Cumaná, erörterten Humboldt und Bonpland ihre nächsten Pläne: nach Kuba, Kalifornien und dann nach Mexiko, um dort Baudins Expedition abzuwarten, die nun doch unterwegs war? Oder auf die schneebedeckten Berge im westlichen Venezuela und in kühlem, gesunden Klima unter Gletschern unbekannte Pflanzen sammeln? Oder Kopf und Kragen im menschenleeren tropischen Regenwald rsikieren und zu den Quellen des Orinoko und Amazonas vordringen?

Sie entschieden sich für den Orinoko. Weil aber auch auf dieser Expedition wieder die astronomische Ortsbestimmung eine wesentliche Rolle spielen sollte, konnten sie nicht sofort, sondern erst nach einem Monat aufbrechen, denn Humboldt mußte seine Chronometer überprüfen und die exakte geographische Länge von Cumaná bestimmen, die er als Bezugspunkt seiner künftigen Messungen brauchte. Außerdem wollte er unbedingt die Sonnenfinsternis beobachten, die hier am 28. Oktober stattfinden sollte.

Am Vorabend, als Humboldt und Bonpland am Strand spazierengingen, wurden sie von einem Zambo, einem Mischling, mit einem großen Knüppel überfallen. Humboldt gelang es gerade noch, den Schlägen des großgewachsenen Mannes zu entgehen, aber Bonpland erwischte es: Der Kerl schlug ihm auf den Kopf, so daß der Franzose zusammenbrach und für einen Augenblick benommen am Boden lag. Der Zambo sah Humboldt gar nicht mehr an, riß Bonplands heruntergefallenen Hut an sich und flüchtete. Als Bonpland wieder zu sich gekommen war und gemeinsam mit Humboldt die Verfolgung aufnahm, lief der Zambo auf ein Dickicht zu, stolperte und zog, als Bonpland ihn festzuhalten versuchte, drohend ein Messer. Spanische Kaufleute kamen den beiden zu Hilfe.

Der Zambo flüchtete abermals; er wurde später in einer Scheune aufgegriffen. Es schien, als habe der Kapitän eines französischen Schiffes ihn von Bord geworfen, und daß er sich, als er Humboldt und Bonpland französisch miteinander sprechen hörte, dafür habe rächen wollen.

Bonpland, mit einem Loch im Kopf, hatte in der folgenden Nacht Fieber, aber das hielt ihn nicht davon ab, am nächsten Tag seiner Arbeit nachzugehen. Wann immer er sich nach einer Pflanze bückte, wurde ihm schwindlig, doch die Schwäche verging.

Am nächsten Tag war Humboldt an der Reihe, sich zu verletzen. Er habe, berichtete er, um die Sonnenfinsternis beobachten zu können, den Tag in fast unerträglicher Hitze mit Vorbereitungen zugebracht. Das Metall der Instrumente habe sich dabei bis auf 51 Grad Celsius erhitzt und die Reflexion des gleißenden Kalksteins habe die Augen angegriffen. Überdies habe er einen so starken Sonnenbrand im Gesicht, daß er sich zwei Tage lang habe ins Bett legen und Salben auftragen müssen.

Während der folgenden Woche bildete sich an jedem Morgen ein sonderbarer roter Dunst am Himmel. Die übliche Brise blieb aus, und die Nächte waren stickig heiß. Die Menschen in der Stadt hielten das für sichere Anzeichen kommenden Unheils. Am 4. November um zwei Uhr nachmittags umgaben dunkle Wolken die Berge. Zwei Stunden später donnerte es, ein gewaltiger Wind erhob sich, ein paar Regentropfen fielen. Humboldt ermittelte mit seinem Volta-Elektrometer, daß sich die atmosphärische Spannung negativ verändert hatte.

Um 16.12 Uhr bebte plötzlich die Erde. Bonpland, der sich gerade über Pflanzen gebeugt hatte, fiel beinahe um. Humboldt sprang aus seiner Hängematte. Fünfzehn Sekunden später kam der zweite Stoß. Draußen rannten Menschen in Panik über die Straße und schrien um Gnade.

Abends bebte die Erde ein drittes Mal, aber keine der Schockwellen führte zu einer Katastrophe. Die Sonne ging in einem Flammenmeer unter, das die Form des Tagesgestirns zu verändern schien, und auf dem Hauptplatz von Cumaná stand eine Menschenmenge, die annahm, der rote Himmel, der Donner und das Erdbeben seien unmittelbar Folgen der Sonnenfinsternis.

Es ist verständlich, daß sich die Menschen so erschrocken zeigten, denn erst 22 Monate zuvor hatte ein Beben ihr Städtchen nahezu verwüstet. Nun kamen sie zu Humboldt und fragten ihn, ob seine Instrumente ein weiteres Beben voraussehen könnten. Übrigens war dieses erste Beben, das der Vater der modernen Geographie erlebte, durchaus nicht auch sein letztes. Später, in Peru, wird er sagen, daß er sich an das Beben der Erde so gewöhnt habe wie ein Seemann an die Bewegung seines Schiffes.

Am 7. November wurde der Nachthimmel so klar, daß Humboldt die farbigen Ringe des Jupiter im Teleskop deutlicher denn je sehen konnte. Er justierte seinen Chronometer, indem er das Eintreten von Europa, dem zweiten Mond des Jupiters, in den Schatten seines Muttergestirns beobachtete und den Zeitpunkt mit astronomischen Tabellen verglich. Das ist keine sehr exakte Methode, war aber die beste, die man seinerzeit kannte.

Auch in den folgenden Nächten war er mit dem Sternenhimmel beschäftigt, aber eine einzigartig schöne Show hätte er beinahe verpaßt. In der Nacht zum 11. November hatte er sich schon zum Schlafen gelegt, als Bonpland ihn aufgeregt herausrief: Ein prächtiger Meteor-Schauer erleuchtete das Firmament. Tausende silberweißer Feuerkugeln rasten von Nordost nach Südost über den Himmel, und viele zogen einen Schweif hinter sich her. Humboldt, der die Parade durch sein Teleskop betrachtete, sah fasziniert, daß einige der Meteore explodierten und Funken sprühten. Andere waren so hell, daß sie auch eine Viertelstunde nach Sonnenaufgang noch sichtbar blieben.

Später erfuhr Humboldt, daß der große Meteorschauer von Patres am oberen Orinoko, von Missionaren in Brasi-

In der Nacht zum 11. November 1799 beobachteten Humboldt und Bonpland in Cumaná einen Meteor-Schauer, der den Himmel erleuchtete. Einige der Meteore waren auch eine Viertelstunde nach Sonnenaufgang noch zu sehen

lien, von einem exilierten Adeligen in Französisch-Guayana, auch von einem Astronomen am Golf von Florida, von Eskimos in Labrador und Grönland und von dem Pfarrer von Itterstädt nahe Weimar beobachtet worden war. In weiteren Teilen der Welt war die Beobachtung wegen Wolken unmöglich.

Humboldt war der erste, der solche weltweiten Beobachtungen eines Meteor-Geschehens zusammenfaßte und die These der Periodizität von Meteor-Schauern vertrat. Später postulierte er, daß Meteore die Reste von Kometen seien – eine Theorie, die noch heute als der Wahrheit am nächsten gilt.

Genau vier Monate nach ihrer Ankunft in Südamerika verließen Humboldt und Bonpland ihr Standquartier Cumaná und brachen zur venezolanischen Hauptstadt Caracas auf. Da der Landweg auf miserablen „Straßen" neun Tage gebraucht hätte – und auf dieser Strecke gab es keine Unterkunft – und da der Wald entlang der Route angeblich ungesunde Ausdünstungen von sich gab, entschieden sie sich für den Seeweg. Ihr Gefährt war ein zehn Meter langes Segelboot, wie man es auch auf den Antillen kannte.

Das Boot glitt den schmalen Manzanares hinunter – der übrigens heute nur noch eine Art Sumpfloch ist – und erreichte am 16. November das Meer. Humboldt empfand so etwas wie Rührung beim Abschied von Cumaná, die er sich auch für den Rest seines Lebens erhalten sollte. Sehr viel später gestand er, Cumaná und seine staubige Umgebung seien ihm immer noch gegenwärtiger als alle Wunder der Kordilleren, denn Cumaná sei jenes Stück Erde gewesen, wo sich der Traum seines Lebens erfüllt habe.

Die Seefahrt begann angenehm. Eine Schule von etwa fünfzehn Tümmlern begleitete das Boot in die Nacht und warf lichtschillernde Wellen, die aussahen wie Kometen, welche aus der Tiefe kommen. Aber schon bald schlugen schwere Wogen gegen das kleine Fahrzeug, und die Passagiere wurden seekrank – alle, bis auf einen: Humboldt. Er schlief seelenruhig durch.

Am 20. November wurde die See so grob und die Passagiere waren inzwischen so krank, daß das Boot in Higuerote anlegte, einem Örtchen, das heute, zwei Autostunden von Caracas, ein Seebad ist, wo sich die Bewohner der Hauptstadt durch Segeln und Brandungsangeln amüsieren. Zu Humboldts Zeiten waren hier stechende, krabbelnde Insekten eine solche Pest, daß sich Menschen für die Nacht in den weichen Sandstrand eingruben, um den Quälgeistern zu entgehen. Heute hält man die Plage mit Giften in Grenzen – die allerdings vielen modernen Menschen ungeheuer erscheinen.

Trotz der schlechten Straße, der sie hatten entgehen wollen, und trotz der vermeintlichen Erkrankungsgefahr aus dem dampfenden Wald entschieden sich die Bootspassagiere nun für den Landweg nach Caracas – besonders Bonpland, der lieber in strömendem Regen Pflanzen sammelte, als sich an Bord eines Schiffes die Mahlzeiten noch einmal durch den Kopf gehen zu lassen. Humboldt aber blieb auf dem Schiff: Er fürchtete die See

nicht, und auch nicht das Risiko, von einer britischen Fregatte aufgebracht zu werden, denn er hatte vorgesorgt: Er besaß ein Empfehlungsschreiben des britischen Gouverneurs von Trinidad, das dem Preußen sicheres Geleit versprach – und außerdem respektierten kriegführende Mächte damals noch Gelehrte.

Am 21. November erreichte Humboldt La Guaira, den Hafen von Caracas, den er später durch Vergleiche seiner Messungen als den heißesten Ort während seiner ganzen Amerikareise ermittelte. Die Stadt hatte gerade eine Gelbfieber-Epidemie hinter sich – man nannte die Krankheit damals „Schwarzes Erbrechen" –, so daß Humboldt die Nacht auf den Bergen oberhalb von Maiquetía verbrachte, wo heute der große internationale Flughafen liegt.

Humboldt interessierte sich sofort für das Gelbfieber, aber er kam damit nicht sehr weit, denn er suchte die Ursachen nicht bei den Moskitos, sondern in chemischen Stoffen in Luft oder Erde, die man für die schlimme Krankheit verantwortlich machen könne.

Gelbfieber war wohl die schlimmste Gefahr, der Humboldt sich während seiner Reise ausgesetzt sah. Er hatte Glück, dieser Krankheit zu entgehen, der viele Menschen zum Opfer fielen und die erst seit den dreißiger Jahren unseres Jahrhunderts ihren Schrecken verlor, als es gelang, einen Impfstoff gegen das Gelbfieber zu entwickeln. Fünfzig Jahre zuvor hatte man entdeckt, daß Säugetiere – hauptsächlich Affen – in tropischen Zonen den Virus in sich tragen, der über Moskitos auf den Menschen verbreitet wird. Das bedeutet: Anders als die Pocken läßt sich das Gelbfieber nie ganz ausrotten.

Humboldt verglich seinen Weg von La Guaira nach Caracas mit den Paßstraßen des St. Gotthard und des St. Bernhard, aber er ist weder so lang noch so stattlich. Er brachte die Strecke von etwa 24 Kilometern auf dem Rücken eines Maulesels in weniger als einem Tag hinter sich und maß, buchstäblich im Vorübergehen – und als erster –, die genaue Höhe des Passes: 1462 Meter. 1950 wurde die Entfernung auf 17 Kilo-

Vom Hafen La Guaira aus erstiegen Humboldt und Bonpland das Bergland, hinter dem Caracas liegt. Das Ölgemälde stammt von Bellermann, das Aquarell des Hafens La Guaira von Anton Goering. Heute hat La Guaira moderne Hafenanlagen

meter verkürzt durch eine Autobahn, die freilich heute, insbesondere zu Ferienzeiten, derart befahren ist, daß man im Auto fast länger braucht als Humboldt auf Esels Rücken.

Zweimal, 1978 und 1981, habe ich versucht, Humboldts Spuren über den Gipfel zu folgen, aber beide Male wurde ich daran gehindert. Die Polizisten meinten, ich setze mein Leben aufs Spiel; nicht, weil der Pfad an tiefen Schluchten vorbeiführt, gewiß auch nicht, weil sie fürchteten, ich könne dort vom Gelbfieber befallen werden – sondern weil sie wußten, daß ungewisse Banden dort ihr Unwesen trieben.

Vom Scheitel des Passes gelangte Humboldt 500 Meter tiefer in das Tal von Caracas, das mit Kaffeesträuchern und Obstbäumen bewachsen war, und suchte sofort den Generalkapitän Guevara y Vasconzelos auf, den Gouverneur aller sieben Provinzen Venezuelas und seiner Hauptstadt. Die Reisenden mieteten sich ein Haus in Trinidad, dem höchstgelegenen Tal der Stadt. Von ihrer Veranda aus blickten sie auf die verregneten Berge, die Caracas nach allen Seiten umgeben, und der Regen blieb ihnen treu, zehn Wochen lang: Dies war die Regenzeit, mit der man hier zwischen Oktober und Ende März rechnen muß.

Die Stadt, in der Humboldt und Bonpland die letzten Tage des 18. Jahrhunderts verbrachten, zählte damals 40 000 Einwohner. Tausende von ihnen waren Sklaven, die indes das Recht hatten, sich für 300 Spanische Dollar freizukaufen, und zwar gleichgültig, zu welchem Preis sie an ihre Herren verkauft worden waren.

Humboldt hat hier – wie auch auf seinen späteren Stationen – eine Menge über den Status der Weißen, der Indios, der Schwarzen und Sklaven geschrieben. Statistiken gab es kaum – jene Auskünfte also, die Humboldt für seine im modernen Sinne bereits soziologischen Studien brauchte, die ihrerseits in seinen Augen ein wesentlicher Teil der Geographie waren. Dennoch hat er mit erstaunlichem Scharfsinn sehr gescheite demographische Betrachtungen über

Hütten aus Bambus und Lehm waren zu Humboldts Zeit und sind noch heute die Behausungen der Armen in Venezuela. Das Land ist zwar durch riesige Erdölvorkommen reich geworden, aber es hat dennoch seine schweren sozialen Probleme nicht lösen können

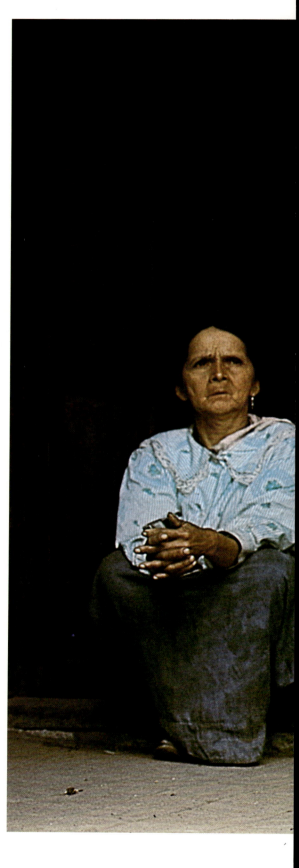

die Zivilisation in den spanischen Kolonien angestellt – Betrachtungen, die immer noch in einigen lateinamerikanischen Ländern der Wirklichkeit eher gerecht werden als so manche heute publizierte Zweckinformation.

Humboldt sah die Geographie der Neuen Welt von der der Alten so unterschieden, daß die Kolonisten geradezu zwangsläufig ein neues Lebensgefühl entwickeln mußten und die Kultur ihres Herkunftslandes ablegten. Das Leben in Amerika, meinte er, sei einfacher, offener, freundlicher. Andererseits fand er, Caracas sei eher eine europäische Stadt und politisch aufgeklärter als andere Hauptstädte Südamerikas, in die er später noch kommen sollte. Er nahm an, das habe damit zu tun, daß Venezuela weder indianisch besiedelt sei – im Gegensatz zu den Andengebieten und Mexiko –, noch afrikanisch, wie die meisten westindischen Inseln, sondern hauptsächlich weiß. In den Kolonien, notierte er, klassifiziere die Hautfarbe den Menschen.

Das ist, was auch immer die Autoritäten und Idealisten sagen mögen, auch heute noch so. „Todo blanco es caballero" – „Alle Weißen sind Herren" –, war verbreitete Ansicht zu Humboldts Zeiten, und sie ist es geblieben. Jeder Baske, schrieb Humboldt, dessen Blut nicht durch die afrikanische Rasse vergiftet sei, empfinde sich als etwas Besonderes, und es gab damals mehr Basken in Amerika – besonders in Venezuela – als in Spanien, was mit dem baskischen Erbrecht zu tun hatte: Die Basken vererbten, was sie hinterließen, allein ihrem ältesten Sohn, sodaß jüngere Söhne gezwungen waren, ihr Glück irgendwo anders zu suchen. Übrigens nahm Humboldt an, daß kreolische Revolutionäre nicht so sehr aus moralischen Gründen für die Abschaffung der Sklaverei seien, sondern weil sie sich von den freigelassenen Sklaven Unterstützung im erwarteten Unabhägigkeitskrieg gegen Spanien erhofften.

Humboldt war freudig überrascht, in Caracas Menschen zu begegnen, die sich erstaunlich gut in französischer und italienischer Literatur auskannten. Viele Bürger der Hauptstadt schwärmten auch von Musik – doch wenn Humboldt zu Konzerten eingeladen wurde, sah er das weniger gern: Schon in ihrer Kindheit hatten die Brüder Wilhelm und Alexander Musik für eine „Gesellschaftsplage" gehalten.

Einmal, als Humboldt zu einer Theatervorführung in die nach oben offene Arena von Caracas eingeladen war, die Platz für 1800 Besucher bot – Frauen und Männer saßen getrennt –, beobachtete er Sterne und Schauspieler gleichzeitig, aber er ließ keinen Zweifel daran, daß Jupiter ihn mehr interessierte.

Caraqueños, wie sich die Bewohner der Hauptstadt von Venezuela noch heute nennen, priesen ihr Land schon zu Humboldts Zeiten als ein irdisches Paradies mit ewigem Frühling. Dem Forscher fiel auf, daß das nahezu alle Südamerikaner von ihrem Land sagten, wenn sie auf Höhen zwischen 800 und 1800 Meter lebten. Er lernte aber auch, daß die Menschen in Caracas – ebenso wie die in Bogotá, das 2600 und in Quito, das 2800 Meter hoch liegt – von ihrem Klima sagen können: Frühling am Morgen, Sommer am Nachmittag, Herbst am Abend und Winter in der Nacht. Es war nämlich regnerisch und kalt, als der Dezember nach Caracas kam, unangenehm kalt für venezolanische Verhältnisse: zwischen 15 und 18 Grad Celsius. Humboldt, der die tropische Hitze liebte, fühlte sich an den Harz erinnert. Überall traf er auf Menschen, die an Erkältungen litten.

Als sich das Jahr 1799 dem Ende zuneigte, plante Humboldt eine Exkursion zum La Silla, einem Sattel in der Bergkette zwischen der Stadt und dem Meer. Zu seiner Überraschung fand er in Caracas niemanden, der je die Berge bestiegen hatte, die eine ganze Stadt täglich sah. Aber nicht nur das: Jedermann wunderte sich darüber, daß Humboldt solch eine mühevolle Exkursion auf sich nehmen wollte. Erst als er erklärte, daß er topographische Studien anstellen wolle, stellte ihm der Generalkapitän ein paar Leute zur Verfügung, die Wasser, Nahrung und Instrumente trugen.

Einer seiner Arbeiten stellte Humboldt dieses Bild voraus: Pallas Athene, die Göttin der Wissenschaft, reicht dem gebeugten indianischen Fürsten den Ölzweig des Friedens, während Merkur, Gott des Handels, den Hingesunkenen aufrichtet. Wie mit diesem Bild, hat Humboldt auch mit dem Wort für Menschlichkeit geworben

Am 2. Januar, dem zweiten Tag des neuen Jahrhunderts, verließen Humboldt und Bonpland die Stadt, begleitet von 18 Einheimischen, die vorgaben, mit auf die Berge gehen zu wollen. Aber am nächsten Morgen, nach einer Nacht auf einer Kaffeeplantage, als der Aufstieg wirklich begann, blieben fast alle zurück, auch Träger – und mit ihnen Nahrung und Wasser, so daß Humboldt und Bonpland während der nächsten fünfzehn Stunden ihrer eigentlichen Bergtour nichts anderes als lediglich ein paar Oliven aus der Tasche zu sich nehmen konnten.

Nur ein paar letzte Getreue schleppten die wichtigsten Instrumente –. Humboldt und Bonpland ließen sie vorausgehen, weil sie fürchteten, die Begleiter könnten sich mit dem wertvollen Gepäck davonmachen. Wiederum notierte Humboldt auch eine scheinbare Nebensächlichkeit: Die Schwarzen redeten unausgesetzt, während er die Indios eher schweigsam gefunden habe.

Unten in der Stadt standen Menschen ungläubig hinter ihren Teleskopen und beobachteten die kleine Gruppe am Hang. Dann kamen Wolken auf. Die Sicht nahm rasch ab.

Mittags erreichten die Bergsteiger den Gipfel von El Ávila. Heute steht dort, groß, weiß, zylindrisch, das „Hotel Humboldt", mit dem Tal verbunden durch eine der größten Schwebebahnen der Welt.

Mit Macheten schlugen die Gehilfen einen Weg über den Sattel von La Silla. Vom östlichen Gipfel, dessen Höhe Humboldt per Barometer mit 2631 Me-

Zweieinhalb Millionen Menschen leben heute in Caracas, der Hauptstadt Venezuelas. Humboldt empfand das abendliche Caracas als düster und schwermütig – ein Eindruck, den die moderne Stadt auch heute noch vermittelt

Trotz seiner schönen Höhenlage und der Zugänglichkeit durch eine Seilbahn ist das nach Alexander von Humboldt genannte Hotel oberhalb von Caracas ein dauerhafter Mißerfolg

ter ermittelte, fiel der Berg steil zur Karibischen See hin ab. Humboldt maß das Gefälle mit 58 ° 32'. Im Vergleich: Nur weniger als 45 ° neigt sich der Südhang des Montblanc, nur 12 ° der Pico de Teide auf Teneriffa.

Um 4.30 am Nachmittag begann der Abstieg. Der wurde zum Alptraum. Als die Dunkelheit hereinbrach, mußten die Forscher die Schuhe ausziehen, um sich den Weg nach unten zu ertasten. Bald waren die Füße blutig.

Heute kann niemand Humboldts Tour auf den Berg ohne besondere Erlaubnis wiederholen. Das Gebiet ist gesperrt, weil die Vegetation geschützt werden soll, und überdies das Wasser, das von oben kommt. Nur an den Farben des Berges, die beinahe jeden Monat wechseln, kann sich jeder von Ferne erfreuen: Im Februar blühen die silbrigen Apamate, während des Sommers die Araguaaneyes und im November schließlich die Damas de noche.

Humboldt und Bonpland blieben nach jenem Bergabenteuer noch länger als einen Monat in Caracas, ordneten ihre gesammelten Pflanzen und Mineralien und zeichneten fleißig. Sie erinnerten sich noch lange an ihre Zeit in dieser Stadt, die bald in Trümmer fiel und für viele Freunde zum Grab wurde. Denn acht Jahre nach Humboldts Ankunft in Paris, am 26. März 1812, nachmittags um 16.07, begann die Erde zu beben. Der erste Stoß ließ die Glocken der Kirchen schwingen, dann stürzten die Kirchen ein und begruben Tausende von Gläubigen unter sich, die sich zum Gebet um Rettung versammelt hatten, und dann war das Unglück jäh überall

in der Stadt und tötete 12 000 Menschen. Auch das Haus stürzte ein, in dem Humboldt gewohnt hatte. Später, während und nach der Revolution, flohen so viele Menschen aus der Hauptstadt oder wurden getötet, daß die Bevölkerung auf 20 000 Köpfe sank – weniger als die Hälfte zu jener Zeit, als Humboldt hier zwischen Obstgärten und Wiesen und sorgfältig angelegten Straßen die Bekanntschaft vieler freundlicher Einwohner gemacht hatte.

Caracas ist längst neu erstanden. Zweieinhalb Millionen temperamentvolle Menschen leben jetzt dort. Zwei der vielen Wolkenkratzer sind mehr als 70 Stockwerke hoch, und die Autobahnen sind so miteinander verwoben, daß man ihre Kreuzungen „Krake" nennt, „Hundertfüßler" und „die Spinne".

Um sieben Uhr früh sind die Straßen fast bis zum Stillstand verstopft. Die Autos, amerikanische Modelle, in Venezuela montiert, sind geräumig: Im ölreichen Venezuela läßt man sich nicht gern in einem kleinen japanischen oder europäischen Wagen sehen.

Während ich in Caracas die Spuren Humboldts suchte, wohnte ich bei Freunden in einem eleganten Appartement-Hochhaus am „Parque Humboldt". Meine Wäsche wurde in der „Laundromat Humboldt" gereinigt, mein Auto im „Servicentro Humboldt" gewartet, und auch am Abend wurde ich an mein Idol erinnert: Wenn ich ins „Mini-Teatro Humboldt" ging.

Und: Caracas erinnert sich an Humboldt. Außer dem Hotel auf dem Berg sind Dutzende von Orten nach ihm benannt: ein Planetarium, ein Botanischer Park, eine Deutsch-Venezolanische Gesellschaft, eine Bücherei, auch eine psychiatrische Klinik, eine Apotheke, eine Bäckerei, sogar eine Würstchen-Bude an der Ecke.

Und Bonpland?

Auch er, der stets im Schatten des großen Preußen stand, wird in Caracas geehrt: Wenigstens eine Straße ist nach ihm benannt.

In Caracas und anderen südamerikanischen Hauptstädten hält man Alexander von Humboldt auch heute noch für einen Förderer des Aufstandes gegen die spanische Obrigkeit, aber das war er nur indirekt über sein Werk. Er war ein Zeuge politischer Entwicklungen, aber er nahm an ihnen nicht aktiv teil. Der Paß, den ihm der König von Spanien ausgestellt hatte, verpflichtete ihn zu Loyalität, und sein Engagement verpflichtete ihn der Wissenschaft; er war nicht der Mann, der eine dieser beiden Verpflichtungen seiner in der Tat liberalen Gesinnung geopfert hätte. Er war auch nicht der Mann, seine Freundschaft mit den „Peninsulares", den Spaniern, oder den Gouverneuren der Kolonien zu mißbrauchen, so wenig er die Criollos, die Eingeborenen, betrog, die ihm die verbotene Schrift „Die Menschenrechte" gezeigt haben mögen.

Diese Schrift entfachte das Feuer, das zu Humboldts Zeiten glomm. Die Criollos, denen das Recht auf Selbstbestimmung und auf Außenhandel bestritten wurde, waren aufsässig, voll von aufrührerischen Ideen, die sie aus Frankreich und Nordamerika bezogen, wo man den Kampf um Freiheit schon hinter sich hatte. Nach drei Jahrhunderten direkter Herrschaft begann Spaniens Macht über sein Imperium besonders auch unter dem Druck der britischen Blockade lockerer zu werden. Der erste – verfrühte – Aufstand war in Caracas niedergeschlagen worden, drei Jahre vor Humboldts Ankunft.

Es ist dennoch falsch, Humboldt zu unterstellen, er habe die Revolution aktiv gefördert; es ist falsch wie die Ansicht des Fremdenführers in der Guacharo-Höhle von Caripe, der mich allen Ernstes davon überzeugen wollte, daß Alexander von Humboldt die Höhle und die Vögel entdeckt habe.

Nein, er hat sie nicht entdeckt. Er berichtete nur über sie – so wie er über die Umstände berichtete, die zur Erhebung gegen Spanien führen sollten.

Am 7. Februar 1800 verließen die Forscher die Hauptstadt Venezuelas auf dem Weg zum Oberen Orinoko – frei-

Kleine und mittlere Gewerbetreibende in Cumaná und Caracas haben ihren mehr oder weniger florierenden Unternehmen den Namen des preußischen Barons gegeben, aber nur ganz selten widerfuhr Humboldts Begleiter Aimé Bonpland diese Ehre. In Caracas heißt eine Straße nach ihm, aber der Schildermaler schrieb seinen Namen falsch

lich wählten sie nicht die direkte Route in die ursprüngliche Welt dieses Stromes, sondern begaben sich zunächst in das agrarisch reiche Land westlich der Stadt, und zwar mit dem – später aufgegebenen – Plan, von dort aus weit nach Süden zum Maracaibo-See und zu den schneebedeckten Bergen Meridas vorzustoßen. Von dort aus, so planten sie, würden sie den Quellflüssen zum Orinoko folgen.

Ich habe diese Tour gen Westen Schritt für Schritt nachvollzogen. Manchmal bewegte ich mich dabei auf alten Bergpfaden, mühsam und langsam, manchmal, um den Straßenverkehr nicht aufzuhalten, mit 120 Stundenkilometern auf „Autopistas". An einem Platz, der zu Humboldts Zeiten weit außerhalb der Hauptstadt lag und voll von Pfirsichbäumen war, befand ich mich immer noch in den lärmenden Straßen der Metropole.

Zwischen Antimano und Las Adjuntas mußte Humboldt siebzehnmal den Rio Guayra kreuzen und wünschte, der Fluß werde eines Tages begradigt werden, so daß die Reisen in dieser Gegend weniger beschwerlich werden würden. Heute ist er begradigt. Weiter westlich sind die Berge des Los Teques noch immer so steil und grün, wie Humboldt sie beschrieb, aber, wie in Caracas, viele Hügel sind für den Bau von Häusern und Straßen eingeebnet worden. Die nächste größere Stadt, La Victoria, von der Humboldt noch schrieb, sie sei umgeben von Getreide-, Bananen-, Kaffee- und Zuckerplantagen, ist heute der Sitz vielfältiger Industrieunternehmen und entsprechend zersiedelt von Fabrikationsanlagen aller Art.

Gelegentlich unterbrachen Humboldt und Bonpland ihre Reise, manchmal bis zu einer Woche lang, um auf den Landsitzen begüterter Freunde zu Gast zu sein, die sie in Caracas kennengelernt hatten. Sie lebten, so hielt Humboldt fest, das Leben der Reichen, badeten zwei- und aßen dreimal am Tag und genossen die Annehmlichkeiten der Zivilisation in dem Bewußtsein, daß es damit bald und für viele Wochen vorbei sein werde. Humboldt, übrigens, war auf dieser Reise, wie auf den weiteren, immer wieder tief beeindruckt durch die Gastfreundschaft, die ihm und seinen Begleitern zuteil wurde.

In der Nähe von Maracay meinten die Forscher, am Horizont einen Hügel zu sehen. Beim Näherkommen freilich erwies sich der vermeintliche Hügel als ein Baum mit einer gewaltigen halbkugeligen Krone, ein Saman, Pithecolobium saman, ein von den Indios verehrter Regenbaum, so genannt wegen der Vorstellung, daß seine Blätter Wasser ausschwitzen. Humboldt glaubte, dieser Riese sei noch älter als der Drachenbaum von Orotava. Als er genau um die Mittagszeit den Schatten des Baumes maß, ermittelte er einen Kronenumfang von 176 Metern. Humboldt hoffte, dieser monumentale Baum werde erhalten bleiben, und er freute sich zu hören, daß der Besitzer einen Prozeß gegen einen Farmer gewonnen hatte, der dem Baum einen Ast abgesägt hatte.

Natürlich wollte ich wissen, ob der Baum noch steht – er wäre das letzte Lebewesen in Amerika, das Humboldt sah und das noch heute existiert.

Samane, sogenannte Regenbäume, waren in Südamerika oft von Legenden umwoben und galten auch im Europa des 16. Jahrhunderts als „groß Wunderwerck der Natur." Der Saman bei Turmero, den Humboldt sah, ist abgestorben, aber seine Äste ragen noch immer in den Himmel

Auf der Suche nach diesem Baum fuhr ich in strömendem Regen auf der Landstraße von Turmero nach Maracay und kam immer wieder an Halden von Autowracks vorbei. Große Regenbäume säumten die Straße, und gelegentlich sah ich welche am Horizont, die auf mich, wie damals auf Humboldt, den Eindruck machten, als wären sie Hügel. Und dann, genau in der Entfernung von Turmero, die Humboldt angegeben hatte, nach 4,5 Kilometern, fand ich, was ich suchte: Der Baum stand in der Mitte der Straße, die seinetwegen beidseits um ihn herum verlegt worden war. Man hatte einen kräftigen Zaun errichtet, um ihn zu schützen, und garniert hatte man ihn mit vier uralten Kanonen. Das Gedicht, das man hier 1951 auf einer Tafel angebracht hatte, galt freilich nicht Humboldt, sondern revolutionären Truppen, die hier einmal wenige Jahre nach Humboldts Durchreise unter dem schattigen Dach des Riesen Rast gemacht hatten.

Es regnete noch immer, als ich die rostige Pforte im Zaun öffnete und unter den Regenbaum trat. Ich betastete seine Borke, die zerfetzt und angekohlt war – der mächtige Stamm war morsch, und die Äste und Zweige, die sich gegen den verhangenen Himmel reckten, trugen keine Blätter: Der Baum war tot. Später erfuhr ich, der Baumriese sei 1969 vom Blitz getroffen worden und danach endgültig abgestorben.

Wie von dem Regenbaum, waren die Forscher auch von dem Palo de vaca, dem Kuhbaum, Brosimum galactodendron, fasziniert, den sie bei Barbuly in der Küstenregion Venezuelas fanden. Ein merkwürdiges Gewächs: Sein Saft ist eine käsige Substanz, die wie angedickte Milch wirkt. Humboldt und Bonpland sahen, wie die Einheimischen im Morgengrauen die Rinde anstachen, den Saft auffingen und ihn tranken, daß sie ihr Brot hineintauchten, daß sie den Saft ihren Kindern gaben, aber auch eine Art Käse aus ihm machten; kurz: Die Europäer probierten den sonderbaren Saft selber – Humboldt verglich ihn mit Muttermilch. Der Kuhbaum, gestand er, habe wie kaum

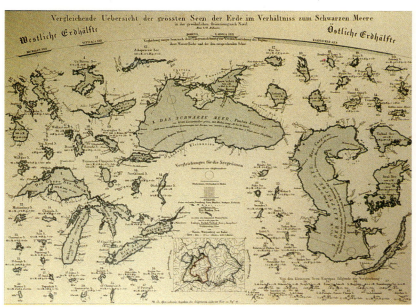

etwas anderes während seiner Reisen seine Phantasie beflügelt.

Auch ich habe dieses Getränk einmal gekostet; für meinen Geschmack war es ziemlich scheußlich und nur zu ertragen, wenn man vergessen hat, wie frische Milch schmeckt.

Zwischen Maracay und Valencia – inzwischen große Städte – kamen Humboldt und Bonpland an den annähernd 400 Quadratkilometer großen Valencia-See. Der See und seine Umgebung beherbergen noch heute eine reiche Vogelwelt, wie sie die Forscher beschrieben, aber wann immer ich sie fotografieren wollte, wurde ich von jungen Leuten gestört, die Wasserski fuhren, obwohl das Wasser unrein ist: Schnecken übertragen bestimmte Larven, die zu einer gefährlichen Wurmerkrankung, der Bilharziose, führen.

Damals, wie übrigens auch noch heute, fiel der Wasserstand. Diese Tatsache bewog Humboldt, alle möglichen Spekulationen auch über andere Seen auf der Erde anzustellen, die ebenfalls austrocknen könnten – weiterführende Betrachtungen in seinen überkommenen Berichten, die nur ein Indiz unter vielen anderen dafür sind, daß er ständig bemüht war, nach gemeinsamen Ursachen, nach Verhältnissen und letztlich nach Einheit in der Natur zu suchen.

Während eines Abstechers nach Puerto Cabello an der karibischen Küste gelangten die Forscher zu den heißen Quellen von Las Trincheras. Sie machten sich das Vergnügen, ihre Frühstückseier darin zu kochen. Die Quellen waren damals, und sind noch heute, ein Mekka für kränkelnde Menschen.

Als ich zu den Quellen kam, sprudelten sie noch genauso heiß wie zu Humboldts Zeiten. Der Manager der Badeanlagen, die inzwischen entstanden sind, versicherte mir, Humboldt habe diese Quellen entdeckt, und sie seien nach Mineralgehalt, Temperatur und Heilkraft die zweitbesten der Erde. Zwar wußte er nicht, welcher Quelle der erste Platz gebühre, aber er war sicher, daß ich Alter und allfällige Schmerzen verlieren würde, wenn ich mich täglich einmal dem Wasser aussetzte. Die ersten 21 Bäder, sagte er, würden möglicherweise die Symptome einer Krankheit noch verstärken, aber zweimal im Jahr alle vorgeschriebenen 40 Schlammbäder würden zuverlässig zur Verjüngung führen.

Da ich sicher war, mir 80 Tage in Las Trincheras nicht leisten zu können, machte ich, was Humboldt tat: Ich

nahm ein kurzes Bad und folgte dann dem heißen Fluß 22 Kilometer hinunter zum Meer nach Puerto Cabello, wo es so heiß war, daß mir schien, der Fluß sei auch hier kaum abgekühlt.

Die Autobahn schneidet so gerade durch die Berge, daß ich die 43 Kilometer von Valencia nach Puerto Cabello in weniger als 30 Minuten schaffte. Dabei schien mir, daß selbst die Fahrer der 40-Tonnen-Lastwagen ihr Vergnügen am schnellen Fahren haben – aber manchmal fahren sie auch geradewegs in die Ewigkeit: An Kurven sind in die Leitplanken große Löcher gerissen. Wo es einen Todesfall gab, steht wie überall in Südamerika, ein Kreuz am Rand – gelegentlich stehen auch gleich ein paar Kreuze beieinander, mit verblassenden Plastikblumen geschmückt.

Auf ihrem Rückweg zum Valencia-See trafen Humboldt und Bonpland einen Mann aus Mérida, dem Land der schneebedeckten Berge. Sein Rat änderte ihre Absichten. Er sagte, es werde sie mindestens 45 weitere Tage kosten, wollten sie den Orinoko über den westlichen Umweg über Mérida erreichen. Die Forscher begriffen, daß sie sich direkt südwärts wenden mußten, wollten sie ihre Orinoko-Reise noch vor dem Beginn der nächsten Regenzeit vollenden.

Während sie den Valencia-See südlich umrundeten und Güigüe passierten, staunten sie über frei weidende Kamele, die, wie sich erwies, aus Teneriffa nach hier gebracht worden waren. Der Zufall wollte es, daß auch ich, als ich Humboldts Spuren folgte, in Carabobo, nicht weit vom See, Kamele traf, aber die lebten hinter Zäunen in einem jener Safari-Parks, die heute überall auf der Welt freie Natur vorgaukeln. Während ich langsam durch diesen Park fuhr und beobachtete, wie die Giraffen die Bäume anknabberten und kaum Rinde oder Laub übriggelassen hatten, schlug ein Elefant mit seinem Rüssel gegen meine Windschutzscheibe und riß die Radioantenne ab; er stopfte sie sich ins Maul wie zum Frühstück.

In Güigüe übernachteten Humboldt und Bonpland bei einem alten Sergean-

Den Hafen von Puerto Cabello an der Nordküste Venezuelas malte Bellermann in Öl. Das Original befindet sich in Ostberlin. Mehr als anderthalb Jahrhunderte später entstand das Foto derselben Ansicht

ten, der kurioserweise die Genesis auf lateinisch aufsagen konnte und auch die ganze Geschichte der römischen Kaiser im Kopf hatte. 178 Jahre später verlief meine Nacht in diesem Ort weniger unterhaltend und angenehm: Ich versuchte in meinem Auto zu schlafen, denn man versicherte mir, es werde gewiß gestohlen, würde ich es unbeaufsichtigt lassen.

Für Humboldt war Villa de Cura die nächste Station, eine Stadt mit damals 4000 Einwohnern in den letzten Bergen vor den Llanos, den riesigen Ebenen des nördlichen Südamerika. Hier genossen die Reisenden für lange Zeit zum letzten Mal die Segnungen der Zivilisation – und noch eine Dreingabe besonderer Art: An einem Abend versammelten sich die Menschen auf dem großen Platz, um sich Bilder einer Laterna magica anzusehen, einer frühen Vorgängerin unserer Diaprojektoren, die Ablichtungen der großen europäischen Hauptstädte an die Wand warf, darunter auch Berlin.

Heute könnte Villa de Cura jede Menge moderner „Magischer Laternen" – Fernsehgeräte – betreiben, denn hier steht ein gigantisches Kraftwerk.

Vor dem Aufbruch badeten die Forscher um Mitternacht im kleinen Rio San Juan, und dann zogen sie los, zwei Uhr nachts, um die Ebene vor der großen Tageshitze zu erreichen. Übrigens blieben sie nicht allein: Da die Strecke berüchtigt war – Wegelagerer machten sie unsicher –, schlossen sich ihnen mehrere andere Reisende zu einer größeren Karawane an.

Auf diesem Weg erfuhr ich, daß ich Glück gehabt hatte, nicht in einem Motel geblieben zu sein: Es war just in der voraufgegangenen Nacht von einer schrecklichen Flutwelle erfaßt worden. Als ein normalerweise nur knietiefer Bach nach schwerem Regen zu einem reißenden Strom wurde, liefen die Gäste um ihr Leben. Das Wasser riß Bäume um, die so alt waren, daß sie schon zu Humboldts Zeiten hier gestanden haben mochten. Einen Tag lang mußte ich warten, bis Bulldozer die Straße von Bäumen, Felsen, Lehm, Brückenteilen

und Trümmern des Motels geräumt hatten.

Als die Sonne an jenem ersten Reisetag Humboldts auf einer neuen Etappe ihren Zenith erreichte, war die Maultierkarawane am Fuße der Berge angelangt, am Ende der Bäume und Felsen, der Hügel und Bäche. Hier war die letzte Möglichkeit, Wasser zu fassen – von hier an dehnten sich endlos die Llanos.

Llanos – das ist Spanisch und heißt flach. Wahrlich, was Humboldt vor sich sah, war nichts als Ebene, jener Bogen von Land, der sich zwischen den Anden und dem Orinoko erstreckt, 1300 Kilometer lang und im Durchschnitt 450 Kilometer breit – größer als Frankreich.

In der Regenperiode, von Juni bis Oktober, wenn große Teile der Llanos unter Wasser stehen, sind sie grün, aber in der Trockenzeit, notierte Humboldt, werde das Gras zu Staub, die Erde breche auf, und in der Tiefe lägen Alligatoren und große Schlangen begraben, bis sie von den ersten Regenschauern des Frühlings aus ihrer Lethargie erwachten. Am 12. März 1800, mitten in der Trockenzeit, begannen die Forscher ihren Treck in dieses endlose Nichts.

Die Hitze war böse. Die Reisenden steckten sich Laub in die Hüte, um ei-

Auf der Straße in die Llanos hat ein Fahrzeug einen Kaiman überrollt. Solche Unfälle, die oft auch mit Personenschäden enden, werden in dem Maße seltener, in dem der Mensch die Kaimane dezimiert, um deren Haut zu Taschen, Gürteln und Schuhen zu verarbeiten

nem Sonnenstich zu entgehen. Die Temperatur am Boden betrug nach Humboldts Angaben 50 Grad Celsius. Große Bäume, die ihnen tags ausreichend Schatten hätten spenden können, gab es nicht. So ritten sie nachts.

Sie erreichten ein Gehöft, das El Caiman hieß, „Das Krokodil", bewohnt von halbnackten Peones Llaneros, halbfreien Negern, die im Sattel zu leben schienen, aber die Hoffnung der Europäer auf wenigstens eine Kanne Milch erfüllte sich nicht: Eine Kürbisschale gelben, schmutzigen Wassers aus einem Teich wurde ihnen angeboten, und ein alter Schwarzer riet ihnen, über das Gefäß ein Leinentuch zu legen, um die indifferente Flüssigkeit zu filtern.

Die Maulesel, von ihren Lasten befreit, erhoben ihre Nüstern und witterten nach Wasser. Humboldt und Bonpland folgten einem der Tiere und hofften nach vielen Tagen auf ein Bad. Tatsächlich fanden sie einen schmutzigen Teich, in den sie sich warfen – nur, um ganz rasch wieder herauszukommen, denn vom anderen Ufer stürzte sich ein Kaiman ins Wasser. Mehr noch: Sie verirrten sich, zogen ziellos durch die Nacht, bis ein Indio-Reiter sie fand und nach El Caiman geleitete.

Nach einer knappen Woche mühsamen Marsches erreichte die Karawane schließlich Calabozo – zu deutsch „Verlies" – eine Stadt mit 5000 Menschen, darunter einige begüterte Hacienderos, denen annähernd 100 000 Rinder gehörten. Einer von ihnen war Miguel Cousin, der Humboldt mit Begleitung aufnahm und von einem sonderbaren Erlebnis erzählte: Er war einmal nachts von einem Kaiman geweckt worden, der im harten Lehm unter dem Bett des Landhauses die Trockenzeit zu überstehen versuchte. Durch den Haciendero in seinem Schlaf gestört, brach das Tier gleichsam aus dem Fußboden heraus und flüchtete durch die Tür.

Humboldt fand das aufregend, aber aufregender noch war für ihn die Nachricht, daß es in lehmigen Teichen in der Nähe von Calabozo Zitteraale (Electrophorus electricus) gebe – eben jene Fische, die elektrische Schläge auszu-

Die Llanos, das Flachland des inneren Venezuela, in denen Humboldt 27 heiße Tage verbrachte, galten während der Trockenzeit als abweisend und gefährlich. Auf dem alten Druck wird das durch Geier, die „Todesvögel", und Knochen von Verdursteten angedeutet

teilen vermögen – und die er zu sehen wünschte, seit ihm in der ersten Nacht vor Cumaná der Indio Carlos del Pino von Krokodilen, Jaguaren und Zitteraalen erzählt hatte.

Humboldt war seit seiner Jugend fasziniert von organischer Elektrizität. Er hatte schon früher einschlägige Versuche betrieben – auch an sich selbst, und sich dabei erheblich Verletzungen zugefügt –, aber nun sah er die große Chance, endlich jenen legendären Fischen zu begegnen, von denen man wahre Wunderdinge erzählte.

Er setzte eine Belohnung von zwei Piastern aus – Geld genug, um damit zwei junge Bullen zu kaufen –, für denjenigen, der ihm einen elektrischen Fisch bringe, aber die Indios schreckten davor zurück. Nach drei Tagen, an denen ihnen jemand nur einen halbtoten Fisch gebracht hatte, beschlossen Humboldt und Bonpland, mit den Indios zu einem großen, schlammigen Teich zu gehen und selber Zitteraale zu fangen – und zwar nicht per Netz, rieten die Indios, denn die Fische verbargen sich im Schlamm am Grund, auch nicht nach

Betäubung mit Barbasco, dem Saft giftiger Pflanzen, sondern: Pferde sollten elektrische Schläge auslösen und damit die Tiere harmlos machen.

Die Indios brachten etwa 30 halbwilde Pferde und Maulesel und trieben sie in den Teich. Die Methode funktionierte. Durch die Hufe aufgeschreckt, kamen die Zitteraale an die Oberfläche. Es waren häßliche, olivgrüne Kreaturen mit gelben Flecken, einen bis anderthalb Meter lang, die nun ihre elektrischen Schläge von jeweils einigen hundert Volt durch die Huftiere jagten.

Die Pferde wurden von Panik ergriffen. Einige gerieten unter Wasser, zwei ertranken, andere, Schaum vor dem Maul, schreckgeweitete Augen und gesträubte Mähne, versuchten, den Teich zu verlassen, aber sie wurden von den Indios zurückgetrieben.

Es sah aus, als würden die Fische den Kampf gewinnen. Schon fürchtete Humboldt, alle Pferde würden umkommen, aber dann hatten die Aale ihre Energie verausgabt. Einige trieben erschöpft ans Ufer, wo Indios fünf von ihnen mit langen Lassos an Land zogen.

Da lagen nun die sonderbaren Kreaturen vor Humboldt – endlich. An Ort und Stelle begann er mit seinen Experimenten. Die Männer zwickten die Fische: Es schien, daß der Schleim auf der Fischhaut den Strom transportiere, der aus einem elektrischen Organ kam, welches mehr als die Hälfte des Hinterleibes ausmachte.

Die Instrumente registrierten die schwachen Schläge nicht, die von den erschöpften Fischen ausgingen. In der Nacht versetzten die Forscher die Aale in einer Badewanne in Erregung und hielten nach Funken Ausschau, aber sie sahen keine. Der einzige – wenn auch nicht streng wissenschaftliche – Weg, die Intensität der Stromschläge zu ermessen, war, sich diesen Schlägen selber auszusetzen. Humboldt berichtete,

In Calabozo spürte Humboldt den „Gymnotus electricus" auf, den Zitteraal, der schwere elektrische Schläge austeilt. Der Forscher ließ Pferde in das Gewässer treiben, um der gefährlichen Fische habhaft werden, sie untersuchen und skizzieren zu können

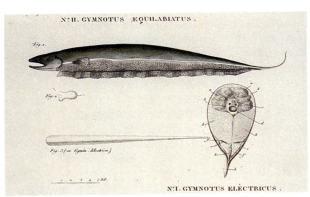

er habe tagelang schwere Schmerzen in nahezu allen Gelenken gehabt.

Ich bin Zitteraalen in den Wassern des Amazonas begegnet. Ich trug, als ich eines dieser Biester anfaßte, Gummihandschuhe wie ein Elektriker, aber selbst dieser Schutz half nicht: Ich spürte einen heftigen Schlag.

Der große Schwanzteil dieser Aale besteht aus nichts anderem als schwammigem, ungenießbarem Fleisch – gewissermaßen der Batterie. Es gibt auch in anderen Teilen der Welt elektrische Fische, aber nur die in Südamerika vorkommenden verteilen so gefährliche Stromschläge, daß ein erwachsener Schwimmer davon gelähmt werden und ertrinken kann. Am Amazonas, übrigens, glauben Menschen, daß der Zitteraal eine besondere Funktion hat: Er soll legendäre Schätze auf dem Grund des Stromes bewachen.

Auch nach intensiven Studien blieben für Humboldt viele Fragen über diesen sonderbaren Fisch unbeantwortet – zum Beispiel, weshalb er sich selber und seinesgleichen nicht mit Strom schlägt. Der Forscher erwähnte, gewisse elektrische Fische in der Alten Welt würden zur Behandlung von Gelähmten benutzt, und er zitierte alte Griechen, die elektrische Fische zur Bekämpfung von Kopfschmerzen und Gicht empfahlen, aber er selber blieb skeptisch: Er habe von solchen „Kuren" in den spanischen Kolonien nichts gehört, aber er könne bezeugen, daß er und Bonpland nach vierstündigen Experimenten noch am nächsten Tag eine Erschlaffung der Muskeln, Schmerzen in den Gelenken und eine generelle Malaise gespürt hätten.

Am 24. März 1800 verließen die Forscher Calabozo und traten den Weg durch die zweite Hälfte der Llanos an. Es war trockener denn je. Ein wüstenhaftes und anscheinend lebloses Land lag vor ihnen, keine Spur von Feuchtigkeit. Kleine Windwirbel trieben Staub in die Höhe und jagten feinen Sand in die Gesichter der Reisenden.

Heute zieht sich, wo damals Humboldt und Bonpland litten, 127 Kilometer lang die venezolanische Autobahn Nummer 1 durch das Land. Als ich sie das erste Mal befuhr, sah ich eine andere als jene Welt, die Humboldt beschrieb. Es war drei Monate später im Jahr, die Llanos waren überschwemmt und Gras reckte sich zwei Meter hoch. Wäre die Straße nicht erhöht gebaut worden, sie wäre überflutet gewesen.

Braune Rinder standen bis zum Bauch im Wasser. Weißstörche und Silberreiher fischten zu tausenden auf ihre unnachahmlich graziöse Art. Nördlich von Calabozo, parallel zur Autobahn, ist der Guárico-Fluß zu einem 25 Kilometer langen, tiefen See aufgestaut. Bis zum Horizont sah ich die Stümpfe ertrunkener Bäume. Auf der anderen Seite des Straßendammes dehnten sich, so weit ich sehen konnte, bewässerte Zuckerrohr-Plantagen, die das ganze Jahr hindurch beerntet werden.

Calabozo bietet heute eine Reihe kleiner klimatisierter Hotels und mehrere kleine Flugplätze für Maschinen, die Saatgut und Chemikalien über das weite Gelände verstreuen. Südlich von Calabozo, wo Humboldt einst gegen die Hitze Blätter in seinen Hut stopfte, verläuft eine Wasserleitung parallel zur Straße; viele Lastwagen fahren entlang, mit Stacheldraht beladen – Zäune für jene acht Millionen Stück Rindvieh, die heute auf den Llanos grasen.

Jenseits dieser Region verbrachte Humboldts Karawane eine schlechte Nacht in Guayabal, damals eine Kapuziner-Mission, die aus einer Siedlung von Landstreichern hervorgegangen war. Humboldt und seine Begleiter hatten am letzten Tag in den Llanos den Guárico gekreuzt und im Freien übernachtet. Und dann kamen sie: Fledermäuse von enormer Größe, und den Forschern schien, als würden sich die Tiere jeden Moment auf ihre Gesichter stürzen.

Am 27. März 1800 zog Humboldt in San Fernando am Apure ein, einem der wesentlichen Quellflüsse des Orinoko. Wieder kamen die Reisenden in einer Kapuziner-Mission unter, und wieder – während dunkle Wolken aufzogen – bereiteten sie sich auf eine weitere Etappe ihrer Forschungsreise vor: den Orinoko.

Nachts versuchte sich Humboldts kleine Expedition vor allem gegen Jaguare und Krokodile zu schützen. Aber Gefahr kam auch aus der Luft: In der Dunkelheit werden die Vampir-Fledermäuse aktiv

»Wo die Natur Hindernisse darbietet, wächst auch die Kraft«

Auch heute noch kann es trotz starker Schiffsmotoren ein lebensgefährliches Abenteuer sein, südamerikanische Flüsse zu befahren, aus denen während der Regenzeit reißende Ströme werden. Alexander von Humboldt ließ sich davon nicht abschrecken – selbst nicht von den unpassierbaren Stromschnellen. Er liebte die Herausforderung

Eine Paradiesschlange
windet sich auf einem Baum.
Noch immer beherbergt
Südamerika mit dem ältesten
Urwald der Erde eine großartige
Fülle pflanzlichen und tierischen
Lebens. Aber wie überall auf
der Erde frißt die Zivilisation
auch hier täglich weiteres Land,
vernichtet Flora und Fauna

23 Tage lang befuhr
Humboldt den Orinoko,
vermaß und kartographierte
den Strom und untersuchte
Tiere und Pflanzen. Sein
Kanu war 13 Meter lang und
einen Meter breit. Gelegentlich befahren solche Boote
noch heute den Strom

Der Casiquiare zieht
seine Mäander durch den
menschenabweisenden
Urwald. Humboldts
Expedition befuhr dieses
Gewässer, um bestätigen
zu können, daß der
Casiquiare den Orinoko
mit dem Rio Negro
verbindet

Vor den Indios am Oberen Orinoko wurde Humboldt gewarnt: Es seien streitbare Stämme, die sich mit Pfeil und Bogen gegen aufdringliche Weiße wehrten. So nahm er von einem Besuch in Mavaca Abstand. Die Nachfahren jener gefürchteten Wilden leben heute friedlich in ihren großräumigen Hütten nahe der Missionsstation

Ein Dreizehen-
Faultier, das in Süd-
amerikas Wäldern behei-
matet ist. Oft hängt der
zahnarme Pflanzenfresser,
dessen Haarkleid sich
auf dem Bauch scheitelt,
viele Stunden lang voll-
kommen unbeweglich
an einem Ast

Als ich an einem regnerischen Abend über eine lange Betonbrücke nach San Fernando de Apure kam, spiegelte sich mir nirgendwo, daß dies einmal der Ort war, an dem eine große wissenschaftliche Forschungsreise eine wesentliche Etappe begonnen hatte.

Nach einem jener gewaltigen Regenfälle, die hier üblich sind, stand die Stadt unter Wasser. Schläuche saugten überflutete Straßen ab, und lärmende Pumpen spien das Wasser in den Fluß. Als wolle er dem Regen Konkurrenz machen, spritzte ein illuminierter Springbrunnen zwanzig Meter hoch eine Fontäne, die sich jede Minute rot, blau und gelb verfärbte, vor allem aber die vorüberfahrenden Autos noch zusätzlich unter Wasser setzte.

In einem nahen Restaurant schlug ein langhaariger Indio, der wie ein Cowboy gekleidet war, auf den Tisch und verlangte vom Ober, einem Mulatten, mehr Beeilung, nachdem er sich ein Glas Bier bestellt hatte. Der Ober meinte, wenn er es so eilig habe, solle er zum Springbrunnen gehen, warten, bis das Wasser gelb werde, und sein Glas unter die Fontäne halten.

San Fernando de Apure 1982.

Alexander von Humboldt, der 30 Jahre alt war, als er hier ankam, und Aimé Bonpland, sein vier Jahre jüngerer Gefährte, hätten im heutigen San Fernando de Apure das kleine Missionsdorf nicht wiedererkannt. Sie waren gekommen, um einen Fluß zu enträtseln, über den im fernen Europa seit drei Jahrhunderten die phantastischsten Geschichten im Umlauf waren: den Orinoko.

Christoph Kolumbus glaubte während seiner dritten Transatlantikreise (1498 bis 1500), am Orinoko in der Nähe des irdischen Paradieses zu sein. Nach Kolumbus haben Expeditionen immer wieder versucht, die Geheimnisse dieses Flusses zu entschleiern. Deutsche Abenteurer aus dem Augsburger Handelshaus der Welser fahndeten hier von 1530 bis 1556 nach dem sagenhaften El Dorado, und auch der britische Seefahrer Sir Walter Raleigh setzte in dieser Gegend um 1595 Kopf und Kragen ein – in dem Irrglauben, er könne ein Goldland finden.

Obgleich sie ein ruhmreiches Kapitel in den Annalen der Forschung füllen sollte, sah Humboldts Expedition zunächst recht bescheiden aus. Sie war keine von einem Souverän ausgerüstete Flotte, sondern paßte in ein einziges Kanu, das Humboldt aus eigener Tasche bezahlte. Sie hatte auch nicht – wie Napoleons militärisch unselige, wissenschaftlich indes erfolgreiche Nil-Expedition – 175 auserwählte Wissenschaftler aufzuweisen, sondern bestand aus einem Preußen, einem Franzosen, zwei wissenschaftlichen Laien aus Spanien, einem Schwarzen und einigen Indios.

Humboldts Expedition drang übrigens nicht in unerforschtes Land ein: Spanier hatten lange zuvor den Orinoko befahren, aber sie hatten in der Öffentlichkeit nur wenig darüber berichtet, und deshalb war das Mysteriöse an diesem Fluß immer noch größer als das Wissen über ihn.

Was diese Expedition bedeutend machen sollte, waren die Persönlichkeiten ihres Führers Humboldts und seines Gefährten Bonpland – und ein günstiger Zeitpunkt: Dies war die erste unter vielen folgenden Expeditionen, die dem neuen Jahrhundert bisher entlegene Regionen erschlossen. Sie strebte unter dem Leitmotiv der Physikalischen Geographie nach der Erkenntnis von Zusammenhängen und Fakten, und zwar buchstäblich von A bis Z: Von Anthropologie bis Zoologie. Sie setzte einen außerordentlich hohen Standard wissenschaftlicher Arbeit und inspirierte andere, die später aus der amerikanischen Wildnis jene Weltgegenden machten, die wir kennen: Audubon, v. Eschwege, Spix und Martius, Darwin und Wallace, Bates und Spruce, John C. Fremont, v. d. Steinen und viele andere. Keine der späteren Expeditionen aber, ob groß oder klein, hat so viele genaue Landkarten und Bücher über so viele wissenschaftliche Punkte am Orinoko – und über die später noch folgenden Forschungen – veröffentlicht wie die Alexander von Humboldts.

„Die richtige Karte Amerikas, nach tausenden astronomischer, geodätischer, hypsometrischer, mühevoller Messungen, bleibt wohl das großartigste, unvergängliche Denkmal für alle Zukunft", rühmte 1859 der namhafte Geograph Carl Ritter Humboldts Leistung in der „Zeitschrift für allgemeine Erdkunde" – mit Recht. Denn Tag für Tag, selbst unter Strapazen, auch im Kanu auf dem Strom, kartographierte Humboldt mit Sextant und Kompaß jede Krümmung und jede Insel, und immer wieder versuchte er, mit Hilfe der Sterne seinen Standort zu bestimmen. Oft war das eine ganz und gar undramatische Arbeit, die wenig zu dem Reise-

Abenteuer zu passen schien, aber so war Alexander von Humboldt: Seine Beharrlichkeit, unter allen Umständen zu messen, Daten zu sichern, präzise zu ermitteln, Zusammenhänge zu erkennen – das machte den großen Forscher aus, und das ist auch heute noch die Essenz wissenschaftlicher Methodik.

Die kleine Expedition mußte den Rio Apure 175 Kilometer nach Osten befahren, um den Orinoko zu erreichen. Für die Vorbereitung benötigten die Männer nur drei Tage. Sie bedienten sich dabei der Hilfe eines ortsansässigen Priesters, Fray José Maria de Malaga, und eines neuen Freundes, Nicolas Soto, der ein Schwager des Provinzgou-

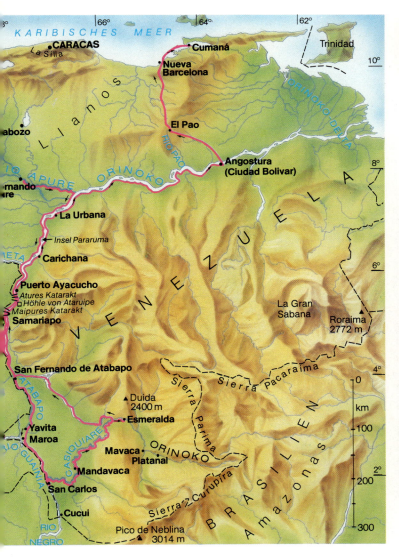

San Fernando de Apure war für die Forscher Ausgangspunkt zur Erkundung der rätselhaften Welt des Oberen Orinoko mit der geographisch einzigartigen, 328 Kilometer langen Verzweigung des Casiquiare zum Rio Negro, der jenseits der Kontinentalscheide zum Amazonas fließt. Allein sechs Tage brauchte die Mannschaft Humboldts, um mit dem Segelkanu die Großen Katarakte zu überwinden. In San Carlos wurde ihnen die Weiterfahrt verwehrt. Insgesamt 76 qualvolle Tage brauchte die Expedition, um die 2900 Kilometer von Apure bis Angostura auf dem mäandernden Flußsystem im Tropischen Regenwald zurückzulegen. Die 13 Tage Rückweg durch die Llanos nach Cumaná waren nicht minder entbehrungsreich

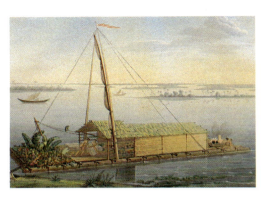

verneurs war und sich sofort den Forschern anschloß. Er sollte sich als guter Partner erweisen, der auch in Krisensituationen heiter und gelassen blieb.

Für die erste Etappe der Reise charterte Humboldt für zehn spanische Pesos eine sogenannte Lancha, ein großes Segelkanu. Einen Peso pro Tag kosteten die vier Indios als Ruderer, einen halben Peso der ortskundige Lotse. Die Mannschaft errichtete als Sonnenschutz ein Laubdach über dem Heck, darunter einen Tisch und ochsenlederbezogene Bänke für die Passagiere, zu denen außer dem schwarzen Diener Humboldts auch der treue Guayaqueria-Indio Carlos del Pino und ein großer Hund gehörten, der Humboldt seit Caracas begleitete. Man saß inmitten der Instrumente Humboldts, der Herbarien Bonplands und einer großen Bücher-Truhe.

An Bord war Proviant für einen Monat: lebende Hühner, Eier, Mehlbananen, Maniok und Kakao. Fray Malaga gab ihnen Sherry, Orangen und Tamarindenschoten, aus den sich die Forscher erfrischende Getränke machen konnten. Für den Tauschhandel mit den Indios nahm Humboldt ein paar Kisten Zuckerrohrschnaps mit. In der begründeten Annahme, daß in der extrem feuchten Luft der Tropen die Feuerwaffen oft versagen würden, ließ er Netze und Fischhaken an Bord bringen und hoffte, die Mannschaft werde Fische, Schildkröten und Vögel fangen. Humboldt, übrigens, mochte von allem verfügbaren Wild den Hokko am liebsten, eine Art Urwaldhuhn, das auf Bäumen lebt.

Am 30. März 1800 startete die Lancha den Rio Apure stromabwärts – ein wunderschöner, 300 Meter breiter Fluß, auf dem sie sich nun eine Woche aufhalten sollten. Fortwährend sahen sie große Krokodile, die entweder – die Schnauzen weit geöffnet – zu Dutzenden am Ufer dösten oder, nur Augen und Nüstern über Wasser, mit der Strömung trieben. Bonpland maß einmal einen Kadaver, der es auf stattliche 7,22 Meter brachte.

Oft beobachteten die Reisenden am Ufer einen Jaguar, den König der Tiere in Südamerika, und gleichsam gefangen zwischen Jaguar und Krokodil lebten große Mengen von Capybaras, sonderbare Wasserschweine, die bis zu zehn Minuten lang tauchen können. Capybaras, die es auf 50 Kilo Gewicht bringen können, sind die größten Nagetiere der Erde und so freundlich wie ihre kleineren Verwandten, die Meerschweinchen. Indiokinder halten sich Capybaras als Spieltiere, und ich habe gesehen, wie Indio-Frauen verlassene Jungtiere an der eigenen Brust nährten.

Die Luft über dem Fluß war voll von Vögeln, die in dichten Schwärmen flogen. An den Ufern patrouillierten Silberreiher, scharlachfarbene Ibisse und andere Stelzvögel. Die Forscher auf dem stillen Kanu hatten einen prächtigen Rundblick; fasziniert beobachteten sie, wie die wilden Tiere im Morgengrauen und in der Abenddämmerung an den Fluß kamen, um zu trinken. Der alte Indio-Lotse, der den größten Teil seines Lebens in einer katholischen Mission verbracht hatte, hielt die Szenerie für paradiesisch. Humboldt indes bezweifelte die himmlische Natur einer Welt, in der eine Kreatur die andere frißt; er notierte, daß die Tiere einander fürchten und aus dem Wege gehen, denn traurige Erfahrung habe sie gelehrt, daß Güte selten mit Stärke verbunden sei.

Gelegentlich sahen die Forscher im Wasser Manatis, eine Art von Seekühen, und Humboldt fand, daß sie die größten in Südamerika lebenden Säugetiere sein könnten. Der Manati wird bis zu drei Meter lang und wiegt beinahe 500 Kilo. Als Humboldt einen Manati zerlegte, maß er 33 Meter lange Eingeweide, mit denen das Tier seine Wasserpflanzen verdaut. Der katholische Klerus, so berichtete der Forscher, betrachte dieses Säugetier als Fisch und esse es während der Fastenzeit.

Eines Tages, als die Lancha am Ufer lag, während die Mannschaft das Mittagessen vorbereitete, entfernte sich Humboldt von der Gruppe, um eine Anzahl von Krokodilen näher zu betrachten, die auf- und durcheinander in der Sonne lagen; kleine Reiher stelzten auf den Monstern herum, als wären es Baumstämme. Als sich Humboldt gerade bücken wollte, um Splitter von Glimmer aufzuheben, entdeckte er frische Jaguarspuren, die zum Wald führten. Er richtete sich auf, sah zum Wald – da traf sein Blick den des Tieres.

Nicht einmal ein Tiger, erinnerte er sich, sei ihm je so gewaltig erschienen. Er bekam Angst, aber dann fiel ihm der Rat der Indios ein: Langsam zurückgehen, keinesfalls rennen! Er drehte sich nicht um, obwohl die Verlockung groß war. Behutsam beschleunigte er seine Schritte, und als er das Boot am Ufer erreichte, war er außer Atem. Er erzählte den Indios von seinem Abenteuer, aber: „Die waren nicht beeindruckt", schrieb er.

Die Flußwanderer verbrachten die meisten Nächte am Ufer. Feuer, rund um den Lagerplatz, von denen sie hofften, sie würden die Jaguare abschrecken, lockten andererseits die Krokodile an, die mit glühend roten Augen in die Flammen starrten. Nach dem Abendessen führte Humboldt getreulich sein Tagebuch weiter. Dann richtete er sich in seiner Hängematte zur Nacht ein.

Gegen elf Uhr am Abend war es dann mit dem Schlaf vorbei: Besonders während eines starken Regens oder bei hellem Mondlicht scholl eine Kakaphonie von Geräuschen aus dem Urwald. Humboldt wurde an das laute Gitarrengeklimper erinnert, unter dem er in spanischen Unterkünften gelitten hatte, aber das Orchester des Urwalds war viel dissonanter als irgendeine Musik in der Welt. Es begann normalerweise, wenn ein Tier ein anderes jagte, mit Schreien von Terror und Todesangst. Dann beteiligten sich andere Kreaturen an dem Lärm: Kapuzineraffen gaben weinerliche Schreie von sich, Brüllaffen röhrten, Jaguare fauchten, Vögel zischten und kreischten, und im Lager fiel schließlich noch der Hund in den gemischten Chor der Natur ein. Nur wenn Jaguare in die Nähe des Lagers kamen, hörte er zu bellen auf, schlich unter die Hängematten und jaulte leise.

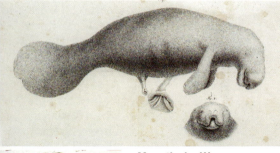

Manatis, im Wasser lebende Säugetiere, von denen Humboldt eines skizzierte, gibt es noch in den Gewässern Südamerikas und im südlichen Teil Nordamerikas. Ihnen droht heute besonders durch die schnellen Sportboote Gefahr, deren Propeller die Tiere oft nicht entgehen können

Gewiß, der Tropische Regenwald, durch den Alexander von Humboldt damals zog, hat auch heute noch sein nächtliches Konzert, aber so oft ich den Wald auch durchstreifte: Ich sah in diesem Gebiet nur einmal einen Jaguar, ein junges Tier. Die Vielzahl von damals ist vergangen: Menschliche Begierde nach dem prächtigen Fell des Jaguars hat diese Tierart nahezu ausgerottet. In den vierziger Jahren sah ich noch Massen von Reptilien an den südamerikanischen Flüssen und dachte mir nichts dabei, aus Sport auf sie zu schießen. Damals kostete eine Damenhandtasche aus Alligatorleder nur wenige Dollar. Heute sehe ich kaum noch große Reptilien, und deshalb gehöre ich nun überzeugt zu jenen, die für den Schutz dieser Kreaturen eintreten, von denen ich einmal annahm, sie seien für den Menschen gefährlich.

Nur die Capybaras, jene merkwürdigen Wasserschweine, gibt es noch in der Gegend, zumindest in unbewohnten Gebieten, und die Vogelwelt, scheint mir, ist immer noch so vielfältig und farbenfroh, wie Humboldt sie beschrieb. Die Gewässer beherbergen auch immer noch Fische – ich fand übrigens, daß die aggressivsten, die Piranhas und Rochen, am schmackhaftesten sind – und vor allem: Es gibt die Myriaden von Insekten noch, unter denen auch Humboldt schon litt.

Mittags, wenn die großen Tiere Schutz vor der Sonne suchen und Siesta halten, ist die Luft geradezu angefüllt mit dem Sirren unzähliger Insekten. Humboldt beklagte sich oft über das aufdringliche, allgegenwärtige Geräusch, und ich verstehe ihn: Während der Jahre, in denen ich in Südamerika Abenteuer- und Dokumentarfilme drehte, konnte ich „saubere" Tonaufnahmen nur in der Morgenkühle machen, während das mächtige Summen der Insekten zu allen anderen Tageszeiten die Aufzeichnungen häßlich untermalte.

Eines Abends wurden Humboldt und seine Begleiter von einem dunkelhäutigen Mann zum Bleiben auf seiner Pflanzung eingeladen. Er rühmte sich, ein großer Jaguar-Jäger zu sein, trug nur ei-

Zwar gibt es sie noch, die vielfältige Tierwelt des Tropischen Regenwaldes, die Humboldt sah: den Scharlach-Ibis, den Amerika-Nimmersatt aus der Familie der Störche, die Totenkopfäffchen und die Capybaras, merkwürdige Wasserschweine. Die Jaguare jedoch, die Alligatoren und beispielsweise die Terekay-Schildkröten sind seither viel seltener geworden

nen Lendenschurz, nannte sich Don Ignacio und stellte den Fremden seine Frau, Doña Isabella, und seine Tochter Doña Manuela vor, die beide nackt waren. Humboldt wollte zum Abendessen Capybara-Braten beisteuern, aber der sonderbare Gastgeber fand, Fleisch, auf das Indios jagen, sei „für uns weiße Herren" nicht das rechte, und er bot statt dessen einen alten Hirsch an, den gerade er mit einem vergifteten Pfeil erlegt hatte.

Nach einer schrecklichen Nacht in Hängematten unter freiem Himmel bei Sturm und Sturzregen gratulierte Don Ignacio seinen Gästen dazu, daß sie nicht am Ufer des anschwellenden Flusses genächtigt hatten, sondern sich „entre gente blanca y de trato" befänden, „unter zivilisierten weißen Menschen". Dann ging er Humboldt auf die Nerven, indem er seine gottesfürchtigen Taten hervorhob, insbesondere jene, im blutigen Kampf gegen Guahibo-Indios deren Kinder für die Mission gefangen zu haben. Humboldt kommentierte später, wie merkwürdig er es empfunden habe, mitten in der Wildnis einen Mann getroffen zu haben, der sich für einen kultivierten Europäer hielt und jedenfalls die Eitelkeit und Vorurteile der Zivilisation besaß.

Am 5. April 1800 gelangten die Reisenden aus dem Reich der Tiere, als das sie den überschaubaren Rio Apure empfunden hatten, in den Orinoko, eine geradezu breite, bewegte See. Von ein paar großen Krokodilen abgesehen, gab es hier wenig Tiere. Humboldt wurde vom Zoologen zum Hydrologen. Zuvor hatte er schon die durchschnittliche Fließgeschwindigkeit des Apure gemessen – 78 Zentimeter pro Sekunde – sowie, per Barometer, mit 18 Zentimetern pro Kilometer das durchschnittliche Gefälle.

Nun maß er die Breite des Orinoko an der Apure-Mündung: Vier Kilometer während der Trockenzeit; während der Regenzeit erweiterte sich der Strom auf zehn Kilometer und mehr. Am Flußboden stellte Humboldt Wassertemperaturen von 28.3 Grad Celsius und 29.2 Grad in der Nähe des Ufers fest.

Dann wechselte er zur Geodäsie. „Die astronomische Bestimmung der Orte", so hatte er beim Verlassen von Cumaná erklärt, sei das wesentliche Anliegen der Orinoko-Expedition. Er plante, den Fluß bis zu seiner Quelle zu kartographieren und dabei zu erforschen, ob – was die meisten europäischen Kartographen bezweifelten – eine Verbindung zum Amazonas bestehe. Er begann mit der Kartierung des Zusammenflusses von Apure und Orinoko.

Die geographische Breite zu bestimmen, war nicht schwierig. Sie errechnet sich durch den Winkel eines bekannten Sterns über dem Horizont. Humboldt wählte dafür Alpha Crucis, den hellen Doppelstern am Fuße des Südlichen Kreuzes. Als ich seine Messung nachvollzog, fand ich sie erstaunlich präzise: 7°36'23''N – das war eine Gewehrschußweite von der wirklichen Position entfernt. Zu meiner Überraschung irrte sich Humboldt freilich bei der Bestimmung der geographischen Länge beträchtlich. Er hatte sie mit 69°07'29''W (etwa 66°48 westlich Greenwich) errechnet – 47 Kilometer zu weit westlich!

Wie war es möglich, daß der pedantische Humboldt schon am Beginn seiner Expedition einen so großen Fehler beging?

Mit meiner Erfahrung in nautischer Astronomie verglich ich moderne Landkarten mit Humboldts Ergebnissen und konnte zunächst die Möglichkeit ausschließen, daß etwa einer der beiden Flüsse seit 1800 seinen Lauf wesentlich verändert hat. Ich fand, daß Humboldt – dessen Messungen in Cumaná noch fehlerfrei gewesen waren – seine Position schon in Caracas um 21 Kilometer zu weit nach Westen verlegt hatte. In Calabozo, dem Ort mit den Zitteraalen, war die Marge des Irrtums bereits auf 50 Kilometer angewachsen, und als Humboldt die brasilianische Grenze erreichte, bestimmte er seinen Standort sogar 71 Kilometer zu weit westlich.

Dieser fortschreitende Irrtum legt eine simple Erklärung nahe: Humboldts Chronometer ging entweder vor oder verlor weniger Zeit, als er annahm –

und er wußte das nicht. Die genaue Uhrzeit ist aber bei der Bestimmung geographischer Längen durch astronomische Daten unerläßlich. Wer sich dabei plus oder minus um nur eine Minute irrt, gerät in äquatorialen Regionen um beinahe 28 Kilometer weiter westlich oder östlich. Als Humboldt am Zusammenfluß von Apure und Orinoko ein Sonnenbesteck nahm, muß sein Chronometer um eine Minute und 40 Sekunden vorgegangen sein.

Dabei war der Louis Berthoud-Chronometer No. 27, den Humboldt mit sich führte, während der fünf Jahre seiner Reisen durch Amerika sein besonders geschätztes Instrument, und mit Recht: Es war ein Zeitnehmer mit Vergangenheit – es hatte dem französischen Astronomen Jean Charles de Borda bei der Aufstellung des metrischen Systems geholfen, das heute überall in der Welt gilt.

Ursprünglich hatte Humboldt vor, drei Chronometer zugleich mitzunehmen und ihre jeweiligen Abweichungen untereinander zu korrigieren. Nun, da er nur das Berthoud-Instrument mit sich führte, hütete er es wie seinen Augapfel, denn er wußte, daß selbst Chronometer, die man bei gleichmäßigen Temperaturen an festen Orten aufbewahrte, nicht gänzlich präzise arbeiteten. Um so mehr war er besorgt, der durch Federn angetriebene Berthoud-Mechanismus könne während der zuweilen rauhen Expedition Schaden nehmen.

Bevor er Cumaná verließ, hatte Humboldt viele Male den Jupiter beobachtet. Ein französischer Almanach, die „Connaissance des temps", gab ihm die genauen Stunden, Minuten und Sekunden, zu denen die Satelliten des Jupiter hinter dem Planeten verschwinden und wieder auftauchen. Die vorausberechneten Daten stammten aus einer Zeit, in der Humboldt noch gar nicht geboren war, und die Methodik, mit der sie erarbeitet worden waren, ist, verglichen mit den heutigen Möglichkeiten, reichlich ungenau, aber: Dies war nun einmal die Grundlage, auf der er arbeiten mußte.

Humboldts Sehkraft und Reflexe waren exzellent. Seine mathematischen Fähigkeiten waren sehr gut. Unter idealen optischen Bedingungen erarbeitete er Positionsbestimmungen, die auch ein moderner Navigator nur bewundern kann.

Es scheint aber, als habe Humboldt sein kostbares meterlanges Dollond-Teleskop zur Beobachtung des Jupiters nicht zum Orinoko mitgenommen. Mithin hatte er keine Möglichkeit, die Abweichung seines Chronometers zu ermitteln oder auch nur festzustellen. Aber: Vielleicht war es gut, daß Humboldt davon nichts wußte. Die Offenbarung, daß er sich bei der Ortsbestimmung um eine Entfernung vertan hatte, welche die Strecke etwa zwischen Hamburg und Lübeck noch übertrifft, hätte ihm gewiß einen schweren Schlag versetzt zu einer Zeit, in der er sich daranmachte, ins Unbekannte vorzustoßen.

Mit einem kräftigen Rückenwind segelte die Lancha den Orinoko hinauf und brach die weißen Wellen. Das Wasser war so bewegt, daß manche an Bord rasch seekrank wurden, darunter auch wieder Bonpland.

1978, als ich hier Humboldts Spuren folgte, war das Wasser so rauh, daß ich mein kleines Aluminiumboot mit dem Außenbordmotor ans Ufer fahren und zu Fuß meine Kamera-Pirsch fortsetzen mußte, bis sich der Wind endlich legte. Dann, mehr als hundert Kilometer weiter flußauf, suchte ich nach drei Schildkröten-Brutinseln, die Humboldt beschrieben hatte. Sie waren schwer zu finden. Einige Namen sind offenbar von flüchtigen Topographen falsch kartiert worden, andere haben sich geändert, seit das Regiment der Jesuiten und Kapuziner durch vereinzelte Siedler abgelöst wurde, die keinen Sinn für Überlieferung hatten. Überdies haben sich in der Zeit seit Humboldt ein paar Konturen verändert, besonders jene des linken Ufers, einem großen Gebiet von Seen und temporären Strömen aus den Llanos, die sich während der Regenzeit immer wieder neue Läufe suchen. Das rechte Ufer dagegen ist verhältnismäßig trocken und wird durch

Granithügel begrenzt, die zum Guiana-Hochland überleiten.

Ich erinnerte mich, als ich nach dem Treffpunkt der Schildkröten suchte, eines nächtlichen Spektakels, das sich mit dem der Guacharos und ihrer dunklen Höhle durchaus messen kann. Tausende von Schildkröten (Podocnemis expansa), bis zu einem Zentner schwer und bis zu einem Meter lang, wandern um die Neujahrszeit von ihren Futterplätzen bis zu zweihundert Kilometer zu jenen Ufern oberhalb des Apure-Zuflusses, wo um diese Zeit der Wasserstand niedrig ist. Sie schwimmen in so gewaltigen Massen daher, daß Pater Gumilla im Jahre 1741 in seinem „Orinoco Ilustrado" bemerkte, die Schildkröten würden den Fluß verstopfen, hätten sie keine Feinde.

Um den 1. Februar herum werden die Tiere jäh von dem Trieb erfaßt, nach Einbruch der Dunkelheit an Land zu kriechen und an eben jenem Ufer ihre Eier zu legen, an dem sie geboren wurden. Es ist wie eine Invasion. Woge auf Woge erklimmen die Tiere den Strand, und die Wogen scheinen kein Ende zu nehmen. Das sieht aus wie der Angriff amphibischer Panzer in einem phantastischen militärischen Unternehmen, und in der Tat: Die Schildkröten achten in dieser Zeit ihrer Todfeinde nicht, nicht die Krokodile, nicht die Jaguare – auch nicht den Menschen.

Mit ihren hinteren Paddelfüßen graben sie Löcher in den nassen Sand und werfen den Aushub mit solcher Wucht hinter sich, daß sie mich einmal am Auge trafen, als ich vier Meter hinter ihnen stand und Fotos machte. Wenn das Loch beinahe einen Meter tief ist, legt das Tier etwa hundert Eier hinein, weiß und rund wie Tischtennisbälle. Dann füllt die Schildkröte das Nest mit Sand und ebnet ihn, indem sie sich mit allen vieren hochstemmt und plötzlich auf das Nest fallen läßt; das ganze Gelände ist angefüllt vom dumpfen Geräusch tausender fallender Körper.

Schließlich kriecht das Tier zurück zum Fluß und begegnet dabei den Massen, die ihre Stunde am Ufer noch vor sich haben. Um Mitternacht gibt es keinen freien Platz mehr. Schildkröten, die später kommen, graben bereits angelegte Nester auf, so daß nun überall frische Eier an der Oberfläche liegen. Wenn der neue Tag anbricht, sind die Schildkröten, von ein paar Nachzüglern abgesehen, wieder im Wasser. Der Strand, vor der Invasion ganz eben, ist jetzt von schweren Spuren durchzogen, als hätte hier wirklich eine Panzerschlacht stattgefunden – und sogar Opfer gibt es: zerbrochene Eier, zertretene Dotter.

Tiere und Menschen kommen und graben Eier zu Millionen aus. Zwei Monate muß das Gelege im heißen Sand ruhen. Dann, im April, wenn das Wasser wieder steigt, schlüpfen sieben Zentimeter lange Schildkröten aus, graben sich an die Oberfläche, rennen an Vögeln und Wildkatzen vorbei, die kaum so schnell zupacken können, und stürzen sich ins Wasser, wo viele sofort von Krokodilen und Welsen gefressen werden. Schon Humboldt erkannte: Nur die ungeheure Zahl rettet die Art vor der Vernichtung.

Ich wiederholte ein Experiment, das schon Humboldt angestellt hatte: Ich trug frisch geschlüpfte Schildkröten hundert Meter landein und setzte sie mit dem Hinterteil zum Fluß auf den Boden. Sie drehten sich unverzüglich um 180 Grad und krochen zielsicher zum Ufer.

Weiß und rund wie Tischtennisbälle sind die etwa hundert Eier, die eine Schildkröte in eine selbstgegrabene Brutgrube legt. Zwei Monate lang wird das Gelege vom heißen Sand bebrütet, bis die Jungen schlüpfen. Doch längst nicht alle kommen durch

Humboldt kam zum richtigen Zeitpunkt zu den Schildkröteninseln. Er war überrascht, dort zur Eierernte an die 300 Indios verschiedener Stämme, die wenig mehr als Körperbemalung trugen, sowie mehrere weiße Händler vorzufinden, die flußauf gekommen waren.

Ein Missionar hatte die Aufteilung des Strandes in Geviere beaufsichtigt, denen je ein Indio die Eier entnehmen durfte. Die Indios preßten das Öl aus den Eiern und kamen auf 90 000 Liter mit jeder Ernte, für die mindestens 33 Millionen Eier herhalten mußten. In der Annahme, daß wilde Tiere und die Füße unachtsamer Sammler noch einmal doppelt so viele Eier vernichteten, schätzte Humboldt die Zahl der eierlegenden Schildkröten allein auf diesen drei Inseln auf eine Million.

Aber nur wenige kommen durch – auch das ein trauriger Kommentar zur Habgier des Menschen, der bis heute dem am ältesten werdenden Wirbeltier nachstellt, das es auf der Erde gibt: Eine Schildkröte, die zu Alexander von Humboldts Zeit geschlüpft ist, könnte heute noch leben.

Auch Humboldts Leute luden als Ergänzung des Proviants einen kräftigen Vorrat Schildkröten und Eier ins Kanu, und Humboldt selber brachte als Schaustück eine Matamata (Chelus fimbriatus) an Bord, eine Fransenschildkröte, gewiß die merkwürdigste ihrer Art auf der Welt mit ihrem konischen und höckerigen Buckel, ihrem dreieckigen Kopf mit seitlichen Hautsegeln und ihrem biegsamen Schnorchel vor der breiten Schnauze.

Auf die zoologische folgte eine nautische Aufregung: Der Lotse hielt das Boot zu hart am Wind, es legte sich schwer zur Seite, und zugleich fiel eine Schauerböe in das Segel, so daß die Leeseite des Bootes unter Wasser geriet.

Humboldt, der im Heck saß und Notizen machte, verlor dabei beinahe sein Tagebuch. Bonpland, der mittschiffs schlief, wurde von einem Schwall Wasser und den Rufen der Indios geweckt und sah seine Pflanzen und Papiere am

Ein biegsamer Schnorchel über der breiten Schnauze und fransige Hautsegel an den Seiten des Kopfes kennzeichnen die Matamata – eine der merkwürdigsten Schildkröten der Welt

Boden des Bootes schwimmen. Er blickte über die Wasserfläche, sah kein Krokodil und bot Humboldt, dem Nichtschwimmer, spontan an, für den Fall des Kenterns mit ihm auf dem Rücken an Land zu schwimmen. Dazu freilich kam es nicht. Das Boot richtete sich wieder auf. Zwar war alles an Bord naß, aber verloren ging nur ein Buch: der erste Band von Schrebers „Genera Plantarum".

In der folgenden Nacht kampierten die Reisenden auf einer wüsten Insel in der Mitte des Stromes. Es gab keine Bäume, um die Hängematten zu befestigen, also schliefen sie auf Fellen am Boden – wenn sie schliefen: Es war unerträglich heiß, Insekten quälten die Ruhebedürftigen und trotz des Lagerfeuers schwammen Jaguare während der Nacht auf die Insel. Humboldt ging noch der Zwischenfall vom Nachmittag durch den Kopf und Bonplands Angebot, ihn unter eigener Lebensgefahr zu retten. Humboldt vergaß seinem treuen Gefährten das nie.

Am 9. April 1800 erreichten sie die Schildkröteninsel Pararuma, die auch heute noch so heißt und die ich in 6°30'N und 68°08' fand. Humboldts Karten verlegen sie neun Kilometer weiter nördlich und 57 Kilometer weiter nach Westen. Seine Position hatte er also nicht korrekt getroffen, aber er hatte anderes Glück: Hier fand er, mitten in einem Indio-Dorf, wichtige Informanten – die Missionsmönche von Carichana und den Großen Katarakten.

Als Humboldt sie zuerst sah, saßen sie auf dem Boden, spielten Karten und rauchten lange Pfeifen. Sie erinnerten den Forscher an Orientalen, und: Sie alle litten an Malaria. Dennoch erbot sich einer von ihnen, Pater Bernardo Zea, die Expedition bis nach Brasilien zu begleiten.

Die Indios von Pararuma waren für Humboldt nicht die edlen Wilden, zu denen europäische Poeten die Naturvölker verklärten. Er fand sie, ganz im Gegenteil, abstoßend und erinnerte sich später, sie hätten schmutzig und mit leeren Blicken vor dem Feuer gesessen, so daß er sich fragte, ob sie in Wirklichkeit nicht degenerierte Reste einstmals großer Völker seien.

Rote Farbe war ihre wichtigste Kleidung. Humboldt notierte, daß Frauen und Männer gleichermaßen Scham empfänden, wenn man sie ohne Körperbemalung treffe. Gemeinsam mit Bonpland studierte Humboldt die Herstellung des verbreitetsten Farbstoffes, Achiote, aus dem Samen des Orleanbaumes (Bixa orellana), und prüften, ob der Saft vielleicht deshalb auf die Körper gemalt wird, weil er Insekten abwehrt: Aber nein, er zeigte keine Wirkung. Humboldts Beobachtung gilt noch heute. Ich habe bei vielen Indio-Stämmen achiote-bemalte Menschen gesehen und weiß, daß die Farbe ausschließlich aus kosmetischen Gründen verwendet wird.

Noch etwas anderes lernten Humboldt und Bonpland: Daß die Farbe einer schwarzen Frucht, der Caruto, lange Zeit allen Bemühungen widersteht, sie mit Wasser wieder abzuwaschen. Zum Spaß hatten sich die Europäer ihre Gesichter mit Punkten und Strichen bemalen lassen, aber später, nach der Rückkehr vom Orinoko in die feine Gesellschaft, waren diese Zeichen immer noch sichtbar.

Händler und Indios hatten auf der Schildkröteninsel einen Markt errichtet. Zum Tausch gegen Kleidung, Nadeln, Nägel, Angelhaken, Messer und Beile schleppten die Indios alle möglichen Vögel und andere Tiere auf die Insel. Humboldt war das recht: Er nutzte die Gelegenheit, sich eine ganze Mena-

gerie weiterer Bootsinsassen zusammenzukaufen.

Pater Zea wies darauf hin, daß die Lancha der Expedition zu groß und breit sei, um über die Großen Katarakte getragen zu werden. Bonpland erstand daraufhin ein etwas handlicheres Boot für die Fahrt auf dem Oberen Orinoko, dreizehn Meter lang und weniger als einen Meter breit.

Am 10. April 1800 verließen die Entdecker die Pararuma-Insel. Ihr neues Boot konnte nicht gesegelt, nur gepaddelt werden. Und es war so schmal, daß gerade eben zwei Mann nebeneinander sitzen konnten; es war so unstabil, daß es jedesmal umzuschlagen drohte, wenn jemand aufstand. Auch das neue Boot hatte hinten ein Laubdach, aber kleiner und niedriger, um dem Wind keine Angriffsfläche zu bieten. Unter dem Dach bildete ein Geflecht dünner Äste die ungemütlichen Ruheplätze. Der Unterschlupf war so kurz, daß die Männer nicht mit dem ganzen Körper auf den harten Jaguar- und Kuhfellen liegen konnten, sondern ihre Beine in die glühende Sonne oder in den Regen hinausragten.

Am Bug stand ein neuer Indio-Lotse und hielt Ausschau; vier nackte Indios saßen paarweise hinter ihm und paddelten zu monotonen Liedern, die Humboldts Ohr kränkten. In der Mitte des

Auch heute noch, ganz wie zu Humboldts Zeit, bemalen die Indios vom Stamm der Yanomamö ihre Körper mit einer Mixtur aus dem zerstoßenen Samen der Urucu-Pflanze und Palmöl. Die farbige Paste wird zu besonderen Ritualen aufgetragen – und drückt oft den sozialen Status aus

Bootes kümmerten sich Carlos del Pino und der schwarze Diener aus Cumaná um die wissenschaftlichen Instrumente und die Proviantkisten. Die Verstauung war nun auf dem kleineren Boot vollends ein Problem: Der einzige Platz, der etwas Bewegung zuließ, war unter dem Blätterdach im Heck. Wann immer die Forscher eine Messung vornehmen wollten, mußte das Boot anlegen und umständlich ein hölzernes Gitterwerk entfernt werden, unter dem sich die Geräte befanden.

An manchen Tagen paddelten die Indios mehr als zwölf Stunden ohne Pause und aßen dabei nur ein bißchen Maniok oder ein paar Bananen. Ihre Ausdauer imponierte Humboldt, der selber gewiß auch nicht gerade ein Schwächling war.

Lange vor den Großen Katarakten passierten sie schäumende Engen zwischen schwarzen Granitwänden. Manchmal gelang die Passage nur, weil Indios von Felsen zu Felsen sprangen und das Kanu mit Seilen bugsierten. Oft auch stiegen dabei Humboldt und Bonpland aus und suchten am Ufer nach Pflanzen und Tieren. Auch ihre Nächte verbrachten sie auf diesen Felsen. Das war gelegentlich mehr als unbequem, denn wenn der Himmel seine Schleusen öffnete, gab es nichts, womit sie sich vor der alles durchdringenden Nässe schützen konnten; das feine moderne Regenzeug, mit dem ich hier reise, gab es ja noch nicht. Zu Humboldts Zeiten waren die Reisenden nicht viel besser dran als steinzeitliche Vorfahren während der Jagd.

Die Indios vermieden es, auf den Felsen zu schlafen; sie behaupteten, man bekomme davon Fieber. Humboldt wußte, daß die Hitze, welche die Indios für Fieber hielten, die Temperatur der Steine war. Er maß auf ihnen 48 Grad Celsius am Tage und immerhin noch 36 Grad in der Nacht.

Ich habe, während ich Humboldts Spuren folgte, nur ganz selten in dieser Gegend im Freien übernachtet – erstens, weil ich mich nicht den blutsaugenden Vampir-Fledermäusen aussetzen wollte, und zweitens, weil die Siedler hier einem Fremden gern ein Quartier anbieten. Als Humboldt hier durchreiste, war die Gegend fast unbewohnt. Heute ist man kaum je ganz außer Sichtweite von Hütten, gleich, ob am Apure, am Orinoko oder an den Großen Katarakten.

Große schwarze Granitdome, die aus dem flachen Umland des Orinoko ragen, erinnerten Humboldt an europäische Schlösser. Tatsächlich hatten die Jesuiten auf der Höhe eines dieser Dome zwar kein Schloß, aber eine Festung gebaut, bevor sie 1767 aus den Kolonien verwiesen wurden und neben ihren großen Kulturleistungen auch ihre Eroberung der Seelen durch Waffengewalt ein Ende hatte. „Güte braucht zuviel Zeit", hieß es damals, als die Indios mit dem Wort Gottes auch „el eco de la pólvera" hörten – Gewehrfeuer.

Und doch, es ging zu Zeiten der Jesuiten am Orinoko und seinen Nebenflüssen viel lebhafter zu als heute. Als die Expedition die Mündung des Rio Meta erreichte, des großen Zuflusses, der die kolumbianischen Llanos durchquert und heute die Grenze zwischen Kolumbien und Venezuela markiert, bemerkte Humboldt, wie gefährlich die Gegend geworden sei, seit die Guahibo-Indios zu ihrem wilden Leben zurückgekehrt seien. Ihre vergifteten Pfeile schreckten Händler ab, und sie zogen den Genuß von stinkenden Fischen und Würmern der Kultivierung ihres Bodens vor. Immerhin: Einige Guahibos kamen, als Pater Zea eine Messe las. Die Indios zupften ihm am Bart und verglichen dessen Fülle mit ihren eigenen dürren Bärten.

Etwas später, als Pater Zea einige Guahibos am Ufer sah, ließ er ein paar Musketenschüsse in die Luft abgeben, aber wirklich gefährlich waren viel eher die Jaguare. Jede Nacht, berichtete Humboldt, wurde die Kollektion von mitgeführten Tieren und Instrumenten in die Mitte des kleinen Lagerplatzes geschafft. Drumherum wurden die Hängematten der Weißen angebracht, dann die der Indios, und ganz außen schließlich brannten die Feuer, von denen man hoffte, daß sie die Jaguare abschrecken würden.

An europäische
Schlösser wurde
Humboldt am Orinoko
durch die großen
Granitdome erinnert,
die an einigen Stellen
den Fluß säumen. In den
Stromschnellen gehen
auch heute noch Kanus
der Eingeborenen
verloren

Auf 70 Kilometer
Länge macht der
reißende Orinoko eine
geruhsame Bootsfahrt
unmöglich. An manchen
Stellen müssen die
Flußwanderer ihre Kanus
über Land schleppen,
um sie erst hinter
einem Katarakt wieder
einzusetzen

Den Fuß der Großen Katarakte erreichte die Expedition in der Nacht des 15. April. Die Weißen verließen das Boot und gingen mehrere Kilometer zur kleinen Indio-Mission Pater Zeas. Das Kanu mußte von der Mannschaft ausgeladen, noch ein Stück flußaufwärts gezogen und dann etwa zehn Kilometer weit bis zum Atures-Katarakt getragen werden, einem schäumenden Monstrum. Nach etwa vierzig Kilometern ruhigen Wassers würde das Kanu den Katarakt von Maipures zu bezwingen haben, sechs Kilometer wilden Wassers. Oberhalb der Katarakte ist der Orinoko noch ganze 600 Kilometer lang, aber bis nahe an die Quelle verhältnismäßig leicht befahrbar.

Bis in die zwanziger Jahre dieses Jahrhunderts, als man hier eine Straße baute, verhinderten die Großen Katarakte nahezu jeden Verkehr und versiegelten gleichsam den unerforschten Süden Venezuelas. Auch die Zivilisierung des Landes durch die Jesuiten hatte an den Katarakten halt machen müssen. Nur 46 Jahre vor Humboldt kamen von einer 325 Mann starken Expedition zum Oberen Orinoko lediglich 13 Mann lebend zurück.

Aber auch tierische Quälgeister und Seuchen verzögerten die Erkundung und Besiedlung des Landes. Alle Kapuziner-Pater, die Humboldt hier antraf, litten an Malaria. Pater Zea hatte jeden zweiten Tag Anfälle mit Schüttelfrost und Fieber. Was Humboldt seinerzeit nicht wissen konnte, war, daß die Erreger, welche beim Menschen Milz und Leber angreifen und Blutkörperchen zerstören, durch Stechmücken der Art Anopheles übertragen werden.

Durch den Namen der Krankheit in die Irre geleitet – „mal aria" heißt: schlechte Luft – glaubte Humboldt wie damals alle Wissenschaftler an die Hypothese des Hippokrates, der 400 v. Chr. angenommen hatte, der Wind aus den Wäldern sei außer mit dem Duft von Blüten auch mit ansteckenden Keimen durchsetzt, die in den menschlichen Organismus eindringen. Nun, hier am Orinoko, wurde Humboldt skeptisch: Machten nicht die Moskitos die Luft ungesunder, fragte er sich, und er war mithin auf der richtigen Spur. Indes wurden die Ursachen der Malaria erst Ende des 19. Jahrhunderts enträtselt.

Die Gesichter der Reisenden waren von Moskitostichen geschwollen. Von nun an beherrschten Insekten das Leben aller Expeditionsmitglieder – auch der Indios. Nichts half gegen die Pein, auch Pflanzen nicht, die von den Indios empfohlen wurden. Vergebens versuchten es die Forscher mit Lehm, dick auf die Haut aufgetragen, mit Schildkrötenöl, selbst mit Kuhmist. Humboldt notierte, man habe weder sprechen noch auch nur sein Gesicht unbedeckt lassen können, wenn man verhindern wollte, daß Mund und Nase mit Insekten gefüllt wurden. So dicht waren die Schwärme um ihn herum, daß er nicht durch seine optischen Instrumente blicken konnte. Am Abend arbeitete er in einer von Pater Zea auf einer Baumkrone errichteten Hütte, wo er wenigstens vor einigen der sirrenden Quälgeister sicher zu sein hoffte. Bonpland suchte Linderung, indem er seine Pflanzen in einem Räucherhaus aus Lehm trocknete, das sich Indios gebaut hatten, um Ruhe zu haben. Andere Indios begruben sich abends im Sand und bedeckten ihre Gesichter mit Tüchern, aber dann hatten Sandflöhe ein reiches Picknick, die sich mit Vorliebe unter die Fußnägel setzen und heftige Entzündungen hervorrufen.

Verschiedene Insekten waren zu verschiedenen Zeiten aktiv. Humboldt meinte, er könne die Tageszeit nach den verschiedenen Sirrtönen und Stichen benennen. Weder die schwierige Fahrt mit kleinen Booten, schrieb er, noch die Wildheit der Indios noch die Schlangen, Krokodile und Jaguare lasse die Spanier eine Reise auf dem Orinoko fürchten, sondern „el sudar y las moscas" – der Schweiß und das Ungeziefer.

Angesichts jener Qualen hätte ich mich eigentlich schämen sollen, als ich nahezu ungebissen und ungestochen nach vier Tagen und 530 Kilometern Flußfahrt von San Fernando de Apure bei den Großen Katarakten ankam. Ich war gegen Gelbfieber geimpft, und mit wöchentlichen Chloroquine-Tabletten hatte ich einer Malaria vorgebeugt. Durch eine tägliche Gabe von Vitaminen aus der B-Gruppe roch ich außerdem so, daß mir die meisten Insekten aus dem Wege flogen. Meine Haut besprühte ich täglich ein paarmal mit Mückenspray, und meine Füße schützte ich zusätzlich mit einem Pulver gegen Vereiterungen unter den Zehennägeln und gegen Milben, die am Bein hochkriechen und sich warme und feuchte Plätze suchen, wo sie widerliche Bläschen und unerträgliches Jucken erzeugen.

Das etwas ramponierte Aluminiumboot, mit dem ich reiste, war nach einem der größten menschlichen Abenteuer dieses Jahrhunderts benannt: Sein Eigner hatte „Apollo 11" an den Bug gemalt. Er schien von der ersten Landung von Menschen auf dem Mond besonders gefesselt gewesen zu sein.

Ich steuerte die „Apollo 11" in Puerto Ayacucho an Land, einer Stadt am Fuße der Katarakte, die auf Beschluß der venezolanischen Regierung 1928 an jener Stelle gebaut wurde, an der Pater Zeas Mission vermutlich gestanden hat; Spuren gibt es davon nicht. Die Zeit ist über dieses Stück Erde so hinweggegangen wie über viele andere, die sich seit Humboldts Zeiten dramatisch verändert haben. Puerto Ayacucho wird heute von Düsenflugzeugen angeflogen und ist nicht viel mehr als ein Außenposten der Regierung, denn größere Siedlungsvorhaben sah ich nicht.

Ich badete in einem Swimming-pool am Rande der Katarakte oberhalb der Stadt. Nun, da die Krokodile beinahe ausgerottet sind, vergiften ihre Kadaver nicht mehr das Wasser, das Humboldt noch durch ein Tuch filtern mußte, ehe er es trank.

Eine feste Straße führt über achtzig Kilometer nach Samariapo, einem kleinen Flußhafen, in dem große Kanus liegen, länger als jenes, mit dem Humboldt reiste. Ich maß einige von ihnen mit 22 Metern. Ein Kanu hatte 37 Fässer Benzin geladen, mehr als 6 t, die weiter flußauf verkauft werden sollten.

Samariapo ist den Maipures-Katarakten so nahe, daß es sich bei Bootstouren von der Stadt aus empfiehlt, nahe am Ufer zu bleiben. Während meines letzten Besuchs dort fiel bei einem großen Boot voller Ausflügler der Motor aus. Vierzehn junge Menschen wurden von den tobenden Wassern auf die Felsen geworfen und getötet.

Ich wohnte im Hotel Amazonas, der einzigen anständigen Unterkunft in einem Gebiet, das so groß ist wie die Bundesrepublik Deutschland. Dieses Hotel ist auch stets das Quartier meines Freundes Dr. Volkmar Vareschi, der hier schon viele Unternehmungen begann, um noch mehr über Alexander von Humboldt zu erfahren. Wenige in diesem ganzen Landstrich wissen über Humboldt mehr als er.

Dr. Vareschi ist ein bemerkenswerter Mann, fast so etwas wie eine Reinkarnation Humboldts. In seiner Tiroler Kindheit zwischen den Weltkriegen sammelte er eifrig Pflanzen und Steine. Als er vierzehn Jahre alt war, faszinierte ihn ein Bild des pflanzensammelnden Humboldt am Orinoko. Er beschloß, Wissenschaftler zu werden, Naturforscher, um, genau wie Humboldt, bisher unbekannte Gegenden zu erkunden.

1950 wanderte er nach Venezuela aus. In Caracas studiert er mehrere Zweige der Wissenschaften, und von dort aus ist er viele Male den Spuren Humboldts gefolgt. Der Oberlauf des Orinoko hat den Europäer verzaubert. Sein bestes Buch – „Geschichtslose Ufer – Auf den Spuren Humboldts am Orinoko" –, dessen Haupttitel auf ein von Humboldt geprägtes Wort zurückgeht, hat die Erkundung der Küsten und des Inneren durch ihn zum Inhalt.

„Mit den Augen eines Europäers betrachtet", erklärt Dr. Vareschi, „haben die Ufer des Orinoko keine Geschichte. Die präkolumbianischen Kulturen gab es hier nicht, die Entdeckung Amerikas durch Europa hinterließ keine Spuren, auch die Wellen der Schatzsucher und Kolonisten nicht. Niemand vor Humboldt hinterließ eine Spur. Natürlich, viele Menschen kamen und gingen, Missionare, Gummisucher, einmal, vor einigen Jahren, kam aus Brasilien sogar ein großes englisches Hovercraft und lärmte über den Orinoko. Aber die Weißen, die kamen, blieben nicht, und die Indios starben weg.

Seit Humboldts Zeit ist die Zahl der hier ansässigen Menschen kräftig gefallen. Als ich 1958 das erste Mal hierher kam, war die Region nahezu menschenleer. Dies ist jungfräuliches Land mit so wenig fruchtbarer Erde wie früher, als die Vorgänger der Indios hier siedelten."

Immerhin, 1982 hatte die Zahl der Menschen mit Geld in den Taschen so zugenommen, daß es sich für smarte Transportunternehmer lohnte, von Puerto Ayacucho aus mehrere Male täglich, für 160 US-Dollar pro Stunde, verschiedene Landeplätze entlang des Orinoko anzufliegen. Manchmal sind in den kleinen fünfsitzigen Flugzeugen auch Indios im Auftrag geschäftstüchtiger Weißer. Sie tragen übrigens nicht mehr die Kleidung aus Baumrinde, die unter den Guahibos noch in den dreißiger Jahren verbreitet war, sondern kleiden sich wie unsereins: Die Männer haben Hosen und Hemden an und die Frauen einfache Kleider.

Pater Zea erzählte Humboldt, es gebe so wenige Menschen in diesem Gebiet, daß jährlich nur sechs oder höchstens acht Kanus die Katarakte passierten – kaum eines so groß wie das Humboldts. Der Priester führte die dünne Besiedelung einerseits darauf zurück, daß die Indios aus den Missionsstationen zurück in ihre Wildnis flüchteten, andererseits aber auf das, was der Katholik für Sünde hielt: Die Indio-Frauen kannten Pflanzen, die Schwangerschaften verhüteten.

Humboldt hat solche Pflanzen offenbar aus moralischen Gründen nicht mit nach Europa gebracht. Er fände es gut, schrieb er, daß die Europäer diese Pflanzen nicht kennen, denn sie würden nur zu weiterer Verderbtheit der Sitten führen. Erst mehr als anderthalb Jahrhunderte später entwickelten angesichts der Übervölkerung der Erde progressive Wissenschaftler die Substanzen der „Anti-Baby-Pille".

Humboldt hatte eigene Theorien über den Rückgang der Bevölkerung am Orinoko. Er hielt das Klima für lebensfeindlich und den Mangel an gescheiter Kinderpflege für entscheidend. Er berichtete, daß die Indios jedes Neugeborene mit einem sichtbaren körperlichen Fehler ebenso sofort töteten wie je einen von Zwillingen, weil man glaube, Zwillinge hätten zwei Väter.

Volkmar Vareschi beginnt seine Orinoko-Exkursionen mit großen Einbäumen in Samariapo, oberhalb der Katarakte, wo auch mein Aluminiumboot wieder zu Wasser gelassen wurde. Humboldts Indios brauchten sechs Tage, um das Kanu über die wilde Wasserstrecke zu transportieren. Für den Rest seines Lebens erinnerte sich Humboldt der herben Schönheit der Katarakte, die er von einem hohen Felsen aus betrachtete. Hunderte von kleinen Inselchen sah er, manche mit Bäumen bewachsen, und wann immer die Sonne niedrig stand, verzauberten Regenbogen die Szene über den neblig sprühenden Wassern.

Am 21. April 1800 ließ Humboldt das Kanu zur Fahrt auf den Oberen Orinoko ablegen. Als er das ewige Donnern der Wasserfälle hinter sich hatte, fühlte er sich wie in einer neuen Welt. Weit dehnte sich der friedliche Strom, es gab keinen Wind und nirgendwo die Spur eines Menschen.

Genauso sah es 178 Jahre später aus, als ich den Bug meiner „Apollo 11" flußauf richtete und mich fragte, wie weit mein Treibstoff für den Motor wohl reichen werde. Ich schaffte die 167 Kilometer nach San Fernando de Atabapo an einem Tag; Humboldt benötigte vier Tage dafür, und es gab einen Zwischenfall: In einer Nacht goß es derart vom Himmel, daß die Männer von den Felsen zum Kanu rannten, um wenigstens unter dessen dürftigem Dach Schutz zu finden. Dabei verloren sie in der Dunkelheit einige Bücher.

Jenseits der Großen Katarakte, so schrieb Humboldt, beginne unbekannte Erde, das Land der märchenhaften Visionen und der Fabeln, in denen von Menschen mit Hundeköpfen die Rede

Dr. Volkmar Vareschi stammt aus Tirol und hat am Oberlauf des Orinoko viele Studien betrieben. Der vielseitige Wissenschaftler lebt heute in Venezuela und ist durch mehrere Bücher bekannt geworden

sei, und von anderen, deren Münder unter dem Magen säßen. Humboldt erinnerte sich daran, daß Indios die ersten Spanier mit der Erzählung entflammt hatten, daß die Milchstraße am Himmel die Spiegelung silberner Felsen im Parima-See sei.

Dieser See lag angeblich irgendwo zwischen der Quelle des Orinoko und dem Amazonas. An seinem Ufer sollte eine goldene Stadt stehen, die Villa Imperial de Manoa, und der König von Manoa war der legendäre El Dorado (der Vergoldete). Der Sage nach bliesen seine Untertanen Goldstaub auf seinen geölten Körper und badeten ihn dann im See, so daß der Goldstaub wie Regen auf den Grund fiel. El Dorado war immer das unsagbar reiche, aber unerreichbare Land.

Der erste, der auf der Suche nach diesem Gold an den Orinoko kam, war der Spanier Diego de Ordás, zuvor in Mexiko einer der Kapitäne des Eroberers Cortés. 1531 machte er sich mit 600 Mann und 36 Pferden auf und folgte dem Fluß, aber am Rio Meta mußte er umkehren. Zu gleicher Zeit drang weiter westlich Francisco Pizarro in das

Lange verhinderten die großen Katarakte des Orinoko die weitere Erforschung des Landes. So entstanden Fabeln über die jenseits der natürlichen Barriere gelegenen Gegenden; es hieß, sie würden von hundsköpfigen Menschen bewohnt

Der kolorierte Stich zeigt Humboldt und Bonpland in einer Urwaldhütte am Orinoko. Oft waren die Europäer bei katholischen Missionaren zu Gast, aber häufig mußten sie auch im Freien kampieren

Reich der Inkas ein, und deutsche Abgesandte aus dem Augsburger Handelshaus Welser gelangten von der karibischen Küste Venezuelas bis tief in das Innere, um unentdeckte Reichtümer zu suchen. Die Genehmigung dazu hatten die Augsburger erhalten, weil das Haus Welser dem König von Spanien Geld geliehen hatte. Tatsächlich erreichte einer der Deutschen, Nicolaus Federmann aus Ulm, unter unermeßlichen Strapazen von 1535 bis 1539 das Hochland von Kolumbien – aber auch er fand keinen goldenen König.

Gegen Ende des 16. Jahrhunderts war das Phantom El Dorado in der Phantasie seiner Verfolger ostwärts zum Oberen Orinoko gewandert. Der Spanier Antonio de Berrio kam gleich dreimal, um sein Glück zu machen. Nachdem auch seine dritte Expedition ein Fehlschlag geworden war, glaubte er, El Dorado liege jenseits des rechten Ufers des Orinoko in den Guiana-Hochlanden.

Von Berrio inspiriert, berichtete Sir Walter Raleigh 1595 seiner Königin Elizabeth I., man könne in Guiana mehr reiche und wunderschöne Städte und mehr goldverzierte Tempel finden, als sie Cortés in Mexiko oder Pizarro in Peru entdeckt hätten. Noch im selben Jahr kam Sir Walter aus England mit seiner Flotte von fünf Schiffen im Orinoko-Delta an, und später, 1617, versuchte er es noch einmal, aber auch ihm entzog sich der Goldene König.

Humboldt war sich sicher, daß die Ursache für die beunruhigende Sage viel weiter westlich liegen mußte, nämlich nahe Bogotá in den Anden. 1801 machte er sich dorthin auf den Weg.

Sein Motiv für die Erkundung des Oberen Orinoko war einmal, den mythischen Parima-See von der Landkarte zu tilgen, zum anderen aber, den legendären Casiquiare auf eben diese Landkarte zu bringen. Der Casiquiare ist ein schiffbarer Fluß, der den Amazonas über dessen Nebenfluß, den Rio Negro, mit dem System des Orinoko verbindet. Der Missionar Manuel Ramón hatte ihn 1744 entdeckt, Spanier hatten diesen einzigartigen Wasserweg schon oft benutzt, aber die meisten Europäer glaubten nicht an die Existenz dieser Verbindung.

Der Orinoko strömt von seiner Quelle in der Parima-Range inmitten des Tropischen Regenwaldes durch weites, flaches Land, weniger als 200 Meter über dem Meeresspiegel – auf der ganzen Welt eine sehr seltene, fast nicht wahrnehmbare Kontinentalscheide. Ohne eindeutige Richtung teilt sich der Orinoko: Zwei Drittel seines Wassers fließen nach Norden, etwa ein Drittel wird zum Casiquiare, der südlich in den Rio Negro mündet, den größten Zustrom zum Amazonas.

Humboldt beschloß, auf einer direkten Route zum Rio Negro zu stoßen und die Casiquiare-Verbindung erst später zu erforschen. Er verließ den Hauptstrom des Orinoko bei San Fernando de Atabapo, einer Mission, die von den Franziskanern verwaltet wurde. Sie zählte damals 226 Einwohner – etwa genau soviele Menschen leben heute dort.

Bei Atabapo laufen drei Flüsse zusammen: Der wasserreiche Guaviare vom Westen, der schmale Atabapo vom Süden und der Hauptstrom des Orinoko vom Osten. Die Geistlichen hatten Humboldt davon überzeugt, daß er sich eine Hin- und Rückreise über den quälenden Casiquiare und ganze Wochen Moskitoplagen sparen könne, indem er den Atabapo befahre und dann das Kanu über Land zu einem Zufluß des Rio Negro tragen lasse.

Die Forscher verließen den trüben Orinoko und fuhren auf den kühlen, klaren Wassern des Atabapo. Kein „schlechter Geruch" mehr: „mal aria". Keine Moskitos. Sauberes Wasser, in dem man vor dem weißen Sand des Bodens zehn Meter tief noch kleine Fische sehen konnte. Dreißig Meter hohe Bäume am Ufer mit hochwillkommenem Schatten. Keine Krokodile, dafür aber Schwärme von harmlosen Tümmlern, die neben dem Kanu spielten und allerdings einmal so nahe kamen, daß ein Affe an Bord in Panik geriet und ins Wasser fiel, aber er konnte schwimmen und wurde gerettet.

Die Expedition bog in den Rio Temi, dann in den Tuamini. Der Bootsführer versuchte eine Abkürzung durch den überfluteten Wald und verirrte sich. Mühsam mußten sich die Männer gegen den Strom voranarbeiten; vorn im Boot stand ein Indio, der mit einer Machete den Weg durch das Unterholz und die hängenden Pflanzen freischlug. Schließlich erreichten sie ihr Ziel: Yavita.

Als ich dort war, stand das Wasser höher als zu Humboldts Zeit. Hier ließ ich die „Apollo 11" liegen: Weder für das Boot war Treibstoff aufzutreiben noch für einen Lastwagen, mit dem ich das Boot sechzehn Kilometer weit nach Pimichín auf der Amazonas-Seite der Wasserscheide hätte transportieren lassen können.

Humboldt mußte fünf Tage warten, bis 23 Indios sein Kanu auf dem Landweg ans Ziel brachten. Ein Bootsmann wurde von einer giftigen Schlange gebissen. Als man ihn zur Mission brachte, war er im Schock, aber er erholte sich, als man ihm ein Getränk einflößte, das Humboldt nicht identifizieren konnte. Auch Humboldt und Bonpland wurden behandelt: Von einer Indio-Frau, die aus dem Rücken der Europäer Insektenlarven entfernte.

Humboldt schrieb, daß er an der Wahrheit von Geschichten über giftige Ameisen zweifle und über Wespen, an deren Stich ein Mensch sterben könne. Ich, jedenfalls, habe viel Unannehmlichkeiten mit Ameisen gehabt. Ich habe gelernt, nie in die Nähe eines großen Baumes zu gehen, der gerade gefällt wird. Wenn er nämlich zu Boden rauscht, kommen aufgeregte Ameisen mit herunter, die normalerweise weit über den Menschen leben, und: Sie greifen an. Rote Feuerameisen, fast unsichtbar klein, können einem Menschen die Haut geradezu entzünden. Noch schlimmer ist die Tucandera, eine schwarzglänzende Ameise, die etwa zwei Zentimeter lang wird und normalerweise einzeln auftritt. Das letzte Mal, 1980, als ich im brasilianischen Járî für GEO an einer Reportage arbeitete, stach mich eines dieser Biester zweimal in den Fuß. Die Schmerzen waren fast nicht zu ertragen und – schlimmer noch – sie strahlten bis zu den Hüften aus. Erst nach fünf Stunden ließen sie langsam nach, und nach einer weiteren Stunde waren sie ganz abgeklungen.

Wespen, glaube ich, sind in jener Gegend noch gefährlicher. Während meiner Reisen durch die Tropen habe ich oft Nester von Bienen oder Wespen aufgescheucht und bin oft gestochen worden; die Immunität nimmt mit der Häufigkeit nicht zu, sondern ab. Deshalb trage ich stets Antihistamin-Tabletten bei mir gegen Schwellungen, die durchaus zum Tode führen können.

Yavita, Humboldts Ziel, ist nach einem kämpferischen Indio-Häuptling benannt, der Sklaven für die Portugiesen gefangen hatte. Humboldt fand den alten Mann noch immer aktiv und lebhaft. Yavita zeigte dem Forscher, wie man einen Gummibaum anzapft, und er erzählte, daß früher alle Stämme an den Zuflüssen des Orinoko und des Rio Negro ihre erschlagenen Feinde zu verspeisen pflegten.

Die Reisenden aus Europa erfuhren auch von einem der am besten gehüteten Geheimnisse der Indios am Oberen Orinoko: über die Zauberflöten, die im Dach der Männerhäuser verborgen wurden.

Diese Instrumente gibt es noch heute, und zwar, erstaunlich genug, bei vielen Stämmen. Ich habe Zauberflöten bei den Waldindios der Macú an den Zuflüssen des Rio Negro ebenso gesehen wie bei den Waurá am Oberen Xingú, die 4500 Flußkilometer voneinander entfernt sind. Überhaupt fand ich, daß Verhaltensweisen von Indio-Stämmen in Südamerika einander verblüffend ähneln, selbst wenn sie durch weite Gebiete mit nicht verwandten Sprachen voneinander getrennt sind.

Die Zauberflöten sind 1,30 Meter lang, werden senkrecht gehalten, zu dritt zum Tanz geblasen und geben tiefe, gleichsam traurige Töne von sich. Sie stellen im Glauben der Indios den Geist einer Art Gottheit namens Xingú dar, der auf dem Grund der Flüsse lebt, und sie sind Symbole des Bösen und der männlichen Sexualität. Frauen dürfen diese Flöten auch heute noch nicht sehen; wer sie sieht, muß sterben, und in einigen Stämmen wird die „schuldige" Frau von mehreren Männern vergewaltigt, bis sie stirbt.

Am 6. Mai 1800 schwamm Humboldts Kanu wieder auf den Wassern bei Pimichín, annähernd 2230 Kilometer von der Mündung des Orinoko und 3120 Kilometer von der des Amazonas entfernt. Der Pimichín ist ein „Schwarzwasser"-Fluß, also mit einer für alle Zuflüsse des Amazonas typischen Farbe. Sie strömen alle von Norden her in den Amazonas und sind nicht lehmig. Das „Schwarzwasser" hat die Färbung blassen Tees und entsteht ähnlich: durch Auflösung von Wurzeln, Rinden und Blättern, die für einen erstaunlich hohen Gehalt an organischen Säuren sorgt. Humboldt war gewiß über einen Vorzug dieses Gewässers froh: Es war verhältnismäßig frei von Moskitos. Piranhas dagegen gab es im Überfluß; Humboldt nannte sie Kannibalenfische. So flach ist das Land, daß der Pimichín 85 Kurven beschreibt, ehe er den Rio Guainia erreicht, der den Oberlauf des Rio Negro bildet.

Als ich am Zusammenfluß des Pimichín mit dem Rio Negro auf ein Flugzeug wartete, das mich am kleinen Flugplatz von Maroa aufnehmen sollte, erbot sich ein Indio, mir den großen Einbaum zu zeigen, den er gerade baute. Dies schien eine gute Gelegenheit, ein Foto des Ocotea cymbarum aufzunehmen, des Sassafras-Ölbaums, von dem Humboldt fand, er ergebe die besten Kanus in Yavita.

„Fein", sagte ich dem Indio, „laß' uns das machen, ehe der Nachmittagsregen kommt und mein Flugzeug nicht mehr starten kann."

Der Indio fuhr mit seinem kleinen Einbaum los. Ich hockte hinter ihm und paddelte mit. Nach zwanzig Minuten rief ich: „Wie weit ist es noch?"

„Diez vueltas del rio", antwortete er: zehn Flußkurven. Der Himmel wurde immer dunkler. Ich dachte unausgesetzt an mein Flugzeug. Zehn Kurven später rief ich: „Sind wir gleich da?"

Nein. Wir hatten erst den halben Weg hinter uns. „Kurve" bedeutete anscheinend S-Kurve. Ich hörte am entfernten Prasseln auf den Blättern der Bäume, wie der Regen einsetzte.

Endlich steuerte der Indio ans Ufer und führte mich zu einem frisch geschlagenen Baum: „Mein Kanu."

„Dies ist ein Kanu? Der Stamm hat noch Äste! Wann hast Du angefangen?"

„Gestern."

Der Regen war da. Er stürzte nur so vom Himmel. Wir saßen für Stunden fest. An Starten war ohnehin nicht mehr zu denken.

Nach zwei Tagen leichten Paddelns hatte die Humboldt-Expedition die 140 Kilometer des Rio Guainia hinter sich. Aus dem Guainia wurde, genau 2 Grad nördlicher Länge, dort, wo der Casiquiare zufließt, der Rio Negro. Die Forscher paddelten am Zusammenfluß weiter und hielten erst eine Stunde später bei San Carlos, einem militärischen Außenposten Brasiliens.

Als der portugiesische Kommandant erwähnte, die Mündung des Amazonas befinde sich nur 20 oder 25 Tagesreisen weiter flußabwärts, war Humboldt versucht, weiterzureisen, aber der Kommandant riet ab. Ebenso verbindlich in

Vom Orinoko berichtete Humboldt in Briefen reichlich übertrieben, in fast allen Hütten seien Kannibalen daheim. Die Legende der verbreiteten Menschenfresserei hatte schon vor Humboldt die Phantasie der Alten Welt beflügelt: So setzte 1592 der Niederländer Theodor de Bry ins Bild, wie er sich „die Wilden" vorstellte

der Form wie hart in der Sache setzte er der Expedition hier ein Ende. Lange später, als er schon wieder in Europa war, erfuhr Humboldt übrigens, daß brasilianische Behörden in Belém, der Hauptstadt an der Mündung des Amazonas, befohlen hatten, ihn als Spion festzunehmen und seine Ausrüstung zu beschlagnahmen. So fern von Europa unterlag ein königlicher Schutzbrief offensichtlich unterschiedlicher Wertung.

Ich kam zweimal von Brasilien aus nach San Carlos, einmal mit dem Boot und einmal mit dem Flugzeug, und auch ich hatte meine Probleme mit den Grenzbehörden. Jetzt gehörte San Carlos zu Venezuela. Der brasilianische Grenzposten war weiter flußabwärts nach Cucuí verlagert worden.

Die latent nationalistischen Grenzstreitigkeiten, die Humboldt mitbekam, wurden noch schlimmer, als die spanischen Kolonien zu eigenständigen Staaten zerfielen. Während es heute kaum Einreiseprobleme an internationalen Flughäfen und anderen zentralen Grenzübergängen gibt, benehmen sich Grenzbeamte in entlegenen Regionen nach meiner Erfahrung oft immer noch so, als herrsche Krieg. Häufig hat man mich rüde behandelt, mit der Waffe bedroht, meine Kameras beschlagnahmt,

lange verhört, sogar mein gechartertes Privat-Flugzeug hat man beschossen. Die Probleme lösten sich im allgemeinen immer erst dann, wenn ein ranghöherer, etwas aufgeklärterer Beamter erschien.

Humboldt befuhr nur die ersten zwölf Kilometer des Rio Negro. Er holte bei den Truppen in San Carlos Informationen über die Gegend ein und veröffentlichte später vieles über den Fluß in seinem Reisebericht. Heute, mit den richtigen Daten, weiß man besser als Humboldt, daß der Rio Negro, wenn auch nur als Nebenfluß, an Wasserführung nach dem Amazonas der zweitgrößte Strom der Erde ist.

Dieser Gigant unter den „Schwarzwasser"-Zuflüssen des Amazonas ist viel größer als der Orinoko, der Mississippi, der Jangtse oder der Jenissej. Zu gewissen Jahreszeiten enthält der Rio Negro sogar mehr Wasser als der Amazonas, den er unterhalb von Manaus in dem berühmten Zusammenfluß des „schwarzen" und des „braunen" Wassers ergänzt. Etwa auf der Höhe von Manaus ist der Rio Negro 60 bis 70 Meter tief, und ein bißchen weiter flußauf verbreitert er sich von elf auf 21 Kilometer, und zwar in jenem Labyrinth langgezogener Inseln, die man das Anavilhanas-Archipel nennt.

In den Wassern des Rio Negro leben merkwürdige Kreaturen. Ich fürchte mich besonders vor einem Fisch namens Candirú, einem Schmarotzerwels (Vandellia cirrhosa), obwohl er nur bis zu sechs Zentimeter lang ist; der nadelschlanke Blutsauger kann in die Harnröhre des Badenden eindringen und nicht herausgezogen werden, denn er hat Widerhaken an den Rändern der Kiemendeckel.

Vor Piranhas dagegen habe ich keine Furcht. Ich schwimme in allen fließenden Gewässern und glaube, daß eher die stehenden Gewässer gefährlich sind. Piranhas, übrigens, gehören zu den schmackhaftesten und zu den vielen sonderbaren Fischen, die es im Rio Negro gibt. Bull Sharks, aus der Gattung der Blauhaie, mit Kiefern, die so gewaltig sind, daß sie einen Menschen-

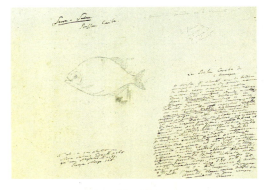

Der Piranha mit seinem imposanten Gebiß muß immer wieder für schauerliche Geschichten herhalten, in denen er Menschen zerfleischt. Tatsächlich gibt es über diesen Fisch, von dem Humboldt eine Skizze anfertigte, nur ganz wenige gesicherte Berichte von Attacken auf Menschen

Die in Südamerikas Strömen heimischen Welsarten erreichen eine Größe von mehreren Metern. In seinem Tagebuch berichtete Alexander von Humboldt, der alles registrierte, was ihm neu war, auch von diesem schwimmenden Koloß

kopf abbeißen können, wurden übrigens in einer Entfernung bis zu 3000 Kilometer oberhalb der Mündung gefangen, aber ich habe nie gehört, daß ein solcher Flußhai einen Menschen angegriffen hat.

Die gefährlichste der Flußkreaturen ist für mich der Piraiba-Wels (Brachyplatystoma filamentosum), von dem man weiß, daß er gelegentlich auch badende Kinder frißt. Das im Durchschnitt drei Meter lange Tier – Umfang: zwei Meter – kann plötzlich aus dem Wasser springen und selbst den tapfersten Kanufahrer in Schwierigkeiten bringen. Angeln sollte man ihn nur von Land aus, und man braucht einen starken Baum, um die Schnur zu befestigen. Cowboys berichten, daß selbst ein Pferd, welches mit dem Lasso gefangene Kühe zu bändigen vermag, von einem Piraiba in den Fluß gezogen werden kann.

Genau wie 1800 gibt es auch heute auf dem Oberen Orinoko und dem Oberen Rio Negro fast nur lokalen Flußverkehr: ein paar Kanus in der Nähe von Ortschaften. Die Humboldt-Expedition traf hier überhaupt keinen Menschen während der 39-Tage-Reise nach San Carlos, und dann war ihre Reise genauso einsam, nachdem sie bei San Carlos umkehrte, um die verlorene Welt des Casiquiare zu entdecken.

Die Erforschung des Casiquiare sollte der geographische Höhepunkt der 16 Monate Humboldts in Venezuela werden. Der Name des Flusses blieb von nun an mit dem des großen Forschers verbunden durch den Beweis, daß es diesen einzigartigen Wasserweg über eine Kontinentalscheide hinweg tatsächlich gibt. Die Etappe war aber auch der Tiefpunkt jener insgesamt fünf Jahre Humboldts in der Neuen Welt: Nirgendwo sonst durchlebte er so viele Tage der Qual.

Schon das tägliche Essen mußte Probleme bereiten. Humboldt beklagt zwar nie, obwohl er darunter gelitten haben muß, Verdauungsstörungen, die auch heute noch in dieser Weltgegend verbreitet sind und so gut wie sicher jeden Fremden befallen. Entweder hatte er Magen und Darm aus Stahl, oder er fand es unfein, dieses Thema zu erwähnen. Pater Zea schien eher zu jenen zu gehören, die nahezu alles essen können, ohne zu leiden: Eine seiner Lieblingsspeisen waren Ameisen, besonders jene Termitenköniginnen, deren Leiber voll von Eiern sind. Er pflegte sie zu zerquetschen und mit Maniok zu einer Paste zu vermischen – eine Speise, von der Humboldt fand, sie schmecke wie ranzige Butter.

Zwölf Kilometer von San Carlos entfernt drehte das Kanu nach rechts in den Casiquiare ein. Man sah sofort, daß das Wasser aus dem Orinoko kam, denn es war braun statt klar, und mit dem Wechsel der Wasserfarbe kamen

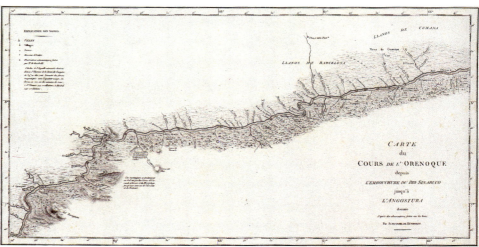

die Insekten, vor allem die Moskitos. Es waren solche Unmengen, daß selbst Pater Zea, der die Moskitoplage an den Großen Katarakten für unüberbietbar gehalten hatte, zugab, hier sei es noch schlimmer. Hände und Gesichter der Reisenden quollen unter den Stichen der gnadenlosen Qualgeister auf, und Humboldt war kaum noch in der Lage, sein Tagebuch zu führen.

Das Land des Casiquiare war das Ziel der Verbannung für mißliebig gewordene Missionare. Die Beine eines solchen Geistlichen, der „zwanzig Jahre Moskitos" hinter sich hatte und in Mandavaca hauste, waren purpurfarben.

An den 328 Kilometern Ufer des Casiquiare lebten weniger als 200 Menschen. Der Missionar in Mandavaca klagte Humboldt über seine Einsamkeit und über den unausrottbaren Kannibalismus. Ein Häuptling, erzählte er, habe gerade seine Frau verspeist, nachdem er sie lange zuvor gemästet hatte.

Den peniblen Humboldt, der sich vorgenommen hatte, an beiden Enden des Casiquiare astronomische Positionsbestimmungen vorzunehmen, peinigte eine dichte Wolkendecke nicht viel weniger als die Milliardenplage der Moskitos. Ein Jahr vor Humboldts Abreise aus Europa hatte der französische Geograph Philippe Buache die Carte générale de Guayane herausgegeben, die alle Orinoko-Zuflüsse bis zum Casiquiare als Zuflüsse des Rio Negro kennzeichnete, also den Zusammenfluß des Casiquiare mit dem Orinoko-Hauptstrom bestritt. Buache meinte: „Die lange gehegte Vermutung, es gebe eine Verbindung zwischen dem Orinoko und dem Amazonas, ist ein monströser Fehler in der Geographie. Man beachte die große Bergkette, die die Flüsse trennt" – aber: Diese Berge gibt es gar nicht.

Wo der Casiquiare in den Rio Negro mündet, nahm Humboldt eine fabelhaft genau Breitenmessung vor, bei der er sich seines dafür liebsten Sterns bediente, des Acrux am Fuße des Kreuzes des Südens. Das war in der Nacht des 10. Mai. Dann stellte er – wie er selber notierte, weniger präzise – mit Hilfe von zwei Sternen, Alpha und Beta Cen-

tauri am Fuße des Sternbildes Centaur, die Länge fest. Das Ergebnis: Wieder hatte er seine Position viel zu weit nach Westen verlegt.

Unterdessen paddelten die Indios das Kanu schier unermüdlich vorwärts; sie hielten sich nahe am Ufer, denn die Strömung in der Flußmitte betrug acht Kilometer pro Stunde und strudelte an manchen Stellen durch gefährliche Engen.

Das Kanu war inzwischen voll von Leben. Es gab einen Hund, fünf verschiedene Affen, fünf weitere wilde Vierbeiner, 15 Vögel und 13 Mann. Nicht alle Menschen konnten an Bord schlafen, aber auch am Ufer gab es kaum Platz, denn der Wald wucherte oft buchstäblich bis ins Wasser. Strände für ein Lager waren selten. Das Holz war viel zu naß für ein Feuer, und ohnehin: Es gab kaum noch etwas an Bord, das sie hätten kochen können. Als sie sich endlich dem Orinoko näherten, bestand der Proviant nur noch aus zerkleinerten Kakaobohnen, die sie in einer aufgegebenen Missionsstation gefunden hatten, und ein bißchen Zucker. Dazu tranken sie das Wasser des Casiquiare.

Eines Nachts litten sie aus einem merkwürdigen Grund an Schlaflosigkeit: In der Nähe mußten Blumen sein, die einen erregenden Duft verbreiteten, aber es gelang den Forschern nicht, die Blüten zu finden. Der Wald war so dicht, daß er selbst mit Hilfe von Macheten nicht zu durchdringen war, und wann immer sie eine Pflanze berührten, rannten stechende Ameisen an ihren Körpern empor. Ich glaube, der Duft, der die Männer damals so störte, könnte von der Floripondio (Datura candida) gewesen sein, einer großen, weißen trompetenförmigen Blüte, die ihren tatsächlich mächtigen Duft nur nachts verströmt.

Humboldt nahm an, die dichte Vegetation um ihn herum sei der Beginn eines endlosen, undurchdringlichen, jungfräulichen Urwalds, aber als ich über diese Gegend hinwegflog, hatte ich einen Überblick: Es gibt durchaus Lichtungen und Seen und Moore und gelegentlich schwarze Granitdome.

Eine der vielen Bleistiftzeichnungen Humboldts: das Cacajao-Äffchen, das er in seine Menagerie an Bord des Einbaums aufgenommen hatte, mit dem er den Orinoko befuhr. Später ließ Humboldt aus seiner Skizze als Druckvorlage einen vollendeten Stich anfertigen

Die letzte Nacht auf dem Casiquiare war die schlimmste. Die Forscher fanden einen Lagerplatz in der Nähe des Zusammenflusses mit dem Orinoko; sie hofften, Sterne für eine Positionsbestimmung zu entdecken, aber Wolken verhängten den Himmel. Die Forscher legten sich in ihre Hängematten, in denen es von Ameisen nur so wimmelte. In der Nacht weckte sie das Wimmern ihres Hundes und der nahe Schrei eines Jaguars, aber als sie das Flackern des Lagerfeuers sahen, schliefen sie wieder ein.

Am Morgen war der Hund verschwunden. Sie riefen und suchten – vergebens. Sie nahmen an, daß der Jaguar den Hund fortgeschleppt hatte. Das war, erstaunlich genug, das einzige Unglück während Humboldts fünfjähriger Reise durch Amerika.

Mein Freund Volkmar Vareschi schlug 1958 während einer „Humboldt-Gedächtnis-Expedition" an genau dieser Stelle sein Lager auf. Er fotografierte viele der frühzeitlichen Indio-Steinzeichnungen auf den Felsen, von denen Humboldt berichtet hatte. Mit Professor Karl Mägdefrau aus Tübingen sammelte er Pflanzen. Der Wissenschaftler zählte genau 167 Moskitostiche auf dem Handrücken und bewunderte, daß Humboldt und Bonpland in einer so menschenfeindlichen Gegend so viel botanisiert hatten.

Trotz aller widrigen Umstände prophezeite Humboldt für diese Gegend einen kräftigen Aufschwung von Wirtschaft und Handel. Er zählte Firnis, Heilpflanzen, Blumen, Gummi, Vögel und Bauholz als Güter auf, die man hier gewinnen könne. Er meinte, daß die Querverbindung des Casiquiare, einmal von Spanien befreit, eine Wiege menschlicher Unternehmenskraft werden könne und die frühen Kulturen von Ägypten und Mesopotamien mit ihren unabsehbaren Reichtümern übertreffen würde, die zu entwickeln die Indios einfach unfähig gewesen seien.

Seine Vision erfüllte sich nicht. Die Nationen an der Peripherie Brasiliens – Bolivien, Peru, Ekuador, Kolumbien, Venezuela und Guyana – machen bis heute kaum wirtschaftlichen Gebrauch von ihren Flüssen. Der Verkehr zwischen diesen Ländern wickelt sich hauptsächlich in der Luft und auf einigen nur wenig befahrenen Straßen ab. So schlecht sind die Voraussetzungen für ein besseres Leben, daß die Bevölkerungszahl heute noch niedriger als zu Humboldts Zeit ist.

Die meisten Missionsstationen sind verlassen, Urwald wuchert über ihre Reste. Aus dem Flugzeug sehe ich kaum Anzeichen menschlichen Lebens.

„Jeder kann sich hier ein Stück Land nehmen", sagt mein Pilot. „Niemand macht es einem streitig."

Von all den Regionen, die Humboldt erforschte, bleibt die Gegend am Casiquiare jene, die sich am allerwenigsten verändert hat. Seine Ufer sind noch immer das Reich der Wildnis – geschichtslose Ufer.

Hauptsächlich beherrschen Insekten die Umwelt. So viele von ihnen gibt es, daß man sich fragt, wovon die blutsaugenden Quälgeister eigentlich leben. Manchmal sind über dem Casiquiare so viele Eintagsfliegen in der Luft, daß es aussieht, als herrsche Nebel, und gelegentlich schwimmen so viele tote Eintagsfliegen auf dem Fluß, daß man meinen könnte, er trage Schaum auf seiner Oberfläche.

Für mich war die interessanteste Kreatur in diesem Gebiet immer der hühnerartige Hoazin-Vogel (Opisthocomus hoatzin), ein Überlebender längst versunkener Zeiten, der wie eine Echse zischt. Die Weibchen tragen noch die Klauen jener Ahnen, die zu den Reptilien zählten. Sie können schwimmen, tauchen und den Baum erklettern, auf dem sich ihr Nest befindet. Ausgewachsen sehen die Hoazins wie Fasane aus, aber man ißt sie nicht, denn sie stinken fürchterlich.

Das überraschendste Geräusch am Casiquiare wirkt wie der Klang eines Hammers auf dem Amboß. Als ich ihn das erste Mal vernahm, war ich sicher, jemand habe hier, mitten in der Wildnis, eine Schmiede eingerichtet. Aber ich traf keine Menschenseele. Das Geräusch stammt von dem kleinen, schneeweißen Glockenvogel.

Am 21. Mai 1800 verließen die Forscher den Casiquiare und bogen in den Orinoko, um nach einer Siedlung zu suchen und damit eine Gelegenheit zur Ergänzung ihrer Vorräte zu haben. Sie fanden eine schöne Wiese mit Termitenhügeln und, am Fuße des 2407 Meter hohen Duida, eines prächtigen schwarzen Granitberges, das kleine Dorf Esmeralda.

Es war eher eine Strafkolonie als eine zivile Siedlung. Alte Soldaten, Vagabunden und andere zweifelhafte Existenzen, die „zu den Moskitos verbannt" waren, lebten hier zusammen mit einer Handvoll Indio-Familien verschiedener Stämme. Ein alter Offizier, Oberhaupt der merkwürdigen Siedlung, hielt Humboldt und seine Schar zunächst für spanische Händler. Als er Bonplands Stapel von Papier sah, das der Franzose zum Trocknen der Pflanzen benutzte, meinte der Alte: „Es wird schwer sein, hier Papier zu verkaufen. Wir schreiben nicht viel, und wir wikkeln auch nichts in Papier ein, sondern in Blätter."

Immerhin: Zu Essen gab es in Esmeralda. Die hungrigen Forscher fielen über Ananas her, aßen Palmenmark, große gekochte Mehlbananen und Paranüsse. Diese Nüsse waren in Europa längst nicht mehr unbekannt, aber

Humboldt und Bonpland waren die ersten, die den Baum detailliert beschrieben und benannten: Bertholletia excelsa, nach dem französischen Chemiker, Humboldts Freund. Der Nußbaum, dessen Früchte in der Landessprache Castanhas heißen, wird 40 Meter und höher und ragt oft über die Kronen des Urwaldes hinaus. Die Stämme mit bis zu zwei Metern Durchmesser sind so hart, daß sie als einzige die Waldbrände überstehen. In gewisser Weise sind diese Bäume gefährlich – es ist selbstmörderisch, sich darunter zu stellen, wenn ein Sturm die Krone schüttelt: Die eisenharten Früchte, die bis zu zwei Kilo schwer sind, schlagen mit solcher Wucht auf, daß sie gewiß einen Schädel zertrümmern können.

Die Indios von Esmeralda hatten gerade Paranüsse geerntet und feierten dieses Ereignis drei Tage lang, indem sie betrunken nach einer Flöte tanzten. Sie hatten auch hohle, bis zu fünf Meter lange Halme mitgebracht, aus denen sie Blasrohre machen wollten. Und schließlich hatten sie auch Bejuco de mavacure aus dem Wald geholt, eine dünne Liane für die Herstellung von Curare, dem tödlichen Pfeilgift.

Humboldt und Bonpland suchten sofort die Hütte des Amo de curare auf, des „Giftmeisters" von Esmeralda, um die unbekannte Prozedur der Giftherstellung kennenzulernen.

Bis Esmeralda drang Humboldt am Orinoko vor. Dieses Bild zeigt das Dorf, wie Humboldt es sah. Später wurde die Siedlung verlassen, ist aber heute wieder bewohnt. In diesem Gebiet lebt auch der gekrönte Hoazin-Vogel. Die Weibchen tragen noch die Klauen jener Ahnen, die zu den Reptilien zählten. Der Glockenvogel stößt Laute aus, die einem Hammerschlag auf einen Amboß täuschend ähneln

Der Indio, fand Humboldt, war so pedantisch wie ein europäischer Apotheker. Er wisse, sagte er seinen Besuchern, daß die Weißen das Geheimnis beherrschten, Seife herzustellen und für die Jagd schwarzes Pulver, das freilich den Fehler habe, Krach zu machen und das Wild zu verscheuchen, wenn man danebengeschossen habe. Das Curare, sagte er, sei besser. Es töte leise, ohne daß festzustellen sei, woher der Schuß komme. Dann zeigte er den Besuchern die vom Vater zum Sohn vererbte Kunst: Die Rinde wurde abgeschabt und zerstampft, der Saft gefiltert und eingedickt und mit einer zähen Gummimasse gebunden.

Die Forscher probierten das Gebräu, denn Curare, oral verabreicht, galt als harmloses Magentonikum. Freilich hatte man sicher zu sein, daß im Mund keine offenen Stellen waren, weil das Gift sonst über das Blut zur tödlichen Nervenlähmung geführt hätte. Später geriet Humboldt einmal in Lebensgefahr, als er sich beinahe einen Strumpf anzog, der versehentlich mit Curare durchtränkt war: Seine Zehen waren noch blutig vom Auskratzen von Parasiten unter den Nägeln.

Humboldt wollte das wilde Land des Orinoko bis zu dessen Quelle erforschen, aber seine Leute waren zu erschöpft, und die Menschen in Esmeralda rieten ihm ab: Das Land sei die Heimat streitbarer Stämme, die sich mit Pfeil und Bogen gegen aufdringliche Weiße wehrten.

So mußte sich Humboldt damit begnügen, Menschen auszuhorchen, die in jenes Gebiet schon einmal vorgedrungen waren: Welche Stämme lebten dort? Welche Flüsse kamen von den Parima-Bergen? Wenn er den Informanten auf seinen europäischen Karten den Parima-See zeigte, wunderten sie sich über die unwissenden Kartographen „auf der anderen Seite des salzigen Sees".

Als ich, 1978, bis zur Quelle des Orinoko vordrang, war manches noch so wie zu Humboldts Zeit, nur: Die meisten Indio-Stämme, die früher hier siedelten, sind inzwischen untergegangen. Die wenigen Letzten waren in zwei Mis-

sionsstationen oberhalb von Esmeralda ansässig: in Mavaca und Platanal. Noch weiter flußauf, wo der Orinoko aus dem Hochland kommt, beherrschen Waiká-Indios das Land der Stromschnellen. Geistliche warnten mich, dort Fotos zu machen, aber die Indios hatten nichts dagegen,

Immerhin: Als ich ankam, erhob ein Waiká-Krieger plötzlich seinen Bogen, der doppelt so groß wie er war, und zielte auf mich, aber er ließ den drei Meter langen vergifteten Pfeil dann doch nicht fliegen. Wollte er mich einer Mutprobe unterziehen? Schließlich kam er auf mich zu und bot mir geröstete Heuschrecken und lebende Raupen an, die er in einer Tüte aus Laub um den Hals trug.

Ich probierte die Heuschrecken: Sie schmeckten wie Krabben. Ich nahm eine haarige Raupe in die Hand: Sie bewegte sich. In der Hoffnung, keinen unverzeihlichen Stilbruch zu begehen, stopfte ich das sich windende Tier in den Mund des Waiká-Kriegers. Er schluckte es genüßlich.

Volkmar Vareschi hatte mich darauf vorbereitet, daß Waiká-Indios Fremden zur Begrüßung auf den Bauch schlagen. „Schlag zurück", hatte Volkmar mir geraten, und ich tat es. Dagegen vermied ich es, den Indios die Hand zu geben: Aus Humboldts Notizen wußte ich, daß Waikás gelegentlich Curare unter ihre Fingernägel getan hatten, um Feinde totkratzen zu können. Das Risiko vermied ich.

An der Quelle des Orinoko war ich nur 760 Kilometer Luftlinie von seinem Delta entfernt – so sehr windet sich der 2900 Kilometer lange Fluß durch das Land. Ich flog an den Bergen entlang, die sich östlich des Casiquiare erheben und die Wasserscheide, die Brasilien von Venezuela trennt, am einen Ende auf 3014 Meter erheben – das ist der Pico de Neblina, der höchste Berg Brasiliens –, und am anderen Ende, den Tafelberg Roraima, auf 2772 Meter. Große Teile dieser Region sind heute Nationalparks, mit mehr als 4,6 Millionen Hektar die größte zusammenhängende Bioreserve der Welt.

Ein Indio vom Stamm der Waiká hält lebende Raupen in den Händen. Besucher der entlegen lebenden Urwaldbewohner müssen damit rechnen, daß ihnen die Insekten als Willkommenshappen angeboten werden

Ich kann nur bestätigen, daß Humboldt recht behalten hat: Es gibt keinen Parima-See, kein märchenhaftes Imperium von Guayana, wovon Sir Walter Raleigh seiner Königin berichtet hatte, kein El Dorado. Es gibt, so weit ich sah, überhaupt keine Siedlungen. Ebenso menschenleer ist die Sierra Parima, jenes Gebiet, in dem der legendäre See angeblich lag. Humboldt war übrigens sehr verärgert, als noch 1818 in Wien eine Karte mit eingetragenem Parima-See erschien, die sich fälschlich auf ihn berief.

Auch in Esmeralda war Humboldt geschäftig wie immer. Er errechnete seine Position und geriet in der Länge wiederum zu weit nach Westen – um ganze 80 Kilometer.

Am 23. Mai brauchte seine Mannschaft den ganzen Vormittag, um das Kanu von Ameisen zu befreien, denn auf der Rückfahrt flußab sollte die Besatzung häufiger an Bord übernachten. Während die Abfahrt vorbereitet wurde, standen die Bewohner von Esmeralda um das Boot herum und flehten die Forscher an, beim Gouverneur die gnädige Erlaubnis für sie zu erbitten, in einer weniger von Moskitos gepeinigten Gegend büßen zu dürfen.

Am Nachmittag legte das Boot ab. Vier Stunden später erreichten sie die Flußgabelung, an der Humboldts Hund verlorengegangen war. Sie suchten, bevor sie das Lager aufschlugen, nach dem Gefährten – vergebens.

Dann waren sie wieder auf dem Orinoko, der mit einer Geschwindigkeit von sieben Kilometer pro Stunde dahinströmte. 300 menschenleere Kilometer waren zu bewältigen – nur Atabapo lag dazwischen –, ehe sie die Stelle erreichten, an der die drei Flüsse zusammentreffen.

Auch heute noch sind diese Ufer unbewohnt. Bis 1776 hatte es hier eine Anzahl von Casas fuertes gegeben, zweistöckige Blockhäuser, auf denen je eine Kanone stand. Dann, eines Nachts, überfielen Indios die isolierten Forts, griffen sie an und massakrierten die Insassen. Die Aktion war nachhaltig: Die Forts wurden nie wieder errichtet.

Als man ein Jahrhundert nach Humboldt das Gummi für die industrielle Nutzung entdeckte, begann der Aufstieg Atabapos. 1913 jedoch wurde der Ort das Synonym für ein Monster: Ein Flußhändler mit Namen Funes scharte die schlimmsten Banditen der Gegend um sich, tötete den Gouverneur, machte sich selber zum Herrscher und begann eine Mordorgie, bis es kaum noch Männer gab. Schließlich wurde Funes selber erschossen: Ganz wie in einem Western-Film von einem Gesetzlosen aus den Llanos.

Unterhalb Atabapo trug der vom Regen angeschwollene Fluß „schwimmende Wiesen", die früher nützlich als Verstecke für Indios und Schmuggler waren. Um Feinde überraschen zu können, deckten Indios ihre Kanus mit Grünzeug zu, so daß sie wie die „schwimmenden Wiesen" aussahen, berichtete Humboldt, und: Schmuggler täten das gleiche und würden in dieser Tarnung direkt an den ahnungslosen Zollinspektoren vorbeigleiten.

Nun, in dem ihnen bekannten Gebiet der Großen Katarakte, ging es nur mühsam voran. Immer wieder mußte das Kanu getragen werden. Bei den Atures-Fällen kostete das für eine kurze Strecke zwei ganze Tage. Der Boden des Bootes war nun schon gefährlich dünn geschliffen.

Humboldt besuchte die Höhle von Ataruipe, die Katakombe des ausgestorbenen Atures-Stammes, die 600 vollständig erhaltene Skelette enthielt. Humboldt notierte, daß man zuletzt 1767 von den Atures gehört habe. Er habe an den Katarakten einen alten Papagei gesehen, von dem man sagte, er spreche die Sprache der verschwundenen Atures. Die meisten Sprachen jener Indios, die auf Humboldts Kanu arbeiteten – Humboldt nutzte freie Zeit auf dem Wasser dazu, Wortlisten für seinen Bruder Wilhelm anzulegen –, sind inzwischen so tot wie jene der Atures, nach denen der Katarakt benannt ist.

Humboldt und Bonpland entnahmen der Katakombe einige Skelette und verpackten sie sorgfältig, aber der Geruch war so penetrant, daß sich die Indios beklagten. Schließlich wurden diese Skelette in weiter Ferne neu beigesetzt: Sie versanken beim Untergang des Transportschiffes vor Afrika, zusammen mit vielen Pflanzen, Tieren und Mineralproben – und mit dem Priester, der sich erboten hatte, diesen Teil der Expeditionsausbeute nach Spanien zu begleiten. Da aber Humboldt und Bonpland zur Sicherheit die meisten ihrer Sammlungen dreifach anlegten und auf verschiedenen Wegen versendeten, landete doch wenigstens ein Ature-Schädel in Europa. Er ging in ein Buch über vergleichende Anatomie ein, ist aber heute verschollen.

Pater Zea, der immer noch unter Malaria litt, verließ die Expedition in Atures. Dann, nach einem letzten Katarakt, erreichte die Expedition ruhiges Wasser und die letzte Etappe.

Meine letzte Reise vom Oberlauf des Orinoko nach Puerto Ayacucho, der neuen Stadt am Fuße der Katarakte, unternahm ich in einer Cessna. Auf dem Platz des Ko-Piloten saß eine angstvolle junge Indio-Frau mit Schmuck in Lippen und Ohren. Der Pilot erzählte mir, er sei von Mission zu Mission geflogen, bis er dies Mädchen gefunden habe, das bereit sei, bei ihm als Kindermädchen zu arbeiten. Sie sprach kein Spanisch und er nicht ihre Sprache. Mich erinnerte dieser Vor-

gang daran, daß Sklavenjäger aus Brasilien die ersten Europäer am Oberlauf des Orinoko waren – und daß sich die Zeiten nicht sehr geändert hatten.

In der Gegend der Schildkröten-Inseln machte die Expedition Station, um in Uruana – heute wird der Ort La Urbana genannt – die Otomaken-Indios zu studieren. Dieser Stamm war dafür bekannt, erstaunliche Mengen lehmiger Erde zu essen. In ihren Hütten backten die Indios große Mengen dieser „Toast-Erde" zu Bällen von fünfzehn Zentimeter Umfang und stapelten den Vorrat zu meterhohen Pyramiden. In jenen zwei oder drei Monaten des Hochwassers, wenn Jagen und Fischen schwierig war, aßen die Otomaken täglich etwa 400 Gramm Erde. Humboldt nahm eine Probe davon mit, um sie in Paris analysieren zu lassen. Sie enthielt keine organischen Substanzen, hatte also keinen Nährwert, sondern war nur Füllstoff für den Magen.

Die Otomaken lebten ohne feste soziale Ordnung und waren dem Alkohol so verfallen wie dem Schnupfen halluzinogener Drogen. Obwohl sie eine Reihe unguter Gewohnheiten hatten, wie Humboldt notierte, erfreuten sie sich einer robusten Gesundheit. Allerdings werden sie als häßlich geschildert, als bösartig und rachsüchtig.

An der Mündung des Apure verabschiedeten Humboldt und Bonpland ihren heiteren Freund Soto, der sich auf den Weg nach San Fernando machte. Von nun an waren Humboldt und Bonpland mit jener Kernmannschaft allein, die ursprünglich mit ihnen aufgebrochen war.

Der Orinoko verlief nun nach Osten mit zwei Kilometern pro Stunde, war durchschnittlich 20 bis 25 Meter tief, auf der linken Seite von den Llanos und auf der rechten von Wald umsäumt. Es gab nun Siedlungen am Ufer, aber sie waren ärmlich. Heute verspricht ausgerechnet diese Gegend eine der reichsten der Welt zu werden: Unter ihrer Oberfläche lagern enorme Reserven bisher unberührten Erdöls.

Am 13. Juni 1800 erreichten die Forscher den wichtigsten Hafen am mittle-

Als Humboldt Teile Südamerikas erschloß, gab es meist nur Wasserwege – oder die fast aussichtslose Bemühung, den dichten Urwald zu durchdringen. Heute hat, wie San Carlos, fast jede Urwaldsiedlung ihren Landestreifen. Viele Indios sind eher mit einem Flugzeug geflogen als mit einem Auto gefahren

ren Flußlauf, Angostura, eine Stadt mit 6000 Bewohnern, die heute Ciudad Bolívar heißt und vom eindrucksvollen Bild einer Brücke über den Orinoko geprägt ist. Hier schleppten die Indios das reichlich demolierte Kanu auf die schwarzen Steine des Ufers: Nach 76 Tagen und 2900 Kilometern Flußfahrt war Humboldts Erforschung des Orinoko zu Ende.

Sie kamen keinen Tag zu früh in die Zivilisation zurück, denn beide Forscher und ihr schwarzer Diener wurden schwer krank. Sie hatten heftiges Fieber. Humboldt erholte sich rasch, nachdem er Honig mit Chinarinde eingenommen hatte.

Am neunten Tage seiner Krankheit schien es, als werde der Schwarze sterben, aber er überlebte das Koma und blieb noch Jahre bei Humboldt. Bonpland jedoch war in einem bedenkli-

chen Zustand; hohes Fieber, Durchfall und andere Symptome lassen vermuten, daß er an Typhus litt, und Humboldt fürchtete wochenlang, sein guter Freund werde sterben. Mehr noch: Er machte sich Vorwürfe, nicht in das gesunde Klima der Sierra Nevada de Merida, sondern an den Orinoko gegangen zu sein, wo sich Bonpland die Krankheit zugezogen hatte.

Humboldt ließ den Gefährten auf den weniger schwül gelegenen Landsitz eines befreundeten Spaniers bringen, 29 Kilometer vom Fluß entfernt, wo sich Bonpland langsam erholte, während Humboldt lange Briefe über seine Abenteuer nach Europa schrieb. Diese Berichte waren in den Salons der Alten Welt das Tagesgespräch und mehrten Humboldts Ruhm.

Humboldt schätzte den Wert der Publizität, aber er wußte auch zwischen Fiktion und Tatsache zu unterscheiden. In seinen Briefen dehnte er die Wahrheit bisweilen ein wenig, und dabei ging es ihm unverkennbar um dramatische Effekte, während er später in seinen wissenschaftlichen Werken stets bei den Tatsachen blieb. So kann man es nur als unterhaltsames Jägerlatein ansehen, wenn er etwa in einem Brief schrieb, er sei in dem wundervollen Land zwischen Orinoko und Amazonas 1400 (geographische) Meilen gereist – das wären 10 388 Kilometer! In Wirklichkeit hatte er nach meiner Berechnung während der 16 Monate in Venezuela 4600 Kilometer zurückgelegt. Unter den Umständen seiner Zeit immerhin eine gewaltige Leistung.

In einem anderen Brief erschreckte Humboldt einen Freund mit der Nachricht, er und Bonpland hätten kaum je eine Hütte betreten, in der es nicht Spuren von Kannibalismus gegeben habe. Auch das stimmte natürlich nicht, wenngleich Humboldt von Berichten über Kannibalismus stets fasziniert war. So abscheulich war ihm der Kannibalismus, daß er sich weigerte, Affenfleisch anzurühren, ähnlich wie andere Europäer, die verlangten, daß man den gebratenen Tieren vor dem Essen wenigstens Kopf und Gliedmaßen ab-

6000 Menschen wohnten zu Humboldts Zeit in der Stadt, die damals Angostura hieß. Heute wird sie Ciudad Bolívar genannt; ihr Kennzeichen ist die Brücke, die den Orinoko überspannt. Und wo Humboldt noch mühevoll durch die Llanos zog, erstrecken sich heute Straßen mit Pipelines für Öl an den Rändern

trennte. Die Ähnlichkeit mit kleinen Kindern war einfach zu groß.

Zeitungen und Zeitschriften hungerten nach solchen Geschichten – damals wie heute, aber ich muß betonen, daß Humboldt sich korrekt bemühte, diese Geschichten aus seinen wissenschaftlichen Werken herauszuhalten.

Ich glaube nicht, daß ich Humboldt herabwürdige, indem ich auf seine gelegentlichen Übertreibungen hinweise. Nach den vielen Jahren auf seinen Spuren in Amerika finde ich es im Gegenteil schön, zu wissen, daß er bei aller Genialität am Ende ein Mensch wie jeder andere war.

Am 10. Juli 1800 war Bonpland so weit wieder hergestellt, daß er sich die dreizehntägige Reise von Angostura über die Llanos an die karibische Küste zumuten konnte – heute leicht an einem Tag zu schaffen in einem Land, in dem das hervorragendste Wahrzeichen die schmalen Schlote zum Abfackeln des Erdöls sind. Pipelines verlaufen parallel zur Straße, denn dieses Gebiet ist – nach Maracaibo – die zweitreichste Ölquelle für Venezuela.

Die Tage waren so heiß und die Staubstürme so stark, daß die Europäer nachts reisen wollten, aber ihre Führer warnten: Berittene Banden trieben hier ihr Unwesen. Also reisten sie doch am Tage. Die gefangenen Affen saßen auf den Ladungen der Maulesel und reckten ihre Pfoten nach oben, wenn sie unter einer früchtetragenden Mauritia-Palme durchritten. Humboldts Tiersammlung war für den Botanischen Garten in Paris bestimmt, und er lieferte sie später auch an Franzosen zum Weitertransport ab, aber all die schönen Vögel vom Oberen Orinoko und die Affen kamen in Guadaloupe um.

Als die Forscher den Seehafen Nueva Barcelona erreichten, erfuhren sie, daß die Stadt mit ihren 16 000 Einwohnern von den Briten blockiert war. Seit drei Monaten war kein Schiff mehr in den Hafen gekommen, mithin auch keine Post. Humboldt fühlte sich nicht wohl und man blieb vier Wochen.

Schließlich luden die Forscher ihr Gepäck in ein offenes Boot, das Kakao geladen hatte und nach Cumaná bestimmt war. Kaum jedoch hatten sie die offene See erreicht, wurden sie von einem Freibeuter aufgebracht.

Der Kapitän des Freibeuters ignorierte das Schutzpapier, das der englische Gouverneur von Trinidad für Humboldt ausgestellt hatte und drohte an, seine Gefangenen nach Neu-Schottland in Kanada zu bringen. Das war eine böse Aussicht, denn die meisten Instrumente hatten Humboldt und Bonpland in Cumaná gelassen. Sie wollten von dort aus nach Kuba weiterreisen und fürchteten, die spanischen Kolonien nicht wieder betreten zu dürfen, nachdem sie sie einmal verlassen hatten.

Während Humboldt in der Kabine des Kapitäns die Freilassung zu erstreiten versuchte, gab es Lärm an Deck: Eine britische Kriegskorvette war im Begriff, ihrerseits das Kaperschiff aufzubringen. Das Manöver gelang. Humboldt und Bonpland wurden auf das Kriegsschiff übergesetzt; sie sahen sich von eben jenen Leuten befreit, denen sie so lange aus dem Weg gegangen waren und die nun den Erzählungen der Forscher fasziniert zuhörten. Ein bißchen geschmeichelt notierte Humboldt, daß die britischen Seeleute ihn aus Zeitungsberichten kannten, und daß ihm der Kapitän seine Kabine zur Verfügung gestellt habe.

Im 18. Jahrhundert wurden Reisende im Dienste der Wissenschaft tatsächlich auch während eines Krieges respektiert. Wenn sich ein Wissenschaftler einmal durchgesetzt und es zu Bekanntheit gebracht hatte oder sich ausweisen konnte, wurde er überall anerkannt.

Beim Abschied schenkten ihm die Offiziere, beeindruckt von Humboldt, seltene Jahrgänge astronomischer Tafeln zur Berechnung der Gestirne, die er für seine Beobachtungen dringend brauchte und während der Vorbereitung seiner Reise nicht aufgetrieben hatte. Dann ließen die Briten ihren berühmten Gast ziehen. Und so, Ende August 1800, segelte Humboldt noch einmal jenem Hafen entgegen, in dem er zum erstenmal amerikanischen Boden betreten hatte: Cumaná.

»Wahrscheinlich werden Bonpland und ich nicht als Lebende zurückkehren«

In den Briefen, die Humboldt aus der Neuen Welt nach Europa schrieb, übertrieb er gelegentlich. Wahr jedoch blieb, daß jeder Tag ein neues Abenteuer bot; mehr noch: daß Humboldt das Abenteuer in der Forschung geradezu suchte. So warf er sich denn mit allem Enthusiasmus in ein neues: die Inspektion der Anden mit ihren Vulkanen

**Zu Fuß zog Humboldts
kleine Expedition von Bogotá
nach Cartago über die Zentralkordillere der Anden. Wo
sich heute vereinzelt Berghütten
finden, war damals menschenleere
Wildnis. Schutz vor Regen suchten
die Männer unter Dächern aus
den mächtigen Blättern der Viajo-
Pflanze. Die Luft war so feucht und
der Boden so morastig, daß die
Schuhe der Forscher verrotteten
und sie mit bloßen, blutigen
Füßen ihr Ziel erreichten.**

Einst trugen die Bewohner
des Sibundoy-Tals einen goldenen
Halbmond als Nasenschmuck
und wurden deshalb von den Inkas
„Cilla Cingas" genannt, „Mondnasen".
Hier, in der kolumbianischen
Provinz Pasto, berührte Humboldt
das Elend der Indios, die nichts
außer Patatas zu essen hatten,
Süßkartoffeln – und bei Frost
verdarben auch die

Am Ufer des Rio
Magdalena bauen die Men-
schen ihre Häuser zum Schutz
gegen Hochwasser auf ungewöhnlich lange Stelzen. In den
Wäldern rundum leben auch heute
noch die Brüllaffen, deren
Schreie, vor allem am frühen
Morgen und vor einem
Regen, kilometerweit
zu hören sind

Immer wieder fanden die europäischen Forscher Pflanzen, die man in der Alten Welt nicht kannte; immer wieder nahmen sie Proben davon, „sammelten Heu", wie sie selber sagten. Dieses verfärbte Moos wächst an einer Schwefelquelle in Kolumbiens Zentralkordillere

Die Härte des Lebens
prägt die Gesichter der
Menschen. Die Bewohner
der südamerikanischen
Wildnis verstanden nicht,
weshalb europäische
Forscher es freiwillig auf
sich nahmen, nur im Dienst
der Wissenschaft in das
menschenabweisende
Land zu kommen

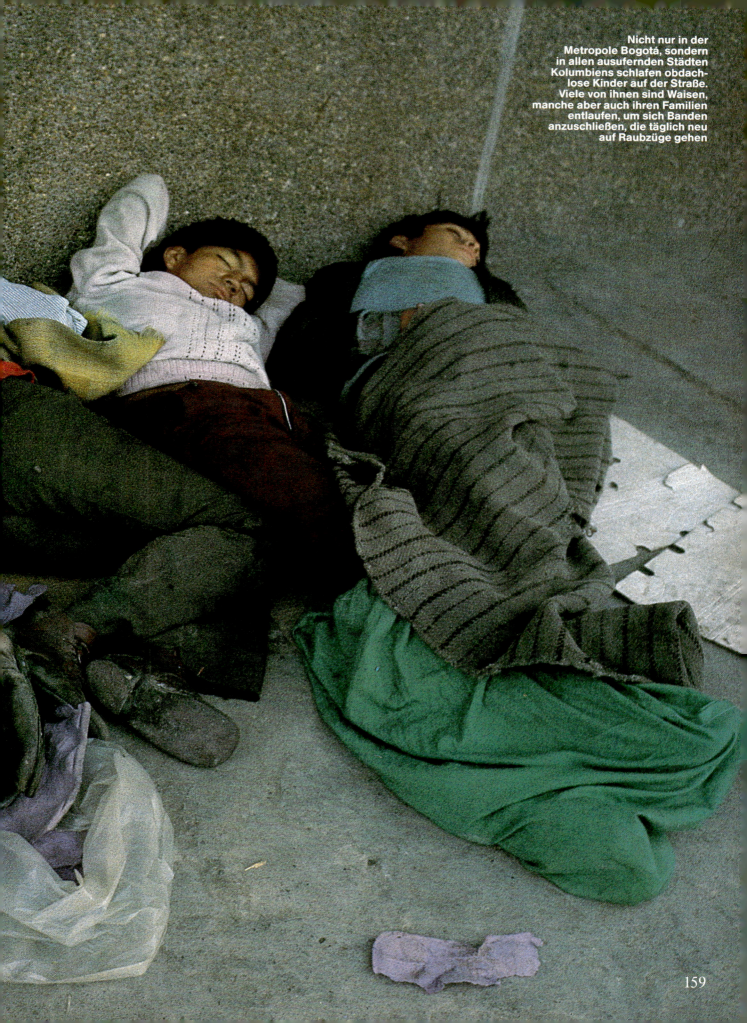

Nicht nur in der
Metropole Bogotá, sondern
in allen ausufernden Städten
Kolumbiens schlafen obdach-
lose Kinder auf der Straße.
Viele von ihnen sind Waisen,
manche aber auch ihren Familien
entlaufen, um sich Banden
anzuschließen, die täglich neu
auf Raubzüge gehen

159

Im Hügelland westlich von Pasto dehnen sich Felder um weiße Bauernhäuser. Humboldt und Bonpland folgten hier nicht der Route des heutigen Panamerican Highway, sondern zogen an den vulkanischen Hängen weiter östlich nach Süden

Die geradezu kindliche erste Begeisterung war wohl verrauscht, mit der Humboldt und Bonpland auf die Fülle der Wunder in der Natur reagierten, als sie in Cumaná die Neue Welt betraten. Dennoch blieb fortan die Faszination des Subkontinents, es blieb die Entschlossenheit, ihn weiter zu erforschen, es blieb aber auch Alexander von Humboldts Hang, Pläne zu schmieden, immer neue Pläne.

Einstweilen freilich saßen die Reisenden fest, denn wieder war ihnen ein Krieg in die Quere gekommen. Die britische Blockade zwang sie, länger als zehn Wochen, bis Ende des Jahres 1800, in Cumaná zu bleiben, einer der ältesten spanischen Siedlungen auf dem Kontinent, für die Humboldt lebenslang eine sentimentale Zuneigung bewahrte.

Aber nun wollte er nach Kuba. Havanna war für ihn immer noch Basis für seine Operationen in der Neuen Welt, mögliches Sprungbrett für Erkundungen im nördlichen Halbkontinent und Lagerplatz für die Verschiffung seiner umfangreichen Sammlungen nach Europa. So schwebte ihm vor, über Kuba nach Acapulco zu kommen und sich Kapitän Baudins Erkundungsreise rund um den Globus anzuschließen. Wäre das nicht möglich, wollte er Kalifornien, die Großen Seen Nordamerikas und den Mississippi bereisen, dann mit der jährlich einmal verkehrenden spanischen Galeone von Acapulco zu den Philippinen fahren und schließlich um das Kap der Guten Hoffnung nach Hause segeln.

Humboldt war ein unentwegter Reiseplaner. Aber: Ist es wirklich vorstellbar, daß er auf eine Inspektion der Anden verzichten wollte? Ist denkbar, daß er, der vom Ertrag der Landreisen überzeugt war und lange Schiffsreisen für weniger ergiebig hielt, tatsächlich plante, ganze Ewigkeiten auf See zuzubringen? Soll man glauben, daß er ernsthaft erwog, jenem französischen Kapitän Baudin zu folgen, von dem Humboldt wußte, daß er etwas unberechenbar war?

Nimmt man alles zusammen, was man heute über Humboldts Intentionen weiß, so ist jedenfalls sicher, daß er als das Ziel seiner Reise immer „Westindien" genannt hat, was damals nicht nur die heute so genannten Inseln bezeichnete, sondern die gesamte Tropenregion Amerikas. Dieses große Ziel hat er wirklich erreicht, und damit auch gleich noch ein anderes: Er wurde zum führenden Tropenkenner des beginnenden 19. Jahrhunderts.

Es kam der Tag des Abschieds von Cumaná. Er war nicht ohne Trauer, denn Humboldt und Bonpland mußten sich von jenem Gouverneur Emparán verabschieden, der ihnen die Ankunft in Amerika so sehr erleichtert hatte, vor allem aber von Carlos del Pino, dem treuen Guayqueria-Indio. Die Forschungsreisenden schifften sich auf einer Schaluppe ein, die Pökelfleisch für Havanna geladen hatte.

Die Seereise begann am 24. November 1800, und vorgesehen waren acht bis zehn Tage, aber nach fünf Tagen konnten die Männer an Bord immer noch das Festland hinter sich sehen. Sie trieben inmitten einer Flaute. Endlich kam Wind auf, man atmete durch, aber der Wind wurde binnen Stunden zum Sturm, Wasserhosen wirbelten ganz in der Nähe der Schaluppe, auf der obendrein auch noch Feuer in der Kombüse ausbrach, das nur unter Gefahr gelöscht werden konnte; kurz, Bonpland, der schon bei sehr viel weniger Seegang regelmäßig krank wurde, erlitt wieder Qualen, denn das Schiff schlingerte erbärmlich. Doch Humboldt verhielt sich wie immer bei hoher See: Er lief ständig über Deck, maß Luft- und Wassertemperaturen und ermittelte die Längen- und Breitengrade.

25 statt zehn Tage dauerte die Reise für die kurze Strecke, länger als die Atlantikpassage von den Kanarischen Inseln nach Cumaná. Dann, am 19. Dezember, lief das Schiff in den von Forts bewachten Hafen von Havanna ein. Hinter einem Wald von Masten, Segeln und majestätischen Palmen lag eines der wichtigsten Zentren des spanischen Amerika.

Von Straßen konnte man eigentlich nicht reden; die Verkehrswege in der Stadt bestanden aus knöcheltiefem Schlamm. Es stank nach verfaultem Fleisch. Überall drängten sich Menschen, 44 000 wohnten in Häusern, die den Eindruck machten, als brauchten sie dringend Mörtel und Farbe.

Mindestens das hat sich nicht geändert. Auch heute, obwohl im übrigen unter Fidels Herrschaft – das Volk nennt den Namen Castro nie – dramatisch verändert, sieht Havanna renovierungsbedürftig aus. Die Menschen stehen immer noch zum Einkaufen Schlange. Pärchen müssen, wenn sie keine andere Bleibe haben und miteinander allein sein wollen, stundenweise ein Zimmer mieten. Der Zucker ist immer noch Kubas Hauptexportartikel. Und auch dies ist noch ganz wie zu Humboldts Zeiten: Kuba steht unter der Schirmherrschaft einer europäischen Großmacht, wenn auch einer anderen . . .

Längst herrschen nicht mehr spanischstämmige Großgrundbesitzer und Admirale. Auch die Nachfahren der alten Herren haben die Insel verlassen. Die einzigen Privilegierten neben heimischen Funktionären der Kommunistischen Partei und neben Sportgrößen stammen aus Osteuropa. Viele von ihnen wohnen in dem vollklimatisierten,

Drei Monate lang arbeitete Humboldt seine Sammlungen und ersten Erkenntnisse in Havanna auf, das er stets als Basis für seine Operationen in der Neuen Welt betrachtet hatte. Nach widriger Seereise über die Karibik zog er mit seinen Reisegefährten von Cartagena aus 55 glutheiße Tage den Rio Magdalena flußauf. Hauptzweck des Besuches im 2600 Meter hoch gelegenen Bogotá war der wissenschaftliche Austausch mit José Celestino Mutis, dem größten Botaniker Südamerikas. Dann lockte die Kette der Vulkane im Süden. 101 Tage, Zwischenaufenthalte eingeschlossen, zog die Expedition von der kolumbianischen Hauptstadt bis zur Grenze von Ekuador – im letzten Drittel auf der alten Sonnenstraße der Inkas

mit Kino, Schwimmbad und Dachrestaurant versehenen 35stöckigen FOSCA-Apartmenthaus, das die beste Aussicht über die Stadt bietet. Das FOSCA-Haus braucht keine Farbe.

Die Forscher blieben drei Monate in der Stadt und machten in dieser Zeit nur einen kurzen Abstecher in das Agrargebiet bei Guines, wenige Kilometer südöstlich. Humboldt arbeitete in dieser Zeit an einem Essay über Kuba, der eine solche Menge geographischer, vor allem aber auch demographischer Daten enthält, eine Fülle von Statistiken über Landwirtschaft, Handel und Finanzen, daß sich ein Doktorand für seine Dissertation jahrelang mit diesem Material beschäftigen könnte. Und auch hier wieder ereiferte sich der große preußische Liberale: „Die Sklaverei ist das größte aller Übel, welche die Menschheit gepeinigt haben."

Humboldt empörte sich über das Brandmarken von Erwachsenen und den Verkauf von Kindern, er begründete seine Überzeugung auch wirtschaftlich und politisch. Vor allem jedoch waren seine Motive ethisch: Ihm ging es um die Verwirklichung der Menschenrechte, die er selbst noch über die Wissenschaft stellte.

Weitsichtig warnte Humboldt, es werde zu einer afrikanischen Sammlungsbewegung in Westindien kommen. Tatsächlich ergriff der ehemalige Sklave Toussaint l'Ouverture noch zu jener Zeit über Haiti die Herrschaft. Und im folgenden Vierteljahrhundert verließen die letzten Indios die Karibik; aus Afrika wurden mehr Sklaven nach Amerika verschleppt als je zuvor.

In Kuba unterzog sich Bonpland einer wichtigen Arbeit: Da die beiden Forscher ihre Sammlungen von Naturalien jeder Art mehrfach anlegten – sie rechneten stets mit Verlusten durch den Schiffstransport nach Europa – teilte der Botaniker die Sendungen in gleiche Teile auf. Einer sollte über London nach Berlin verschifft werden, ein zweiter über Cadiz nach Frankreich zu Bonplands Bruder in La Rochelle, während ein dritter zusammen mit Humboldts Tagebüchern zunächst in Havanna bleiben sollte. Einen anderen Teil nahmen die beiden Forscher zu Vergleichszwek-

Mindestens das hat sich in Kuba nicht geändert, seit Humboldt auf der karibischen Insel war: Der Zucker ist immer noch Hauptexportartikel, und immer noch haben handgerollte kubanische Zigarren einen erstklassigen Ruf

ken auf ihre weiteren Reisen mit. Als Humboldt und Bonpland in Bogotá ankamen und ihr „Heu" mit dem des berühmten Mutis vergleichen wollten, erwies es sich teilweise als unbrauchbar. Als die Transportkisten geöffnet wurden, waren die Forscher über den Zustand der Pflanzen so enttäuscht, daß ihnen fast die Tränen kamen. Viele Exemplare waren verfault, andere von Insekten zerfressen. Humboldt beschrieb die Verwüstung in einem Brief an seinen Lehrer und Freund, den Botaniker Willdenow: „Die unermeßliche Nässe des amerikanischen Klimas, die Geilheit der Vegetation, in der es so schwer ist, alte ausgewachsene Blätter zu finden, haben über ein Drittel unserer Sammlungen verdorben. Täglich finden wir neue Insekten, welche Papiere und Pflanzen zerstören. Kampfer, Terpentin, Teer, verpichte Bretter, Aufhängen der Kisten in freier Luft, alle in Europa ersonnenen Künste scheitern hier, und unsere Geduld ermüdet. Ist man vollends drei bis vier Monate abwesend, so erkennt man sein Herbarium kaum wieder. Von acht Exemplaren muß man fünf wegwerfen . . ."

Es kam noch schlimmer: Die für Frankreich bestimmte Schiffsladung, die Bonplands gesamte Insektensammlung und die meisten Skelette der Ature-Indios umfaßte und einem jungen Priester anvertraut worden war, der mit ihnen vom Orinoko nach Havanna reiste, ging in einem Sturm vor Afrika verloren.

Alle möglichen Risiken und Gefahren waren ständige Wegbegleiter der Forscher. Humboldt fürchtete den Tod durch Piraten, Schiffbruch, Jaguare oder den Sturz in einen Vulkankrater mit kochender Lava, und gelegentlich schrieb er sich solche Ahnungen auch von der Seele, zum Beispiel: „Es ist sehr ungewiß, fast unwahrscheinlich, daß wir beide, Bonpland und ich, lebendig zurückkehren. Wie traurig wäre es in dieser Lage, die Früchte seiner Arbeiten verloren gehen zu sehen."

Das war ihm wichtig: die Frucht seiner Arbeit – also traf er Vorkehrungen. Er fertigte unermüdlich Abschriften von

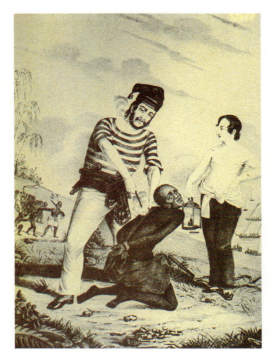

Empört äußerte sich Humboldt über das Brandmarken der Sklaven aus Afrika. Daß in Haiti der als Sklave geborene Toussaint l'Ouverture, der „Schwarze Napoleon", die Macht ergriff, überraschte den Forscher nicht: Er hatte eine afrikanische Sammlungsbewegung in Westindien kommen sehen

seinen Briefen und wissenschaftlichen Berichten und schickte sie auf verschiedenen Wegen zu verschiedenen Zeiten ab. Er benannte eine Reihe europäischer Wissenschaftler, die sein Material auswerten sollten. Er ging davon aus, daß im Falle eines plötzlichen Todes die Experten der einzelnen Fachgebiete diese Arbeiten veröffentlichen würden.

Es mag widersprüchlich klingen: Humboldt befürchtete schreckliche Unfälle jeder Art, aber er machte sich um seine physische und geistige Gesundheit keine Sorge. Er war längst nicht mehr das kränkelnde Kind aus „Schloß Langweil", ganz im Gegenteil: „Meine Gesundheit und Fröhlichkeit", schrieb er aus Kuba, „hat trotz des ewigen Wechsels von Nässe, Hitze und Gebirgskälte, seitdem ich Spanien verließ, sichtbar zugenommen. Die Tropenwelt ist mein Element, und ich bin nie so ununterbrochen gesund gewesen als in den letzten zwei Jahren."

„Die Tropenwelt ist mein Element" – genau das ist die Erklärung für Humboldts Wohlbefinden. Diese Tropenwelt ist in vielen Bereichen menschenabweisend, gefährlich, ja bösartig, und sie fordert dem, der sie durchdringen

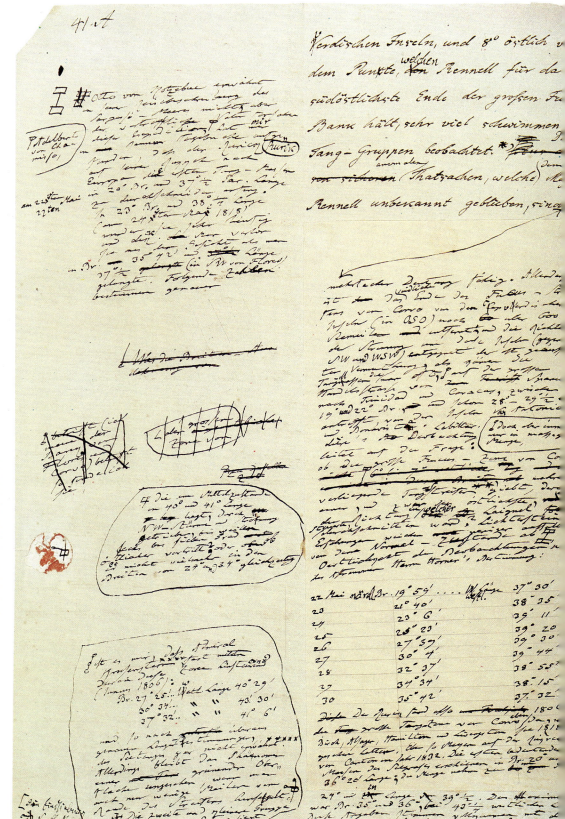

Penibel notierte Humboldt alles, was er sah. Diese Handschrift des Forschers hält eine Beobachtung fest, die er zwischen den Kanaren und den Kapverden machte: große Tangvorkommen, die er als ungewöhnlich bezeichnete, weil das schwimmende Kraut normalerweise weiter westlich im Sargasso-Meer anzutreffen ist

will, hellwache Sinne ab, aber sie ist immer die Welt gewesen, nach der sich Humboldt sehnte; folgerichtig, daß Körper und Psyche so reagierten.

Es gab, bevor Humboldt und sein Begleiter Kuba verließen, noch eine Episode, an die ich oft denke, wenn ich erfahre, daß wieder einmal irgendwo ein Stück Natur ruiniert wurde, weil der Mensch verlernt, mit ihr in Harmonie zu leben. Die Forscher fuhren nach Cayo Bonito an der Südküste Kubas; dort empfand Humboldt „einen Charme, der dem größten Teil der Neuen Welt" fehle. Er bewunderte den Pflanzenreichtum und die Vielfalt der Tierwelt und die unirdische Ruhe, die über allem lag. In diese Idylle brachen plötzlich ein paar Matrosen ein. Sie hatten eigentlich Langusten fangen wollen; nun aber, verärgert darüber, daß ihnen kein Fang gelang, kletterten sie auf die Bäume, wo braune Pelikane ihre Nester gebaut hatten. Die Männer richteten „ein abscheuliches Gemetzel" unter den jungen Vögeln an, berichtete Humboldt, und: „Das Blut rann von der Höhe der Bäume, denn die Matrosen waren mit dicken Stöcken und Messern (Macheten) bewaffnet. Der Boden war mit verwundeten Vögeln bedeckt, die sich gegen den Tod sträubten." Und dann, voll Betroffenheit: „Bei unserer Ankunft hatte eine tiefe Ruhe in diesem kleinen Winkel der Erde geherrscht. Schon schien alles zu sagen: Hier ist der Mensch vorübergegangen!"

Nachdem Humboldt zum Schluß seines Besuches auf Kuba noch „diesen Mangel an Mitleid und diese unnützen Qualen" erleben mußte, charterte er eine katalonische Schaluppe, die in Batabanó vor Anker lag. Sie war nur 20 Tonnen groß und außer dem Kapitän und Eigner mit einem Bootsmann, vier Matrosen und einem Lotsen bemannt, der behauptete, die flachen Gewässer der Südküste genau zu kennen. Ziel der Reise sollte Cartagena in Kolumbien sein.

Die kleine Kabine des Schiffes war mit Humboldts Instrumenten und mit Versorgungsgütern so vollgestopft, und ohnehin war es so heiß, daß alle an Deck schliefen. Der Lotse erwies sich als Versager, so daß die Schaluppe während der 300 Kilometer Fahrt entlang der Küste von Kuba mehrfach auf Grund lief. Schließlich ging das Trinkwasser aus und das Boot mußte Land anlaufen. So gingen die Forscher zunächst in der kleinen Hafenstadt Cuba an der Südküste der Insel, sechs Kilometer von Trinidad entfernt, von Bord. Katalonische Händler boten den Europäern Pferde an, so daß Humboldt und Bonpland hoch zu Roß in die Stadt ritten.

Der Teniente Gobernador empfing sie königlich. Wohlhabende Plantagenbesitzer gaben zu Ehren der unerwarteten Gäste festliche Empfänge, an denen Humboldt höflich teilnahm – um dann zu tun, womit er am liebsten seine Nächte verbrachte: Er beobachtete Sterne.

Vergeblich hielten die Reisenden nach einem anderen Schiff Ausschau. Es blieb ihnen nichts anderes übrig, als ihre Fahrt zum südamerikanischen Festland mit derselben unsicheren Schaluppe fortzusetzen.

Als ich der Route der Kreuzfahrten Humboldts in der Karibik folgen wollte, charterte ich auf St. Andrés, einer kolumbianischen Insel etwas westlich von Humboldts Route vor der Küste von Nicaragua, ein sieben Meter langes Boot namens „Delfin". Damit wollte ich zur hundert Kilometer entfernten Insel Providencia segeln.

Ich war im Morgengrauen zur Stelle, aber am Boot wartete nur ein Schiffsjunge mit einem kleinen Kessel, von dem ich annahm, daß in ihm Tee gekocht werden sollte. Als mein schwarzer Kapitän auf unsicheren Beinen, endlich erschien, war starker Wind aufgekommen. Er tippte an seine Mütze und schüttelte besorgt den Kopf. Dies sei, meinte er dann, ein verdammt schlechter Tag für eine Seereise. Er wollte lieber seinen Rausch ausschlafen, aber ich bestand auf Abfahrt.

Außerhalb des Riffs stampfte die „Delfin" mächtig und nahm Wasser über, und nun erst begriff ich, wofür der vermeintliche Teekessel gedacht war. Der Junge begann damit zu lenzen –

Ein Teil der Pflanzen, die Humboldt und Bonpland sammelten, befindet sich im Muséum National d'Histoire Naturelle in Paris. Unter ihrem „Heu" waren auch eine Bromelie, Blätter der Yamswurzel und Farn

und hörte geschlagene 20 Stunden lang nicht mehr auf.

Einmal, als seine Kräfte nachließen, sprang ich ein, und ich tat es, so gut ich konnte, denn ich hatte inzwischen mitbekommen, daß es an Bord keine Schwimmwesten gab, sondern als Lebensrettungshilfe nur einen aufgepumpten Schlauch. Hin und wieder stotterte der Motor, der hilfsweise mitlief, besorgniserregend, und ich begann mir schon auszurechnen, daß wir bei der Stärke und der Richtung des Windes irgendwo auf die Strände von Nicaragua oder Costa Rica treiben würden – wenn wir denn überhaupt noch einen Strand erreichten.

Aber dann, beim Anbruch des nächsten Tages, waren wir tatsächlich im Windschatten von Providencia und warteten darauf, daß es hell wurde. Der Skipper hielt eine Muschelschale an seine Lippen und tutete zum Dorf hinüber, um jemanden zum Auffangen der Festmacherleine heranzuholen.

Die Spur Alexander von Humboldts nahm ich dann in Kolumbien wieder auf. Im rauhen Wasser vor der Mündung des Rio Sinú, etwa 400 Kilometer östlich von Panama City, hatte nämlich seine Schaluppe am 25. März 1801 wieder Land erreicht. Die Forscher botanisierten zwei Tage lang am Ufer, während ihnen die Einheimischen die gleichen Horrorgeschichten von Schlangen und Jaguaren erzählten, die sie schon vor einem Jahr am Orinoko gehört hatten. Sie sahen einige Cuna-Indios, die von Pedro de Cieza de León, einem zuverlässigen Berichterstatter, als wilde Kannibalen beschrieben worden waren; de León hatte ab 1531 an mehreren Eroberungszügen der Spanier teilgenommen, die den ersten Ansatz der spanischen Besiedelung bildeten, und doch: Nun war, so fand Humboldt, diese Region völlig verödet. Nichts deutete darauf hin, daß hier Geschichte gemacht worden war. Humboldt vermutete, daß es bald zu einer Neubelebung kommen werde.

Er irrte. Dieses heiße Gebiet mit seinem Gewirr von Bergen, Urwäldern, Flüssen und Sümpfen wird erst dann

Das Dorf Loricá am Rio Sinu zeigt auch heute nur wenige Spuren des technischen Zeitalters. Als Humboldt und Bonpland vom Rio Sinu aus an Land gingen, um Pflanzen zu sammeln, begegneten sie entflohenen Häftlingen und retteten sich nur knapp auf ihr Boot

nachhaltig belebt werden können, wenn es vom Panamerikanischen Highway erschlossen ist, der genau hier seiner Vollendung entgegengehen soll. Noch ist es eine gottverlassene Gegend. Ich habe sie per Boot und zu Fuß durchstreift und nur ganz gelegentlich eine Indiofamilie getroffen – oder einen Rauschgiftschmuggler.

Humboldt zählte das Gebiet des Rio Atrato – von seinem Landeplatz am Rio Sinú weiter südlich an der Küste gelegen – zu den vier geeigneten Plätzen für den Bau eines interozeanischen Kanals. Er bevorzugte diesen Plan sein Leben lang. Tatsächlich untersuchte die Armee der Vereinigten Staaten noch in den sechziger Jahren unseres Jahrhunderts die ökologischen Verhältnisse der Region, um dann durch atomare Sprengungen einen Kanal durchgängig auf Meereshöhe zu schaffen. Vernünftigerweise nahm Kolumbien von diesem sonderbaren Vorschlag Abstand.

Von Bord der Schaluppe aus, die nun vor der Küste in Richtung Cartagena segelte, beobachtete Humboldt gelegentlich ungewöhnliche Bergkegel, die er auf etwa hundert Meter Höhe schätzte, sogenannte „Tetas", die „Zitzen" von Santero, Tolu, Rincon, Chichimar und anderen. Er hielt sie für Kalkformationen. Als ich mich diesen merkwürdigen Kegeln in einem Hubschrauber näherte, erkannte ich freilich Humboldts Irrtum: Alle diese „Tetas" sind Schlammvulkane, wie er sie später, wenn auch kleiner, in Turbaco untersuchte.

Am Morgen des 29. März, es war Palmsonntag, versuchte die Schaluppe bei sehr hoher See durch den Boca Chica-Kanal nach Cartagena zu gelangen; aber Palmsonntage, so schien es, waren Unglückstage für die Forscher. Genau ein Jahr zuvor waren sie beinahe im Orinoko gekentert, und nun erlebten sie, was Humboldt später so beschrieb: „Eine entsetzliche Welle bedeckte das Schiff und drohte uns zu verschlingen. Der Steuermann blieb unerschrocken auf seinem Platz, aber auf einmal rief er aus: ‚No gobierno el timón' – ‚Das Ruder ist außer Kontrolle'."

Das Glück blieb Humboldt treu. Sie ankerten schließlich unbeschadet im Windschatten von Punta Gigantes und rüsteten sich zu einem Landgang, um wiederum Pflanzen zu sammeln und um ruhiger, auf festem Boden, eine totale Mondfinsternis zu beobachten. Der Kapitän warnte, das Land sei hier gefährlich. Humboldt und Bonpland achteten nicht darauf – und gerieten prompt in neue Gefahr.

Sie hörten, kaum an Land, „Ketten rasseln, und baumstarke entlaufene Neger (Cimarrones), aus dem Gefängnis von Cartagena entsprungen, stürzten mit Dolchen in den Händen aus dem Gebüsch hervor und auf uns zu, vermutlich in der Absicht, sich, da sie uns unbewaffnet sahen, unseres Bootes zu bemächtigen. Wir flohen augenblicklich dem Meere zu, hatten aber kaum noch soviel Zeit, uns einzuschiffen und die Küste zu verlassen."

Cartagena, eine geschichtsträchtige Stadt, ist heute modern, groß mit Universität und Sitz eines Erzbischofs, vor allem aber ist sie eine der schönsten Edelsteine in der Krone des Karibik-Tourismus. Wenig in dieser Stadt hat mich an das Cartagena erinnert, das Humboldt vorfand.

Zu seiner Zeit – im Gegensatz zu heute, da man sie zu sich lockt – fürchteten sich die Menschen in Cartagena vor Fremden, und sie hatten gute Gründe dafür; Fremde hatten noch immer Unglück ins spanische Nueva Granada gebracht.

Der französische Korsar Robert Baal plünderte die Stadt 1543/44, als sich dort die Schatzflotte mit Gold aus Peru sammelte, um nach Spanien zu segeln.

Ein Freibeuter namens Martin Cote war der nächste, der die Stadt überfiel, 1596 gefolgt vom kühnsten Seeräuber der Geschichte, Sir Francis Drake, der die Hafenanlagen Stück für Stück abbrannte, bis man ihm endlich Lösegeld zahlte. 1697 plünderte der französische Baron de Pointis mit 9000 Freibeutern, was die Menschen in der Zwischenzeit wieder aufgebaut hatten. 1741 schließlich hielten die Verteidiger der Festung und ihr gnadenloser Verbündeter, das

Die Festung von San Felipe in Cartagena spielte eine wesentliche Rolle bei der Abwehr des britischen Versuches, die Karibik dem spanischen Einfluß zu entziehen. Mehrmals wurde die Stadt belagert, so schon 1596 durch Sir Francis Drake

Gelbfieber, dem britischen Versuch stand, die Karibik gewaltsam von der spanischen Herrschaft zu befreien. Unter großen Opfern dezimierten sie die größte europäische Streitmacht, die bis dahin je in Amerika aufgezogen war: etwa 190 Schiffe und 27 000 Mann, angeführt von Sir Edward Vernon.

Auch nun, da Humboldt in Cartagena weilte, fühlte sich die Stadt keineswegs sicher. Die Briten räuberten immer noch in der Karibik. Seit einem Jahr war kein Schiff mehr aus Europa angekommen, keine Post. Humboldt, der ganze Stapel von Briefen in die Alte Welt geschickt hatte und nun sehnlich auf Antworten und Nachrichten wartete, wurde enttäuscht.

Hier nun, in Cartagena, war abermals eine Entscheidung über den Fortgang der Expedition zu treffen. Landvermessern, die er traf – und mit deren Hilfe er seine Karten vergleichen, seine Instrumente justieren konnte –, entwickelte er seinen Plan, nach Portobelo zu segeln, den Isthmus von Panama zu über-

queren und an der Pazifikküste entlang abermals per Schiff nach Ekuador und Peru zu fahren.

Man riet ihm nachdrücklich ab. Er werde, sagte man ihm, lange Zeit im ungesunden Klima von Panama City nach einem Schiff suchen müssen, das gegen den jahreszeitlichen Wind und gegen den beständigen Strom – den Humboldt-Strom, wie er später genannt wurde – nach Süden segele.

Da Humboldt und Bonpland die feuchte Küste mit ihrem Miasma scheuten, jene Dünste des Bodens, die nach damaliger Vorstellung Seuchen auslösten, entwickelten sie eine Alternative: Eine Landreise, durch höhere, kühle Regionen, die mächtige Kette der Anden, der Kordilleren entlang. Sie würden dabei Gebirge kartographieren, Geologie studieren und Bergwerke erkunden, und vor allem: Sie würden Tausende von unbekannten Hochlandpflanzen sammeln können, die in der trockenen Luft nicht so leicht verdarben oder von Insekten vernichtet wurden. Und schließlich: José Celestino Mutis, der größte Botaniker Südamerikas, dessen Sammlung sie in Madrid gesehen hatten, lebte in Bogotá, der ersten großen Station auf dieser Route.

Sie entschlossen sich für die Anden.

Humboldt schrieb an Kapitän Baudin, der in seinen Plänen immer noch eine Rolle spielte: „Bürger! . . . Wir haben augenblicklich unsere Pläne geändert, und wir sind trotz der heftigen Winde dieser Küste auf einem kleinen Lotsenboot abgereist, um Sie in der Südsee zu suchen, um im Hinblick auf unsere alten Pläne zu sehen, ob wir unsere Arbeiten mit den Ihrigen vereinen, ob wir mit Ihnen das Südmeer durchmessen könnten . . . Eine unglückliche Überfahrt von 21 Tagen von Havanna nach Cartagena hat uns gehindert, den Weg nach Panama und Guayaquil zu nehmen. Wir fürchten, daß der Wind weht und werden den Landweg vom Rio Magdalena nach Bogotá, Popayan und Quito verfolgen. Ich hoffe, daß wir im Juni oder Anfang Juli in der Stadt Quito sein werden, wo ich Nachricht Ihrer Ankunft in Lima erwarten werde . . . Für den Fall, daß ich nichts von Ihnen höre, mein achtungswerter Freund, ist mein Plan, den Chimborazo, Loja zu besuchen . . . Ich würde dann meine eigene Expedition von Lima nach Acapulco, Mexico, den Philippinen, Surate, Bassora, Palästina – Marseille fortsetzen . . .“

Humboldt sah seinen „achtungswerten Freund“ nie wieder. Der nämlich unternahm von 1800 bis 1804 eine australische Küstenreise und starb auf der Rückfahrt in Mauritius.

Der Forscher schickte seine schwere Ausrüstung und entbehrliche Bücher auf dem Seewege nach Ekuador voraus und schrieb an Bruder Wilhelm, daß er nun durch die Anden zu reisen und Mexiko in zehn Monaten zu erreichen gedenke. Er ahnte nicht, daß er für die 3340 Kilometer zwischen Cartagena und Lima noch einmal beinahe zwei strapaziöse Jahre benötigen würde.

In der Abendkühle des 6. April, nach einer Woche Aufenthalt in Cartagena, brachen die Reisenden auf. Sie ritten

die ganze Nacht in Begleitung von José Ignacio de Pombo, einem reichen Freund, zu dessen Landsitz in Turbaco, 24 Kilometer landein und 300 Meter höher. Hier rasteten sie 13 Tage, avisierten in Briefen nach Bogotá und Quito ihren Besuch und ritten dann sechs Kilometer nach Osten, um sich eine Gruppe höchst merkwürdiger Vulkane anzusehen. Es waren etwa zwanzig Kegel, durchschnittlich sieben Meter hoch, mit Schlamm gefüllt, und sie stießen, stellte Humboldt fest, alle 15 Sekunden reinen Stickstoff aus. Wie stark ihn dieses Phänomen faszinierte, kam noch lange nach seiner Rückkehr nach Europa auch in seinen Vorlesungen zum Ausdruck.

Ich wollte das ganze Feld dieser merkwürdigen Kleinvulkane von oben fotografieren und fuhr zum Flughafen von Cartagena, um ein Flugzeug zu chartern. Ein kleiner Mann mit zerrissenem

Die sonderbaren Schlammvulkane bei Turbaco, von denen Humboldt berichtete, sind auch heute noch aktiv. Manche werden nur etwa einen Meter hoch, andere aber, wie der von Galera Zamba, erreichen die Höhe ausgewachsener Hügel

Hemd, den ich allenfalls für einen Hilfsarbeiter gehalten hätte, stellte sich mir als Pilot vor. Er war bereit, mich zu den Vulkanen zu fliegen, nur werde sich der Start ein wenig verzögern: Er suche noch nach einem „pasador", um damit das Fahrwerk festzubinden. Ein „pasador" ist ein Schuhband. Ich erinnerte mich der etwas traurigen Bilanz kolumbianischer Aeronautik und ließ den Mann mit seiner Suche allein.

Schließlich fand ich eine technisch etwas solidere Möglichkeit, nach Turbaco zu kommen: Admiral Uribe, der Befehlshaber der kolumbianischen Marine, stellte mir als altem Seeoffizier ei-

nen Hubschrauber zur Verfügung, mit dem ich neben mehreren Schlammvulkanen in der Nähe der von Humboldt inspizierten landete. Die Kegel waren nur knapp einen Meter hoch, und man erzählte mir, daß auch schon mal ein Stück Weidevieh hineingefallen sei.

Dann flog ich an der Küste entlang nach Galera Zamba zu einem 30 Meter hohen Schlammvulkan, den Humboldt nach meiner Interpretation seiner täglichen astronomischen und meteorologischen Eintragungen nicht gesehen haben konnte.*

Von Turbaco und den Schlammvulkanen aus zog Humboldts kleine Expedi-

---

* Diese Daten gaben mir die wichtigsten Anhaltspunkte, um Humboldts Route nachzuvollziehen. Die von mir ermittelten Orte sind zweifellos genauer als die Angaben in seinen Veröffentlichungen und Briefen, die zuweilen nicht übereinstimmen. Frühere Biographen, die nur nach Humboldts Briefen arbeiteten, mußten also Fehler machen. Sie schreiben beispielsweise, daß Humboldt drei Wochen in Cartagena verbrachte, weil er das in einem Brief an seinen Bruder Wilhelm geschrieben hatte. Das ist aber unmöglich, denn nach seinen astronomischen Aufzeichnungen beobachtete er den Himmel in dieser Zeit von Turbaco aus. Ein anderes Beispiel: Es heißt, Humboldt habe Weihnachten im kolumbianischen Pasto verbracht. Das hat er auch seinem Bruder Wilhelm mitgeteilt; aber sein wissenschaftliches Logbuch sagt aus, daß er am Morgen des 22. Dezember auf der Plaza von Pasto ein Besteck nach der Sonne nahm, dann weiterreiste, in der Nacht zum 23. in Santa Rosa war und am 24. im Dorf Chillanquer. Die Weihnachtsnacht verbrachte Humboldt in Guachucal, einer Stadt am Vulkan Cumbal. Am 26. Dezember betrat er 85 Kilometer von Pasto entfernt Ekuador.

tion querfeldein, abermals der Hitze wegen bei Nacht, zu einem neuen Hafen, den man unter dem Namen Barrancas Nuevas del Rey – „Des Königs neue Kasernen" – 115 Kilometer südlich der Mündung auf dem linken Ufer des Rio Magdalena erst vor wenigen Jahren angelegt hatte.

Rio Magdalena – der Name dieses Flusses sagt kaum jemandem in der Alten Welt etwas, und doch ist er gewaltiger als europäische Flüsse, führt beispielsweise bis zu dreißig Prozent mehr Wasser als die Donau. Diesen Strom wollte Humboldt auf seinem Weg nach Bogotá befahren und dann die Ostkette der Anden hinaufsteigen. Aber wieder war der Plan die eine, die Realisierung aber eine ganz andere, nämlich zeitraubende und strapaziöse Sache. 55 glutheiße Tage sollte Humboldt am und auf dem Fluß verbringen, länger also als auf dem Orinoko.

Die Forscher gingen am 21. April 1801 an Bord eines „champán" genannten, mehrere Tonnen schweren Passagier- und Frachtschiffes, wie es damals auf dem Rio Magdalena üblich war. Diese Fahrzeuge entstanden aus riesigen Baumstämmen, die mit Feuer und Axt ausgehöhlt, durch Dampf erweitert und mit hohen Schandecks versehen wurden. Die große, halbrunde Mittschiffskabine war aus Zweigen und Palmwedeln dicht geflochten. Die schwarze Crew – nur sehr wenige Indios hatten die Eroberung Kolumbiens überlebt – bestand aus mindestens zwanzig Mann, die den Champán mit langen Stangen stromaufwärts stakten – ein mörderischer Job, besonders, wenn der Rio Magdalena Hochwasser führte, was zu Humboldts Zeit der Fall war, so daß die Reise mindestens einmal unterbrochen werden mußte, um einen Teil der erschöpften Mannschaft auszuwechseln.

Von allen Etappen Humboldts war die Fahrt auf dem Rio Magdalena für mich am schwersten nachzuvollziehen, zumal er sie in seinen Briefen und Veröffentlichungen nur mit wenigen Anmerkungen über abendliche Gewitter oder langsames Vorankommen gegen die Strömung erwähnte.

Ich habe mir oft den Kopf zerbrochen, unter welchen alltäglichen Umständen er gereist sein mag, ich habe es nach eigener Erfahrung einigermaßen rekonstruiert.

Gewiß haben die Reisenden wegen der Hitze kein Unterhemd getragen, aber eine Bluse mit langen Ärmeln zur Abwehr der Moskitos; dazu bequeme, weite Hosen, die reichlich verschlissen waren, denn der Diener hat sicherlich, mangels eines ausreichenden Vorrats an Seife, die Kleidung seiner Herren fast täglich nach Eingeborenenart im Wasser zwischen Steinen ausgeklopft.

Tagsüber, wegen der Sonne, empfahl sich ein breitkrempiger Strohhut nach Art des Landes. Um sich abzukühlen, ist gelegentlich ein Eimer Wasser über Kopf und Kleidung gut. Schon deshalb ging man barfuß an Bord – damit die Lederstiefel für den Landgang trocken blieben –, und auch, um auf dem schmalen, schwankenden Boot sicheren Tritt zu haben.

Sofern in der Enge des Bootes überhaupt Bewegung möglich war. Meist tastete man sich nur zum Heck, um dort seine Notdurft über die Bordkante zu verrichten, und weil es noch kein Toilettenpapier gab, griff man entweder zu

feuchten Lappen oder zu großen Blättern von Pflanzen.

Natürlich hantierte Humboldt unentwegt mit seinen diversen Instrumenten, während Louis de Rieux und Bonpland sich die Zeit mit einem französischen Kartenspiel vertrieben. Ich bin sicher, daß Humboldt für derlei Zeitvertreib nichts übrig hatte. Er führte lieber sein wissenschaftliches Tagebuch.

Ohnehin gab es wenig Möglichkeit zum Gespräch. Obwohl Humboldt und Bonpland inzwischen ziemlich fließend Spanisch sprachen, blieb der Kontakt zu Bootsmann und Crew kümmerlich, denn die kauderwelschten nur einen schrecklich verfremdenden Dialekt. Unter den feinen Herren an Bord verkehrte man Französisch.

Gewiß ließen sich Humboldt und Bonpland damals wieder Bärte wachsen wie auch während ihrer Reise auf dem Orinoko. Denn es gab in dieser unkultivierten Gegend keinen Grund, sich der täglichen Tortur des Rasierens mit mehr oder minder scharfen Schermessern zu unterziehen.

Bei dieser Eintönigkeit der Flußreise mußten die Mahlzeiten zu Höhepunkten werden. Morgens und abends warf die Crew Ringnetze im Fluß aus, um den „boca chica" zu fangen, einen etwa ein Kilo schweren Fisch. Er ist sehr schmackhaft, wenn man ihn häutet und seitlich ein dutzendmal tief einschneidet, um ihn dann mit Salz und Pfeffer in Fett auf einem Kohleofen zu braten.

Mag sein, daß Humboldt es auf diesem Abschnitt der Reise bei noch weniger Andeutungen über die täglichen Umstände beließ, weil es keine Forschungsreise in seinem Sinne war. Der Rio Magdalena barg zu Humboldts Zeit keine Geheimnisse mehr; man befuhr ihn seit 250 Jahren. In einer Gegend, die anders schwer zu durchqueren war, stellte er sozusagen die Hauptstraße von Nueva Granada dar.

Jetzt ist er das nicht mehr. Heute wird der einst bedeutende Handelsweg wieder mehr und mehr, was er vor der Er-

Auf dem Rio Magdalena kreisen die Fischer wie in alter Zeit ihre Beute ein, ehe sie die Ringnetze auswerfen. Humboldt aß hier „boca chica": Der Fisch wird gehäutet, gesalzen und in großen Blättern gegart. Auch damals schon gab man Bananenstücke bei

Auch Humboldt
konnte sich der Faszi-
nation nicht entziehen,
die Affen auf Menschen
ausüben. Während seiner
Flußfahrten befand sich
fast immer eines dieser
possierlichen Tiere an
Bord – freilich nie einer
der Brüllaffen, die in Her-
den durch das Blätterdach
des Urwalds toben. Sie
gehören zu den Arten, die
nicht zu zähmen sind

oberung durch die Spanier war: ein Entwässerungssystem zwischen den von Norden nach Süden verlaufenden Andenketten. Heute bereist kaum noch jemand die ganze Länge des Flusses. Wer nach Bogotá will, ins Zentrum von Kolumbien, nimmt natürlich das Flugzeug, oder er fährt mit dem Auto über spektakuläre Straßen, auf denen er abwechselnd die Heizung und die Klimaanlage betätigen muß, denn sie führen durch glühend heiße Senken ebenso wie über eiskalte Bergeshöhen.

Ich versuchte dennoch, der traditionellen Route auf dem Wasser zu folgen und fand sie unerträglich langsam, heiß und sehr unbequem. Aber ich fand noch etwas anderes: daß nämlich der Rio Magdalena zwischen dem achten und dem neunten Breitengrad seit Humboldts Reise sein Bett beträchtlich verlegt hat. Als ich nämlich Dörfer inspizierte, in denen Humboldt am Ufer zwischen dem 12. und dem 16. Mai den Stand der Sonne und der Sterne fixierte, befand ich mich zehn bis fünfzehn Kilometer westlich des heutigen Flußlaufes.

Nach knapp vier Tagen Reise auf dem Fluß verweilte Humboldt zehn Tage in Mompos, einem Allerweltsdorf, das gleichwohl den Hintergrund für ein Experiment besonderer Art abgab: Er setzte hier mehr als 40 junge Krokodile in einen ummauerten Hof, um regelrechte Verhaltensforschung und Anatomie zu betreiben – die erstere eine moderne Wissenschaft, die erst lange nach seiner Zeit „erfunden" wurde. Humboldt beobachtete, daß Geier mit einigen seiner Versuchstiere davonflogen, und außerdem ermittelte er beim Sezieren eines großen Krokodils, daß Anophelesmücken auch beim stärksten abweisenden Gestank noch stechen – im Gegensatz zum Glauben der Indios.

Schon zuvor in den Küstenzonen von Venezuela, wo auch Humboldt sie antraf, war ich Brüllaffen begegnet, sogar in Sichtweite der Wolkenkratzer von Maracay, aber nun, auf seinen Spuren in der heißen und feuchten Region des Rio Magdalena, sah und hörte ich innerhalb weniger Tage mehr Brüllaffen von der Art Alouetta seniculus als in vielen Jahren auf den Gewässern des Amazonasbeckens.

Es sind bemerkenswerte Tiere. Unter den vier bedeutendsten Affenarten der Neuen Welt sind die Brüllaffen die größten. Sie bringen es bis zu einem Gewicht von zwanzig Kilogramm. Eines ihrer besonderen Kennzeichen sind die Greifschwänze, muskulös-kräftige Glieder, die ihnen geradezu akrobatische Bewegungen erlauben und auf der Innenseite eine fast gummiartige Haut tragen.

Das ohrenbetäubende Gebrüll dieser Affen kommt tief aus den enorm großen Kehlen. Die unbeschreiblichen Töne – Indios sprechen vom „Schnarchen der Riesen" – werden durch ein stark vergrößertes Zungenbein im Kehlkopf erzeugt. Brüllaffen lärmen vor allem in der Morgendämmerung oder am Nachmittag, und jeder, der das Gebrüll hört, tut gut daran, mit Regen zu rechnen.

Normalerweise besetzt eine Schar von einem Dutzend oder mehr Tieren mit ihrem männlichen Anführer eine große Baumkrone und versteckt sich im Laub. Schon mancher, der sich einem solchen Baum näherte, hat das bitter bereut: Brüllaffen bewerfen Zudringliche mit ihrem Kot. Ist die stinkende Munition verschossen, der Zweibeiner aber immer noch nicht geflohen, wird er von oben herab kräftig bepinkelt – kein Wunder, daß die Indios, wie Humboldt notierte, die Brüllaffen nicht leiden können.

Auf Humboldts Spuren in der Nähe von Turbaco traf ich einen Engländer, David Perry, der sich zwei deutsche Schäferhunde hielt und einen vier Jahre alten Brüllaffen namens Marco Antonio. Einen besseren Schutz hätte sich David nicht anschaffen können, denn wenn Fremde kamen – oder wenn es regnete –, machte das Trio einen so infernalischen Lärm, als wollte es den Donner beschämen.

Bei jedem meiner Besuche warnte mich David immer wieder, Marco Antonio nur ja nicht zu reizen und nicht die Kamera auf ihn zu richten. Aus dem Tonfall Davids muß der Affe wohl ge-

schlossen haben, ich sei ein Feind. Als ich einmal gemächlich über die Plantage fuhr, sprang jedenfalls Marco Antonio plötzlich durch das offene Wagenfenster und schlug seine langen Schneidezähne, die einem Dobermann alle Ehre gemacht hätten, in meine Schulter. Ich konnte ihn abschütteln, aber die Narben, die mich an die sonderbare Treue eines Affen zu seinem Herrn erinnern, trage ich immer noch.

Über Brüllaffen sind in ihren Heimatgebieten fast soviele – und so erstaunliche – Geschichten im Umlauf wie über Schlangen von furchtbarer Größe. Eine, die nach meiner Überzeugung den großen Vorzug hat, wahr zu sein, erzählte mir ein alter Jäger im Tal des Rio Magdalena.

„Ich kann nie wieder einen Brüllaffen schießen", gestand er, denn: „Sie sind zu menschlich."

Der Mann hatte einmal auf ein Weibchen in einer Baumkrone geschossen, es aber verfehlt und das auf dem Rücken der Alten hockende Junge getroffen. Es fiel zu Boden. Die Mutter jagte den Baum hinunter, untersuchte das blutende Baby, nahm es auf und ging auf den Schützen zu: Sie hielt dem bestürzten Mann den kleinen Körper mit anklagender Gebärde entgegen, als wolle sie ihm deutlich machen, was er angerichtet hatte.

Am Ende der schiffbaren Strecke in Honda, wo der Rio Magdalena starke Strömung hat und fast nur noch einen Steinwurf breit ist, legte Humboldts Champán am 15. Juni 1801 an. Bonpland war krank. Zehn Tage lang lag er fiebernd im Bett: Es war Malaria, ausgerechnet jene „Schlechte-Luft-Krankheit" des Flachlandes, die Humboldt so sehr fürchtete und derentwegen er es vorgezogen hatte, eine Route durch das Hochland zu wählen.

Vor Beginn des wochenlangen Aufstieges nach Bogotá, wo er den berühmten Botaniker Mutis treffen wollte, begab sich Humboldt zwanzig Kilometer in die entgegengesetzte Richtung nach Mariquita, wo Mutis die „Real Expedición Botanica" ursprünglich gegründet hatte.

Das Gebäude steht immer noch, aber die Kirche daneben wurde 1805 durch ein Erdbeben zerstört. Drastischer aber ist der Wandel der Landschaft, die damals, als Mutis mit seinem Botaniker-Team nach medizinisch wertvollen Pflanzen forschte, noch gänzlich aus dichtem Urwald bestand. Heute dagegen werden hier auf weiten Rodungen tropische Früchte und Blumen und Bäume für Parkanlagen gezogen, und nur mit sehr viel Phantasie konnte ich mir ausmalen, wie es hier zu Zeiten des großen Mutis wohl ausgesehen hat.

José Celestino Mutis war der bedeutendste Wissenschaftler, den Humboldt in der Neuen Welt persönlich kennenlernte. Er war 1760 aus Spanien gekommen, hatte zwanzig Jahre als Leibarzt des Vizekönigs gewirkt, gleichzeitig Vorlesungen gehalten, Entwässerungssysteme – und Friedhöfe – geplant; 1773 wurde er zum Priester geweiht, vor allem aber war er, so der Begründer der botanischen Nomenklatur, Linné, ein „nomen immortale".

Des Botanikers Leidenschaft galt insbesondere jenen Bäumen, welche die „Chinarinde" liefern, Rohstoff für die Gewinnung des Alkaloids Chinin, das zur Abwehr und Bekämpfung der Malaria immer wichtiger wurde und die Besiedlung der malariaverseuchten Gebiete der Erde überhaupt erst ermöglichte. Seine „Königliche Botanische Expedition" ergab eine Sammlung von 20 000 Pflanzen. Seine Künstler, unter ihnen auch begabte Indios, brauchten 15 Jahre, um von 6480 Exemplaren herrliche Illustrationen in Farbe anzufertigen.

Erstaunlich genug: Erst 1955 wurde mit der Veröffentlichung dieser Arbeiten begonnen, als sich nämlich die Regierungen Spaniens und Kolumbiens entschlossen, bei der Finanzierung der Edition zu helfen. Trotz der Subvention wird das bedeutende Werk freilich kaum in Bestsellerlisten vorstoßen – jeder der geplanten 51 dickleibigen Bände soll rund 1200 Mark kosten.

Als sich Bonpland von seinen fiebrigen Anfällen erholt hatte, begannen die Freunde und ihr Gefolge von Helfern und Maultieren den mühsamen Aufstieg aus dem Tal des Rio Magdalena. Stellenweise waren die Wege so steil und so eng, daß ein beladenes Maultier kaum hindurchpaßte. Langsam quälte sich die kleine Expedition in die Höhe, als Bonpland plötzlich gegen Übelkeit wie sonst nur auf See zu kämpfen hatte – er war vermutlich höhenkrank, denn Bogotá liegt 2600 Meter über dem Meeresspiegel, und seit der Besteigung des Teide auf Teneriffa zwei Jahre zuvor bewegten sich die Forscher erstmals wieder in dünnerer Luft.

Acht Tage brauchten sie, acht mühsame Tage, ehe sie die Höhe erreicht hatten, dann lag endlich die überraschend flache und grüne Hochebene vor ihnen – und bald auch Bogotá.

Eine Kavalkade empfing sie. Die Stadt, schien es, stand kopf. Die Forscher waren verblüfft wie wohl auch geschmeichelt von dem Prunk, der sie umgab. Humboldt wurde in die sechsspännige Kutsche des Erzbischofs gebeten, Bonpland folgte in einer anderen, 60 Würdenträgern zu Pferde war es eine Ehre, die Forscher zu eskortieren, die sich noch vor wenigen Tagen zu Fuß, schwitzend, entbehrungsvoll auf die Höhe der Ebene gequält hatten.

Jubelnde Menschenmengen säumten den Weg, und Knirpse rannten dem Zug nach, als er sich dem Landsitz des Vizekönigs näherte, wo mit dem Pomp immer noch kein Ende war. Hier fand nun ein feierlicher Empfang mit Reden und einem Bankett statt, zu dem sich alle in Gala geworfen hatten.

„Alles klang unendlich groß", ironisierte der Baron ein wenig, als er über die turbulenten Tage von Bogotá berichtete, „nur fand man mich selbst sehr klein und sehr jung . . . Alles versicherte, daß in der toten Stadt seit langen Jahren nicht solch ein Aufstand stattgefunden habe. Wir sind ja . . . wunderbare Ketzer: Leute, welche die Welt durchlaufen, um Pflanzen zu suchen und ihr Heu nur mit dem des alten Mutis vergleichen wollen."

Kaum jemand kann sich, wer durch die heutige Vier-Millionen-Stadt geht, das „tote" Bogotá aus Humboldts und

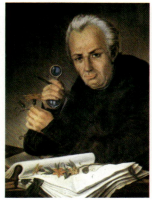

Die Begegnung mit Don José Celestino Mutis in Bogotá gehörte zu den wissenschaftlichen Höhepunkten der Reise Humboldts und Bonplands. Dem großen Botaniker zu Ehren nannte Humboldt eine Pflanze „Mutisia grandiflora"

Mutis' Zeit vorstellen. Bogotá ist laut, geschäftig, teilweise auch unsagbar schmutzig – und arm. Selbst dort, wo Touristen flanieren und im Zentrum einer Weltstadt sicher zu sein glauben, beherrschen manchmal Horden kleiner, elternloser Diebe die Szene, und draußen vor der Stadt streifen gelegentlich Mordbanden umher und untergraben, gemeinsam mit Rauschgiftschiebern und Guerilleros, die Moral des Landes.

Humboldt hatte vorausgesagt, daß sich die Bevölkerung alle zwanzig bis dreißig Jahre verdoppeln werde – er hatte recht; heute kann jeder die damit verbundene schreckliche Problematik

besichtigen. Wenn das Bevölkerungswachstum nicht gewaltig gebremst wird, würde Kolumbien in einem Jahrhundert 490 Millionen Einwohner haben – mehr als gegenwärtig Europa.

Bonpland erholte sich zwei Monate lang in Bogotá, nahm Chinarinde ein und verglich sein „Heu" mit dem von Mutis, während Humboldt unermüdlich die Umgebung erforschte.

Ich hatte, als ich seine Spuren suchte, einen kompetenten Führer: Dr. Alfredo Bateman, der in Kolumbien die schönste Humboldt-Bibliothek besitzt. Er erzählte mir eine bemerkenswerte Geschichte: Zu den vermeintlichen Gesten der Freundschaft, mit denen Hum-

Nördlich von Bogotá liegt das Salzbergwerk von Zipaquirá, das Humboldt besuchte. Heute dient ein Teil der ausgebeuteten Höhle als Kathedrale, in der mehr als 20 000 Menschen Platz zur Andacht finden

boldt in Bogotá geradezu überschüttet wurde, gehörte auch, daß der Vizekönig ihm einen Soldaten zur Unterstützung attachierte. „Humboldt hat nie erfahren", wußte nun Dr. Bateman, „daß dieser ‚Soldat' ein Spitzel war. Der hatte vom Vizekönig die strikte Order, den prominenten Gast nie aus den Augen zu lassen und alles zu berichten, was nicht mit den von Humboldt angegebenen Interessen übereinstimmte."

Es läßt sich vermuten, daß das Königshaus gute Gründe zu Verdächtigungen gegenüber Mitgliedern von Mutis' „Königlich Botanischer Expedition" und ihren Freunden hatte. Als in Kolumbien ein Jahrzehnt nach Humboldts Besuch die Revolution ausbrach, erwies sich die „Expedition" als Kader des Aufruhrs. Die meisten Wissenschaftler und die mit ihnen zusammenarbeitenden Maler und Illustratoren erhoben sich gegen die Krone und mußten dafür mit dem Tode büßen, bevor das Land endlich unabhängig wurde.

Hier, auf den Hochebenen von Bogotá, absolvierte Alexander von Humboldt, wie sollte es anders sein, täglich sein wissenschaftliches Programm. Unter anderem besuchte er die eine Tagesreise nördlich der Hauptstadt gelegene Saline von Zipaquirá, die inzwischen so weit ausgebeutet wurde, daß darin eine „Salzkathedrale" mit Platz für 25 000 Menschen eingerichtet werden konnte.

Für den Naturforscher war die Gegend Neuland. Und doch hatte hier fast drei Jahrhunderte zuvor, 1539, ein einzigartiges, geradezu skurriles Ereignis stattgefunden, das berühmte „Dreiertreffen" in der Kolonialgeschichte.

Begonnen hat es mit der Entdeckung Amerikas durch Kolumbus in spanischen Diensten. In der Folge galt es für die Krone, die neuen Ländereien auch tatsächlich in Besitz zu nehmen – große weiße Flecken auf den Karten der damaligen Welt.

Unter den Konquistadoren, die ausgesandt wurden, waren etliche, die ihren Auftrag auch zu persönlichen Gunsten nutzten. Und die ohne Skrupel fern der Heimat plünderten, brandschatzten, mordeten, gar gegeneinander zu Felde zogen, um sich im Niemandsland eigene Herrschaftsbereiche abzustecken.

Allesamt aber waren sie, in wessen Interesse auch immer, durch ein hartnäckiges Gerücht in diese Weltgegend gelockt worden: das Gerücht von El Dorado, dem goldreichen Land.

Einer von ihnen war der spanische Rechtsanwalt Jiménez de Quesada, der vom Gouverneur der Küstenprovinz Santa Marta zur Eroberung des Binnenlandes mit einer Truppe von 800 Mann ausgeschickt wurde. Er schlug sich zwei Jahre lang durch die Wildnis bis zur Hochebene von Bogotá durch. Da hatte er noch, unangesehen indianischer Hilfstruppen, 60 Mann. Hunger und Hitze, Kälte und Krankheiten, Raubtiere, Scharmützel mit den Indios und Desertion forderten Tribut in den Reihen der Konquistadoren.

Ein anderer war Sebastián de Belalcázar, der nach Entlassung aus den Diensten seines Führers Pizarro mit einer verwegenen Truppe von 200 Mann auf eigene Faust sein Glück versuchte. Ihm sagt man nach, daß er mehrere Städte gründete – zunächst armselige Ansammlungen von Hütten als Nachschub- und Rückzugsbasis für seine letztlich 20 weißen Gefolgsleute. Auch er traf Anfang 1539 auf der Hochebene von Bogotá ein.

Und noch ein dritter tauchte überraschend in der Szene auf, ein Deutscher namens Nikolaus Federmann aus Ulm. Der Feldhauptmann stand in Diensten des Augsburger Handels- und Bankhauses der Welser, das dem spanischen König Carlos I. für dessen Wahl zum römisch-deutschen Kaiser als Karl V. erhebliche Summen geliehen hatte. Zum Dank dafür gewährte der Kaiser den Bankiers die Rechte auf „Entdeckung, Eroberung und Bevölkerung" der venezolanischen Küstengegend. Dabei war auch Federmann ein wenig vom rechten Weg abgekommen, als er mit seinen restlichen 90 von 300 Mann nun in der Hochebene von Bogotá auf das Häuflein von Quesada stieß. Bald folgte auch Belalcázar.

Die verblüfften Rivalen rasselten mit den Säbeln, aber dabei blieb es. Dem redegewandten Advokaten Quesada gelang es, die beiden anderen Anführer zu einer Art Stillhalteabkommen zu bewegen. Gemeinsam begründeten sie als Lagerplatz die spätere Stadt Bogotá, und gemeinsam fuhren sie schließlich den Rio Magdalena hinunter und übers Meer zurück nach Spanien, um den König darüber entscheiden zu lassen, wer von ihnen nun Statthalter der neu erschlossenen Ländereien sein solle. Der Monarch verhielt sich salomonisch. Alle drei bekamen für ihre Dienste zwar Abfindungen – aber Statthalter über die umstrittenen Gebiete wurde keiner.

Zu jener wie auch noch zu Humboldts Zeit gab es in der Nähe von Bogotá die spektakulären Wasserfälle von Tequendama, die der Forscher auch skizzierte, aber die Fälle sind verschwunden, wie so manches, was Humboldt noch sah und bestaunte: Heute schluckt ein Kraftwerk die Wassermassen, denn auch in Südamerika hat der Fortschritt längst die Macht ergriffen; das übriggebliebene Rinnsal ist Abwasser aus Bogotá.

Eine der berühmten Skizzen Alexander von Humboldts, die hingegen auch heute noch mit der Kamera nachvollzo-

Mit einem „Silberteppich, dessen Saum nur hier und da die Erde berührt", verglich Humboldt die Tequendama-Fälle. Heute werden die Wasser zu einem Kraftwerk bei Bogotá geleitet; nur noch nach starkem Regen fällt ein Rinnsal in die Tiefe, vermischt mit den Abwässern der Stadt

gen werden kann, stellt Guatavita dar, den See in der Sage von El Dorado, die ihn ebenfalls, wie viele andere vor ihm, so sehr faszinierte, daß er intensive Untersuchungen über die Ursprünge der Legende vom „Vergoldeten Mann" anstellte.

Es begann vor vielen Jahrtausenden mit einem sehr seltenen, wenn auch höchst realen kosmischen Ereignis: Ein riesiger Meteorit stürzte vom Himmel und schlug einen steilwandigen Krater von fünf Kilometern Umfang ins Gebirge. Der Aufprall ließ die mächtigen Anden erzittern und wurde von einem höllischen Donnergetöse begleitet, das die Menschen in Angst und Schrecken versetzte. Ehrfürchtig erkoren sie den Krater zum Wohnsitz eines Feuergottes.

Im Laufe der Zeit füllte er sich mit Wasser, bis zu 40 Meter tief, und der einsame Kratersee in 3200 Meter Höhe nordöstlich von Bogotá – es gibt keine Siedlungen in der Nähe – wurde für das Volk der Chibchas Schauplatz einer einzigartigen religiösen Zeremonie.

Der Sage nach versammelten sich Tausende von Menschen auf dem Kraterrand und zündeten Feuer an, während ein neuer Häuptling mit Gummisaft eingerieben und dann mit Goldstaub bepudert wurde, so daß er in der Sonne glänzte, als wäre er aus purem Gold. Dann fuhr man ihn auf einem mit kostbarem Schmuck beladenen Floß in die Mitte des so unheimlich entstandenen Sees und badete ihn. Die güldenen Opfergaben wurden feierlich versenkt.

So entstand der Mythos von El Dorado, „Dem Vergoldeten", dem Tausende von Abenteurern bald überall in Nord- und Südamerika nachjagten – und zum Opfer fielen.

Als ich zum Guatavita kam, erschienen mir die Kraterwände sogar noch steiler als auf Humboldts Stichen in den „Vues des Cordillères", aber jemandem, der von der Geschichte dieses entlegenen Gewässers nichts weiß, wird schwerlich deutlich, welche Strapazen Menschen hier auf sich nahmen, um die legendären Schätze zu heben.

Einen der ersten größeren Versuche startete Hernán Pérez de Quesada, ein

Bruder jenes Eroberers, um 1545. Nach der Eimerkettenmethode mußten Hunderte von Indios mit Flaschenkürbissen drei Monate lang Wasser über den Kraterrand schöpfen. Sie schafften es, den Spiegel des Sees um drei Meter zu senken, aber der zutage tretende Ufersaum gab, zeitgenössischen Berichten zufolge, nur Gold im Wert von 3000 bis 4000 Pesos frei.

Das spektakulärste Unternehmen begann 1581 mit einer königlichen Schatzsucherlizenz für Antonio de Sepúlveda, einem reichen Kaufmann aus Bogotá. Er ließ 8000 Indios einen Einschnitt in den Kraterrand graben, damit das Wasser abfloß, und tatsächlich senkte sich der Spiegel des Sees um ganze 20 Meter. Sepúlveda fand einige goldene Gegenstände, Brustschilde mit stilisierten Adlern und Schlangen sowie einen hühnereigroßen Smaragd. Doch dann stürzte die künstliche Schlucht ein und begrub viele Arbeiter. Das Unternehmen wurde danach eingestellt; Sepúlveda mußte den größten Teil seiner Beute an den spanischen König abliefern und verstarb schließlich im Armenhaus.

Die Geschichte des Schatzes im Guatavita-See ließ auch Alexander von Humboldt nach seiner Inspektion vor Ort nicht wieder los. Sein Stich zeigt den historischen Einschnitt. Als er längst in Paris zurück war, versuchte er, der für präzise Berechnungen immer zu haben war, die Menge des im Krater verborgenen Goldes zu bestimmen. Er unterstellte, daß jährlich tausend Pilger je fünf kostbare Gegenstände in den heiligen See geworfen hatten, und dies nur hundert Jahre lang. Unterm Strich machte seine Bilanz nach dem Wert von 1807 ganze 300 Millionen Dollar aus – eine damals astronomische Summe. Ob er es wollte oder nicht: Diese Hochrechnung animierte weitere Abenteurer zur Jagd nach den versunkenen Schätzen.

Unter den vielen Versuchen in der Folgezeit, unternommen von eigens gegründeten Aktiengesellschaften mit internationalem Kapital, ragt der von 1899 besonders hervor. Um den Krater total trockenzulegen, ließ ein Direktorium einen bis zur Mitte reichenden Stollen in dessen Flanke stechen. Der See lief tatsächlich bis zur letzten Pfütze aus – der Erfolg schien greifbar. Doch der meterdicke Schlamm am Grund bildete bereits nach der Sonnenhitze des nächsten Tages eine betonharte Schicht, verstopfte auch das Abflußsystem, und bis schweres Bohrgerät herangeschafft werden konnte, war der Krater wieder abgesoffen. Er behielt seine Schätze für sich.

Ein Teil der Ausbeute von sakralen Gegenständen wurde 1911 im Londoner Auktionshaus Sotheby's versteigert; das reizte eine Investorengesellschaft, den Plan eines Dampfbaggers mitten auf den See zu befördern, aber sie ging, wie ähnliche Nachfolger, vorzeitig pleite.

Seither gab es weitere Bemühungen, die Schätze aus dem Guatavita-See zu

Am Guatavita-See bei Bogotá spielt die Legende von El Dorado, dem Goldenen Mann und den versunkenen Schätzen. Eroberer hatten, wie eine Zeichnung von Humboldt bezeugt, den See mit einem Stichgraben trockenlegen wollen. Man fand tatsächlich ein paar Goldgegenstände – aber einen großen Schatz gab der See nie frei

heben. Auch einzelne private Glücksritter mit modernen Taucheranzügen erschienen immer wieder auf der Szene. Doch seit 1965 haben die heiligen Schätze des Guatavita offiziell Ruhe: Die Regierung von Kolumbien stellte den legendären Krater als Teil des nationalen und kulturellen Erbes unter ihren Schutz.

Zurück zu Humboldts amerikanischer Reise. Nachdem er und Bonpland ihren Austausch von wissenschaftlichen Erkenntnissen mit dem großen Botaniker Mutis in Bogotá beendet hatten, verließen sie die Hauptstadt auf einer südlicheren Route, zum Tal des Rio Magdalena zurück. Hier suchte und fand ich die natürliche Brücke von Icononzo, die Humboldt an seinem 32. Geburtstag skizzierte und die ebenfalls in seinem großen Werk „Vues des Cordillères" dargestellt ist.

Ich mußte mich in die enge Schlucht abseilen. Von der Brückenoberkante bis zum Wasserspiegel waren es etwa 90 Meter. Unter der Brücke war das Wasser zehn Meter tief, viel tiefer, als es das Rinnsal auf dem Stich vermuten läßt. Unten in der Schlucht erkannte ich, daß sich jemand – wie oft auf Darstellungen, die Humboldt anfertigen ließ – künstlerische Freiheit erlaubt hatte: Eine Felswand verstellte den Blick auf die steinerne Naturbrücke.

Das Landhaus im nahen Pandi steht noch, in dem die beiden Forscher damals nächtigten, wenigstens die vordere Hälfte, während die hintere, in der Humboldt schlief, in den sechziger Jahren unseres Jahrhunderts durch ein Erdbeben zerstört wurde.

Ich fragte den Hausmeister, ob er wisse, daß hier vor langer, langer Zeit ein deutscher Wissenschaftler übernachtet habe. „Das weiß in Pandi jeder", antwortete er, und: „Das Haus ist voll von bayerischem Bier."

Das war es in der Tat: Die kolumbianische Brauerei „Bavaria" benutzt das Haus als Lager – auch eine Art von deutscher Kontinuität.

Humboldts kleine Karawane ritt zum Rio Magdalena hinunter, überquerte ihn und zog dann sechzig Kilometer

Eine Frau vom Stamm der Sibundoy-Indios nach dem Kirchgang. Die Sibundoy haben, wie viele andere Ureinwohner Südamerikas, ihren alten Glauben zugunsten der katholischen Lehre aufgegeben

durch eine dürre Ebene. Am 21. September erreichten sie Ibague am Fuß der Anden gerade rechtzeitig, denn jetzt begann der große Regen, der jeden Gedanken an die Weiterreise ertränkte. Humboldt und Bonpland kannten inzwischen die einem Europäer nahezu unbeschreibliche Intensität der Regengüsse dieser Breiten; so blieben sie bis zum Ende des Monats, frischten ihre Vorräte auf und rüsteten sich für die nächste Etappe.

Zwei Wochen brauchten sie von Ibague nach Cartago, für eine gebirgige Strecke, die ich mit dem Auto in vier Stunden zurücklegte, freilich mit ständig quietschenden Reifen durch ungezählte Kurven – Bonpland mit seinem nervösen Magen hätte meine Autofahrt nicht geschätzt. Er und Humboldt hatten es, während sie sich mühsam durch diese Gegend schlugen, mit natürlichen Hindernissen zu tun, ich dagegen mit Hürden, die erst unsere Zeit schuf: Umgekippte Lastwagen lagen in den Kurven und hielten den Verkehr auf, der sich auf beiden Seiten kilometerweit staute.

Über den Quindio-Paß ging es für die Reisenden weiter, bis auf 3000 Meter Höhe über dem Tal des Rio Magdalena und bis dicht unter den ewigen Schnee des nahen Vulkans Tolima. Scharfkantiges Gestein und die Spitzen harter Gräser auf morastigem Boden zerschnitten ihnen die Schuhe. Gleichwohl wollten sie von dem Angebot der Indios nichts wissen, sie nach Cartago hinunterzutragen. Es bringe sein Blut in Wallung, sagte Alexander von Humboldt, auch nur hören zu müssen, daß von menschlichen Trägern geredet werde wie von Pferden oder Maultieren. Also ging er weiter, so mühevoll das auch war, während zwölf Ochsen bei dieser Gebirgsüberquerung auf primitiven Karren die Ausrüstung der Forscher zogen.

Sie machten acht Tage Rast in Cartago, und dann ritten sie durch das schöne Tal des Cauca nach Süden, hielten nur kurz in dem Flecken Cali – das heute eine Millionenstadt und berühmt für seine schönen Frauen ist, von denen schon

Nach einer Skizze Humboldts fertigte der Maler Josef Anton Koch dieses Bild mit der Stadt Ibague im Hintergrund. Auf schwierigen Strecken gab es damals für Reisende menschliche Träger – ein Umstand, der den liberalen Forscher empörte. An die Gefahren der Bergstraßen heute soll das Schrottmonument erinnern. Dennoch kommt es immer wieder zu Unfällen und zu Stürzen in die Tiefen am Rande der Straßen

zwei zur „Miss Universum" gewählt wurden. Humboldt litt unter dem schlechten Wetter mit bedecktem Himmel, der ihn daran hinderte, zur genauen Positionsbestimmung Bestecke nach Sonne und Sternen zu nehmen.

Popayán war die nächste Station, wo sich die Freunde 25 Tage aufhielten, eine Kleinstadt, die ihr Äußeres seit 1801 kaum geändert hat und wo noch heute jeder, wenn er darauf angesprochen wird, die Geschichte von Humboldts Reisekoffer erzählt.

Das Gepäckstück blieb im Rathaus von Guayaquil zurück, ein Jahrhundert lang, bis eine Familie aus Popayán es auf einer Auktion ersteigerte. Die von „F. Barnes & Co." in London hergestellte klobige Reisekiste trägt deutlich lesbar den Namen „A. Humboldt", wenn man sie wie ich, um die Echtheit zu beweisen, mit speziellen Filmen und Filtern fotografiert. Ich nehme an, daß dieses Monstrum – es mißt 191 mal 80 mal 27 Zentimeter – zu jenen schweren Ausrüstungsgegenständen gehörte, von denen Humboldt sich trennte, um die Bürden für die Überlandexpedition zu erleichtern.

In Coconuco steht das schöne Landhaus noch, in dem Humboldt wohnte, als er seine Exkursion auf den Vulkan Puracé unternahm, dem ersten in einer Kette von neun Vulkanen, der, wie auf Bestellung, seinerzeit Schwefeldämpfe ausstieß. „Dem Hauptschlunde", berichtete er, „entfuhren damals rotgelbe Schwefeldämpfe mit einem Gezisch, das stärker war als der Lärm von 40 Schmiede-Essen in vollem Gebläse und ähnlich dem Ton einer Dampfmaschine. Im südlichen Teil des Schlundes sah man deutlich einen siedenden, mit Schwefelhaut bedeckten Wasserspiegel."

Mit seinen 4710 Metern ragt der Vulkan in eine Höhe, die der Forscher zuvor noch nicht erklommen hatte. Freilich: Der Aufstieg über schneefreie Aschefelder war für einen an Höhenluft gewohnten Wanderer relativ leicht.

Daß der Puracé auch bösartig sein kann, bezeugt mir ein Bekannter aus Popayán: „Es ist Tradition", erzählt er,

In Popayán wird ein Schrankkoffer gezeigt, mit dem Humboldt reiste. Das wuchtige Gepäckstück stammte aus London und wurde zum Transport zwischen zwei Maulesel gehängt

„daß die Absolventen unserer Universität zur Feier des Examens den Puracé besteigen. Als mein Bruder und seine Kommilitonen im Jahre 1949 den Krater erreicht hatten, gab es ohne jede Vorwarnung eine Eruption. Geschosse aus geschmolzener Lava und glühende Gase töteten alle. Niemand kam zurück. Nur unten, fernab, stand entsetzt ein Nachzügler, der den Bus verpaßt hatte und dadurch überlebte."

So gefährlich die Angelegenheit also war: Humboldt war auf den Puracé gestiegen, also mußte auch ich hinauf.

Der Aufstieg bis etwa zur halben Höhe war harmlos, aber dann spürte ich unter meinen Füßen ein Grummeln, und plötzlich spie der Vulkan eine dicke Wolke von Schwefeldämpfen aus.

Ich kehrte erschrocken um. Den ganzen Weg zurück lief ich, etwa eine Stunde. Ich watete hastig durch knietiefe Sümpfe mit ungewöhnlicher Vegetation, die Bonpland wohl zum Bleiben verlockt hätten, aber ich hatte kaum einen Blick für sie: Fort hier, nur rasch fort.

Ich war total erschöpft, als ich unten ankam, wo mir ein Einheimischer ungerührt versicherte, daß der Puracé jeden Morgen sozusagen zweimal hustet – ganz wie ein Raucher, der seine Bronchien freimacht. Und in der Tat: Der Puracé, während ich immer noch nach Atem rang, lag nun wieder friedlich da und beschämte mich.

Über Pasto ging es für Humboldt und seine Begleiter in Richtung Ekuador – viel schwieriger, weil gebirgiger, hätte er die Route nicht wählen können, die er gleichwohl aus Furcht vor Malaria vorzog, die im Tal des Patia wütete. Seine Maultiertreiber führten ihn über die „Páramos", baumlose Wiesen und sumpfige Hänge in mehr als 3500 Meter Höhe, wo Wolken um geisterhafte hohe Schopfbäume streichen.

Der Dampf aus vulkanischen Spalten vermischte sich mit dem wabernden Nebel, der die Welt unheimlich machte, unwirklich: „Man kann sich nichts Schrecklicheres denken als diesen Weg", schrieb Humboldt an seinen Bruder Wilhelm. „Dicke Wälder liegen zwischen den Morästen; die Maultiere sinken bis auf den halben Leib ein, und man muß durch tiefe und enge Schlüfte, daß man in Stollen eines Bergwerks zu kommen glaubt. Auch sind die Wege mit den Knochen der Maultiere gepflastert, die hier vor Kälte oder aus Mattigkeit umfielen."

Humboldts Via Dolorosa führte an hohen vulkanischen Bergketten entlang, unmittelbar östlich des heutigen panamerikanischen Highway. Als ich während der Regenzeit über diese Strecke fuhr, zählte ich die großen und kleinen Erdrutsche und Steinschläge auf der Straße während einer einzigen Nacht: Bei 300 hörte ich auf; es waren noch viele mehr. Vergeblich versuchte ich, Humboldts Route präzise nachzuvollziehen – einige Wegstrecken sind aufgegeben worden, andere von Schlammlawinen verschüttet, wieder andere sind tief versumpft.

65 Kilometer nördlich von Pasto, am Schnittpunkt der heutigen Panamerikana mit dem Rio Mayo, machte Humboldt barometrische Messungen, ohne die Bedeutung des Ortes erkennen zu können. Das Wetter war zu schlecht, um die Breiten mit Hilfe der Sonne zu bestimmen – und festzustellen, daß er jetzt weiter südlich war als je zuvor auf seiner amerikanischen Reise.

Aber auch die historische Bedeutung dieses Punktes konnte Humboldt nicht erkennen: Hier hat der Sage nach der letzte Inka-Herrscher, Huayna Capac, goldene Stäbe in das Flußufer getrieben und damit die Nordgrenze seines Reiches abgesteckt. Von nun an reiste Humboldt, ohne es zu wissen, auf der alten Sonnenstraße der Inkas.

Pasto, der nächste Ort, Humboldts „kleine Stadt am Fuße eines mächtigen Vulkans", hat heute mehr als 100 000 Einwohner – und ist kurz nach Dunkelwerden nahezu tot, denn die Temperaturen, nur 137 Kilometer vom Äquator entfernt, fallen nachts so tief wie im winterlichen Polen. Eisige Winde wehen vom 4276 Meter hohen Galeras-Vulkan herab, einem Koloß, zu dessen Umrundung eine Straße ganze 26 Kilometer braucht.

Dies ist Indio-Land, auch heute noch; die meisten Bauern sprechen Quechua, die alte Sprache der Inkas. Satte, grüne Felder beherrschen das Bild, kleine, weiße Bauernhäuser. Ich liebe dieses Stück Kolumbien, das von einer sonderbar wilden Schönheit ist. Humboldt indes war froh, aus dieser kalten Gegend wegzukommen.

Von Lima aus schrieb er später seinem Bruder, er habe Weihnachten in Pasto verbracht, aber, wie erwähnt, das stimmt nicht; sein Kalender war wohl durcheinander. Die Eintragungen in seinem wissenschaftlichen Tagebuch beweisen vielmehr, daß er am Morgen des 22. Dezember auf der Plaza das Besteck nahm und dann abreiste. Am ersten Weihnachtstag ritt er in das Grenzdorf Guachucal ein, 98 Kilometer südlich von Pasto zu Füßen von zwei rauchenden Vulkanen.

Bei Guachucal in der Nähe des 1. Breitengrades am Äquator ist das Klima eher arktisch als tropisch. Eine wahrhaft trostlose Gegend, heute wie damals, als Humboldt am Morgen des 26. Dezember 1801 den Stand der Sonne bestimmte. Es läßt sich nachrechnen.

Noch am selben Tag überquerten die Forscher die Naturbrücke von Rumichaca nach Ekuador. Es war der 101. Tag nach ihrer Abreise aus Bogotá.

Zu Humboldts Zeiten war es noch möglich, von einem Land ins andere zu wechseln, ohne es zu bemerken. Heute, da sich die Staaten sichtbar abgrenzen, steht dieses ekuadorianische Zollgebäude an der Grenze zu Kolumbien

»Man will, daß wenigstens versucht werde, was nicht errungen werden kann«

Blut lief aus dem Mund, und die Augen traten aus ihren Höhlen: Die Forscher hatten, so vernahm man in Europa ungläubig, den Chimborazo bestiegen und waren überzeugt, höher als jemals zuvor ein Mensch geklettert zu sein. Die Annahme erwies sich als falsch, doch das kühne Unternehmen förderte den Ruhm des preußischen Barons

Der Tropische
Regenwald in den
Bergen Südamerikas
übt nicht nur auf
Botaniker eine be-
sondere Faszination aus.
Dieser undurchdring-
liche Dschungel wächst
in Ekuador in etwa
3300 Meter Höhe

Vor der Kulisse des
5796 Meter hohen Cayambe-
Vulkans, im Licht des späten
Nachmittags, strebt ein Indio mit
seinem Sohn heim. Humboldt,
den Vulkane magisch anzogen,
nahm hier jede Möglichkeit wahr,
sie zu inspizieren – auch wenn
er befürchtete, er werde in
einem ihrer Krater enden

Der Sangay liegt in
der eindrucksvollen Kette
schneebedeckter Vulkane
Ekuadors am weitesten
südlich. Humboldt bestieg
ihn nicht – und tat gut daran.
Der Berg hat mit seinem
glühenden Auswurf schon
viele Verwegene getötet,
die ihm in den Schlund
zu sehen versuchten

Viel hat sich geändert, seit Humboldt durch Amerika zog, aber erstaunlich oft findet sich auf seinen Spuren auch die Zeitlosigkeit – etwa in den Gesichtern der Menschen wie dieser Frau, die auf dem Markt ihren Mais anbietet, und dem Indio, der vom weißen Mann nichts wissen will

Vulkanasche hat die
Täler in der Chimborazo-
Provinz fruchtbar gemacht;
dennoch ist die Bestellung
der Felder harte Arbeit,
denn die Bauern können sich
moderne landwirtschaftliche
Maschinen nicht leisten.

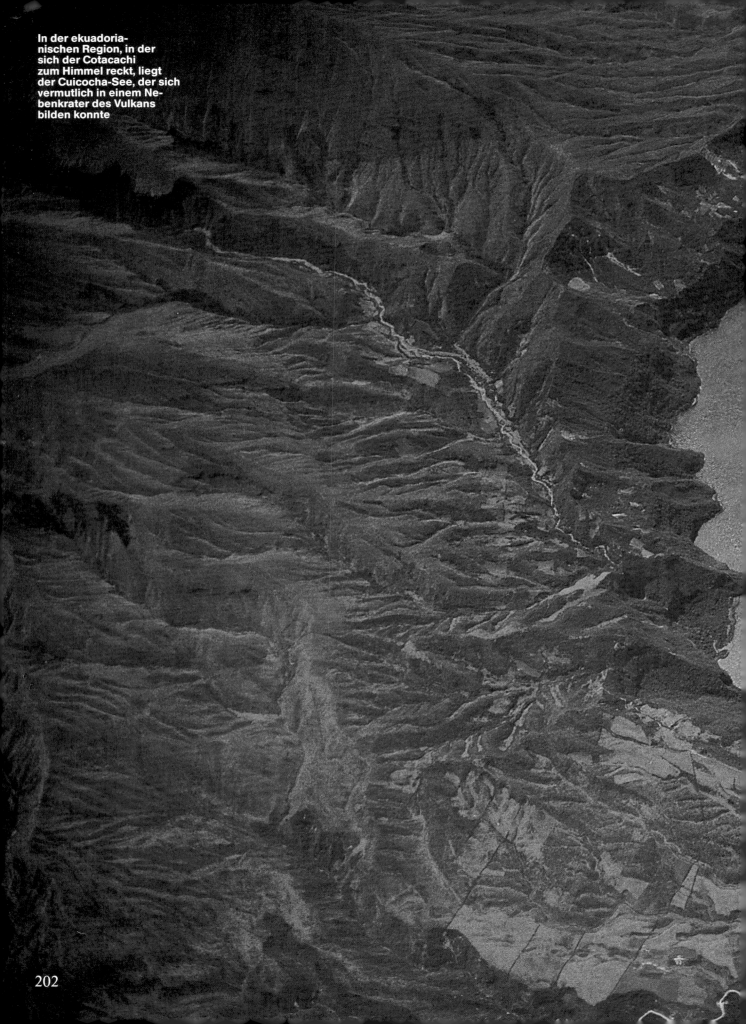

In der ekuadoria-
nischen Region, in der
sich der Cotacachi
zum Himmel reckt, liegt
der Cuicocha-See, der sich
vermutlich in einem Ne-
benkrater des Vulkans
bilden konnte

Weizenernte in der ekuadorianischen Provinz Canar. Die Canar-Indios, die am Fuße der rauhen Páramos von Azuay leben, galten früher als außerordentlich tapfer. Einst stellten sie die Leibwache des Inkas Atahualpa, der von ihr seinen Bruder ermorden ließ

An der Grenze von
Ekuador nach Peru: Auf
den Spuren des Inka Tupa
Yupanqui folgte Humboldt
einer alten Inkastraße und bewunderte „diese Riesen-
werke", die alle nach Cuzco
führten. Heute ist von den alten
Straßen wenig geblieben
– sie dienten als Trasse für
moderne Verkehrswege

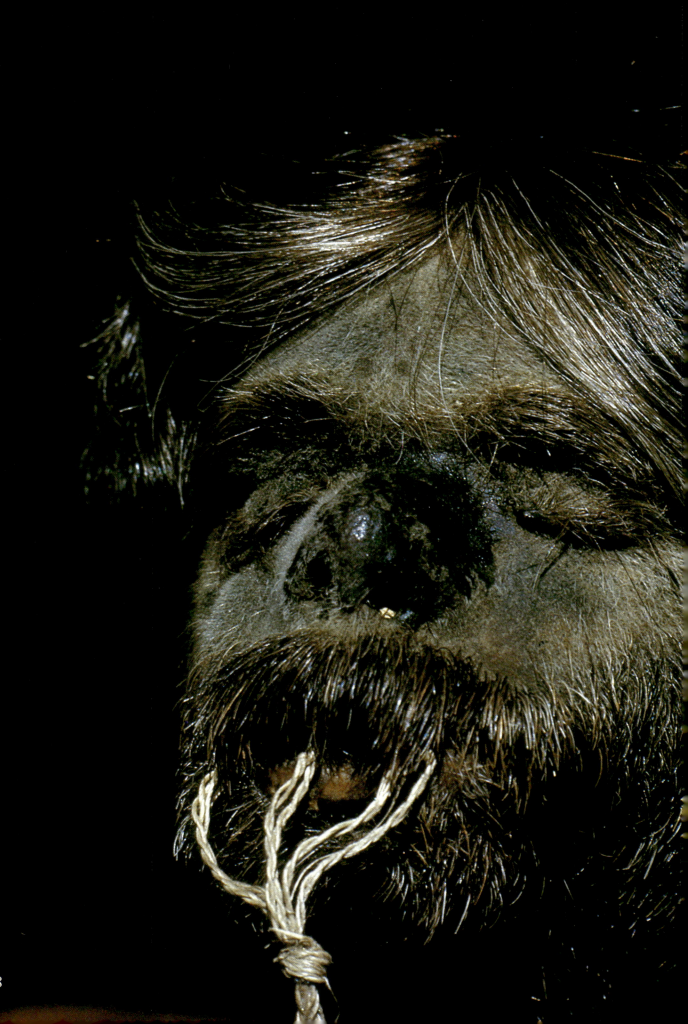

Bis auf die
Größe einer Faust
ist dieser Kopf eines
Weißen geschrumpft.
Die Jívaro-Indios,
zu denen auch Hum-
boldt kam, nennen
diese Schrumpf-
köpfe „Tsantsa". Die
Jivaros von heute
praktizieren diese
grausige Kunst
nicht mehr

209

Umrundet von den Gipfeln der Anden, in den Páramos, den öden Hochflächen Ekuadors, war Alexander von Humboldt in seinem Element, wenn auch nicht in einem sehr einladenden: Diese Höhen unterliegen einem ständigen Wechsel zwischen Sonnenschein, kalten Regenstürmen und Schneeschauern. Die Lava-Asche liegt hier noch höher als in jenen Breiten, die Humboldt bisher durchquerte. Jeder Schritt durch die sumpfigen Grasfluren in der Höhenluft wird, wie ich bezeugen kann, zur Qual, und doch: Der Forscher war fasziniert, denn ihn umgab eine zuvor nicht gesehene, eigenständige Landschaftsform, in der sich das Pflanzenwachstum erstaunlich langsam vollzieht.

Langsames Wachstum – in den Tropen?

Ich habe mich belehren lassen, als ich mich daran machte, Humboldt und seine Reise und seine Welt zu verstehen: Die Tropen haben unsere Jahreszeiten mit dem thermischen Wechsel zwischen Winter und Sommer nicht; statt dessen herrscht dort ein Tageszeitenklima, in dem der Unterschied der Temperaturen zwischen Tag und Nacht wesentlich für die Vegetation ist. Außerdem gibt es nur hygrische – also auf Feuchtigkeit bezogene – Jahreszeiten; Regen- und Trockenzeiten.

Der Bonner Geograph Carl Troll, der Humboldts Geographie wie kein anderer fortgeführt hat, sorgte in diesem Bereich für Klarheit: Er sah in horizontaler Ausdehnung die immerfeuchten Tropen verkörpert durch den Typ des Tropischen Regenwaldes. Diesem folgen die Zonen der Savannen – also die wechselfeuchten Tropen.

Humboldt hatte die in Südamerika gebräuchliche Höhengliederung übernommen: „Tierra caliente" war das heiße Land, „Tierra templada" das gemäßigte und „Tierra fria" das kalte Land. Die Zone aber, die er nun das erste Mal sah, und die in bedeutender Höhe den immerfeuchten Tropen horizontaler Erstreckung entspricht, also dem Regenwald, nannte er nach dem spanischen Wort für kaltes Ödland die „Páramos" – ein Begriff, den Troll für die Höhen vom mittleren Kolumbien bis zum mittleren Peru übernahm.

Die Vegetation in diesen Gebieten zeichnet sich durch besondere Anpassung an ständige Feuchtigkeit und Temperaturen nahe dem Gefrierpunkt aus. Da gibt es vor allem zahlreiche Polstergewächse zwischen mehreren Arten der Gattung Espeletia, Korbblütlern, die mehr als mannshoch werden. Diese Baum-Espeletien sind zum Schutz vor Frost von einem Kleid abgestorbener Blätter wie von einem braunen Mantel umgeben und werden deshalb „Mönche" genannt.

Schon zu Humboldts Zeit, aber auch heute noch, wurde die Ansicht vertreten, ein tropisches Gebirge wiederhole von unten nach oben die horizontal von den Polen bis zum Äquator ausgebreiteten Klimate. Humboldt widersprach dem entschieden und hob den eigenen Charakter der tropischen Klimate hervor und die Tatsache, daß es in den immer- oder wechselfeuchten Tropen kein subtropisches Klima, also Winterregengebiete, gibt, obgleich auch das immer wieder behauptet wurde.

In der merkwürdigen Szenerie, in der Humboldt seinen Beitrag zur Kenntnis der Tropen in großen Höhen erarbeitete, traf ich Menschen mit völlig anderen Interessen, und ich traf sie vorwiegend nachts: Schmuggler, die sich – wenigstens darin Humboldt ähnlich – in kleinen Karawanen durch das nur dünn von Indios besiedelte Land bewegten.

Größere Mengen von Schmuggelware werden zuweilen auch auf dem panamerikanischen Highway befördert. An einem Kontrollpunkt erzählte mir ein ekuadorianischer Zollbeamter: „In der letzten Woche kam hier ein Konvoi von mehr als hundert Lastwagen an, nachts um zwei. Sie hupten vor der Schranke und bedrohten uns."

„Haben sie versucht, zu kontrollieren?", fragte ich.

„Mit drei Mann? Der Tod soll nobel sein, Señor, nicht lächerlich."

Es gibt auch elegantere Methoden. Einmal fuhr ein Lastzug aus Kolumbien mit Schmuggel-Kaffee im Wert von mindestens 230 000 Mark auf einen venezolanischen Grenzposten zu. Kurz vor den Beamten warf der Fahrer 5000 Dollar in losen Scheinen aus dem Fenster. Während die Zöllner eifrig das Geld aufsammelten, gab er wieder Gas und passierte die Grenze, ohne weiter aufgehalten zu werden.

Manchmal, wenn ich auf dem panamerikanischen Highway fuhr, eingekeilt zwischen Lastwagen, die „Gott ist mein Beifahrer" als Aufschrift trugen, „Ein Mädchen in jeder Stadt" oder „Überhol' mich, wenn du kannst", stellte ich mir Humboldts kleine Gruppe vor, wie sie sich langsam durch das Land bewegte, noch wirklich ihre Umgebung sah, noch wirklich Teil des Landes war, das sie aufnahm, und ich fragte mich oft, ob unsere moderne Art des schnellen Reisens wirklich in jeder Hinsicht ein Fortschritt ist.

Es ist wohl einer, wenn man ihn mit den Tagen vergleicht, in denen sich Humboldt der Stadt Ibarra zu Füßen

des schwarzen Vulkans Imbabura näherte: Der Regen strömte ununterbrochen. „Wir ertranken fast in einer Flut von Blitzen", schrieb Alexander an seinen Bruder Wilhelm.

In Ibarra trafen Humboldt und Bonpland den autodidaktischen Wissenschaftler Francisco José de Caldas, den Mutis ihnen empfohlen hatte. Die Begegnung mit diesem wissensdurstigen Asketen, der „zum Glück der Menschheit beizutragen wünschte" und insgeheim hoffte, von Humboldt zur Teilnahme an der Expedition eingeladen zu werden, sollte ein paar unerfreuliche Folgen haben. Einstweilen aber bewunderte Caldas den Forscher. An Mutis schrieb er: „Ich werde ihm entgegengehen, um mit ihm zu sprechen, bevor er von Bewunderern umringt ist", was in der Tat oft der Fall war.

Vielleicht kühlte die Bewunderung schon ein bißchen ab, als Caldas dem großen Forscher berichtete, er habe einen besonderen Höhenmesser erfunden, ausgehend von der Erkenntnis,

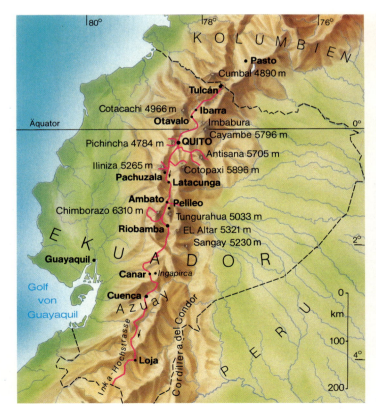

Kurz vor Quito, am Aquator, gelangte Humboldt zum einzigen Punkt auf der Welt, wo auf dem Breitengrad Null auch eine Temperatur von Null Grad herrscht. In der Hauptstadt von Ekuador genoß er fünf Monate lang die Rückkehr in die Zivilisation. Freilich zog es ihn auch immer wieder hinaus in dieses Traumland der Vulkanologen, bevor er nach Ingapirca weiterzog, der letzten Inka-Ruine des Landes

daß mit steigender Höhe die Siedetemperatur von Wasser abnimmt. Zu seiner Enttäuschung entgegnete Humboldt, diese Idee sei in Europa längst bekannt.

Auf ihrem Wege um den Imbabura kamen die Forscher durch Otavalo, einer auch heute noch blühenden Indio-Siedlung, die auf ermutigende Weise den Nachweis führt, daß Indios nicht zwangsläufig von der gleichmacherischen Zivilisation um ihre Identität gebracht werden müssen. Die Otavalenos sind stolze, unabhängige Bauern und Weber, die sehr weit reisen, um ihre berühmten, schönen weichen Wollstoffe zu verkaufen. Auch auf diesen Reisen tragen sie ihre weiten weißen Hosen, blaue Ponchos und Filzhüte, denn ihnen gilt Tradition noch etwas, und sie genieren sich ihrer eigenartigen Kleidung auch keineswegs, wenn sie in Geschäften nach Buenos Aires, Los Angeles, New York, Barcelona oder Frankfurt fliegen.

Als Humboldts kleine Gruppe Cayambe erreichte, stellte er fest, daß der schneebedeckte Gipfel direkt auf dem Äquator liegt. Aber nicht nur diese Lage zeichnete ihn in den Augen Humboldts aus, der den Cayambe wegen seiner Form „den schönsten der Nevados" nannte.

Ich bestieg den „Schneeberg" von der Südseite her und geriet so an die einzige Stelle auf der Welt, wo auf dem Breitengrad Null auch die Temperatur von

null Grad herrscht. Aus 5000 Meter Höhe, über die vereisten Hänge hinweg, hatte ich eine Aussicht, wie sie Humboldt in den sieben wolkenverhangenen Monaten seines Aufenthaltes in Ekuador nie beschieden war: Unter mir breitete sich bis zum Horizont der Urwald des Amazonas-Beckens aus.

Humboldts Expediton erreichte die ekuadorianische Hauptstadt Quito am 6. Januar 1802. Die Forscher wohnten am Hauptplatz in einem vornehmen Haus, „. . . in welchem Bequemlichkeiten sich fanden", schrieb Humboldt erstaunt, „wie man sie nur in Paris und London hätte erwarten können." Sie waren Gäste des Marqués de Selvalegre, der auswärts im Chillo-Tal auch ein Landhaus besaß, das Humboldt und Bonpland als Standort für ihre Exkursionen nutzten.

Quito liegt auf 2800 Meter Höhe in einem Hochtal an der Ostseite des Pichincha, eines 4784 Meter hohen erloschenen Vulkans. Die Stadt, die damals 35 000 Einwohner hatte, erinnerte an andere Kolonialstädte, in denen Humboldt zuvor gewesen war. Da nämlich das spanische Eroberungssystem die Gründung von Städten einschloß, wurden sie alle nach demselben Plan angelegt: Es gab eine quadratische Plaza mit der Kathedrale, es gab den Erzbischofsitz, das Rathaus, den Palast für den Gouverneur und ein rechtwinkliges Straßennetz.

Daß Humboldt die Stadt schön fand, hat aber gewiß auch damit zu tun, daß sie im Zentrum des Traumlandes der Vulkanologen liegt. Gleich drei Vulkane erheben ihre schneebedeckten Gipfel über den Morgennebel und bieten ein Bild von einzigartiger Schönheit: Der wuchtige 5796 Meter hohe Cayambe liegt im Nordosten der Stadt, der gletscherbedeckte 5705 Meter hohe Antisana im Südosten und der wunderschöne, rauchende Kegel des Cotopaxi ragt im Süden 5896 Meter hoch in den Himmel; er leuchtet bei Sonnenauf- und -untergängen in allen möglichen Schattierungen von Rot.

Es war ungewöhnlich kalt und wolkig, als sich Humboldt in Quito aufhielt; er

In Höhen über 3000 Meter erstrecken sich die rauhen Páramos, die für die Expedition Humboldts besonders beschwerlichen Hochlandflächen. Die Menschen in dieser Gegend sind traditionell anspruchslos. Die Schuhverkäuferin auf dem Markt von Otavalo wartet geduldig auf Kunden, die manchmal tagelang nicht kommen

sah das als eine Folge des schweren Erdbebens an, das 1797 in Ekuador etwa 40 000 Menschenleben gefordert hatte. Auch nun bebte die Stadt gelegentlich, so daß sich Humboldt fragte, ob nicht vielleicht die ganze Region auf einem einzigen Magmasee mit mehreren Abflüssen, eben den Vulkanen, schwimme. „Ungeachtet dieser Schrecknisse und Gefahren", schrieb Humboldt ein bißchen verwundert, „womit die Natur sie ringsumher umgibt, sind die Einwohner von Quito froh, lebendig und liebenwürdig. Ihre Stadt atmet nur Wollust und Üppigkeit und nirgends gibt es einen entschiedeneren und allgemeineren Hang, sich zu vergnügen. So kann sich der Mensch gewöhnen, ruhig am Rande eines jähen Abgrundes zu schlafen."

Der Abgrund öffnete sich 1949 noch einmal, als wiederum etwa 40 000 Menschen im Herzen des Landes durch ein furchtbares Erdbeben umkamen, und ganz sicher wird es hier auch in Zukunft wieder zu Katastrophen kommen. Dennoch: Ich teile Humboldts Ansicht, daß Quito eine schöne Stadt ist, mehr noch, ich mag die Stadt, in der heute etwa 750 000 Menschen leben, lieber als die anderen Andenstädte, wenn ich auch nicht fand, daß die Bewohner Quitos besonders genußsüchtig seien. Und was das Arrangement mit der Gefahr des Erdbebens angeht: Genau betrachtet, hat sich inzwischen die ganze Menschheit daran gewöhnt, am Rande des atomaren Abgrundes ruhig zu schlafen. Die Menschen in Quito haben die latente Gefahr akzeptiert. An Sonntagen, wenn sich hübsche Indio-Familien für den Parkfotografen am Humboldt-Denkmal aufstellen, käme niemand auf den Gedanken, daß hier irgend etwas anders als woanders ist.

Nicht nur wohnte Humboldt in Quito zu Gast bei einer reichen Familie, sondern oft auch war er Mittelpunkt glanzvoller Abendgesellschaften, die neben anderen der Marqués Juan Pio Aguirre y Montúfar gab. Keineswegs fand dabei nur beiläufiges „small talk" statt, sondern es gab zu Humboldts Erstaunen leidenschaftliche Debatten über Demo-

Diesen Blick auf den Cayambe ließ Humboldt malen, um das Bild in seinen „Vues des Cordillères" zu publizieren. An den Flanken des Berges, im Hochland von Quito, also nahe am Äquator, geriet Autor Loren McIntyre in ein Schneegestöber, als er Humboldts Spuren folgte

214

kratie und Revolution, bei denen Montúfar mutig Ansichten vertrat, die im fernen Madrid Mißfallen erregen mußten: Acht Jahre später schickte der König Truppen, um den fortschrittlichen Marqués abzusetzen.

Der liberal erzogene zweite Sohn des Marqués, Carlos Montúfar, damals 21 Jahre alt, begleitete Humboldt bei den Ausflügen ins Land und half ihm beim Sezieren eines Lamas ebenso wie beim Zeichnen eines Plans von Quito. Aber auch auf die Tochter Rosa machte der Baron Eindruck. Sie erzählte später

dem deutschen Reisenden Moritz Wagner, ihr Gast sei „immer galant und liebenswürdig" gewesen. „Bei Tisch verweilte er . . . nie länger, als notwendig war, den Damen Artigkeiten zu sagen und seinen Appetit zu stillen. Dann war er immer wieder draußen, schaute jeden Stein an und sammelte Kräuter; bei Nacht, wenn wir längst schliefen, guckte er sich die Sterne an. Wir Mädchen konnten dies noch viel weniger begreifen als der Marqués, mein Vater."

Auch heute noch gibt es Erinnerungen an Humboldts Tage in Quito. Meine

Carlos Montúfar legte diese Karte von Quito an. Er begleitete Humboldt zwei Jahre lang durch Amerika und folgte ihm auch nach Europa. 1816, als er sich in Ekuador mit Freunden gegen die spanische Krone erhob, wurde er hingerichtet

Bekannte Judy de Bustamante, die übrigens in der Montúfar-Straße wohnt, entdeckte das Original des Stadtplans, den der junge Carlos für den Baron zeichnete, bevor er Held der Revolution wurde. Und Quitos führender Humboldt-Experte, Dr. Neptalí Zúñiga, besitzt Humboldt-Dokumente, von denen man lange Zeit annahm, sie seien verschwunden.

Tatsächlich hatte sich die Version verbreitet, Humboldts Tagebücher seien ebenso wie der größte Teil seiner Bibliothek in London verbrannt. In Wirklichkeit aber wurden die Tagebücher in der Berliner Sternwarte aufbewahrt, wo die sowjetische Besatzungsmacht sie 1945 sicherstellte, damit vermutlich vor dem Verlust bewahrte und 1959, anläßlich des 100. Todestages Humboldts, an die DDR zurückgab. Darüber gab es auch Nachrichten, die freilich von den westlichen Humboldt-Forschern übersehen wurden. Dr. Zúñiga aber, zu dieser Zeit, übrigens mit Unterstützung der Hamburger Ibero-Amerika-Stiftung, in der DDR, bemerkte diesen Vorgang, bat um Fotokopien, die er aus Mitteln der Stiftung bezahlte und trat dann anschließend bei einer Humboldt-Feier in Westberlin mit seinem Fund hervor, den er nun in Quito bearbeitet und der kein „journal intime" ist, sondern im wesentlichen aus Routinenotizen und Meßdaten besteht.

Vom Haus Dr. Zúñigas in Pichincha am Stadtrand von Quito aus wirkt der Antisana, der erste Vulkan, den Humboldt in Ekuador zu besteigen versuchte, als sei er ganz nahe, obwohl die Entfernung gewiß 50 Kilometer beträgt. Deutlich sah ich die Schneegrenze, die Humboldt mit Bonpland, Montúfar und Caldas am 26. März erreichte. Er berichtete seinem Bruder, daß sie bis 5309 Meter aufstiegen, aber das scheint mir sehr unwahrscheinlich, denn der Gletscher ist steil, und die Männer hatten weder Eispickel noch Steigeisen. In demselben Brief schrieb er auch, wie er sich „auf dem Gipfel" fühlte, aber zweifelsfrei war er nicht auf der 5705 Meter hohen Spitze des Riesen. Entweder hat sich Humboldt – das wäre eine sehr freundliche Interpretation – geirrt und den Begriff „Gipfel" allzu großzügig ausgelegt, oder wiederum hat er in einer nicht für die wissenschaftliche Veröffentlichung gedachten Mitteilung ein bißchen übertrieben.

Er hätte das wirklich nicht nötig gehabt. Es war großartig, was er, obwohl kein trainierter Alpinist, zustande brachte, und natürlich kletterte er nicht nur, sondern sah in jeder Sekunde Details, die er in sein immenses Bild von den Erscheinungsformen der Natur aufnahm. Er konnte gar nicht anders, als dauernd zu registrieren, sowenig Bonpland irgendwo gehen konnte, ohne zu botanisieren. Caldas, noch nicht vertraut mit der Intensität dieser Exkursionen, staunte: Bonpland, ohnehin gelegentlich von Unwohlsein gebeutelt, fiel einmal sogar in Ohnmacht, aber das hielt ihn nicht ab, allein auf diesem Ausflug 50 bis dahin unbekannte Pflanzen zu sammeln.

Caldas war außer sich vor Freude, daß er mit dem berühmten Kollegen arbeiten durfte: „Alles", notierte er, „was über dieses Genie, den Newton unserer Zeit, geschrieben wird, kommt der Wahrheit nur sehr wenig nahe", und: „Was für ein gewissenhafter, scharfsinniger Astronom; er hat meinen Himmel um 560 neue Sterne bereichert! Er gibt mir eine Ausgabe seiner Bücher. Er zeigte mir eine Passage in seinem Tagebuch, die er in Popayán über mich geschrieben hatte, bevor er mich kannte, und in der er meine Arbeit lobte! Er stellte mir seine wunderbaren Instrumente für Beobachtungen zur Verfügung. Ich bin so begeistert, daß ich meinen Wunsch kaum zurückhalten kann, diesem Mann bis ans Ende der Welt zu folgen und meine Arbeiten neben seinen veröffentlicht zu sehen."

Der Tag war nicht fern, an dem sich Caldas ganz anders über den „Newton unserer Zeit" äußern würde. Noch aber lebte Caldas wie in einem Rausch. Er schrieb an Mutis: „Bitte, beeinflussen Sie den Baron, damit er mich bittet, an seiner Expedition teilzunehmen – und helfen Sie mir, die Geldmittel dafür zu finden", und etwas später: „O Gott, wie glücklich ich bin!"

Er wurde noch glücklicher, denn er erhielt einen Brief von Mutis, in dem der große Botaniker schrieb, er habe Humboldt in der Tat gebeten, ihn mit auf die Expedition zu nehmen, und auch das finanzielle Problem schien gelöst, denn Mutis schrieb, mehrere Freunde würden die Mittel zur Verfügung stellen.

Und dann, am Nachmittag des 3. April, stürzte für Caldas die Welt ein. Eben noch hatte er den Brief von Mutis geküßt und war spontan durch die Stadt gelaufen, um Humboldt zu finden. Dann stand der angebetete Forscher vor ihm – und lehnte die Bitte ab. Caldas war verzweifelt.

Vergeblich versuchte Humboldt, ihn von den guten Gründen dieser Entscheidung zu überzeugen. Caldas, meinte Humboldt, sei nicht stark genug für die Strapazen der Reise, und außerdem wolle er die Zahl der Teilnehmer nicht erweitern; aber keiner dieser Gründe schlug bei Caldas durch. Humboldt nahm Carlos Montúfar mit – warum nicht ihn, den ambitionierten Wissenschaftler? Und was die Konstitution anging: Hatte er, Caldas, nicht den anfälligen Bonpland bei der Besteigung des Pichincha mühelos hinter sich gelassen?

Wie das so geht bei verschmähter Liebe: Caldas wurde bitter. In einem Brief an Mutis hieß es nun: „Wie sehr muß sich das Benehmen des Barons seit Bogotá und Popayán verändert haben! Dort, heißt es, war er großartig, hier ist er gewöhnlich. Die Atmosphäre von Quito ist vergiftet, gesättigt von Vergnügungen; die Tugend ist in Gefahr, und man könnte glauben, daß der Tempel der Venus in diese Stadt versetzt worden ist. Der Baron betritt dieses Babylon; er schließt Feundschaft mit ausschweifenden, obszönen jungen Männern, die ihn in die Häuser der unreinen Liebe schleppen; beschämende Leidenschaften ergreifen sein Herz und blenden den jungen Wissenschaftler bis zu einem unglaublichen Grade. Er ist Telemachos auf der Insel der Kalypso."

Caldas, der früher noch selbstkritisch von sich gesagt hatte, er sei umständlich und ein bißchen langsam bei der Arbeit, während Humboldt schnell und unermüdlich sei, schrieb nun an Mutis, der Baron führe seine Arbeiten in der Natur flüchtig aus, um schneller zu seinen Geliebten zurückkehren zu können. Wörtlich: „Manchmal tut mir der junge Baron leid, aber manchmal bin ich erbittert und wünsche, Newton würde wieder auferstehen – Newton, der nie eine Frau gehabt hat. Ich stelle mir vor, wie Newton mit zorniger Miene zu dem jungen Preußen sagt: ‚Ist dies der

Weg, meinem Beispiel der Reinheit zu folgen, das ich meinen Nachfolgern vorgelebt habe?.'"

So also schrieb ein Mann, der später einer der großen Revolutionshelden Kolumbiens werden sollte, über jemanden, den er gerade noch glühend verehrt hatte. Die ein bißchen weibische Fehde erklärt sich von selbst; sie ist eher amüsant und ein neuer Beweis dafür, daß auch Helden nur Menschen mit Fehlern sind. Immerhin wirft dieses Intermezzo ein Licht auf ein Stück Humboldt, das in der europäischen Literatur bislang kaum beachtet wurde – auf sein Gefühlsleben während seiner Zeit in Amerika.

Ich finde es, was Humboldts Verhalten in Quito angeht, nur fair, anzunehmen, daß er sich benahm wie ein normaler Mann. Was aber ist mit den einander widersprechenden Aussagen der verschiedensten Biographen über Humboldts sexuelle Neigung? War er heterosexuell, homosexuell oder vielleicht bisexuell?

Ich habe den Eindruck, daß spanisch schreibende Biographen zur ersten Annahme neigen, was nicht verwundert, denn im Spanischen ist Baron kein Titel, sondern ein barón ist ein Mann mit stark ausgeprägter Männlichkeit. Insbesondere für die wenig gebildeten Lateinamerikaner, die den Adelstitel gar nicht kannten, erklärte sich der Name gleichsam von selbst: el barón de Humboldt, das war der starke Mann Humboldt.

Im Unterschied zu spanischen Biographen neigen englische eher zu der Annahme, daß Humboldt homosexuell war, deutsche vertreten die Meinung, der Forscher habe zur Sexualität überhaupt kein Verhältnis gehabt, und Franzosen vermuten Bisexualität.

Die Wahrheit? Ich glaube nicht, daß jemand sie wirklich kennt. Humboldts Zeit war, anders als unsere, diskret. Zeitungen, die gleichsam durch Schlüssellöcher gucken ließen, gab es nicht. Außerdem war Humboldt nicht mitteilsam, was sein Privates betraf. Daß er ausschließlich mit männlichen Begleitern reiste, war natürlich – das taten

Francisco José de Caldas, ein ebenso begabter wie ehrgeiziger Forscher, bemühte sich intensiv darum, in die Expedition aufgenommen zu werden. Als Humboldt ihn abwies, reagierte er mit bösen Nachreden auf den Mann, den er zuvor tief verehrt hatte

auch Marco Polo, James Cook, Edmund Hillary und Neil Armstrong. Daß er gelegentlich leidenschaftsvolle Freundschaftsbezeugungen an männliche Empfänger schrieb, zum Beispiel 1798 an den jungen Leutnant Reinhard von Haeften, sagt eher etwas über damalige Ausdrucksformen als über sexuelle Vorlieben. Daß Humboldt nicht heiratete, hatte mit dem totalen Engagement zu tun, das er seinen Wissenschaften widmete. Nun aber, in Quito, nach Jahren strapaziösen Reisens, scheint er das lockere Leben der ekuadorianischen Hauptstadt genossen zu haben – ich finde das so menschlich und natürlich wie seine gelegentlichen Übertreibungen in Briefen.

Seine Unrast zu wissenschaftlicher Arbeit indes ließ ihn nicht los. Am 14. April versuchte er, den Pichincha zu besteigen, aber in 4000 Meter Höhe wurde ihm schwindelig, und er gab den Versuch auf. Den Rest des Monats nutzte er zu einer 140-Kilometer-Exkursion zum Cotopaxi, den er „an Schönheit und Regelmäßigkeit der Kegelform" unübertrefflich fand. Am Fuße dieses höchsten tätigen Vulkans der Erde betrat er wie nebenbei einen neuen Weg in seiner wissenschaftlichen Laufbahn – den der Archäologie. Er vermaß und skizzierte ein verfallenes Inkagebäude in Pachuzala, das er Caio nannte, näherte sich also mit wissenschaftlichen Methoden jenen Ruinen, die der Chronist Pedro de Cieza de León als erster besucht und schon 1540 beschrieben hatte. Auch im ferneren Verlauf seiner Reise untersuchte er archäologische Stätten, in Ekuador, in Peru und in Mexiko, und er veröffentlichte später die erste große archäologische Studie über die präkolumbianischen Zivilisationen.

Von jenem Pachuzala, das Humboldt sah, fand ich nur mehr Spuren. Zu oft war der Ort von den gewaltigen Eruptionen des Cotopaxi bombardiert worden. Um so eindrucksvoller sieht das einzige auffallende Objekt von Menschenhand in der Nähe des Cotopaxi aus, wo sonst nur wilde Pferde zwischen Lavafelsen leben: Eine Satellitenempfangsantenne der NASA, die Mitte der sechziger Jahre gebaut wurde.

An den Hängen des Cotopaxi habe ich eine Nacht verbracht, die ich nie vergessen werde. Das war 1966, als ich ihn das erste Mal bestieg und an der Schneegrenze bei 4478 Meter – das ist exakt die Höhe des Matterhorns – mein Zelt aufstellte. Am Abend leuchtete eine flimmernde Konstellation bunter Sterne tief unten: Quito. Über mir löschte der Schatten einer gigantischen Bergmasse das Kreuz des Südens aus. Als ich mich sattgesehen hatte, schnappte der Wind die ganze Nacht nach meinem Zelt, als wäre er ein Lebewesen.

Bei einer späteren Besteigung mußten meine Begleiter und ich zehn Stunden lang mit Seil und Steigeisen durch tiefen Schnee, über Eisspalten und über einen neuen Gletscher, der ungut rumpelte, wenn sich am Steilhang neue Spalten langsam öffneten. Aber der Aufstieg lohnte. Von der höchsten Schneebank an der Kante des 800 Meter weiten Kraters, der gelben Rauch und Dampf ausstößt, hatte ich einen Blick auf eine Pyramidenkette, die ihresgleichen auf dieser Welt nicht findet: Ich sah etwa vier-

Vor den Hängen des Vulkans Pichincha breitet sich Quito, wo sich Humboldt ungewöhnlich lange aufhielt und offenbar sehr amüsierte. Im Süden reckt sich der Vulkan Cotopaxi in den Abendhimmel

zig Vulkane mit über 4000 Meter hohen Gipfeln. Sieben der Kolosse reichen sogar über 5000 Meter hinaus, der höchste von allen, der Chimborazo, hat 6310 Meter Höhe, und als wollte er dafür sorgen, daß meinem Blick nichts fehle, trug der Sangay, der letzte Vulkan in südlicher Richtung, ein herrliches Schauspiel bei: Er war aktiv und schleuderte Lava hoch in den klaren Himmel.

Humboldt brachte es nicht über sich, diese Gegend zu verlassen, ohne den Pichincha bestiegen zu haben, zu dessen Füßen er nun lange gelebt und sich akklimatisiert hatte. Zwar ist der Berg, den inzwischen längst auch Amateure, ja sogar Schulkinder besteigen, nicht sehr steil, und es liegt auch kein ewiger Schnee auf ihm, aber dennoch ging es mir bei meinem ersten Versuch wie Humboldt: Ich geriet außer Atem, weil ich anfangs ein zu großes Tempo vorgelegt hatte. Gut möglich, daß ich den Berg auch ein bißchen unterschätzt hatte, der höher als alle Gipfel in Europa ist, ausgenommen der Montblanc, der es auf 23 Meter mehr bringt.

Zu Humboldts Zeiten gab es noch keine alpine Kleidung, Ausrüstung oder Technik, und trotzdem erreichte er den Gipfel, zusammen mit einem Indio und einem spanischen Freund. Es ging nicht ganz ohne Schrecken ab; der Indio brach nämlich jäh in eine Schneebrücke ein, aber Humboldt zog ihn wieder heraus. Dann krochen die drei Männer bis an den Rand des großen Kraters und schauten in das unheimliche Loch mit den flackernden Flammen, während der Boden, auf dem sie lagen, alle zwei bis drei Minuten bebte.

Wieder im Tal, berichtete Humboldt von der Aktivität des Vulkans – prompt wurde die Gegend am nächsten Tag von einem Erdbeben geschüttelt; die Indios gaben den Fremden die Schuld und verdächtigten sie, Schießpulver in den Krater geschüttet zu haben.

Zwei Tage später bestieg Humboldt den Pichincha wiederum, diesmal zu mehreren und mit der gesamten Instrumentenausrüstung. Sie analysierten die Luft, maßen den Magnetismus, errechneten die Höhe und ermittelten den

Angetrunkene Indios hocken am Wegesrand. Besonders an Feiertagen ergeben sich überall in den Anden die Ureinwohner dem Alkohol, um die Ärmlichkeit ihres Daseins zu vergessen

223

Kraterdurchmesser mit fast 1470 Metern. Was die Höhe angeht, so vertat sich Humboldt ein wenig, aber mit 4784 Metern – etwas mehr als der Puracé – war der Pichincha bis dahin sein Höhenrekord.

Den Abschied von Quito, wo sich der sonst so ruhelose Humboldt fünf Monate aufgehalten hatte, länger also als an irgendeinem anderen Ort während der vergangenen Reisejahre, setzte er auf den 9. Juni 1802 fest. Caldas, der die Zurückweisung durch Humboldt nicht verwunden hatte und nie mehr ganz verwinden würde, kopierte bis zum letzten Augenblick wissenschaftliche Tabellen und Texte des Forschers. Sie verabschiedeten sich mit etwas angestrengter Herzlichkeit, und Humboldt schrieb auch später weiterhin Briefe an Caldas, aber der spottete: „Dieser Adonis", als er sah, daß Montúfar mit der Expedition davonritt, der anzugehören er selber so sehnlich gewünscht hatte.

Caldas setzte seine Verbitterung in Arbeit um. Er kartographierte Neu-Granada, gewiß um der Sache willen, aber ebenso gewiß auch, um mit Humboldt zu konkurrieren und ihn womöglich sogar zu übertreffen. Er veröffentlichte wissenschaftliche Arbeiten – die Humboldts Daten einschließen – in den Jahren 1807 und 1808; dann aber plötzlich stürzte er sich mit jener Konsequenz, die ihm eigen war, in die Revolution gegen Spanien.

1816 wurde der Mann, der im Leben Humboldts eine so sonderbare Rolle gespielt hatte, wegen Hochverrats erschossen. Heute wird er in kolumbianischen Geschichtsbüchern als großer Märtyrer dargestellt, und er fand auch wohlmeinende Biographen, die behaupten, Humboldt habe ihm den Weltruhm aus Angst vor einem größeren Genie verwehrt, das den Europäern die wissenschaftliche Autorität in Südamerika hätte nehmen können. Und nicht nur in Büchern wird Caldas geehrt: Das reichste Kaffeeanbaugebiet der Erde, das kolumbianische Hochland, das auch Humboldt durchquerte, heißt heute Caldas.

Ich folgte dem Weg der Expedition von Quito aus südwärts auf dem panamerikanischen Highway. Er führt über jene Strecke, die Humboldt die „Avenue der Vulkane" genannt hat. Tatsächlich erheben sich die mächtigen Kegel beiderseits der Straße, als seien sie Wegmarkierungen. Das Land rundum ist von Hunderte von Metern dicken Ascheschichten bedeckt, und überall dort, wo der Highway Hügel durchschneidet, sah ich an der Böschung Dutzende von Ascheschichten in verschiedenen Farben: manche sind nur einige Millimeter, andere mehrere Meter dick – jede Schicht das Zeugnis einer Eruption.

Einer jener Vulkane ist der 5033 Meter hohe Tungurahua, der nicht sehr ansehnlich wirkt, denn der Schnee an seinen Flanken ist vom Rauch des Kraters verschmutzt. Alte Bilder in den Dorfkirchen dieser Gegend stellen den Tungurahua mit züngelnden Flammen als Symbol schlimmen Schicksals dar – aus gutem Grund.

Direkt unter dem Berg besuchte ich die Klippen, auf denen einst Alt-Pelileo stand, die Heimat der Salasaca-Indios, eines Stammes, den die Inkas im 15. Jahrhundert aus Bolivien hierherbrachten, denn damals fanden große Umsiedlungen statt, um Erhebungen vorzubeugen und das riesige Reich zu einigen. Heute ist dieses Alt-Pelileo verschwunden. Das schreckliche Beben von 1949 verschluckte die Siedlung in einer Schlucht, die sich viele hundert Meter tief auftat. Wer überlebte, verließ diesen Ort des Todes und wohnt heute in einer neuen Siedlung, die wiederum Pelileo heißt.

Unmittelbar hinter dem Tungurahua blieb die Humboldt-Expedition drei Wochen lang in Riobamba, und zwar im Haus von Carlos Montúfars älterem Bruder, der hier als Vorsteher des Magistrats wirkte. Immer noch befand sich Humboldt auf gefährlichem Boden, denn hier war das Zentrum des Erdbebens von 1797 gewesen, das ganz Zentral-Ekuador erschütterte und zu einem gigantischen Friedhof machte. Zeugen jenes Geschehens waren die drei Riesenvulkane rund um das Städtchen: der Tungurahua, der Kranz von Felstürmen mit dem Namen El Altar, schließlich der Chimborazo, den man zur Zeit Humboldts für den höchsten Berg der Welt hielt.

Hier übrigens, in dieser gigantischen Szenerie feuerspeiender Berge, wurde Humboldt durch eigene Feldstudien gewissermaßen vom Saulus zum Paulus zwischen zwei Lehrmeinungen über die Entstehung des festen Landes auf der Erde, die seinerzeit ebenso heftig wie akademisch aufeinanderprallten.

Die eine, vertreten von seinem früheren Freiberger Lehrer Werner und zunächst übernommen von Humboldt, besagte, daß alle Gesteine durch Ablagerungen in den Meeren entstanden seien, mit Ausnahme der verhältnismäßig wenigen gegenwärtigen Lava-Auswürfe im nahen Umkreis der Vulkane.

Das war die Lehre vom Neptunismus – genannt nach dem Meeresgott der alten Römer.

Der Plutonismus dagegen, genannt nach dem Gott der Unterwelt in der griechischen Mythologie, bevorzugte alle Kräfte und Erscheinungen, die bei der Bildung der Erdkruste in ursächlichem Zusammenhang mit magmatischen Vorgängen aus dem glutflüssigen Inneren der Erde stehen.

Nach seinem eigenen Augenschein der „Avenue der Vulkane" wechselte Humboldt zu dieser moderneren Theorie über – während viele seiner Freunde, auch Goethe, bei ihrer neptunistischen Überzeugung blieben. Aber Goethe ist eben nicht in Riobamba gewesen. Und so konnte er nicht mitbekommen, was man heute ein „Aha-Erlebnis" nennt, das Humboldt hier fast täglich unter seinen eigenen Füßen ver-

Die abgesprengte Kuppe des Vulkans El Altar gilt als Beispiel zur Stützung der Theorie vom Vulkanismus, die im Gegensatz zur Neptunismus-Theorie Abraham Gottlob Werners stand – Humboldts früherem Lehrer. Ablagerungen an einer Straße zeigen die Spuren verschiedener Eruptionen

spürte: Der Boden bebte, und in der Erde waren ganze Schichten von Brokken zu sehen, die in längst versunkenen Jahrhunderten von donnernden und glühenden Vulkanen ausgespuckt wurden. Heute ist die polarisierte Darstellung beider Lehrmeinungen längst aufgehoben durch ein differenzierteres Bild.

Humboldt wenigstens wurde nach seiner Erkenntnis nicht müde, jeden Tag erneut hinaus ins Land zu gehen und nach Indizien vulkanischer Aktivitäten zu suchen. Sowenig früher, auf der anderen Seite des Kontinents, die sirrenden Quälgeister des Urwaldes, die peinigenden Moskitos, ihn daran hindern konnten, das zu tun, was er für seine Pflicht hielt, sowenig ließ er sich jetzt durch seine wunden Füße von der Arbeit abhalten: Ascheteilchen waren unter den Zehennägeln in Entzündungen geraten, die durch Sandflöhe verursacht worden waren.

Humboldt ignorierte solche Beschwerden. Er war immer, auch hier und für den Rest seines Lebens, von seiner Arbeit besessen. Nichts anderes hatte auch nur annähernd gleichen Rang. Indem er aber mit wirklichem Heroismus auch unter den schwersten Bedingungen in seiner Arbeit fortfuhr und sich nicht schonte, nahm er mehr als irgendein anderer Mensch seines Jahrhunderts der Geographie den Ruf einer Schreibtischwissenschaft.

Er hatte nie gesehen, wie ein Vulkan einstürzt, aber er irrte sich nicht, als er vermutete, der El Altar sei ein eingestürzter Vulkan. Die Indios nannten ihn Capac Urca, den allmächtigen Berg, während die Spanier den gewaltigen, von Felstürmen umgebenen Krater als eine riesige Kathedrale ansahen. Sie tauften den Nordgipfel Kanon, den Ostgipfel Tabernakel und den Südgipfel, der mit 5321 Metern am höchsten aufragt, den Bischof. Die Westseite dieses sonderbaren Monstrums ist entweder durch eine gewaltige Eruption abgesprengt oder von dem Fluß, der aus dem Kessel kommt, weggewaschen worden. Ohne dieses Loch hätte der El Altar heute einen großen Kratersee.

Eine seltsame Entdeckung führte Humboldt zu seinem Schluß, daß der El Altar erst in jüngerer Vergangenheit explodiert sein könnte. Er schrieb, ein indianischer König, der in Likan wohne „und für einen Indianer ungemein gebildet ist, besitzt Handschriften, von einem seiner Vorfahren aus dem 16. Jahrhundert verfaßt . . . Sie sind in der Puruguay-Sprache geschrieben. Dies war ehedem die allgemeine Sprache in Quito, die nachher der Inka- oder Ketschua-Sprache gewichen und jetzt völlig untergegangen ist. Wir haben aus ihnen schätzbare Nachrichten geschöpft, vornehmlich über die merkwürdige Epoche der Eruption des sogenannten Nevado del Altar, welches der größte Berg der Welt gewesen sein muß, höher als der Chimborazo . . . Der Ausbruch des Vulkans dauerte sieben Jahre, und die Handschrift läßt die Asche zu Likan so dicht und häufig regnen, daß eine siebenjährige stete Nacht dort gewesen sei."

Das war faszinierend wie die ersten Eindrücke, die Humboldt auf diesem Kontinent der Faszination erlebte, aber die nächste Faszination war längst in Sichtweite: der kuppelförmige Chimborazo. Humboldt hielt ihn nach dem Wissen seiner Zeit für den höchsten Berg der Welt – in gewisser Weise zu Recht, denn durch die äquatoriale Wölbung der Erde ist sein Gipfel 2152,2 Meter weiter vom Mittelpunkt der Erde entfernt als der Mount Everest.

Der Chimborazo ist ein erloschener Vulkan. Keine innere Hitze schmilzt mehr die vielen Meter Schnee, die Jahr für Jahr in den Krater fallen und ihn, wie Humboldt richtig erkannte, mit Millionen von Tonnen Eis füllen. Wolken vom Amazonasurwald quellen an der Ostseite des Berges hoch und verursachen die bizarre, asymmetrische Form der Eiskappe auf dieser Seite des mächtigen Berges, auf der die Schnee- und Gletschergrenze etwa 1000 Meter niedriger liegt.

Von Riobamba aus wirkt der Chimborazo so gewaltig und die Ostseite ist so steil und voll von Spalten und Eisfällen, daß ich vermute, Humboldt hatte keinen Gipfelsturm vor, als er von Riobamba aus seine Expedition zum Chimborazo begann.

Die Karawane ritt nach Westen, umrundete die Südseite des Berges und gelangte am Hang immer höher hinauf. An der Schneegrenze der Westseite schlugen die Männer an einer verhältnismäßig ebenen Stelle, die man heute mit dem Auto erreichen kann und an der Bergsteiger 1978 eine Schutzhütte bauten, ihr Lager auf.

Von diesem Platz aus hat man den Eindruck – aber er ist falsch –, bis zum Gipfel sei es nur eine leichte Wanderung: über eine Felsmoräne und Schneefelder, dann zwischen einigen Gletscherüberhängen hindurch direkt bis zum höchsten Punkt. Ich vermute, daß Humboldt erst angesichts dieses vermeintlich leichten Aufstiegs den Beschluß faßte, den Gipfelsturm zu wagen – und überdies annahm, er könne ihn in wenigen Stunden schaffen.

Der Forscher war zu dieser Zeit auf dem Höhepunkt seiner Kräfte. Er hatte sich an große Höhen gewöhnt und schon einige bemerkenswerte Aufstiege geschafft. Kein Zweifel: Der Chimborazo forderte ihn heraus. Zwar nahmen er und seine Begleiter wie immer einige Instrumente mit, und Bonpland, der gleichfalls Unermüdliche, fand sogar im Schnee noch Pflanzen und Insekten, aber Zweifel daran sind erlaubt, ob Humboldt gleichsam im Dienst der wissenschaftlichen Forschung den Berg anging. Er selbst schrieb in seinen „Kleineren Schriften": „Das Erreichen großer Höhen ist von geringem wissenschaftlichen Interesse, wenn dieselben weit über der Schneegrenze liegen und nur auf wenige Stunden besucht werden können." Aber er schrieb auch zu einer Zeit, in der niemand Berge aus rein sportlichen Gründen bestieg: „Das, was unerreichbar scheint, hat eine geheimnisvolle Ziehkraft; man will, daß alles erspäht, daß wenigstens versucht werde, was nicht errungen werden kann."

Er versuchte es. Die Männer ließen die Maultiere zurück und starteten am 23. Juni 1802 zum Aufstieg auf den Gipfel. Der Weg wurde viel beschwerlicher, als er sich von unten angesehen hatte. Die meisten Begleiter gaben auf, wie bei fast allen Bergbesteigungen, die Humboldt in Südamerika unternahm. Er ließ sich dadurch nicht anfechten. Er kletterte weiter, gemeinsam mit Bonpland, Carlos Montúfar und einem Mestizen.

„Wir gelangten", berichtete er später, „mit großer Anstrengung und Geduld höher, als wir hoffen durften, da wir meist ganz in Nebel gehüllt blieben. Der Felsrücken (im Spanischen sehr bedeutsam cuchilla, gleichsam Messerrücken genannt), hatte oft nur die Breite von acht bis zehn Zoll. Zur Linken war der Absturz mit Schnee bedeckt, dessen Oberfläche durch Frost wie verglast erschien. Die dünneisige Spiegelfläche hatte gegen 30 Grad Neigung. Zur Rechten senkte sich unser Blick schaurig in einen 800 oder 1000 Fuß tiefen Abgrund, aus dem schneelose Felsmassen senkrecht hervorragten. Nach einer Stunde vorsichtigen Klimmens wurde der Felskamm weniger steil, aber leider blieb der Nebel gleich dick. Wir fingen nun nach und nach an, alle an großer Übelkeit zu leiden. Der Drang zum Erbrechen war mit etwas Schwindel verbunden und weit lästiger als die Schwierigkeit zu atmen . . . Wir bluteten aus dem Zahnfleisch und aus den Lippen. Die Bindehaut der Augen war bei allen ebenfalls mit Blut unterlaufen. Die Nebelschleier, welche uns hinderten, entfernte Gegenstände zu sehen, schienen plötzlich trotz der totalen Windstille, vielleicht durch elektrische Prozesse, zu zerreißen. Wir erkannten einmal wieder, und zwar ganz nahe, den domförmigen Gipfel des Chimborazo. Es war ein ernster, großartiger Anblick. Die Hoffnung, diesen ersehnten Gipfel zu erreichen, belebte unsere Kräfte aufs neue . . . Wir eilten sicheren Schrittes vorwärts, als auf einmal eine Art Talschlucht von etwa 400 Fuß Tiefe und 60 Fuß Durchmesser unserem Unternehmen eine unübersteigliche Grenze setzte . . . Die Kluft war nicht zu umgehen . . . Es war 1 Uhr mittags. Wir stellten mit vieler Sorgfalt das Barometer auf . . . Wir hatten nach der La Placeschen Barometer-Formel eine Höhe von 5878 Meter erreicht . . . Wir blieben kurze Zeit in dieser traurigen Einöde, bald wieder ganz in Nebel gehüllt . . . Vorsicht war indes wegen Unsicherheit des Tritts noch mehr nötig als im Heraufklimmen. Wir hielten uns nur so lange auf, als wir brauchten, Fragmente der Gebirgsart zu sammeln. Wir sahen voraus, daß man uns in Europa oft um ‚ein kleines Stück vom Chimborazo' ansprechen würde . . . Um zwei Uhr und einige Minuten erreichten wir den Punkt, wo unsere Maultiere standen.“

In Gehrock und Straßenstiefeln, mit blutunterlaufenen Augen und Schwindel im Hochgebirge – so stellt man sich einen Wissenschaftler nicht vor. Als die Nachricht von Humboldts Abenteuer am Chimborazo später in Europa bekannt wurde, trug sie mehr zu seinem Ruhm bei als manche andere Exkursion, die wissenschaftlich ergiebiger war. Ein Rekord wurde ihm zuerkannt – die größte bis dahin von einem Menschen erreichte Höhe.

Aber wie hoch kletterten Humboldt und seine Begleiter wirklich? Der britische Maler und Bergsteiger Edward Whymper, der den Chimborazo im Jahre 1880 zweimal anging, bezweifelte, daß Humboldt die von ihm errechnete Höhe tatsächlich erreicht habe. Whymper suchte lange nach Humboldts unsicherer Route und nach der Stelle seiner höchsten Messung; er fand, die Beschreibung stimme nicht mit dem Gelände überein – aber auch Whympers Ermittlungen wurden angezweifelt.

Genau 100 Jahre nach Whymper stand ich mit Marco Cruz, einem namhaften ekuadorianischen Bergführer, an der Stelle, von der ich glaube, daß Humboldt dort seine Höhe maß. Marco meinte, daß meine Messung von 5550 Meter – also 328 Meter weniger als Humboldts – mit dessen Koordinaten übereinstimmte, die er mit anderen Bergsteigern und Historikern ausgewertet hatte.

„Der Punkt, an dem Humboldts Expedition umkehrte“, sagte Marco,

Am oberen Ende der tiefen Kluft endete das Abenteuer des preußischen Forschers am Chimborazo. Der Hofmaler Friedrich Georg Weitsch schuf 1810 das Gemälde, das er „Alexander von Humboldt und Aimé Bonpland in der Ebene von Tapia am Fuße des Chimborazo" nannte

„liegt viele Stunden vom Gipfel entfernt. Zum Glück blieb Humboldt auf Fels und geriet nicht bei schlechtem Wetter in den spurlosen Schnee, denn das wäre das sichere Ende gewesen. Nur die besten Kletterer können übrigens den Chimborazo an einem Tag schaffen, wenn sie noch vor der Morgendämmerung starten und auf festem Schnee bleiben. Ende Juni, als Hum-

boldt hier war, liegt in Gipfelhöhe meist brusthoher Neuschnee. Das bedeutet, entweder aufzugeben oder zu versuchen, oberhalb 6000 Meter mit Schneeschuhen zu klettern."

Es gibt noch einen weiteren Nachweis für Humboldts Irrtum. Er berichtete, er habe für den Rückweg zum Lager bei vorsichtiger Gehweise eine Stunde gebraucht. Ich brauchte für die etwa 1000 Höhenmeter drei Stunden. Das heißt: Humboldt hätte die ganze Strecke sozusagen im Sprint zurücklegen müssen – natürlich ist das unmöglich.

Dennoch blieb Humboldts Abenteuer auf dem Chimborazo ein großartiges und mutiges Unternehmen. Ich kann gut begreifen, daß sich der Forscher immer mit einem gewissen Stolz seiner Stunden am Chimborazo erinnerte.

„Mein ganzes Leben lang", schrieb er später, „habe ich mir vorgestellt, daß unter allen Sterblichen ich derjenige war, der auf dieser Welt am höchsten aufgestiegen war."

Auch damit irrte er, aber das konnte er nicht wissen. Denn ein Jahrhundert nach Humboldts Tod gelangen Bergsteigern in den abweisenden Südanden zwischem dem 15. und 30. südlichen Breitengrad Erstbesteigungen von mehreren Vulkanen, die sehr hoch, aber nicht mit ewigem Schnee bedeckt sind. Zu ihrer maßlosen Verblüffung fanden sie dabei Spuren von Menschen auf den Gipfeln.

Die Erklärung ergab sich später: Im 15. Jahrhundert hatten die Inkas ihren Sonnenkult auf wenigsten 24 Gipfeln ausgeübt, die mehr als 5500 Meter hoch sind, höher also als Humboldts vermeintlicher Rekord. Vierzehn jener Berge, auf denen die Inkas ihre Rituale zelebrierten, erreichen mehr als 6000 Meter, und 1961, als argentinische Archäologen den Gipfel des 6724 Meter hohen Llullaillaco erreichten, fanden sie selbst in dieser Höhe noch Spuren: Die Inkas hatten auch hier Feuerholz und Asche, Altäre und Speisereste hinterlassen; alles war in der sauerstoffarmen, eisigen Luft gut konserviert.

Übrigens unternahm Humboldt den Abstieg vom Chimborazo auf den Tag genau drei Jahre nach seinem Abstieg vom Teide, dem ersten hohen Vulkan, den er auf den Kanarischen Inseln erklettert hatte. Das war am Tag vor Johannis, den Bauernregeln nach der kälteste Tag des Andenjahres, an dem die Indios in den Städten Freudenfeuer anzünden und dann durch die Flammen springen; auf dem Lande färbt brennendes Büschelgras die Berghänge fast bis zur Schneegrenze schwarz. Ist es wirklich Zufall, daß Humboldt am Vorabend von Johannis auch auf den Hängen von Teneriffa solche Feuer sah?

Nach dem Abenteuer am Chimborazo zog die Expedition von Riobamba aus drei Tage nach Süden und passierte dann den 5230 Meter hohen Sangay, der als aktivster Vulkan der Erde gilt, als das zuverlässigste Schaustück unter den Tausenden von vulkanischen Erscheinungen. Er spie schon Feuer, als die Spanier ins Land kamen, und er wirft auch heute noch Asche und Lava in den Schnee rund um seinen Gipfel. Humboldt wußte von diesem Vulkan – und die Hufe seiner Maultiere sanken in die Flugasche des Sangay ein – aber er konnte ihn nicht sehen. Die Wolken, die vom Amazonas herüberziehen, waren dicht und beständig wie heute.

Ein Missionspilot, der auf der Urwaldseite der Anden lebt, erzählte mir, daß es ihm während unzähliger Flüge in zehn Jahren nur dreimal gelungen sei, den Sangay zu sehen und zu fotografieren, obwohl er in manchen Nächten ein großes Feuerwerk beobachten konnte, das den Schnee in den Gipfelregionen schwärzt.

Ich hoffte auf mein Glück und überredete ihn zu einen Flug am nächsten Morgen. Wenn überhaupt, ist nur das Flugzeug ein probates Mittel, den Gipfel zu besichtigen, aus dem unausgesetzt Lavageschosse fliegen, die schon viele Bergsteiger getötet haben.

Ich sah die Stellen deutlich, an denen diese heißen Brocken eingeschlagen waren: Sie hatten den Schnee ringsum geschmolzen. Ich sah, daß am Fuße des unheimlichen Berges tropische Vegetation auf den dicken Ascheschichten gedeiht, und daß vor allem auch die Osthänge des Berges, wo jährlich bis zu sieben Meter Niederschlag vom Himmel kommt, bewachsen sind.

Und dann, als wir in 5230 Meter Höhe um den Vulkan kreisten, sah ich, daß aus kleineren Öffnungen zwei Lavaströme flossen, die sich dampfend ihren Weg durch Schnee und Eis bahnten. Aus einem Loch in der Mitte des Kraterbodens pufften Rauchwolken und schossen Fontänen rotglühender Lava Hunderte von Metern in die Luft.

Ich konnte trotz des Motorlärms die Lavabrocken wie Artilleriegeschosse pfeifen hören, wenn sie an der Flugzeugtür vorbeiflogen, die ich zum besseren Fotografieren geöffnet hatte. Die meisten dieser glühenden Geschosse schienen sich während ihres kurzen Fluges zu verfestigen, bevor sie in den Kra-

Aus der Ferne
bietet der Sangay
einen schönen Anblick
– wenn er nicht ver-
hangen bleibt. Tatsäch-
lich ist dieser aktivste
Vulkan der Erde allen-
falls drei Tage im Jahr
sichtbar; sonst schütten
schwere Regenwolken
mehr als zehn Meter Was-
sersäule auf seine Hän-
ge. Alle 45 Sekunden
speit der Vulkan glü-
hende Lava aus

ter zurückfielen, aber eine riesige Masse quoll außerhalb des Kraters den steilen Hang hinunter und hinterließ eine häßliche schwarze Bahn im Schnee.

Die Eruptionen im Krater erfolgten genau alle 45 Sekunden. War es möglich, während einer so kurzen Pause einen Flug in den Krater zu wagen?

Wir taten es, zweimal, und wurden tatsächlich nicht von der vulkanischen Flak beschossen. Dann aber war die große Show jäh vorüber: Die Wolken, die den Sangay so oft verhüllen, zogen sich zu. Wir drehten ab.

Der Sangay ist der letzte große Vulkan im Nordabschnitt der Anden; der nächste liegt 1600 Kilometer weiter südlich in jener dürren, unbewohnten Region, in der auf hohen Gipfeln die Opferstätten der Inkas gefunden wurden. Dort stehen die Vulkane noch näher beieinander als in Ekuador. Humboldt kam nicht so weit südlich. Nach dem Chim-

borazo bestieg er erst 15 Monate später in Mexiko wieder einen Vulkan. Allerdings: In großen Höhen mit dünner Luft hielt er sich auch jetzt noch auf, und zwar fast auf Matterhorn-Höhe, nämlich bis zu 4445 Meter – auf der großartigen Inka-Hochstraße über den Páramos von Azuay.

Humboldt schildert die Inka-Hochstraße als „ganz aus gehauenen Steinen erbaut, sehr gut aligniert und gleich den schönsten Heerstraßen der Römer . . . Was ich von römischen Kunststraßen in Italien, dem südlichen Frankreich und Spanien gesehen, war nicht imposanter als diese Werke der alten Peruaner."

Insbesondere das Straßenstück bei Azuay ist noch erstaunlich gut erhalten, vielleicht deshalb, weil es – wie die Inka-Ruine Ingapirca auf einem Berg bei Canar – abseits des modernen Verkehrs liegt. Ingapirca ist heute die letzte Inka-Ruine in Ekuador und sie ist auch der

Humboldt bewunderte die Architektur der Inka und skizzierte mit dem Bleistift die „Festung des Canar". Die Ruine, die er dann für sein Reisewerk malen ließ, ist heute noch so gut erhalten wie seinerzeit

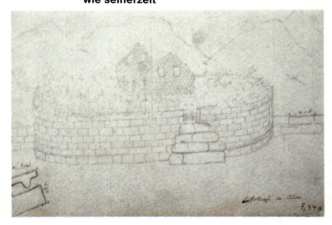

einzige große Inka-Bau, den Humboldt je gesehen hat, denn bis zum südlichen peruanischen Hochland mit der bewundernswerten Inka-Hauptstadt Cuzco führten ihn seine Pläne nicht. Er vermaß Ingapirca und machte Skizzen und zog dann weiter nach Cuenca, der zweitgrößten Stadt in Spaniens Audiencia de Quito, die ein wenig entlegen ist und deshalb auch heute noch, ganz im Unterschied zu vielen anderen, den Charme der Alten in der Neuen Welt ausstrahlt; sie wirkt, so schon Alexander von Humboldt, wie ein „Spanien des 17. Jahrhunderts unter Glas".

Die Expedition weilte zehn Tag in Cuenca, wo die Stadtverwaltung zu Ehren der europäischen Gäste einen Stierkampf organisierte. In derselben Arena hatte 63 Jahre früher ein spektakulärer Stierkampf stattgefunden, der einen französischen Forscher das Leben kostete. Dr. Jean Séniergues, Mitglied der geodätischen Expedition von Charles Marie de La Condamine und Pierre Bouguer, die neun strapazenreiche Jahre lang die Erde vermaß, wurde hier von einer aufgebrachten Menge gelyncht, weil er die Ehre einer Frau allzu herausfordernd vertrat.

Von Cuenca aus verfolgten Humboldt und Bonpland zwei Monate lang in südlicher Richtung die Spuren jener Franzosen, um deren Messungen mit den mittlerweile besseren Instrumenten zu überprüfen.

In Richtung Loja, wohin sich Humboldt begeben wollte, steigt und fällt die Straße unausgesetzt und führte mich täglich gleichsam in mehrere Jahreszeiten und Landschaften: Frühlingsschnee und sommerliche Täler wechselten einander ab; an einem Ort ernteten Indio-Bauern mit der Sichel reife Gerste. Das nächste Tal war schmal zwischen hohen Felswänden und ohne einen einzigen Menschen; das wiederum nächste barg satte Weiden.

Hier, in der Gegend von Loja, konzentrierte Humboldt seine Arbeit auf die Untersuchung des Chinchona-Baumes, der Chinchona condaminea, aus deren Rinde seit 1820 Chinin gewonnen wird, das Mittel also, das auch Bonpland half, seine Malaria zu überwinden. Chinin war damals und blieb bis zur Entwicklung synthetischer Mittel 1925 die erste und einzige Medizin gegen die Malaria, die ganze Länder schon im Altertum bedrohte.

Für die Gewinnung von nur fünf Tonnen Chinarinde mußten in der Umgebung von Loja jährlich bis 900 Bäume gefällt werden. Humboldt sah das besorgt und prophezeite, daß die Chinchona-Bäume ausgerottet würden.

Er irrte sich nicht, leider nicht. Als ich auf seinen Spuren den Chinchona-Wald am Osthang der Anden durchforschte, fand ich von den 60 Baumarten, die Humboldt beschrieb, nur mehr eine.

Danach versuchte ich, die Gebirgskette an der ekuadorianisch-peruanischen Grenze zu inspizieren, die Cordillera del Condor, ein menschenabweisendes, nur von wenigen Jivaro-Indios bewohntes Gebiet mit tropischer Vegetation, wo Jahr für Jahr ganze Seen vom Himmel schütten. Auch hier, in diesem entlegenen Grenzland, gibt es eine Guacharo-Höhle mit 30 000 Vögeln, wie sie Humboldt in Venezuela gesehen hatte, und auch hier kamen die Eingeborenen durch den Urwald von weither, um die Jungvögel zu töten und Fett daraus zu gewinnen. Aber hier, anders als in Venezuela, gab es in der Höhle noch mehr: 300 Meter hinter dem Eingang entdeckte man 1970 Tongefäße, deren Alter nach Untersuchungen im Prähistorischen Laboratorium der Universität Köln und im Max Planck-Institut in Heidelberg 3000 Jahre beträgt.

Und dann grüßte mich jäh die Gegenwart: Soldaten mit automatischen Waffen hielten mich an und schicken mich zurück – Peru und Ekuador trugen wieder einmal einen Grenzkonflikt in einer Gegend aus, in der es seit der Zeit der Inka-Kulturen immer wieder Spannungen gegeben hat – und wohl auch weiter geben wird: In jüngster Zeit wurde tief unter dem Urwald Erdöl entdeckt.

Humboldt war besser dran als ich. Als er am 1. August 1802 die Grenze von Ekuador nach Peru überschritt, merkte er den Übergang gar nicht. Seinerzeit herrschte Friede.

»Die Strömung war schon 300 Jahre vor mir allen Fischerjungen von Chile bis Peru bekannt«

Humboldt hat den Meeresstrom westlich Südamerikas, der seinen Namen trägt, zwar nicht entdeckt, aber er hat ihn als erster systematisch erforscht. Als er das kalte Gewässer am Äquator befuhr, „fürchteten sich die Matrosen vor einem hohlen Geräusch aus der Tiefe des Ozeans". Der Cotopaxi brach aus – ein Abschiedsgruß Südamerikas

Oberhalb eines
hohen Kliffs erstreckt
sich Miraflores, Vorort der
peruanischen Hauptstadt
Lima. Humboldt hielt
sich vorwiegend in der
Altstadt auf, über die er
wenig schmeichel-
haft urteilte

Unmittelbar nach
seiner Ankunft in Lima
erlebte Humboldt die „Feria
de Octubre", während
der sich manche Bürger fast
einen Monat lang in purpurne
Gewänder kleiden. Den
Höhepunkt der Feiern bildet
eine Prozession, die dem Gott
der Wunder gewidmet ist

Kondore haben sich um
Aas versammelt. In Nordamerika
ist der Vogel mit den gewaltigen
Schwingen nahezu ausgestorben,
und auch in Südamerika gibt
es ihn nicht mehr so häufig wie
zu Humboldts Tagen, als
Zivilisation die Fauna noch
nicht bedrohte

Gemüsebauern
fahren ihre Pfeffer-Ernte
von der neblig-feuchten
Küste einige Kilometer
weit in die Wüste,
auf deren heißem Sand
die Schoten trocknen
können. Noch weiter land-
einwärts winden sich
gefahrvolle Straßen an
den Steilhängen der
Anden hoch

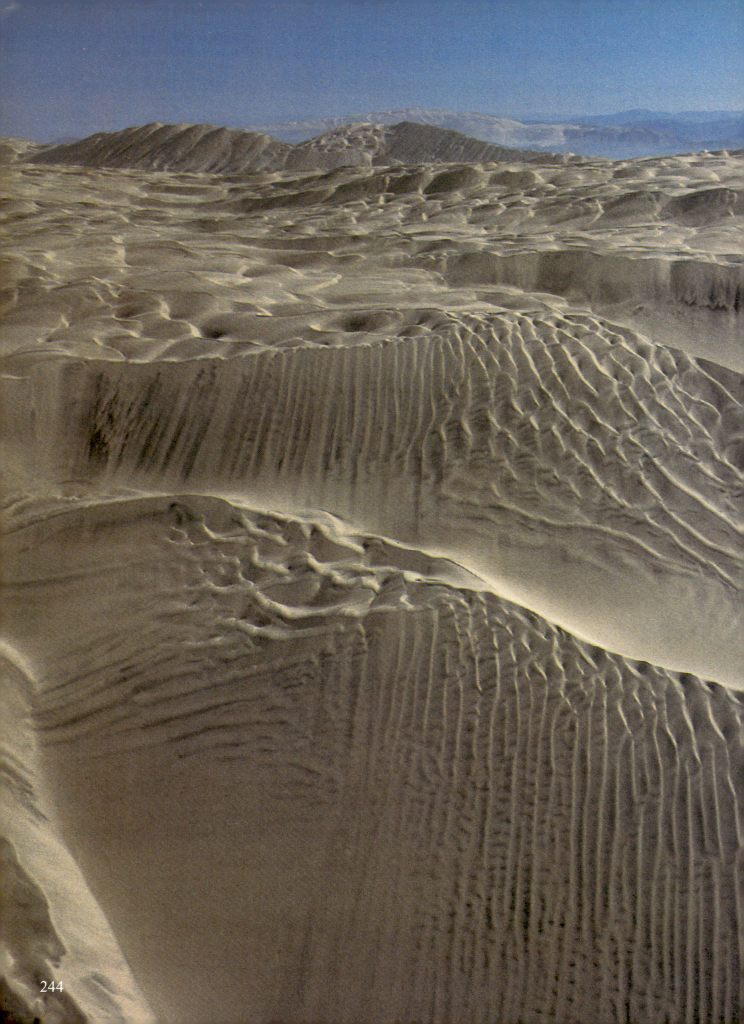

Eine der unge-
wöhnlichsten und in
aller Kargheit auch
schönsten Landschaften
erstreckt sich nördlich von
Lima in der peruanischen
Küstenwüste: Dünen,
die Höhen bis zu 1000
Meter erreichen

5000 Tonnen Fisch, so schätzte Humboldt, holten sich die Vögel, die auf den Inseln vor Peru lebten, täglich aus dem Meer. Das ist längst Vergangenheit. Heute ist das Meer überfischt, die Pelikane finden nicht mehr genügend Nahrung – auf den Inseln häuft sich also nicht mehr der Guano, jener Vogelmist, der als hochwertiger Dünger heiß begehrt war

Die Klamm des
Rio Huancabamba
windet sich durch die
rauhen Berge. Oft mußte
Humboldts Expedition
solche Flüsse dutzende
Male durchqueren,
um am jeweils anderen
Ufer besser voran-
zukommen

Als er auf der Sonnenstraße der Inkas bei Ayabaca die Grenze von Ekuador nach Peru überschritten hatte, kam Humboldt in ein 2800 Meter hoch gelegenes Gebiet, in dem große Lamaherden weideten. Sie sind, wie so manches, was damals noch ganz selbstverständlich war, längst verschwunden. Als ich diese Gegend bereiste, sah ich nur Ziegen.

Als Zweck der Reise durch diesen Teil Perus hatte der Forscher angegeben, er wolle verschiedene Messungen vornehmen und sie mit den Daten des Franzosen La Condamine vergleichen. Aber ich bin sicher, daß es für ihn unausgesprochen auch einen persönlichen Grund gab, in diese Gegend zu kommen: Alexander von Humboldt wollte den Giganten der Ströme, er wollte den Amazonas sehen.

Auf dem Weg vom Hochland gelangte die Expedition vom Rio Huancabamba, der sich derart durch die Landschaft schlängelte, daß sie ihn an zwei Tagen nicht weniger als 35mal überqueren mußten. „Der kleine, kaum 40 bis 50 Meter breite Gießbach", berichtete Humboldt, auch im Hinblick auf die Maultiere, „war so reißend, daß wir oft Gefahr liefen, in der Furt fortgerissen zu werden . . . Sie trugen unsere Manuskripte, unsere getrockneten Pflanzen, alles, was wir seit einem Jahr gesammelt hatten. Man harrt dann am jenseitigen Ufer mit unbehaglicher Spannung, bis der lange Zug von achtzehn bis zwanzig Lasttieren der Gefahr entgangen ist."

Sie entgingen der Gefahr, wieder und wieder, so reißend der Fluß auch war. Das Glück, das Humboldt bisher in Südamerika begleitete, war ihm auch weiter treu.

Sein Weg damals ist heute noch genauso schlecht und verdient diese Bezeichnung eigentlich gar nicht. Er ist ein rauher Pfad, der endlose 112 Kilometer durch ein baumloses Felsental und schließlich zur Trans-Anden-Straße führt. Erst wo der Fluß schon Chamaya heißt, werden die Ufer allmählich grün, und wo wiederum er in den großen Rio Marañon mündet, einen der bedeutendsten Quellflüsse des Amazonas, verlud Humboldt seine Expedition auf Flöße aus Balsaholz für die nächsten 33 Kilometer flußab. In Tomependa, einem Dorf in der Nähe der Mündung des Rio Chinchipe, schlugen die Reisenden ihr Lager auf.

Das Tomependa von damals gibt es nicht mehr. Nur wenige Jahre nach Humboldts Besuch wurde es von Aguaranas überfallen und restlos zerstört. Dieser Indiostamm blieb auch später, bis in unser Jahrhundert hinein, kriegerisch, ehe es Missionaren gelang, ihn von den Vorzügen der Friedfertigkeit zu überzeugen.

Daß es gelungen ist, kann ich bezeugen, denn 1953, als die Männer noch ihren malerischen Kopfputz aus Tukanfedern und Ozelotfell trugen, wurde ich in ihren Stamm eingeführt. Beinahe dreißig Jahre später halfen mir zwei der alten Freunde – natürlich längst nicht mehr in ihrer Stammestracht, sondern in Jeans-Allerweltskleidung – bei der Suche nach dem alten Tomependa.

Als wir durch das trockene Buschland streiften, sah ich plötzlich eine leuchtend orange und blaugrün gefärbte, beinahe unwirklich schöne Eidechse; ich wollte mich mit der Kamera anschleichen, als einer der Aguaranas aufgeregt zischte und mit dem Finger auf etwas zeigte, was ich nie gesehen hätte: Ich war in bedrohliche Nähe einer lebensgefährlich giftigen Erdviper geraten. Der Schock saß tief und nachhaltig; ich gab die Suche nach den Spuren von Tomependa auf.

Über diesen Ort berichtete Humboldt Sonderbares: Die Post komme durch schwimmende Boten, die sich den Fluß hinunter treiben lassen. Es gibt sogar in den „Vues des Cordillères" unter dem Titel „Poste aux Lettres de la Province de Jaen de Bracamoros" die Darstellung eines solchen schwimmenden Briefträgers, aber als ich die reißenden Katarakte des Flusses sah, bekam ich Zweifel an diesem merkwürdigen Postdienst. Ich fragte Professor Dr. Georg Petersen danach, den führenden Humboldt-Kenner und Geologen in Peru.

„Es haben sich gewiß Fehler in die Humboldt-Literatur eingeschlichen", sagte Petersen. „Die ‚Schwimmende Post' beispielsweise ist am angegebenen Ort unmöglich. Der Fluß hat unpassierbare Stromschnellen mit vielen Felsen. Humboldt selbst sagt, das Gefälle auf den letzten 96 Kilometern betrage 543 Meter – eine solche Strecke kann man hier nicht in zwei Tagen durchschwimmen, wie es in der dritten Ausgabe der ‚Ansichten der Natur' heißt. Übrigens ist merkwürdig, daß der hübsche Stich in ‚Vues des Cordillères' ein Tiefland mit Palmen zeigt, ein Bild, das keine Ähnlichkeit mit jener gebirgigen Landschaft aufweist."

Dennoch versicherte Humboldt, er habe diesen schwimmenden Postboten selber gesehen und gezeichnet, ja, er habe sogar bald nach seiner Heimkehr auf diesem Wege Post erhalten.

Professor Petersen, 1898 in Flensburg geboren, arbeitet seit 1924 in Peru und weiß genau, worüber er redet. Der Geologe und Autor von Büchern über Geologie sowie über Humboldt, ist viele Male dessen Route gefolgt und hat Humboldts Peru-Tagebuch übersetzt. Dabei traf es sich gut, daß Petersen französisch ebenso wie spanisch, ketschua und deutsch liest, denn die Tagebücher sind durcheinander in allen vier Sprachen geschrieben, dazu noch in ei-

Nach achtzehn Monaten in den Anden wollte Humboldt endlich den Pazifik sehen. Auf dem Weg zur Küste faszinierte den Bergbaufachmann die reichste Silbermine Perus. Und etwa auf dem 7. Breitengrad entdeckte der große Geograph den magnetischen Äquator. Den Weg durch die lebensfeindliche Küstenwüste bewältigte die Karawane in Gewaltmärschen bis zu 70 Kilometern ohne Halt. Lima, wo die Reisenden zwei Monate blieben, war die Endstation einer grandiosen und strapaziösen und wissenschaftlich ertragreichen Reise quer durch den südamerikanischen Kontinent

Der Pariser Maler Machans setzte einen schwimmenden Briefträger ins Bild, der angeblich auf dem Rio Huancabamba die Post beförderte. Daß dergleichen auf dem reißenden Strom stets unmöglich war, bezeugt auch Georg Petersen, der führende Humboldt-Experte Perus

ner so schwer zu lesenden Handschrift, daß der Gelehrte manchmal ganze Tage damit verbringt, eine einzige Seite zu entziffern. Er hat für jeden Platz in Peru, an dem Humboldt und Bonpland botanisierten und den Boden untersuchten, in Listen die Pflanzen, Gesteine und Fossilien zusammengestellt, die sie dort sammelten und ist mit seinem Mitarbeiter, Dr. Estuardo Nuñez, dabei, in einem Buch aufzuzeichnen, was Humboldt Tag für Tag in seiner peruanischen Zeit vom 1. August bis zum 24. Dezember 1802 tat.

In der Gegend von Tomependa wurde Bonpland nur mäßig fündig. Die Vegetation ist hier karg, Bromelien klammern sich an die felsigen Hänge. Der nach Norden strömende Rio Marañon kommt aus einer gewaltigen, 1000 bis 3000 Meter tiefen Schlucht, die sich in die Eisfelder der Anden schneidet, und verengt sich gleich hinter Tomependa im Pongo de Retama, einer von 18 Pongos – das Wort der Inka-Sprache bedeutet Tor –, die den unteren Marañon zu turbulenten Schnellen zwingen. „Von der Kraft, welche er auszuüben vermag", schrieb Humboldt, „kann man sich schon dadurch eine Vorstellung

machen, daß man ihn trotz seiner Breite bisweilen in 20 bis 30 Stunden über 25 Fuß anschwellen sieht."

Vielleicht wird es den Pongo de Retama schon bald nicht mehr geben. Als ich ihn inspizierte und von seiner gewalttätigen Turbulenz ebenso wie vor mir Humboldt beeindruckt war, nahmen Ingenieure in den Felswänden des Pongo bereits Probebohrungen für den möglichen Bau eines Staudammes vor. Wenn das Kraftwerk eines Tages wirklich entsteht, wird dieses Stück Erde unter 100 Meter Wasser verschwinden und ein neues Beispiel dafür sein, daß Fortschritt oft zerstört.

Wenn er Tomependa passiert hat, windet sich der Rio Marañon noch 200 Kilometer ostwärts und durchstößt dann den letzten Riegel der Andenkette. Bevor er sich in der Schwemmlandebene gemütlich weitet, wird er in der letzten Schlucht, dem gefürchteten Pongo de Manseriche, noch einmal auf 30 Meter eingeengt; da tobt er abermals geradezu wütend mit seiner ganzen Kraft. Später, kurz vor Iquitos, verbindet sich der Marañon schließlich mit einem anderen großen Zufluß, dem Rio Ucayali, zum legendären Amazonas.

Zu Humboldts Zeiten – und noch lange danach – hielt man den Marañon für den längsten Zufluß und damit für den Quellfluß des Amazonas. Heute weiß man, daß der Ucayali von viel weiter aus den Schneefeldern der Anden daherkommt und damit das eigentliche Quellwasser ist. Am 15. Oktober 1971 entdeckte eine Expedition, die ich für die amerikanische „National Geographic Society" zusammengestellt hatte, die wirkliche Quelle des Amazonas im Mismi-Massiv von Südperu. Ein kleiner klarer See, von dem aus der mächtige Amazonas seinen Anfang nimmt, trägt nun seinen Namen nach mir – Laguna McIntyre.

Nach 17 Tagen in Tomependa, wo übrigens Bonpland 29 Jahre alt wurde, wählte die Humboldt-Expedition die Landroute über Jaén, der etwa 40 Kilometer entfernten Provinzhauptstadt. Die Männer stiegen in südlicher Richtung wieder über die Anden in ein

Hochland auf, das heute noch genauso öde und weithin menschenleer wie damals ist und doch sonderbare Funde barg – eine große Ansammlung versteinerter Muscheln und Ammoniten, flachen, spiralförmigen Meeresschnecken in Größen bis zu 25 Zentimeter Durchmesser. Für Humboldt kam ein attraktives Ziel hinzu: Der sagenumwobene Hualgayoc-Berg, die reichste Silbermine Perus, 1770 neu entdeckt, nachdem zuvor die Inkas sie ausgebeutet hatten.

„Unser Berg steht da, als wäre er ein Zauberschloß", sagte ein reicher Minenbesitzer zu Humboldt, und so sieht dieser Berg mit seinen hochragenden Türmen und Hunderten von Stollen, die ihn von allen Seiten durchlöchern, auch heute noch aus.

Humboldt maß in den Stollen eine Temperatur von 14,4 Grad – deutlich höher als die der Außenluft, die bei 3565 Metern Höhe wenig über Null Grad betrug. Als ich auch hier den Spuren des großen Forschers folgte, rannen kleine Bäche von den Stollenwänden. Brüchige Stützen und Streben umgaben mich – ich flüchtete.

Die Schätze des Hualgayoc waren riesig, aber sie waren vergleichsweise weniger als die Silbermengen, die das bolivianische Potosí barg. Zu seiner Glanzzeit durchzogen mehr als 5000 Stollen den Silberberg von Potosí, aus dem riesige Vermögen herausgeschafft wurden, während im Ort die Frauen in teuren, seidenen Gewändern tanzten und 36 Spielhäuser sowie acht Fechtschulen und andere solcher Institutionen für Unterhaltung sorgten.

Heute ist Potosí so ausgebeutet wie der Hualgayoc, aber es ist doch wenigstens noch ein Ort, 4145 Meter hoch gelegen, an dem spanische Kunst und Architektur aus der Kolonialzeit bewundert werden kann. Hualgayoc dagegen wirkt nur mehr verfallen. Humboldt schätzt seine Einwohnerzahl noch auf 3000 oder 4000; heute sind es sehr viel weniger, und ich kann die Menschen verstehen, die diesen trostlosen Ort verließen.

Von Hualgayoc bis Cajamarca, der nächsten Stadt, ist die Straße über 100 Kilometer nahezu öde wie sicherlich auch zu Humboldts Zeiten. Und den-

Ein „Zauberschloß" nannte ein Minenbesitzer den Hualgayoc-Berg, als Humboldt ihn besuchte. Als der alte Druck veröffentlicht wurde, war hier noch das reichste Silbervorkommen Perus. Das Bild von heute zeigt eine Bergruine, die von Hunderten von Stollen durchlöchert ist. Betreten: lebensgefährlich

Noch mehr Silber als der Hualgayoc barg der Berg über der Stadt Potosí in Bolivien. Als das frühe Gemälde entstand, herrschte hier ein Leben voll Luxus und Verschwendung. Noch heute künden davon Kunst und Architektur der Kolonialzeit

253

noch machte der Forscher hier eine Entdeckung: An einem bestimmten Punkt, etwa auf dem 7. Breitengrad, schlug seine Inklinations-Bussole weder zum Nord- noch zum Südpol aus. Die Nadel hielt genau die Waage: Humboldt hatte den magnetischen Äquator entdeckt.

Am Vorabend seines 33. Geburtstages, am 14. September 1802, führte Humboldt seine Karawane nach Cajamarca und mithin in eine Gegend, in der Weltgeschichte gemacht worden war. Hier nämlich nahmen spanische Invasoren am Samstag, dem 15. November 1532, den Herrscher eines wahren Wunderlandes gefangen, von dem, erstaunlich genug, die Welt zuvor kaum etwas wußte.

Das Reich der Inka erstreckte sich über fast 4500 Kilometer an der Westküste Südamerikas und umschloß regenlose Sandwüsten ebenso wie schneebedeckte Gipfel und endlos erscheinenden Urwald, vor allem aber: Dies war ein hochkultiviertes Reich, das nicht nur, zu Humboldts Überraschung, vorzügliche Straßen zu bauen verstand, sondern auch raffinierte Bewässerungsanlagen, und in dem der Bergbau ebenso entwickelt war wie die Goldschmiedekunst.

Atahualpa hieß der Mann, der in jenem Jahr von Quito nach Cuzco unterwegs war, um sich als dreizehnter Inka der Sonnendynastie bestätigen zu lassen. Auf halbem Wege, in Cajamarca, erfuhr er, daß bärtige Männer in silberglänzenden Hemden an der Küste gelandet seien und auf ihn warteten. Atahualpa schickte den Fremden, von denen es hieß, daß sie auf merkwürdigen Tieren säßen und Donnerstöcke trügen, Geschenke entgegen und erwartete sie im „Inkabad", den Thermalquellen von Cajamarca.

Das Drama, eines der schlimmsten Beispiele der Herrschsucht des weißen Mannes, nahm seinen Lauf: Der spanische Generalkapitän Francisco Pizarro, seine 168 Männer und 42 Pferde läuteten das Ende eines großartigen Reiches und auch das Ende Atahualpas ein, den die Ankömmlinge erdrosselten.

Humboldt kannte die Geschichte, die ihm nun noch vertrauter wurde, als er in Cajamarca einen jungen Nachfahren der Inkas kennenlernte, dessen Kopf voll war von phantastischen Erinnerungen an die alte Zeit. Der junge Mann, Astorpilco mit Namen, führte Humboldt durch die Ruinen des Hauses, in dem Atahualpa umgebracht worden war; auch die Reste der Schatzkammer zeigte der junge Mann dem Besucher, deren Inhalt die räuberischen Europäer fortgeschleppt hatten, und er erzählte von goldenen unterirdischen Gärten.

Humboldt, gewiß kein melancholischer Mensch, schrieb über seine Tage in Cajamarca, daß ihn die goldenen Träume des jungen Mannes mit wehmütigen Gefühlen erfüllt hätten. In den „Ansichten der Natur" berichtete er ausführlich über noch verborgenes Gold, das viele Abenteurer veranlaßte, nach Cajamarca auf Schatzsuche zu gehen.

Auf einem Berg über Cajamarca, genau an der Stelle, von der aus Pizarro das Inka-Lager erblickt hatte und sich anschickte, eine Hochkultur auszulöschen, erlebte ich gleichsam „Atahualpas Rache": Ich wurde überfallen – das erste Mal, solange ich die Anden bereiste.

Ich hatte zwei Kameras aufgebaut, um das Tal bei Einbruch der Dämmerung zu fotografieren. Ich hoffte, die Lichter der Stadt könnten die Lagerfeuer des Inka-Heeres von einst simulieren. Mein Helfer war ein Indio-Junge mit starken Muskeln und, wie ich aus seinem Sprachfehler schloß, schwachem Verstand.

Kaum hatte ich meine Bilder gemacht, kam eine alte Frau schreiend den Berg herauf und beschimpfte mich wegen des „Bilddiebstahls". So laut zeterte sie, daß sie einige Mestizen anlockte. Die wurden aktiv: Sie schleuderten Steine auf mich und kamen immer näher.

Ich bin nicht mehr der Jüngste, aber ich bin noch mobil. Den ersten Angreifer stieß ich in einen Kaktusbaum, dann rannte ich den Berg hinab, verfolgt durch einen wahren Hagel von Steinen, die Funken sprühten, wenn sie auf-

Um sein Leben zu retten, versprach Inka Atahualpa den spanischen Eroberern, einen Raum einmal mit Gold und zweimal mit Silber zu füllen. Francisco Pizarro brachte mit 168 Männern und 42 Pferden das Ende für die Inkas. Atahualpa wurde trotz seines Lösegeldes ermordet

schlugen. Es gelang mir, Abstand zu gewinnen. Ich versteckte mich in einem Dickicht, hörte die Stimmen der Verfolger schwächer werden und war dennoch todunglücklich darüber, daß ich meine teure Ausrüstung hatte zurücklassen müssen. Schon dachte ich an den Abbruch meiner Reise.

Da hörte ich den Indio-Jungen meinen Namen rufen. Ich antwortete ihm – und traute meinen Augen nicht: Er brachte meine Ausrüstung. „Die beiden Stative und Kameras, Caballero“, quetschte er hervor, „zwei Taschen mit Objektiven, die Notizen, alles.“

Ich werde ihm immer dankbar sein – auch für die Lektion, daß man einen Sprachfehler nicht mit schwachem Verstand verwechseln soll.

Von Cajamarca aus, das er am 17. September verließ, hatte Humboldt ein neues Ziel, dem er fasziniert entgegensah. Nach 18 Monaten in den Anden wollte er endlich den südlichen Pazifik sehen, die „Südsee“, wie man ihn nannte. Er strebte also, mit frischen Maultieren, südwestlich auf die peruanische Küstenwüste zu – und verpaßte so die

Cordillera Blanca, jene großartige Kette schneebedeckter Berge, der er so nahe war.

Aber seine „Südsee“ zog ihn an; seit seiner Kindheit hatte er von ihr geträumt, als er die Geschichte von der Entdeckung des Pazifischen Ozeans durch Balboa las, und nun, kurz vor dem Ziel, fragte er seine Indio-Führer unausgesetzt, wann denn nun endlich der Ozean zu sehen sein werde.

Sie antworteten, wie alle Indios antworten: Sie sagten dem weißen Mann, was er vermutlich hören wollte. „Bald“, sagten sie, werde er den Ozean sehen, „hinter der nächsten Kurve“, „auf dem nächsten Paß“, „nach einer Meile“. Ich habe solche Versprechungen unzählige Male gehört, und Humboldt ging es nicht anders, aber er verlor schließlich die Geduld. Er kletterte auf den Huangamarca, und: „Ein scharfer Südwest-Wind verscheuchte den Nebel . . . Wir sahen nun zum erstenmal die Südsee; wir sahen sie deutlich: dem Litorale nahe eine große Lichtmasse zurückstrahlend . . . Die Freude . . . ließ uns vergessen, das Barometer auf dem Alto de Huangamarca zu öffnen."

Ich bestieg diesen Berg ebenfalls und hoffte, fotografieren zu können, was Humboldt einst sah – vergeblich. Auch hier ist die Luft nicht mehr so rein wie seinerzeit. Aber ich las wenigstens meinen Höhenmesser ab, und da Humboldt in seiner Aufregung das Barometer vergessen hatte, sagte ich leise vor mich hin: „Es sind 3735 Meter, Alexander."

Jenseits der Berge, in Contumaza, sagte mir jemand, ich sei der erste Fremde im Dorf seit drei Jahren – kein Wunder: Die Straße zu dem auf Steilhängen gebauten Dorf ist die verrückteste, die ich je befahren habe, und ich habe in Südamerika viele verrückte und halsbrecherische Straßen erlebt. Sie war aus bröckelndem Fels herausgekratzt und mit Rundhölzern abgestützt. Eine senkrechte Erdbebenspalte hatten die Straßenbauer nur knapp mit einer Stahlbrücke überspannt. Bei Regen verwandelte sich die Straße in Schlamm, der wie Sirup den Berg hinunterfloß. Ein Fahrfehler hieß Sturz, tausend Meter tief.

Aber immerhin: Ich wenigstens konnte sitzen. Wenn ich vom Auto auf die andere Seite der Schlucht blickte, sah ich einen Pfad, der sich wie ein Korkenzieher hinabwand – dort hatte sich Alexander von Humboldt zu Fuß, mit Taschen voll Instrumenten behangen und zwischen störrischen Maultieren, geplagt.

Im Tal des Rio Chicama atmete Humboldt wieder warme, sauerstoffreiche Luft. Er war nur 45 Kilometer Luftlinie von Cajamarca entfernt, aber die Strecke war der vielen Serpentinen wegen viermal so lang gewesen – und er war zwölf Stunden am Tag unterwegs. Und dann, am 23. September, legte er gleich 30 Kilometer zurück, um endlich die Küste bei Trujillo zu erreichen, eine Flußoase in der Küstenwüste, die von Pizarro gegründet und nach seiner spanischen Heimatstadt benannt worden war.

Humboldt rastete nicht nach der Ankunft. Sofort eilte er hinunter zur Kü-

Auch in den entlegenen Teilen Perus zieht langsam der technische Fortschritt ein. Handelsvertreter drehen den Bewohnern batteriebetriebene Fernsehgeräte an, die auch gekauft werden, obwohl auf der Mattscheibe so fern vom Sender der Hauptstadt kaum ein Bild zu sehen ist

ste, dem großen Ziel seiner Jugendträume, und watete mit dem Thermometer in die Brandung: 16 Grad maß er im Wasser – das waren elf Grad weniger als sonst in diesen Breiten; so begann sein Studium jenes kalten Meeresstroms, der später seinen Namen bekam – eine Ehrung, die er indes hartnäckig ablehnte. „Die Strömung", schrieb er dazu, „ . . . war schon 300 Jahre vor mir allen Fischerjungen von Chile bis . . . Peru bekannt."

Aber nicht nur das Meer zog Humboldt an. In der Nähe von Trujillo lag auch Chan-Chan, einst Hauptstadt des Mondreiches von Chimú und mit 24 Quadratkilometern die größte präkolumbianische Stadt Amerikas, die 1460 von Tupa-Inka belagert und eingenommen worden war – und die sich als ein Hort von Gold erwies. Humboldt sah Pyramiden, die aus schätzungsweise 30 Millionen ungebrannten Ziegeln gebaut worden waren, und er ging durch

Labyrinthe ehemaliger Straßen und versunkener Gärten. Antonio Chayhuac, ein Nachfahre des letzten der neun Herrscher der Chimú-Dynastie und Experte unter Schatzgräbern, berichtete dem Forscher von dem Reichtum des untergegangenen Reiches – im 16. Jahrhundert kam aus den Grabstätten von Chimú mehr Gold als aus allen europäischen Minen zusammen –, aber es war nur noch wenig von diesem Glanz zu sehen, und heute ist er nahezu ganz verblieben:

1925 löste sich Chan-Chan in einem katastrophalen Unwetter auf wie Frühlingsschnee in der Sonne.

Nach nur zwei Wochen verließ Humboldt Trujillo, denn er stand unter Zeitdruck: Er wollte noch vor dem 9. November 1802 in Lima sein, um den Durchgang des Planeten Merkur durch die Sonne zu beobachten. Da dieses Ereignis auf die Minute genau vorausberechnet war, würde er die Abweichung seines Chronometers überprüfen können, der seit der letzten Justierung in Cartagena die Erschütterungen einer 2000 Kilometer langen Reise mitgemacht hatte. Damit waren dann auch die Längengrade aller Orte überprüfbar, die er während seiner eineinhalbjährigen Expedition durch die Anden aufgesucht hatte.

Auf dem Weg nach Lima machten die Forscher natürlich immer wieder halt, um Mineralien und Pflanzen zu sammeln, aber Vegetation gab es kaum noch in dieser Wüste am Meer, nur hin und wieder eine Tillandsia purpurea, eine wurzellose Pflanze, die sich aus der Luft ernährt – was für ein Unterschied zur wuchernden Natur am Orinoko, drei Jahre und drei Welten entfernt! Für den Botaniker Bonpland hatten die Wunder nun ein Ende.

Die Luft war still, wie meist an dieser Küste. Humboldt nahm deshalb an, daß sich die Wellen, die gleichwohl ans Ufer rollten, durch vulkanische Aktivitäten gebildet hätten. Daß jäh eine katastrophale Welle daherkommen und Mensch und Haus unter sich begraben kann, wußte man schon seit altersher: Tsunamis heißen die Killer, seismisch durch Meerbeben verursacht und so gewalttätig, daß sie an der peruanischen Küste 1746 Tausende töteten.

Trinkwasser war knapp am Saum von Humboldts „Südsee"; nur in jeder dritten Nacht an weit auseinanderliegenden Flußoasen konnten die Forscher ihre Fässer auffüllen, ehe sie erneut aufbrachen, um Strecken von 30 bis 70 Kilometer ohne Halt zurückzulegen. Am Rio Santa, der Schmelzwasser aus der großartigen Cordillera Blanca führt, wurden die Reisenden noch einmal, ein

Vom nordperuanischen Trujillo aus unternahm Humboldt eine Exkursion in die Reste der für ihre Zeit großen Stadt Chan Chan, in der die neun Könige der Chimú jeweils ihre eigene Residenz gebaut hatten. Noch sind hier die Relikte der Königsstadt zu besichtigen

Ein Friedhof
der Chimú wurde
von Grabräubern
geplündert. Vor Jahr-
hunderten schon
gaben die Grabstätten
der Chimú mehr Gold
her, als aus allen
europäischen Minen
zusammen geför-
dert wurde

letztes Mal, ärgerlich aufgehalten: Sie brauchten zwei Tage, ehe ihre Ausrüstung auf Flößen aus Kürbissen sicher ans andere Ufer geschafft war.

Humboldt zog nun durch ein Land mit immensen Naturschätzen – die inzwischen aber längst verspielt sind: Rechts von seinem Wege, auf den Inseln knapp vor der Küste lag Guano, Exkremente von Seevögeln, die sich im Laufe unzähliger Jahre meterhoch anhäufen konnten, weil sie in der nahezu regenlosen Gegend nicht abgewaschen und ins Meer gespült werden. Daß Guano ein hochwertiger Dünger ist, wußten schon die Inkas, die damit so reiche Ernten erzielten, daß sie ihren Göttern täglich feinstes Getreide als Opfer darbringen konnten und gleichwohl noch genügend übrig war, um es für Kriegszeiten einzulagern.

Humboldt brachte später größere Guano-Proben nach Europa mit, wo man ermittelte, daß Guano 35mal mehr Stickstoff und Phosphor als Stallmist enthielt. Indirekt verursachte er damit den weltweiten Run auf das Guano, das man als bald wichtigste Einnahmequelle Perus um 1840 zu exportieren begann. Damit begann jedoch letztlich auch – wie wir sehen werden – die ökologische Zerrüttung der organismenreichsten Meeresströmung der Erde, eben jener, die ausgerechnet nach dem großen Vorläufer der heutigen Ökologie benannt worden war.

Als Alexander von Humboldt an der Steilküste entlangritt, war der Himmel voll von Guano-Vögeln: Pelikane gab es in Massen und Tölpel und vor allem Guanays, eine Kormoranart. Humboldt fuhr nie auf eine der Guano-Inseln hinüber, was Professor Petersen tief bedauert: „Der nach ihm benannte Strom", sagte mir der Gelehrte, „mit seiner Fauna, den Seelöwen und Humboldt-Pinguinen, ja mit seiner gesamten unbeschreiblichen Ökologie ist ein Wunderland für Naturliebhaber. Humboldt hätte abermals gestaunt. Ich glaube, er wurde in Lima von Pseudowissenschaftlern schlecht beraten, daß er sich von einer Inspektion der Inseln abhalten ließ, von Leuten, die weder die

Zusammenhänge überschauten noch daran dachten, sich selbst an einen so übelriechenden Ort zu begeben, wie es eine Guano-Insel natürlich war."

Als ich 1947 zum erstenmal peruanische Gewässer befuhr, gab es die Vögel noch in Massen. Ich sah sie auf den Wellen schaukeln, als wären sie zu riesigen Flößen mit bis zu hundert Metern Durchmesser zusammengeschwemmt. Sie ernährten sich von quirlenden Sardellenschwärmen. Von den Segelschiffen aus, die von Insel zu Insel Guano einsammelten, bewunderte ich auch den lebenden Vogelteppich an Land. Ich beobachtete, daß Elterntiere mit dickem Kehlsack zum Nest zurückflogen und die Jungen sich die Sardellen direkt aus diesem „Speiseschrank" holten. Dies schien mir ein Schlaraffenland für Vögel zu sein. Es gab Nahrung im Überfluß – und Exkremente: Ich sah, wie die Vögel aus Federn und gehärtetem Mist ihre Nester bauten, die im Laufe eines Jahrhunderts mindestens zwei Meter hoch wurden – sechshundertmal schneller, als Humboldt glaubte.

Zu seiner Zeit waren manche Inseln bis zu fünfzig Meter hoch mit Guano bedeckt. Später wurde dieser Naturschatz vorwiegend durch chinesische Kulis abgebaut; ihre Lebensbedingungen müssen so schrecklich gewesen sein, daß viele Selbstmord begingen. Gelegentlich findet man auch heute noch am Fuße einer Klippe einen in Guano mumifizierten Leichnam.

Bis 1910 waren etwa 100 Millionen Tonnen Guano auf europäischen und nordamerikanischen Äckern verstreut. Die besonders großen Lager waren erschöpft, aber alle drei Jahre konnte neuer Guano von den Klippen abgekratzt und verkauft werden.

Und dann geschah das Drama, das nicht unabwendbar war, sondern nur die Folge menschlicher Gier nach schnellem Profit: In den sechziger Jahren unseres Jahrhunderts verfiel die notleidende Industrie darauf, Düngemehl gewissermaßen unter Umgehung der Vögel direkt aus Fischen herzustellen: So erwuchs Peru wie über Nacht

zur führenden Fischfangnation der Welt. Um 1970 zog man jährlich pralle Netze mit 100 Millionen Kilogramm Sardellen an Land. Damit kam ein Sechstel des gesamten Fischerei-Ertrags der Erde ausschließlich aus dem Humboldt-Strom.

Heute gibt es kaum noch diese Sardellenschwärme, und infolgedessen gibt es auch die riesigen Vogelscharen mit ihren Bergen von Guano nicht mehr. Als ihre Nahrung vom Menschen weggefischt war, fielen die Guanays entkräftet vom Himmel. Die See warf die Kadaver auf die Strände. Der ökologische Kreislauf im Humboldt-Strom war zusammengebrochen.

Und auch der Mensch, der das alles angerichtet hatte, kam in existentielle Nöte – eine Wechselwirkung, die er selbst verursacht hatte: Die meisten peruanischen Fischereibetriebe machten bankrott. Die Häfen hingen voll von Netzen ohne Nutzen.

Am 23. Oktober 1802 erreichte Humboldt Lima, die Hauptstadt Perus und für ihn Endstation einer grandiosen, strapaziösen, aber auch ertragvollen Reise quer durch den südamerikanischen Kontinent. Humboldt erwartete eine überwältigende Stadt, aber er fand sie nur übervölkert, mit schmutzigen Straßen, durchweht von tristem Nebel von See und umgeben von unfruchtbarer Wüste. Aus der Zeit des großen Erdbebens von 1746, das den Hafen Callao mit einer zwanzig Meter hohen Flutwelle einfach wegwusch, standen auch hier nur mehr wenige Häuser. Lima war der anderen von Pizarro gegründeten Stadt, Trujillo, ähnlich – mit dem wesentlichen Unterschied, daß es hier mehr Menschen und mehr Gedränge gab. „Die Idee“, schrieb Humboldt, „in eine Wüste versetzt zu sein, erzeugt schwermütige Gedanken, ganz besonders einem Manne wie mir, der ich für die Schönheiten der Natur empfänglich bin, der das Hochland von Saraguro und Tomependa den Spielhäusern, aus denen sich die große Hauptstadt von Peru zusammensetzt, vorzieht.“

Das Kartenspiel seiner alten und neuen Bekannten in Lima langweilte ihn. Es hielt von der Arbeit ab, und er vermutete im Kartenspiel deshalb auch den Grund für die schlechte wirtschaftliche Lage der Gegend. Zwar, so schrieb er, habe er eine angenehme Zeit in Lima gehabt, aber nicht den Spaß, den ihm das „sinnliche Quito“ beschert hatte.

Der Vizekönig sorgte dafür, daß Humboldt mit allen Wissenschaftlern der Stadt zusammentraf und attachierte ihm den Kapitän eines kleinen Kriegsschiffes als Hilfe – vielleicht aber auch, um die Unternehmen des sonderbaren Gastes im Auge zu behalten.

„Die Zeit vergeht mit dem Empfang von Besuchern und mit Besuche machen“, schrieb er in sein Tagebuch und in Briefen, in denen mindestens 25 Würdenträger namentlich genannt sind, die ihm halfen. Dazu kamen Begegnungen mit ortsansässigen Forschern und Wissenschaftlern, unter anderem Dr. Hipólito Unanue, Perus führendem Kosmographen, dazu Arzt, der gerade die Impfung im Lande eingeführt hatte. Nun begann er, sich für Meteorologie zu interessieren und schrieb über die deprimierenden Wolken, die über dem kalten Küstenstrom entstehen, sich im April über das Land legen und bis zum Dezember nicht weichen: „Die Wolke tötet den Geist von Mensch und Tier."

Diese Wolke, glaube ich, könnte auch für einige der historischen Unruhen in Peru verantwortlich sein, insbesondere für Palastrevolten, die wohl eher auf Langeweile als auf den Wunsch nach wirklicher Veränderung der Verhältnisse zurückzuführen sind.

Mein Schreibtisch als Regierungsberater in Lima wurde an einem solchen Umsturztag, am 3. Oktober 1948, durch einen Panzer weggeschossen, und dieser meiner Erfahrung mit einer Erhebung sollten noch viele in Peru und Bolivien folgen. Dennoch kann ich Alexander von Humboldts Urteil nicht bestätigen, daß „Lima der letzte Platz in Amerika ist, in dem ich leben möchte". Ich mag die Stadt, in der ich viele Freunde habe. Allerdings: „der Wolke", die wirklich Depressionen auszulösen vermag, versuchte ich so oft wie möglich zu entkommen.

Das war für mich verhältnismäßig leicht. Eine Straße in die Anden brachte mich innerhalb einer Stunde in ungetrübten Sonnenschein, und in weniger als vier Stunden konnte ich in 4847 Metern Höhe ein schneebedecktes Gebirge überqueren, um auf der anderen Seite in die gewaltige Endlosigkeit des Urwaldes hinunterzufahren. Ich begriff auf diesen Fahrten, daß es gleichsam drei Perus gibt, die Küstenwüste, das Anden-Hochland und den Urwald – und daß Lima, ein viertes wohl, ganz anders als diese „Perus" ist.

Humboldt hatte recht, als er meinte, Lima sei ganz auf sich fixiert und ignoriere den Rest des Landes. „In Lima selbst", schrieb er, „konnte ich nichts über Peru lernen", und: „Lima ist mehr von Peru entfernt als London."

Das Lima seiner Zeit hatte 50 000 Einwohner bei einer Gesamtbevölkerung des Landes von 1 200 000 Menschen. Seither hat sich das Übergewicht der Hauptstadt dramatisch verschlimmert. 1947, bei meinem ersten Besuch, zählte die Stadt bereits mit 800 000 Menschen ein Zehntel der Nation. Inzwischen lebt jeder vierte Peruaner hier: 5 Millionen Menschen, viele, zu viele von ihnen unter erbärmlichen Umständen, ohne begründete Hoffnung auf eine wirklich menschliche Existenz.

Fünfmal fuhr Humboldt vom nahen Callao aus hinaus auf das Meer und maß Wassertemperaturen. Vom Nordturm der Festung Real Felipe beobachtete er am 9. November den Durchgang des Merkur durch die Sonnenbahn und machte, kennzeichnend genug für diesen von seiner Arbeit besessenen Mann, seine erste Tagebucheintragung um 3 Uhr morgens, die letzte um 11 Uhr abends. Er stieg, ausgerechnet in Lima, wo die Inquisition besonders streng gewesen war, auf einen Kirchturm, um höchst weltlich-wissenschaftlich die Sterne zu studieren. Wie immer, konnte er nach seinem eigenen Maßstab gar nicht genügend Untersuchungen in al-

Aus dem kleinen Hafen, in dem sich – auf dem Bild aus dem frühen 18. Jahrhundert – ein Ruderboot einem Segelschiff nähert, ist das moderne Callao geworden, der maritime Umschlagplatz der peruanischen Hauptstadt

Am Rio Guayas
wächst das extrem
leichte Balsaholz, von
dem ein Arbeiter große
Mengen tragen kann.
In die Landwirtschaft
dieses Gebiets ist mit
dem Helikopter auch die
Chemie eingezogen.
Die Stadt Guayaquil
beginnt hinter einem
Mangrovenwald wie in
Südamerika fast alle
Städte: mit Slums

len Wissensgebieten während eines ganzen Tages unternehmen: Die Geologie beschäftigte ihn in Lima und der Bergbau, die Medizin und die Meteorologie, die Ozeanographie, Handel und Industrie, Zoologie, Ethnologie, die Indio-Sprachen und die Sitten – er war am Ende seines jahrelangen Aufenthaltes in Südamerika noch ebenso wissensdurstig wie an seinem ersten Tag in Cumaná.

Humboldt arbeitete auch gegen die Zeit, nur zwei Monate blieben ihm in der peruanischen Hauptstadt, bis er am 24. Dezember an Bord des königlichen Kriegsschiffes „Castor" in Richtung Guayaquil auslief. Die Reisenden sahen über die Backbordreling auf die verdämmernden Lichter von Callao – ahnte Humboldt, daß er in Peru Großes verpaßt hatte?

Das Herzland der Inka-Kultur nämlich, zwischen Cuzco und dem sagenumwobenen Titicacasee, hatte er nicht gesehen. Keiner in Lima hatte ihn deutlich genug auf die monumentalen Bauten der Indio-Kulturen hingewiesen.

Nun trugen ihn Strömung und Wind langsam an der Küste entlang nach Norden. Er maß täglich die Wassertemperatur und ermittelte gleichzeitig die Position des Schiffes. Und er ahnte dabei nicht, daß diese Messungen aus nur elf Tagen seinen Namen unsterblich machen würden.

Am 3. Januar 1803 ankerte die „Castor" im Rio Guayas vor Guayaquil. Die Reisenden wohnten im Haus des Zollverwalters. Malaria herrschte überall, und es war unerträglich heiß. Dennoch begann Humboldt, einen ausführlichen Entwurf seiner Pflanzengeographie zu Papier zu bringen. „Ein Physikalisches Porträt der äquatorialen Anden", künftig Anfang eines mehr als dreißigbändigen Werkes über seine Amerikareise. Eine Kopie des Konzepts schickte er an Mutis, den „erhabenen Patriarchen der Botanik", als Abschiedsgeschenk.

Auch eine Exkursion unternahm er noch, 70 Kilometer am Rio Guayas entlang, um bei Babahoyo mit Bonpland zu botanisieren. Sie ließen sich in Käh-

nen über geflutete Felder staken, die von 34 Grad warmen Wasser überflutet waren. Heute herrscht hier ebenso geordneter wie ökonomischer Fortschritt: Von Horizont zu Horizont erstrecken sich eintönig Bananenplantagen – Ekuadors bei weitem reichste Einnahmequelle.

Am 15. Februar nahm Alexander von Humboldt Abschied von Südamerika. An Bord der Fregatte „Atlante" segelten er und seine engsten Begleiter mit ihrem gesamten wissenschaftlichen Schatz nach Acapulco ab – darunter auch die Gesteinsproben vom Puracé, vom Pichincha, vom Cotopaxi und Chimborazo, die für den Vulkanologen Humboldt soviel bedeuteten wie für Amerikas Astronauten die Steine vom Mond.

Vier Tage später überquerte Humboldt auf See den Äquator und verließ damit die südliche Hemisphäre, auf die er nie mehr zurückkehren würde.

Die Erforscher Südamerikas waren 350 Kilometer westlich von Quito weit draußen auf dem Pazifischen Ozean, als ihnen der Kontinent einen Abschiedsgruß sehr passender Art hinterherschickte: „Alle Matrosen auf unserem Schiff", berichtete Alexander von Humboldt, „fürchteten sich vor einem hohlen Geräusch, das aus der Tiefe des Ozeans kam und durch das Wasser übertragen wurde: Ein neuer Ausbruch des Cotopaxi."

Als wolle er dem Vulkanforscher einen letzten Gruß nachsenden, stieß der Cotopaxi gewaltige Mengen Lava aus, während Humboldt den südamerikanischen Kontinent verließ. Der amerikanische Maler Frederick E. Church hat die Eruption in diesem Gemälde nachempfunden

»Ich müßte am Rande eines Kraters sterben, um meinem Schicksal gerecht zu werden«

Eine neue Etappe – und neue Wunder: Mexiko. Humboldt durchquerte ein Land, das reich war an Silber und Vulkanen. Die Hauptstadt fand er unvergleichlich schön. Nirgendwo anders zeigt sich der Wandel der Zeit dramatischer: Wo der Forscher noch klare Höhenluft atmete, weitet sich heute ein luftverpesteter Moloch: Mexico City

**In Cholula steht
heute auf dem Gipfel
einer alten Pyramide aus
präkolumbianischer Zeit
ein katholisches Gottes-
haus vor dem Hinter-
grund des mächtigen
Pico de Orizaba**

In Mexico City ist alles
riesig: Die Ausdehnung der
Stadt, die Einwohnerzahl,
die Menge der Hütten in den
Slums – und die Müllhalden.
In weiten Teilen dieser
größten Stadt der Welt kann
von Hygiene schon längst
nicht mehr die Rede sein

Standbilder
vergangener Größen
aus der Politik zieren im
weiten Umfeld von
Mexico City Gegenden, die
zu neuen Stadtteilen
erschlossen werden sollen;
dann wird es Sonnenblumen
dort nicht länger geben.
Der Verkehr in der Haupt-
stadt ist das permanente
Chaos. Die Kraftfahrzeuge,
viele in technisch unzu-
länglichem Zustand, sind
die Hauptverursacher
der notorischen
Luftverschmutzung

In Coyuca spielt sich noch ein großer Teil des Lebens am Fluß ab. Dort wird gewaschen, und jedermann im Dorf hängt anschließend die Wäsche zum Trocknen am Ufer auf

274

Mit prallen Segeln und knarrenden Planken, das Deck überspült, durchquerte die „Atlante" den Golf von Tehuantepec an der Südküste von Neu-Spanien, wie Mexiko damals hieß. Ein ablandiger Sturm heulte im Rigg und drückte die Reling in Lee unter Wasser. Der Steuermann hielt dicht unter Land, wo der Wind noch nicht genügend Fläche hatte, um hohe Wellen aufzutürmen.

Seeleute nennen diesen gefürchteten Sturm den „Tehuantepec", weil er über den gleichnamigen Isthmus bläst – eine der wenigen Stellen zwischen Alaska und Kap Horn, wo sich an der Westküste von Amerika keine Gebirge aufgetürmt haben – und wie durch einen Trichter auf den Pazifik hinausstürmt.

Bonpland war seekrank, wie üblich, und da die „Atlante" nur langsam vorankam, wurde auch Humboldt der Fahrt überdrüssig. Er sehnte sich nach der Ankunft in Acapulco und danach, wieder Herr seiner eigenen Zeit zu werden. Drei oder vier Monate, so plante er nun, wollte er in Mexiko verbringen und dann schnell nach Europa zurückkehren – aber er ahnte noch nicht den Reiz, den gerade Mexiko auf ihn ausüben sollte, jenes Land, das Gegenstand seines ersten modernen, regionalen Geographiebuches sein würde.

Am 23. März 1803 ankerte die „Atlante" endlich mit ihrer Ladung Kupfer, Öl, Chinarinde und Kakao sowie etlichen Passagieren in der prächtigen Bucht von Acapulco. Vor ihnen lag ein kleines Städtchen mit gerade 4000 Menschen, es ging geruhsam zu, auch im Hafen. Nur etwa zehn Schiffe pro Jahr ankerten hier, ganz im Unterschied zum Atlantikhafen von Veracruz, der es auf mehr als vierhundert Schiffsankünfte brachte.

Acapulco heute, das sind gegen 750 000 Einwohner und im Jahr gewiß noch einmal soviele Touristen. Jets bringen die „kleinen Leute", Luxusyachten die „feineren" Gäste, und weil die Stadt in der muschelförmigen Bucht weltweit immer attraktiver wurde, sieht sie nun fast wie Rios Copacabana aus, wenn auch Acapulcos Ufer noch nicht ganz so geschlossen von hohen Hotels umsäumt ist.

Die Ankömmlinge aus Guayaquil waren entschlossen, sich von dem Charme Acapulcos nicht verlocken zu lassen. Sie fürchteten die tropischen Küstenstädte als wahre Krankheitsherde und strebten deshalb so schnell wie möglich ins zentrale Hochland.

Sie wendeten sich nach Norden auf einer Route, auf der heute die Fernstraße 95 mit ihrem ebenso intensiven wie stinkenden Lastwagenverkehr verläuft. Es war heiß und staubig, jetzt, Ende März, denn der Regen kommt hier nicht vor Mai. Genau wie heute wurden in jener Gegend Kokosnüsse für die Kopragewinnung geerntet, aber anders als damals sind inzwischen so viele Städte entlang der Fernstraße entstanden, daß man ihnen Namen wie „Kilometer 27" oder „Kilometer 92" gab. Gebäude, Straßen, Erdbeben und Regenfluten haben im übrigen die Konturen der Landschaft so verändert, daß es schwierig, zuweilen gar unmöglich ist, bestimmte geologische Details, die Humboldt beschrieben hat, zu identifizieren.

Auf halbem Wege nach Mexico City erreichten die Forscher Taxco, eine alte Bergarbeiterstadt, wo ich mir sehr genau vorstellen konnte, wie Humboldts kleine Gruppe über die steilen Kopfsteinpflasterstraßen ritt, denn Taxco hat sich seit jenen Tagen kaum verändert. Die Regierung hat die Stadt zum Denkmal der Kolonialzeit erklärt und den Bau moderner Häuser verboten.

Das hat der schönen Stadt gut getan. Blumen blühen überall, Geranien auf den spanischen Balkonen, Lilien auf dem Markt, Reben klettern an den Mauern hoch; in meinem Badezimmer schlangen sie sich sogar um den Brausekopf der Dusche. Das Haus, in dem Humboldt abstieg, heute ein kleines Museum, war das schönste von allen, in denen er je in Amerika wohnte und eine gewiß hochwillkommene Abwechslung nach vielen kümmerlichen Herbergen.

Dennoch blieb er nur eine Nacht, denn den Bergbaufachmann zog es nordwärts, nach Tehuilotepec, zu den Silberminen. Hier sah er zwölfjährige Buben ebenso wie alte Männer mit schweren Lasten bei drückender Hitze durch Staub und Rauch kriechen.

Am 11. April 1803 erreichte die Expedition die mexikanische Hauptstadt, die damals mit etwa 140 000 Einwohnern der Größe Berlins entsprach. Sie war zwar nicht mehr, wie noch Cortés geschwärmt hatte, „ein Märchenland, wie man es in Spanien nicht findet", gleichwohl aber für Humboldt „eine prächtige Stadt voller Paläste" und gebildeter Menschen mit guten Manieren. Hier konnte er sich zu Hause fühlen.

Von Acapulco aus hatte er dem Vizekönig, Don José de Iturrigaray, seine Ankunft avisiert, übrigens – denn in solchen Fällen ließ er jede Bescheidenheit fallen – indem er mit „El Baron de Humboldt" unterzeichnete.

Der Vizekönig war beeindruckt von der Persönlichkeit des preußischen Forschers. Er öffnete ihm die Amtsstuben und Archive wie keinem Fremden zuvor, und Humboldt nutzte die Chance; er informierte sich über Bergwerke und Plantagen ebenso wie über Entwässerungskanäle, alte Einrichtungsgegenstände, Gebietskarten und sogar über den Staatshaushalt.

Hatte der Vizekönig den Reisenden schon höflich empfangen, so begrüßte Andrés Manuel del Rio ihn herzlich: Sie hatten in Freiberg gemeinsam Bergbau studiert und waren nun über ihren Lehrer Abraham Gottlob Werner hinausgewachsen, der den Neptunismus lehrte, also die Entstehung aller Gesteine durch Niederschlag im Wasser.

Del Rio war nun Direktor der mexikanischen Bergakademie, einer vorzüglich ausgestatteten Anstalt. Für Humboldt wurde hier eigens ein Arbeitsplatz eingerichtet, aber es hielt ihn nicht lange. Schon nach einem Monat unternahm er einen ersten Ausflug zu den Silberbergwerken von Pachuca im Norden der Hauptstadt, die noch heute etwa fünfzehn Prozent der Weltproduktion liefern.

Ich folgte dieser Route ebenfalls im Mai, zu Beginn der Regenzeit. An einem verregneten Nachmittag fuhr ich über die schmale Höhenstraße bis zum

In Mittelamerika wurden die Etappen der Reise an Dauer und Strecke kürzer. Mexiko war damals – bis zu seinen Gebietsabtretungen an die USA – fünfmal so groß wie Spanien. Also machte Humboldt erst gar nicht den Versuch, das ganze Land zu bereisen. Die Quellen seines Wissens über „Neu-Spanien" erschlossen sich ihm in den Archiven der Hauptstadt

In Taxco wohnte Alexander von Humboldt hinter verzierten Mauern in einem schönen Bürgerhaus, das heute als Museum dient. Dennoch blieb er nur eine Nacht: Es zog den Bergbaufachmann zu den Silberminen des Landes

Fuße des Actópan, dessen turmartige Formation Humboldt in „Vues des Cordilléres" dargestellt hat. Von den vielen Felsnadeln seinerzeit reckt sich heute nur noch eine bis in die Wolken, die anderen sind, wohl durch Erdbeben und Erosion, zusammengestürzt.

Auf meinem Wege zu den Basaltsäulen von Regla, die Humboldt ebenfalls in einem Stich dargestellt hat, kam ich an einigen neuen Silbergruben inmitten der von Nadelbäumen bewachsenen Berge vorbei, die auch heute auf eher primitive Weise ausgebeutet werden: Zwei bis fünf Männer legten Gleise, entluden Erzloren von Hand und träumten gewiß vom großen Glück.

Dann fand ich den Wasserfall von Regla mit seinen schwarzen Felssäulen, die von orangefarbenen Flechten bedeckt sind, aber auch diese Szene war verändert – entweder durch Kräfte der Natur im Laufe der Zeit, oder durch die Phantasie des Künstlers von vornherein: Der Fluß am Fuße des Wasserfalls fließt vom Betrachter weg, nicht zu ihm hin, und nur wenige der Säulen sind in der Wirklichkeit von heute sechseckig.

Hier, wie überall, interessierte sich Humboldt natürlich für alles, was ihn umgab. So intensiv befragte er die Menschen, daß sein Führer indigniert gesagt haben soll, Humboldt könne unmöglich ein großer Gelehrter sein, denn er frage unausgesetzt Dinge, die jedermann wisse, zum Beispiel, welches Gerät man zum Mahlen von Mais verwende, und außerdem: „Der Baron muß ein sehr schwaches Gedächtnis haben, denn er schreibt laufend Namen von Dörfern und Bächen auf. Er benimmt sich auch wie ein Kind, indem er Steine und Pflanzen in die Taschen stopft."

Mexiko war damals fünfmal so groß wie Spanien. Humboldt machte erst gar nicht den Versuch, das ganze Land zu bereisen. Vielmehr kehrte er in die Hauptstadt zurück und zeichnete nach Unterlagen aus den Archiven eine Karte des Landes, in der auch 500 Bergwerke eingetragen waren. Sie gab nicht nur genaue Breiten- und Längengrade an, sondern enthielt gleichzeitig politische und wirtschaftliche Informationen, die Namen von Eingeborenenstämmen sowie die wichtigsten Straßen zu den spanischen Missionen in Kalifornien, Arizona, Neu-Mexiko und Texas. Ferner begann er seine „Tablas Geográficas Políticas del Reyno de Nueva España" zusammenzustellen, 50 Blatt, die er dem Vizekönig sandte. Sie, die bis 1970 nie vollständig veröffentlicht wurden, enthielten genaue Angaben über alle Landschaften und größere Städte des „Königreiches Neu-Spanien"; die Lebenserwartung ethnischer Gruppen war ebenso aufgeführt wie Wachstumsraten der Bevölkerung im Vergleich zu anderen Ländern, die Quellen der Staatseinnahmen ebenso wie Details bei militärischen Aufwendungen. Wenige Jahre später wurden Kopien mit den bis dahin geheimen Fakten entwendet und von Feinden des Thrones ausgenutzt.

Humboldt war fasziniert von der Vergangenheit der mexikanischen Hauptstadt, die zur Zeit der Azteken eine Insel in einem See gewesen war und nur über Dämme erreicht werden konnte. Erst nach der Eroberung durch die Spanier begann die Aufschüttung, die das Antlitz der Stadt völlig veränderte – und schwerlich zu ihrem Vorteil. Überschwemmungen verwandelten Mexico City oft in ein amerikanisches Venedig, und manchmal war sie ganz, bis auf den zentralen Platz, den Zócalo, jahrelang überschwemmt.

Humboldt konnte von der Hauptstadt aus noch den Popocatepetl und den Ixtaccihuatl sehen, schneebedeckte Riesen, die zur Kulisse der Stadt wie der Zócalo gehörten – das ist vorbei, längst und wohl unwiderruflich. Denn Mexico City heute – das ist Smog, wie man ihn kaum irgendwo sonst auf der Welt kennt. Aus dem „Märchenland, wie man es in Spanien nicht findet", das Cortés bewunderte, und aus Humboldts „prächtiger Stadt" in 2240 Meter Höhe, wohin noch in unserem Jahrhundert begüterte Nordamerikaner reisten, um Bronchialkrankheiten zu heilen, ist eine luftverpesteter Moloch, ein urbanes Desaster geworden. Die Sicht beträgt fast das ganze Jahr nur einen Kilometer, und Flugzeuge können oft auch dann nur mit Hilfe von Instrumenten landen, wenn es über der Dunstglocke einen wolkenlosen Himmel gibt. Nirgendwo sonst, wo Humboldt in der Neuen Welt war, hat sich ein Stück Erde so dramatisch verändert wie hier, und nirgendwo katastrophaler. Humboldt sah die periodische Verdoppelung der Bevölkerung voraus – und behielt leider recht: Heute hat die Stadt 14 Millionen Einwohner und wächst unübersehbar weiter, denn buchstäblich täglich kommen ungezählte Menschen vom Lande und hoffen auf Arbeit und Zukunft; über Nacht errichten sie sich eine Notunterkunft, dort hausen sie unter erbärmlichen Umständen, und niemand weiß, wie man diese Entwicklung stoppen kann, die früher oder später zum Erstickungstod der einstmals so schönen Stadt führen muß.

Humboldt besuchte Museen, Bibliotheken, Kunstsammlungen und kaufte

Von einer der Säulen des Actopan fertigte Humboldt eine Bleistiftskizze an. Später erschien ein Stich in seinem Reisewerk „Vues des Cordillères". Eine der Säulen des Actopan ist inzwischen zusammengestürzt

sehr seltene aztekische Bilder-Handschriften oder Kodizes, von denen er einige später in seine Werke aufnahm. Weit bedeutender aber war die Veröffentlichung des „Kalendersteins" in den „Vues des Cordillères". Der Stein, so genannt, weil Tageszeichen kreisförmig um seinen Mittelpunkt angeordnet sind, war 1790 auf dem Zócalo der vormaligen Azteken-Hauptstadt Tenochtitlan gefunden worden. Humboldt lebte nicht lange genug, um zu erfahren, daß die 24 Tonnen schwere Basaltscheibe mit 3,6 Metern Durchmesser eine Darstellung des gesamten aztekischen Kosmos ist. Sie wurde erst zwischen 1879 und 1921 enträtselt. Die Ikonographie berichtet über den Anfang der aztekischen Welt, wie sie weiterbestehen und wie sie ihr Ende erreichen wird, aber der „Stein der fünften Sonne", wie er korrekt heißt, sagte nichts über die Ankunft der Spanier, mit denen das Ende der Azteken gekommen war.

Heute sind die Mexikaner bemüht, ihre archäologische Vergangenheit aufzudecken und folgen damit einem Trend, der vor fast zwei Jahrhunderten von Humboldt ausgelöst wurde. Auf meinem letzten Spaziergang zum Zócalo – ich suchte den Standpunkt, von dem aus Humboldt den großen Platz skizziert hatte – sah ich, daß große Areale nahe der Kathedrale den Archäologen überlassen worden waren, denen aufgetragen ist, nach jener verlorenen Herrlichkeit zu graben.

1300 Jahre vor den Azteken hatte ein bis heute unbekanntes Volk in diesem Gebiet riesige Pyramiden gebaut. Um jene Giganten im Nordosten der Hauptstadt zu sehen, reisten Humboldt, Bonpland und Montúfar per Kutsche einen ganzen Tag lang durch das trockene Bett des Texcoco-Sees, der einst tausend Quadratkilometer des Tales ausfüllte. Sie kamen auf eine Hochebene, wo zur Zeit von Jesus Christus etwa 30 000 Menschen gelebt hatten. Teotihuacan war das älteste urbane Zentrum in Mittelamerika und die beherrschende Macht in Mexiko, bis es um das Jahr 750 von Stämmen aus dem Norden zerstört wurde, aber jede nach-

Das alte Bildnis von den Basalten und dem Wasserfall bei Regla und das Foto von heute unterscheiden sich nur geringfügig, wenn auch der Maler der wirklichen Erscheinung der Natur ein wenig nachgeholfen hat

Der zentrale Platz in Mexico City war früher Mittelpunkt einer Metropole, von der die spanischen Eroberer noch sagten, sie sei schön wie ein Traum. Den 3,5 Meter großen und mehr als 20 Tonnen schweren Kalenderstein fand man hier 1790 bei Pflasterarbeiten

folgende Kultur wurde von seiner Kunst, seiner Architektur und seinen sozialen Strukturen beeinflußt – bis hin zu den Azteken. Sie nannten Teotihuacan „den Platz, an dem Götter gemacht werden".

Humboldt sah, staunte – und maß. Vor allem faszinierte ihn das religiöse Zentrum, ein riesiger Komplex mit erhöhten Plattformen, Zeremonientreppen und drei großen Pyramiden, die der Sonne, dem Mond und dem Quetzalcoatl geweiht waren, der Federschlange, Gott der Winde und des Tierkreises. Zum Vermessen und Skizzieren wählte Humboldt die größte, die Sonnenpyramide aus; er stellte fest, daß sie 227 Meter breit und 75 Meter hoch ist und schätzte die Zahl der mit Steinen verkleideten ungebrannten Ziegel im Innern auf eine Million.

Hier, wenigstens hier, ist Mexiko noch, wie Humboldt es sah: Die Gigan-

ten stehen unbeschadet und beeindrukken jeden, der sie sieht, wenn sie auch inzwischen von Geschäftemachern umgeben sind, die sich auf die Scharen von Touristen stürzen und insbesondere nachgemachte „garantiert alte" Relikte verhökern.

Ich verbrachte einen ganzen Tag zwischen den von der Sonne durchglühten Ruinen, ging die Straße des Todes hinab und stieg schließlich auf die Sonnenpyramide. Indio-Jungen hatten etwa jede 50. Stufe besetzt und verkauften Coca-Cola, das mit der Höhe immer teurer wurde. Auf der Spitze, wo einst die Priester ihre Opferriten zelebrierten, kostete die Cola das Dreifache dessen, was am Fuße der Pyramide gefordert worden war. Ich wies den Jungen ab, der mir das Getränk und ein „garantiert altes" Relikt aus Stein anbot. Ich wollte ungestört sein mit meinen Gedanken an Alexander von Humboldt.

Der bereitete, in die Hauptstadt zurückgekehrt, seine vierte Schiffsladung innerhalb von zwei Jahren für das „Institut de France" vor: eine Kiste mit 19 Gesteinsproben, meist mexikanischen. Aus seinem Begleitbrief vom 21. Juni 1803 sind seine Pläne ersichtlich: „Das schwarze Erbrechen und das Gelbe Fieber, die Veracruz zur Zeit grausam strafen, hindern uns daran, vor November an die Küste zu gehen, so daß wir nicht vor Mai nächsten Jahres nach Europa zurückkehren können . . . Der Zustand unserer Instrumente, die durch 2000 Meilen Reise über Land* beschädigt sind . . . die Unmöglichkeit, uns Kapitän Baudin anzuschließen, den wir vergeblich an den Küsten der Südsee erwarteten, das Bedauern, einen riesigen Ozean auf einem Handelsschiff zu überqueren, ohne auf Inseln zu verweilen, die für Naturforscher auch interessant sind, aber besonders die Beobachtung des schnellen Fortschritts der Wissenschaften und die Notwendigkeit, sich nach vier- bis fünfjähriger Abwesenheit über neue Entdeckungen auf dem laufenden zu halten, das sind die Motive, die uns von der Idee haben Abstand nehmen lassen, wie geplant über die Philippinen, das Rote Meer und Ägypten zurückzukehren . . . Von jetzt an werden wir uns damit beschäftigen, nur unsere Beobachtungen in den Tropen zu redigieren und zu veröffentlichen. An Jahren ein wenig fortgeschritten, an Gefahren und Entbehrungen aller Art gewöhnt, hören wir nicht auf, unsere Augen nach Asien und die benachbarten Inseln zu richten. Mit so-

* 2000 Meilen = 11 132 Kilometer

liderem Wissen und genaueren Instrumenten versehen, werden wir vielleicht eines Tages eine zweite Expedition unternehmen, deren Plan uns wie ein verführerischer Traum beschäftigt . . ."

Einen Monat später schloß Humboldt den letzten Bericht über seine geodätischen Bemühungen an den französischen Astronomen Delambre so: „. . . ich habe für Vorder- und Hinterindien noch sehr viele Pläne; zuerst aber möchte ich die Ergebnisse dieser Expedition veröffentlichen. Ich hoffe, Anfang des nächsten Jahres bei Ihnen zu sein; ich werde zwei oder drei Jahre brauchen, um die Beobachtungen zu durchdringen, die wir mitbringen. Wenn ich nicht mehr als zwei oder drei Jahre sage, dann lachen Sie nicht über meine Inkonsequenz, über die maladie centrifuge, die Madame . . . mir vorwirft. Jeder Mann hat die Pflicht, in seinem Leben den Platz zu suchen, von dem aus er seiner Generation am besten dienen kann, und ich denke fast, ich müßte am Rande eines Kraters sterben oder vom tiefen Meer verschlungen werden, um meinem Schicksal gerecht zu werden. Dies ist zumindest meine gegenwärtige Meinung nach fünf Jah-

Von der Spitze der Mondpyramide aus bietet Teotihuacan noch immer einen imposanten Anblick. Humboldt erstand sechzehn Bilderschriften aus der Zeit der Azteken, von denen er später für sein Reisewerk fünf teilweise in Kupfer stechen ließ

ren der Anstrengungen und des Leidens; ich kann mir aber durchaus vorstellen, daß ich mit zunehmendem Alter und nach erneutem Genuß des europäischen Lebens meine Ansichten ändere."

Die aus Humboldts Briefen sprechende Sorge, über „neue Entdeckungen" nicht auf dem laufenden zu sein, hatte Gründe. Tatsächlich veröffentlichte beispielsweise John Dalton, der Entdecker der Farbblindheit, just zu jener Zeit seine Tabelle der Atomgewichte. Robert Fulton etwa ließ sein erstes Dampfboot auf der Seine fahren. Richard Trevithick baute 1802 eine Hochdruck-Dampfmaschine. Nathaniel Bowditch veröffentlichte „The American Practical Navigator", in dem die Berechnungen vereinfacht und etwa 6000 Fehler der veralteten astronomischen Tabellen korrigiert wurden, wie sie Humboldt noch benutzen mußte. Und Thomas Wedgewood gelang die erste Photographie der Welt, wenn er auch noch kein Mittel gefunden hatte, um sein Bild zu fixieren.

Hätte Humboldt schon in Mexiko von alledem erfahren, er wäre gewiß noch besorgter gewesen, wichtige Fortschritte in Forschung und Wissenschaft könnten an ihm vorbeigehen, aber damals gelangten nur wenige Nachrichten und sehr verzögert aus Europa nach Amerika. In Bogotá hatte Alexander nach zwei Jahren den ersten Brief seines Bruders Wilhelm erhalten. Von seinem Freund, dem Botaniker Willdenow, hörte er in Mexiko gar nach vier Jahren zum erstenmal. So sehr war er von seinen alten Freunden und Bekannten abgeschnitten, daß er später, bei seiner Ankunft in Europa, als das Schiff noch in Quarantäne lag, sofort nach Reinhard von Haeften fragte, mit dem ihn eine geradezu liebevolle Freundschaft verbunden und von dem er nun jahrelang nichts gehört hatte. Erst da mußte er erfahren, daß sein Freund neunzehn Monate zuvor gestorben war.

Nachdem Briefe und Kisten mit Gestein einem Bekannten mit nach Europa gegeben worden waren, machte sich Humboldt auf nach Guanajuato, der

Bruder Wilhelm von Humboldt machte sich als Kulturpolitiker einen Namen. Seine Arbeit als Gelehrter konzentrierte sich auf vergleichende Sprachwissenschaft. Alexander half ihm dabei durch Wortlisten aus Amerika

damals – nach Mexico City und Havanna – drittgrößten Stadt in „Spanisch-Amerika" mit 70 000 Einwohnern, zumeist Bergarbeitern. Noch 40 Jahre zuvor hatte es an dieser Stelle kaum ein Dorf gegeben. Nur Ziegen lebten in kahlen Schluchten von dürrem Gestrüpp, und zwei arme Schürfer hausten hier, die mit großem Eifer gruben und nicht ahnten, daß sie schon bald die reichsten Männer Amerikas sein würden.

Denn Silber lag in der Erde, massenhaft, nur das bolivianische Potosí war noch reicher. 125 000 Kilogramm Silber wurden pro Jahr gefördert, über lange Zeit hinweg. Die mexikanischen Vorkommen blieben die bedeutendsten bis 1878, als sie von Comstock im nordamerikanischen Nevada übertroffen wurden.

Humboldt brauchte, da er unterwegs Tula, Queretaro und Salamanca be-

suchte, eine ganze Woche, um nach Guanajuato zu kommen, wo er am 8. August 1803 eintraf. Für mich war seine Route eine leichte Tagesfahrt von 300 Kilometern. Guanajuato ist fast noch so, wie Humboldt die Stadt sah. Die Bevölkerungszahl ist zwar leicht zurückgegangen, aber die herrschaftlichen Häuser von damals sind erhalten geblieben. Die Hütten der Indios, die nach Humboldts Beschreibung das steil ansteigende Tal ausfüllten, mußten inzwischen weiß gekalkten Häusern weichen. Ein großer Tunnel führt als eine der Hauptverkehrsstraßen unter der Stadt hindurch. Die Wohngebiete ziehen sich an den Berghängen hoch, die nur über steinerne Bogenbrücken und steile Treppen zu erreichen sind. Balkone im spanischen Kolonialstil hängen über Straßen, die von altmodischen Laternen beleuchtet werden, und die Luft ist hier so trocken, daß die Mumien in den Katakomben sehr gut erhalten blieben.

Von den Höhen konnte ich über Guanajuato hinaus auf die Bajio-Ebene sehen, die mit Seen wie betupft aussieht und von vulkanischen Gipfeln unterbrochen wird – kein Wunder, daß auch dieses Stück Erde den Geographen und Geologen Humboldt begeisterte.

Und, natürlich, der Silberbergbau interessierte den Grubenfachmann. Einige jener Anlagen sind noch heute in Betrieb, wenn auch unter anderen technischen Gegebenheiten. „Man kann es kaum glauben", berichtete Humboldt, „daß die gesamten in den Gruben gewonnenen Erze nicht auf Karren oder Wagen gefördert, sondern durch Menschen herausgetragen werden. Die indianischen Förderleute (tenatores), die geradezu wie Lasttiere in den mexikanischen Bergwerken arbeiten, tragen in ihrer sechsstündigen Schicht Lasten

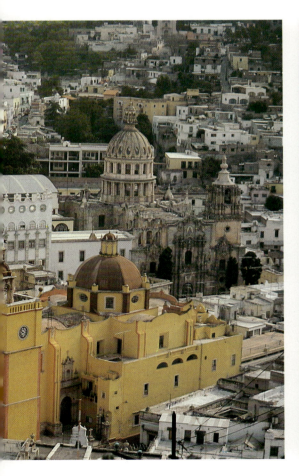

von 250 bis 350 Pfund bei einer Wärme von 22–25 Grad in mit 45 Grad einfallenden Schächten auf mehr als 1000 Treppenstufen zu Tage. Damit der schwere Erzsack den Rücken nicht durchscheuert, legen sie eine wollene Decke unter, im übrigen sind sie nackt bis auf einen Lendenschurz. Man begegnet in der Grube Reihen von 50 bis 60 Lastträgern, darunter Männer bis zu 60 Jahren und sogar Kinder von 10 bis 12 Jahren! Beim Heraufsteigen der Treppenstufen in den Schächten beugen sie den Körper weit nach vorn und stützen sich auf einen nur 30 cm langen Stock. Sie gehen auf den breiten Treppenstufen in Zickzack-Linie, weil sie, wie sie erklären, durch Erfahrung festgestellt haben, daß ihre Atmung weniger gehindert wird, wenn sie den von Tage durch den Schacht einfallenden Luftzug schräg durchschneiden."

Und auch dies schrieb Humboldt: „Ehrlichkeit ist bei den Mexikanern nicht so weit verbreitet wie bei deutschen oder schwedischen Bergleuten, und sie wenden tausend Tricks an, um wertvolle Mineralien zu stehlen. Da sie fast nackt sind und beim Verlassen der Mine auf die unanständigste Weise untersucht werden, verstecken sie Silberstücke im Haar, unter den Achselhöhlen, im Mund; sie stecken sich sogar Tonröhrchen, die bis zu 13 Zentimeter lang sind und das Metall enthalten, in den After. Es ist ein empörendes Schauspiel, wenn Hunderte von Arbeitern, darunter viele ehrenwerte Männer, beim Verlassen der Mine untersucht werden. In der Zeit zwischen 1774 und 1787 wurden in der Valenciana gestohlene Minerale im Werte von 900 000 Franken zurückgeholt."

Die Studien, die Humboldt in Mexiko, und durchaus nicht nur im Silberbergbau, anstellte und in seinem großartigen Geographiebuch „Essai politique sur le royaume de la Nouvelle-Espagne" zusammenfaßte, gerieten später in falsche Hände. Kurz nach der Veröffentlichung nämlich erschütterte Revolution das Land; dann zog es europäische Investoren an. Humboldts Buch war ins Englische übersetzt worden;

Aktiengesellschaften waren gegründet worden, vor allem in England, der Run nach Mexiko begann. Londoner Spekulanten, die nicht ahnten, daß viele der von Humboldt aufgeführten Minen erschöpft oder während der Revolution geflutet worden waren, trieben die Aktien in die Höhe, und dann platzte das vermeintliche big business: 1830 waren viele Aktionäre ruiniert und warfen Humboldt vor, er habe sie durch zu optimistische Angaben getäuscht. Der Forscher reagierte verärgert, denn natürlich hatte ihm nichts ferner gelegen, als eine Expertise für Spekulanten zu schreiben.

Einen Monat arbeitete Humboldt in Guanajuato. Nie wieder war er so oft unter Tage und studierte Bergbaufragen so intensiv. Dann wandte er sich abermals den Vulkanen zu. Am 9. September begab er sich südwärts in eine Gegend, die von modernen mexikanischen Geologen „El Eje Neovolcanico" genannt wird, die Hauptlinie jüngerer vulkanischer Tätigkeit.

Wer heute dieser Route auf den Fernstraßen 43 und 45 folgt, sieht überall vulkanische Aschekegel und dazwischen große, aber flache Seen. Die Stadt Valle de Santiago ist von gleich sieben Kratern umgeben, freilich nicht sehr hohen, so daß die meisten Vorbeifahrenden sie gar nicht bemerken. Ich bestieg einen dieser abgeflachten Kegel, der sich etwa 250 Meter über die Ebene erhebt, und sah vom Kraterrand tief unten zwischen den lotrechten Wänden einen See von etwa 750 Meter Durchmesser.

Hinter Morelia, dem damaligen Valladolid, wo Alexander seinen 34. Geburtstag beging, fuhr ich nach Westen in das Land der Tarasken. Das ist ein ganz eigenes Völkchen, das sich selbst nach seiner alten Sprache, die mit keiner anderen verwandt ist, Purepecha nennt. Heute sprechen viele dieser Eingeborenen auch Englisch, denn sie haben, um der Not in ihrem Lande zu entgehen, auf amerikanischen Farmen gearbeitet, illegal, wie das inzwischen wohl schon mindestens Hunderttausende, wenn nicht gar Millionen Mexika-

In den Silberminen von Guanajuato arbeiteten Indios, von denen Humboldt notierte: „Man kann es kaum glauben, daß die gesamten in den Gruben gewonnenen Erze nicht auf Karren oder Wagen gefördert, sondern durch Menschen herausgetragen werden"

ner tun. Humboldt bestaunte die Kunst der Tarasken, Spielzeuge und gewerbliche Gegenstände aus Federn, Muscheln, Holz, Metall, Knochen und Steinen herzustellen, und auch ich konnte mich noch daran erfreuen, daß dieses schöne Talent die Zeiten überdauert hat.

Humboldt zog weiter, um den Jorullo zu sehen, einen Vulkan, der erst 44 Jahre zuvor aus einem Maisfeld ausgebrochen war. Die Eruption dauerte so lange, daß sich ein Aschekegel von mehreren Kilometern Umfang gebildet hatte. Dann floß Lava an den neuen Hängen herunter und erstarrte.

Humboldt sah noch Rauch aus dem Krater quellen und begann unverzüglich, die Gase in den Fumarolen zu messen, jenen Öffnungen in den Flanken von Vulkanen, denen beständig Dämpfe von Wasser und Chemikalien entweichen. Währenddessen botanisierte Bonpland, wie üblich, und Montúfar sackte Aschestücke ein. Die ortsansässigen Indios, denke ich, haben über das sonderbare Verhalten der Fremden gestaunt, wohl auch darüber, daß Humboldt fasziniert den Berichten der alten Tarasken-Häuptlinge über den Beginn des Vulkanausbruchs zuhörte.

Humboldt hat Karten und Schnitte des Jorullo-Vulkans in seinem „Atlas du Nouveau Continent" veröffentlicht. Er schrieb: „In der Reihe der mexikanischen Vulkane ist das größte und seit meiner amerikanischen Reise berufenste Phänomen die Erhebung und der Lava-Erguß des neu erschienenen Jorullo. Dieser Vulkan, dessen auf Messungen gegründete Topographie ich zuerst bekannt gemacht habe, bietet durch eine Lage zwischen den beiden Vulkanen von Toluca und Colima und durch seinen Ausbruch auf der großen Spalte vulkanischer Tätigkeit . . . eine wichtige und deshalb um so mehr bestrittene geologische Erscheinung dar. Dem mächtigen Lavastrom folgend, welchen der neue Vulkan ausgestoßen, ist es mir gelungen, tief in das Innere des Kraters zu gelangen und in demselben Instrumente aufzustellen. Dem Ausbruch in einer weiten, lange friedli-

chen Ebene der ehemaligen Provinz Michuacan in der Nacht vom 28. zum 29. September 1759, über 30 geographische Meilen von jedem anderen Vulkan entfernt, ging seit dem 29. Juni desselben Jahres, also zwei volle Monate lang, ein ununterbrochenes unterirdisches Getöse voraus . . ."

Nach zeitgenössischen Berichten über den Ausbruch, denen Humboldt nachgegangen war, hatten sich Spalten geöffnet, die Asche ausstießen, dann erst war die Erhebung des späteren Vulkan-Gebirges „gleich einem schwarzen Kastell" aus der Ebene heraus beobachtet worden. Das Vorland hatte sich infolge der Erhebung konvex gekrümmt; in ihm hatten sich Tausende kleine Auswurfskegel, die sogenannten Hornitos („kleine Öfen"), gebildet.

Humboldts Bericht über die Geburt eines Vulkans wurde länger als ein Jahrhundert von vielen Geologen skeptisch beurteilt, aber dann wurde Humboldt mit Asche und Feuer rehabilitiert, denn ein von Menschen so selten überliefertes Ereignis fand noch einmal statt, und zwar am 20. Februar 1943, nur 125 Kilometer nordwestlich vom Jorullo: In einem Maisfeld nahe des Taraskendorfes Paricutin hob sich jäh die Erde, Lava und Asche flogen in die Luft, eine gewaltige schwarze Wolke stieg auf und verdunkelte den Himmel. Vulkanologen eilten herbei und erlebten prompt die Entstehung eines Berges: Innerhalb von acht Monaten formte mindestens eine Milliarde Tonnen Gestein und Asche einen mehr als 500 Meter hohen Kegel, während Lava 30 Quadratkilometer fruchtbaren Landes unter sich begrub.

Mit einer Kopie des Stiches aus „Vues des Cordillères" im Kartenhalter meines Autos vor mir, fuhr ich gut hundert Kilometer durch den mexikanischen Staat Michoacan auf der Suche nach dem Platz, von dem aus Humboldt den Jorullo skizziert hatte. Mein Weg endete mitten in der Asche am Fuße des sonderbar entstandenen Berges. Dort stand einsam das Haus eines Bauern, der sich erbot, mich – gegen Bares, versteht sich – auf den Berg zu führen. Zu-

Der Vulkan Jorullo, dargestellt auf einem alten Stich und dokumentiert mit Fotos aus der Gegenwart, hat eine Entstehungsgeschichte, die lange bezweifelt wurde: Er erhob sich im September 1759 sozusagen über Nacht aus flachem Land mit reicher Vegetation

nächst aber holte er eine Machete und ein Gewehr aus seinem Haus, „denn", sagte er, „da oben gibt es eine große Katze, die Menschen frißt". Dann zog er seine Sandalen aus und trabte leichtfüßig vor mir her, während ich unausgesetzt tief in die lose Asche einsackte und zurückrutschte, so daß ich das Gefühl hatte, kaum voranzukommen.

Der Gipfel ist dicht mit knorrigen Bäumen und trockenem Gestrüpp bestanden, das aus scharfkantigen Lavaspalten wächst, die oft zu breit sind, als daß man sie überspringen könnte. Auch der Boden des Kraters ist bewaldet. Der Bauer zeigte auf ein paar Fumarolen und sagte: „Das könnten alte Lagerfeuer sein", und er meinte, sie seien von Frauen in roten Kleidern gelegt worden.

„Ich führe", sagte er, „jedes Jahr ein paar Leute hier hinauf, aber nie welche mit roter Kleidung. Jeder hier weiß, daß rote Kleidung den Vulkan reizt. Im letzten Jahr hat der Jorullo sehr gerumpelt, und zwar sicher, weil eine Frau in Rot hier gewesen ist."

Manchmal, erzählte er, kämen Fremde, um nach einem Schatz zu suchen, denn: „Vor langer Zeit hat der Spanier, dem das Land gehörte, beim Kartenspiel ein Vermögen an Goldmünzen gewonnen. Plötzlich kam Rauch aus dem Boden unter dem Spieltisch, und alle schrien entsetzt: ‚Rennt um euer Leben!' Aber der Spanier rief: ‚Ich laufe doch nicht weg, solange ich gewinne!' Dann brach die Erde auf und er verschwand in einer Rauchwolke."

Ich verglich meinen Ausblick mit Humboldts Stich und sah, daß ich über die Lava auf die andere Seite des Jorullo klettern mußte, um an den Platz zu gelangen, von dem aus Humboldt seine Skizze gemacht hatte, aber der Bauer hielt mich zurück: „Es wird dunkel", sagte er, und: „Die Leute werden dich umbringen."

Ich gab nach und ging zum Wagen zurück, wenn ich auch glaubte, daß seine Warnung wie seine Geschichten war: Phantasie.

Am nächsten Tag fand ich einen Weg zum richtigen Platz des Jorullo, wenn auch einen, der so schlecht war, daß ich drei Stunden für zehn Kilometer brauchte. Obwohl der Stich in meiner Hand ärmlich im Vergleich mit der mächtigen Realität wirkte, schien doch der Blick von dem staubigen Dorf am Flußufer aus in dieselbe Richtung zu gehen.

Die einzige Straße in La Playa sah merkwürdig öde aus und die Häuser, als wären sie unbewohnt, aber unter den Bäumen flatterte Wäsche. Ein Mann kam auf mich zu. Er sei, sagte er, von der Regierung beauftragt, Besucher zu begleiten und verlangte einen horrenden Preis. Ich lehnte sein Angebot ab, stieg wieder in mein Auto und fuhr zu einem etwas höher gelegenen Punkt. Hier sah ich, daß zwischen mir und dem Jorullo ein kleiner Hügel lag, von dem ich annahm, daß Humboldt von ihm aus die Skizze des Vulkans angefertigt hatte. Ich stellte also meinen Wagen ab und ging auf den Hügel zu.

Ich überquerte einige Maisfelder, kletterte über ein paar Zäune und sah, kein Zweifel, plötzlich Marihuana vor mir. Schließlich sah ich mehr Marihuana als Mais, und dann, als ich den Jorullo zu fotografieren begann, hörte ich sie – Menschen rannten über die Felder auf mich zu, drohten und riefen: „Schlagt den Regierungsspion tot!"

Ich wendete mich zur Flucht. Ich zerriß meine Kleidung an Dornen und Stacheldrähten, aber ich entkam – und wußte, daß ich besser daran getan hätte, dem Bauern zu glauben.

Humboldt hat derlei nicht erlebt, auch nicht, als er auf dem Rückweg nach Mexico City den Vulkan Nevado de Toluca bestieg, mit 4624 Metern der vierthöchste Berg des Landes. Damals mag das noch eine anstrengende Sache gewesen sein; im späten zwanzigsten Jahrhundert ist es das nicht mehr. Ich bin von der Hauptstadt aus an einem halben Tag bis zum Krater hinaufgefahren. Er hat einen Durchmesser von mehreren Kilometern; an seinem Grund liegt der große Sonnensee und, in einem kleineren Krater, der Mondsee.

Im Januar 1804 nahmen Humboldt, Bonpland und Montúfar schließlich

In der Nähe des Jorullo-Vulkans sind immer mehr Einheimische – wie auch anderswo – dazu übergegangen, zur Aufbesserung ihrer bescheidenen Einkommen Marihuana anzubauen. Abnehmer für das Rauschgift finden sich vor allem in den großen Städten und nördlich der Grenze, in den USA. Ein Stück dramatischer Erdgeschichte offenbart sich im Krater des Vulkans Toluca

Abschied von der mexikanischen Hauptstadt, ritten um den Popocatepetl – die 5452 Meter hohe „Weiße Dame" – und den Ixtaccihuatl, den 5286 Meter hohen „Rauchenden Berg". Dann legten sie vier Tage für einen Ausflug nach Cholula ein, wo dieselben Menschen, die den Sonnen- und den Mondtempel von Teotihuacan schufen, eine Pyramide gebaut hatten, die so gewaltig ist, daß man meinen könnte, sie hätten mit dem Popocatepetl wetteifern wollen. Die Tepanapa-Pyramide gehört zu den größten Bauwerken der Welt; sie mißt an der Basis 400 Meter, die große Pyramide im ägyptischen Gizeh dagegen nur 230 Meter.

Zwar ist diese Pyramide nicht so hoch wie die von Gizeh, aber als ich sie das erste Mal bei der Anfahrt auf Puebla durch strömenden Regen sah, erschien sie mir groß wie ein Berg. Erst beim Näherkommen erkannte ich, daß ihre abgestumpfte Spitze von einer gelben Kirche gekrönt wird, dem Santuario los Remedios, das auf 365 Kirchen und Kapellen um Cholula hinabblickt.

Die Staatsstraße 140 von Veracruz nach Mexico City ist heute teilweise nach Alexander von Humboldt benannt – und ständig Schauplatz lebensgefährlicher Manöver von Personen- und Lastwagen. Das Überholen vor einer Kuppe gilt hier als besonders sportlich

Die mexikanische Etappe der Humboldt-Expedition näherte sich ihrem Ende. Von Puebla aus, wo heute das deutsche Volkswagenwerk durch eine mexikanische Tochter die letzten legendären VW-Käfer bauen läßt, begaben sich die Forscher zum Seehafen Veracruz, und zwar über eine Straße, an der gearbeitet wurde. Humboldt fand, eine Verbesserung dieser Straße sei dringend geboten, denn sie stelle ein wichtiges Glied in der Kette dar, die Madrid mit der mexikanischen Hauptstadt verbinde.

Nun, sein Wunsch ist inzwischen erfüllt worden, aber nachdrücklich bezweifle ich, ob Humboldt den Fortschritt gutheißen würde, den es seither gegeben hat: Wer die Fernstraße 140 nicht sieht, kann sie doch wenigstens riechen, denn sie stinkt von einem Ende zum anderen nach Dieselabgasen, und zwischen einem schier endlosen Strom von Lastern versuchen Personenwagen in manchmal geradezu selbstmörderischen Überholaktionen, um ein paar sinnlose Sekunden früher an ihrem Ziel zu sein.

In Perote, einer Stadt von 25 000 Einwohnern auf halbem Wege zwischen Puebla und Veracruz, heißt die Fernstraße 140 „Avenida Alejandro von Humboldt". Zu Mittag aß ich im „Restaurant Humboldt", und ein paar Kilometer südlich erhebt sich verschwommen ein merkwürdiger Berg, der mich gleichfalls an den großen Forscher erinnerte: der Cofre de Perote, der nach Humboldts Skizze in „Vues des Cordillères" abgebildet ist, wenn auch, wie manches in diesem Werk, nicht ganz naturgetreu. Wie auch bei anderen Darstellungen, ist die Ebene im Hintergrund fiktiv, damit sich der Gipfel besser abhebt. In Wirklichkeit gibt es weder die Ebene noch den Hügel im Vordergrund. Die Berghänge sind jetzt mit Nadelbäumen bewaldet.

Der „Koffer von Perote", so wegen eines vierkantigen Aufsatzes an der Ostseite des Berges genannt, ist ein alter Vulkan mit steilen Felsen, die bis 4282 Meter aufragen. Aber was sah ich von meinem Tisch im „Restaurant

Der Cofre de Perote an der Straße zwischen Puebla und Veracruz fand ebenfalls Eingang in die „Vues des Cordillères", aber auch dieses Bildnis ist, wie einige weitere aus Humboldts Werk, in Details künstlerisch frei gestaltet

Humboldt" aus auf der Spitze des Felsens?

„Das ist der TV-Verstärkerturm von Kanal 13", erklärte der Ober. Mir ging durch den Sinn, daß Humboldt, der an die Notwendigkeit der Kommunikation glaubte, nicht traurig sein würde, könnte er das technische Wunder sehen, das den Berg auf 4400 Meter wachsen ließ.

Fünfzig Kilometer weiter südlich liegt in einem der 33 mexikanischen Nationalparks der Pico de Orizaba, der höchste Berg des Landes. Als die Leutnants Reynolds und Maynard von der US-Armee während des Krieges gegen Mexiko im Jahre 1848 bis zum Kraterrand in 5699 Meter Höhe stiegen, verbesserten sie Humboldts Rekord einer Vulkanbesteigung durch Nicht-Indios um 200 Meter. Humboldt hatte übrigens angenommen, daß der Orizaba, den die Mexikaner heute wieder mit seinem aztekischen Namen Citlaltepetl nennen, nur 5295 Meter hoch sei, aber er hatte sich in der Bestimmung der Höhe geirrt.

Vom Hochland stieg Humboldt nun hinab in die Niederungen an der Küste, und noch einmal war er fasziniert von der Wandlung der Vegetation. Er befand sich wieder im grünen Meer des Tropischen Regenwaldes, dem so lange die Träume seiner Jugend gegolten hatten, und dennoch waren seine Gefühle gemischt, als stickig heiße Luft ihn umgab; er kam nun in eine Zone, in der ständig die Gefahr drohte, vom Gelbfieber befallen zu werden.

Freilich, er hatte keine Wahl. Er mußte nach Veracruz. Nur von dort aus konnte er nach Kuba gelangen, wo seine Sammlungen verpackt und für die lange Seereise in die europäische Heimat präpariert werden mußten.

»Ein Volk,
das die Gabe der Freiheit zu schätzen weiß«

In Europa wurde Alexander von Humboldt schon totgesagt – ausgerechnet in jenen Tagen, an denen er beim Präsidenten der USA zu Gast war. Jefferson war es eine Ehre, den Mann zu empfangen, dessen gigantische wissenschaftliche Leistung einen sonderbaren Antrieb hatte: Unbestritten war er nun, was er stets hatte sein wollen – berühmt

orgen", schrieb Alexander von Humboldt, „werden wir nach Veracruz hinuntergehen. Es heißt, daß wir am 23. segeln. Ich glaube es nicht."

Er kannte inzwischen sein Mexiko, das damals „mañana-Land" war und heute noch ist. Mañana: morgen – vielleicht . . . Tatsächlich blieb ihm der Aufenthalt im Seehafen von Veracruz, wo Cortés einst seine Schiffe demontiert hatte, um sich unwiderruflich der Eroberung Mexikos zu widmen, nicht erspart: Die Fregatte „La O" stach erst am 7. März 1804 in Richtung Kuba in See.

Ich ging durch den Hafen von Veracruz. War es hier, wo Alexander zum letzten Mal auf mittelamerikanischem Boden stand? Es war heiß, es ging geschäftig zu, denn Veracruz ist heute ein Welthafen, und es ist auf sonderbare Weise anders als das übrige Mexiko: Veracruzanos, so scheint mir, sind kosmopolitischer als die Hochlandmexikaner, wie das oft mit Bewohnern von Welthäfen ist, mehr noch: Auch die Stadt wirkte nicht eigentlich „mexikanisch" auf mich, sondern eher wie alle anderen Häfen, die ich während meiner Zeit als Seemann auf allen fünf Kontinenten gesehen habe.

Die Überfahrt nach Kuba verlief ereignislos. Drei Jahre waren vergangen, seit Humboldt das letzte Mal auf der Zuckerinsel gewesen war. Schon damals war er berühmt, nun aber war er eine bestaunte Zelebrität. Wiederum bemühte sich „tout Cuba" um den Baron und bewunderte ihn, der so packende Geschichten zu erzählen und mit seinem Wissen zu glänzen verstand.

Unter seinen Zuhörern war auch einer, der entscheidend auf Humboldts weitere Reise einwirkte: Vincent Gray, Konsul der USA in Havanna. Er riet dem Preußen, über die Vereinigten Staaten nach Europa zurückzukehren, denn zweifellos werde es sicherer sein, den Atlantik auf einem in den neutralen Vereinigten Staaten registrierten Schiff zu überqueren, einen US-Paß und für die wissenschaftliche Fracht eine US-

Zollerklärung zu haben, und obendrein könne er helfen, sagte der Konsul, vom US-Außenminister James Madison ein Ersuchen auf sichere Überführung zu erhalten.

Nicht, daß Humboldt weitere Reisen in den Vereinigten Staaten plante – einfach der Gedanke reizte ihn, gleichsam als würdigen Abschluß seiner Reisen in der Neuen Welt den US-Präsidenten Thomas Jefferson zu treffen, dem Humboldt schrieb: „Ihre Schriften, Ihre Unternehmungen und die Freizügigkeit Ihrer Gedanken haben seit meiner frühesten Jugend die größte Bewunderung in mir hervorgerufen."

Jefferson war wirklich ein erstaunlicher Mann. Er hatte die Unabhängigkeitserklärung der USA verfaßt, war Verfechter der Aufklärung, beherrschte sechs Sprachen fließend und hatte seinem Land von 1785 bis 1789 als Gesandter in Frankreich gedient. Er interessierte sich sachkundig für alle Wissenschaften, war jahrelang Präsident der „American Philosophical Scientific Society" gewesen, hatte eine der besten Bibliotheken des Landes aufgebaut und korrespondierte mit Gelehrten in der ganzen Welt. Nun, da er Präsident des jungen Staatenbundes war, wollte er dringend mehr über die Länder im Süden wissen.

Das war dem US-Konsul in Havanna bekannt, als er an Außenminister Madison schrieb: „. . . finden Sie einige Bemerkungen über Baron Humboldt, . . . der in diesem Augenblick auf jeden Fall interessant ist; er ist zur Zeit auf dem Wege zur Stadt Washington und ist in der Lage, Ihnen viele nützliche Informationen über das an Louisiana grenzende Land zu geben."

Louisiana – das war das Stichwort. Während nämlich Humboldt in Mexiko weilte – und eine Landkarte anfertigte, die Louisiana noch als spanisches Gebiet auswies –, hatte es um jenen Teil des heutigen Nordamerika dramatische Händel gegeben, deren Ausgang die Weltgeschichte beeinflußte: König Carlos von Spanien hatte das ursprünglich französisch besiedelte und später unter spanischen Einfluß geratene

Land unbemerkt von der Weltöffentlichkeit und unter politischem Druck an Napoleon zurückgegeben, der es seinerseits im verrücktesten Grundstücksgeschäft aller Zeiten an die USA verkaufte. Für 27 267 622 Dollar erwarben die Amerikaner 2 145 000 Quadratkilometer, mehr als achtmal so viel wie die Bundesrepublik, und zwar nicht nur den heute so genannten Bundesstaat Louisiana, sondern auch Missouri, Arkansas, Iowa, South Dakota, North Dakota, Nebraska, Oklahoma sowie Teile von Kansas, Colorado, Wyoming, Montana und Minnesota. Als der sonderbare Deal für nur lächerliche 13 Cent pro Hektar perfekt war, erkannte Napoleon: „Ich habe England soeben einen maritimen Rivalen gegeben, der früher oder später den Stolz der Engländer beugen wird."

Die Vereinigten Staaten hatten nun im Süden Mexiko zum direkten Anrainer bekommen und waren natürlich an Informationen über den neuen Nachbarn interessiert – niemand hatte davon aktuell mehr als Humboldt: Sein Entrée in Washington war gesichert.

Sieben Wochen lang kümmerten sich Humboldt und Bonpland in Havanna um ihre Sammlungen, verpackten sie und sorgten für Aufsicht. Dann, am 29. April 1804, gingen sie an Bord des 160 Tonnen großen Schiffes „Concepción". In der Passagierliste stand: „Charles Montúfar, zwei Reisekoffer; Baron von Humboldt, zwei Reisekoffer und drei Betten; Alexander Bonpland, ein Reisekoffer und ein Kasten Briefe", ferner „ein freier Diener", vermutlich der Farbige aus Cumaná, der schon fünf Jahre dabei war. Im Frachtbrief war aufgeführt: „Baron D. Hambut, 26 Kisten mit Pflanzen und eine mit Samen." Im übrigen war das Schiff mit Zucker, Sirup und brasilianischem Blauholz beladen, aus dem man Farben herstellte. Proviant: Gepökeltes Schweine- und Rindfleisch sowie Weizenbrot.

24 Tage dauerte die Reise, und sie war stürmisch, Bonpland blieb wieder wenig erspart, und einmal mehr sorgte sich Humboldt um die Sicherheit seiner unersetzlichen Sammlungen, aber dann lief die „Concepción" in die Bucht des Delaware ein. Hier, kurz vor dem Ziel, lauerten freilich andere Gefahren, von denen ein Schiffsfriedhof mit Hunderten von Wracks zeugte: Die Zufahrt war flach, ohne Lotsen lebensgefährlich.

Von Philadelphia war zunächst nichts zu sehen. Riesige Wälder bemerkten die Forscher statt dessen an beiden Ufern, dann Lichtungen mit Bauernhäusern, schließlich hölzerne Lagerschuppen und Werften, und die sahen sie gleich drei Tage lang, denn erst dann war die gefährliche Passage überwunden, waren die Zoll- und Quarantänekontrollen beendet. Währenddessen schrieb der preußische Baron in französischer Sprache an den amerikanischen Präsidenten einen Brief: „Trotz des großen Verlangens, das ich habe, Paris wiederzusehen, wo wir hoffen, unsere Arbeiten, die Früchte unserer Expedition, zu veröffentlichen, konnte ich dem starken Wunsch nicht widerstehen, die Vereinigten Staaten zu besuchen und mich an der beruhigenden Tatsache zu erfreuen, daß dieses Volk die Gabe der Freiheit zu schätzen weiß. Möge es mir gestattet sein, Ihnen persönlich meine Hochachtung auszudrücken und in Ihnen den Richter und Philosophen zu bewundern, der das Beste beider Kontinente in sich vereint."

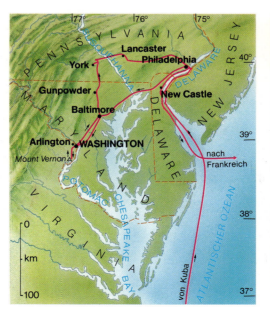

Von Mexiko über Kuba gelangten Humboldt und Bonpland zum Abschluß ihrer amerikanischen Reise in die Vereinigten Staaten. Die Route, die ihre Kutsche von Philadelphia nach Baltimore nahm, heißt heute noch „The Old Post Road".

In Philadelphia gab es damals fünf Tageszeitungen – das sind vier mehr als heute – und mehrere Wochenblätter, darunter eines in deutscher Sprache. Eine Tageszeitung meldete die Ankunft des „Baron de Hombott", der nun eine bemerkenswerte Stadt betrat. Sie war von ihrem Gründer William Penn sehr klar angelegt worden, beherbergte als damals größte Stadt der Vereinigten Staaten 75 000 Menschen, darunter viele Deutsche sowie Schweden, Finnen, englische Quäker, Iren, Waliser, Holländer, Schotten und Iren, und sie imponierte mit eleganten, dreistöckigen Backsteinhäusern, die, wie europäische Besucher meinten, durchaus auch in den feinsten Gegenden Londons stehen könnten. Vor allem aber: Philadelphia war kultiviert. Sechs wissenschaftliche Gesellschaften hatten hier ihren Sitz. Zweifellos war keine Stadt Nordamerikas für Humboldts Besuch geeigneter als Philadelphia, wo die Unabhängigkeitserklärung unterzeichnet, die Verfassung gegeben worden und das bis 1800 Sitz der Regierung gewesen war. Hier nun erhielt Humboldt einen Arbeitsplatz in der Philosopical Hall, dem Sitz der „American Philosophical Scientific Society", während er mit seinen Begleitern vermutlich in der „City Tavern" Quartier nahm, obwohl

auch dieses bessere Haus im begründeten Verdacht stand, Wanzen zu beherbergen.

Besonders engen Umgang in Philadelphia hatte Humboldt mit Charles Willson Peale – einem bemerkenswerten Mann. Peale hatte zunächst Sattler gelernt und war dann zu einem der besten Maler der jungen Nation geworden, der Präsidenten und andere bedeutende Persönlichkeiten porträtierte. Sein Sohn Rembrandt erbte das Talent des Vaters und malte eines der trefflichsten Bilder, die es von Alexander von Humboldt gibt.

Aber nicht nur ein begnadeter Maler war der alte Peale, sondern auch Organisator des ersten naturgeschichtlichen Museums der Vereinigten Staaten. Nicht ohne Stolz führte er Humboldt, Bonpland und Montúfar in ein oberes Stockwerk der Independence Hall und in Nebengebäude, wo es eindrucksvolle, aber auch ein paar merkwürdige Exponate gab – die Leute zahlten das Eintrittsgeld eher für Spektakel launenhafter Natur als etwa für Insekten, nach Ordnung, Familie, Geschlecht und Art ordentlich klassifiziert. Da gab es also eine ausgestopfte fünfbeinige Kuh mit zwei Schwänzen, die ein zweiköpfiges Kalb säugte, außerdem ein Stück von der Pariser Bastille; da gab es den eingeschnürten Fuß einer chinesischen Dame, eine Haarsträhne von einem Albino und – den Zeigefinger eines hingerichteten Pistolenhelden.

Der Independence Hall gegenüber stand die „Library Company" von Philadelphia, eine von Benjamin Franklin gegründete Subskriptionsbibliothek, die erste ihrer Art, die auch heute noch existiert, wenn auch in einem anderen Gebäude. Hier machte Humboldt eine schöne Entdeckung, über die er später schrieb: „Infolge eines außergewöhnlichen Verhängnisses blieben wir in den spanischen Kolonien zwei Jahre ohne einen Brief aus Europa, und in denen, die uns in den folgenden drei Jahren erreichten, stand nichts über unsere Sendungen. Ich war besorgt wegen eines Journals, das astronomische Beobachtungen und alle Höhenmessungen mit

Im Sommer 1982 beging Philadelphia, die „Stadt der brüderlichen Liebe", ihren 300. Geburtstag. Ihr Begründer, William Penn, hatte sie sehr klar angelegt. Zu Humboldts Zeit lebten hier 75 000 Menschen

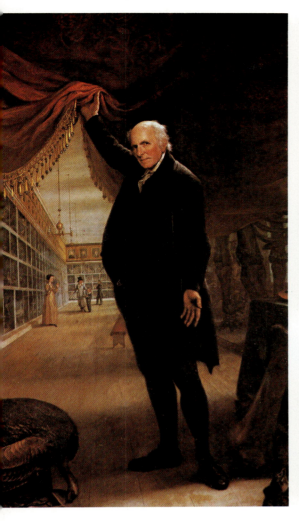

Die Library Hall, der Humboldt einen Besuch abstattete, steht heute noch. Ein herzliches Verhältnis verband den Forscher mit dem angesehenen Maler Charles Willson Peale, der Präsidenten und andere Persönlichkeiten des Landes porträtierte

dem Barometer enthielt, die ich aber aus Mangel an Geduld nicht detailliert kopiert hatte . . . In der öffentlichen Bibliothek in Philadelphia fand ich im Inhaltsverzeichnis einer wissenschaftlichen Zeitschrift diese Worte: ‚Ankunft von Herrn v. Humboldts Manuskripten bei seinem Bruder in Paris über Spanien!' Ich hatte Mühe, den Ausdruck meiner Freude zurückzuhalten; nie zuvor war mir ein Inhaltsverzeichnis besser ausgeführt erschienen."

Als ich mich von Philadelphia aus zu den letzten Stationen meiner Reise auf den Spuren Alexander von Humboldts aufmachte, hatte ich den besten Ratgeber, den man in dieser Angelegenheit in den Vereinigten Staaten haben kann: Dr. Hermann R. Friis. Als vor Jahren Humboldts Besuch in den Vereinigten

Staaten in Vergessenheit zu geraten drohte, hat Friis als Leiter der kartographischen Abteilung in den „United States National Archives" damit begonnen, die Fakten der Humboldt-Reise aus einer Reihe von Quellen zu sammeln. 1959 veröffentlichte er einen ersten zusammenhängenden Bericht, dem alle Humboldt-Biographen verpflichtet sind, auch ich, und ich besonders, denn er gab mir einen vollständigen Satz seiner Manuskripte.

„Aber", sagte mir Dr. Friis, „meine Studien sind noch nicht abgeschlossen, da ich bislang keinen Zugang zu dem Tagebuch Humboldts über seinen Besuch in den Vereinigten Staaten hatte. Statt dessen mußte ich für die Beschreibung seiner 42 Tage in den USA auf Hunderte von zeitgenössischen Quellen zurückgreifen, von denen die wertvollste das lebendige Tagebuch von Charles Peale ist, denn es gibt seltene Einblicke in Humboldts Gespräche."

Der Maler Peale war es auch, der die Reise zu Präsident Jefferson nach Washington organisierte. Außer Humboldt, Bonpland und Montúfar war ein Reverend Nichols Collin dabei, Naturforscher, Schriftsteller und Helfer des Museums, sowie Dr. Thomas Fother-

gill, ein englischer Wissenschaftler, der seit langem den Wunsch hatte, den Präsidenten zu sehen.

Die Gesellschaft reiste, für acht Dollar pro Person, mit der Postkutsche, in der es, wie Peale in seinem Tagebuch bezeugt, unterhaltsam zuging, denn Humboldt erzählte ununterbrochen: „Der Baron sprach sehr gut englisch mit deutschem Akzent . . . Es war amüsant zu hören, wie er englisch, französisch

und spanisch redete und alle drei Sprachen in schnellem Fluß mischte. Er ist sehr kontaktfreudig und hat einen überraschenden Fundus an Wissen in Botanik, Mineralogie, Astronomie, Philosophie und Naturgeschichte . . .“

Ich hatte so amüsante Unterhaltung nicht, als ich jenen Weg nachreiste, aber dafür hatte ich keinerlei Schwierigkeiten, ihn genau einzuhalten, denn die Route der Postkutschen gibt es noch heute. „The Old Post Road“ heißt die Straße, und sie führt an Gedenksteinen vorbei, auf denen man beispielsweise erfährt, wo hier George Washington sein Lager aufgeschlagen hatte; durch ruhige Städte führt sie und an Gewässern vorbei, deren Ufer vom Reichtum im Lande künden, denn sie sind voll von Motoryachten und Segelbooten, und dann führt sie über den Susquehanna River nach Havre de Grace, wo die Reisegesellschaft damals zu Abend aß, ehe sie die reguläre Nachtkutsche nach Baltimore bestieg.

Baltimore – das ist wieder eine jener dramatisch veränderten Städte, die Humboldt nicht wiedererkennen würde. Angefangen hatte es hier eher schläfrig. Als kleiner Ausfuhrplatz für Tabak entstand die Ansiedlung. Sie wuchs und wuchs, ganz gewiß nicht immer zu ihrem Vorteil: Heute ist sie eine der größten Städte und einer der bedeutenden Seehäfen des Landes.

Am 1. Juni 1804 fuhren die sechs Männer die letzten 45 Kilometer in Richtung Washington. Es war traurig gezeichnetes Land: Verlassene Farmen lagen am Wege – Tabak, für kurze Zeit der große Reichtum, hatte den Boden ausgelaugt, den sich die Natur nun zurückholte.

Dann kamen sie in Washington an. Die Forscher wohnten in „Stelle's Hotel“ auf dem Hügel des Capitols in einer Kleinstadt mit damals 3000 Bürgern und 700 Sklaven – und wiederum: Würde Humboldt in der Stadt der Gegenwart, in welcher 750 000 Menschen leben, davon 565 000 Schwarze, sein Washington erkennen?

Kaum. Und kaum würde er erwarten, daß im modernen Washington ein Schwarzer der Bürgermeister ist, obwohl Humboldt als erbitterter Gegner der Sklavenhaltung es sicherlich freudig begrüßen würde.

Der neue Amtssitz des Präsidenten, das Weiße Haus, war erst fünf Jahre vor Humboldts Besuch bezogen worden, 1799. Ein großes Sumpfgebiet grenzte im Süden an, wo Vieh weidete – ein Anblick, der auch mich immer wieder beeindruckt, wenn ich aus meinem zwölf

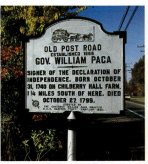

Für acht Dollar pro Person reisten Humboldt und seine Gefährten mit der Postkutsche von Philadelphia nach Washington. Diese „Old Post Road“ gibt es heute noch. Erinnerungsschilder weisen darauf hin. Geändert hat sich indes, daß man auf jenem Teilstück, das heute John F. Kennedy Highway heißt, Straßengebühren zahlen muß

Kilometer entfernten Wohnort Arlington nach Washington fahre.

Am ersten Tag besuchte Humboldt mit seinen Begleitern den französischen Botschafter. Es muß für Bonpland und Montúfar eine Wohltat gewesen sein, wieder richtig parlieren zu können, denn die beiden sprachen kaum englisch und standen so sehr im Schatten ihres Expeditionsleiters, daß ihre Namen in den Zeitungen oder in den Tagebüchern ihrer Gastgeber nur selten vorkamen. Am selben Tag noch waren die Männer zum Tee geladen im Hause von Samuel Harrison Smith, dem Chefredakteur einer Tageszeitung, dessen Frau über den Besuch notierte: „Wenn alle Reisenden wie Baron Humboldt wären, hätten sie korrektere und umfangreichere Informationen über die besuchten Länder und ihre Menschen." Ferner: „Er war ein echter Weltbürger, und wohin er auch immer ging, er fühlte sich in jedem Landstrich vollkommen zu Hause . . . Er betrachtete den Menschen als seinen Bruder; er war offen, herzlich, überschwenglich und in seinen Ansichten aufgeklärt; seine Gefühle waren nie unterkühlt, seine Meinungen nie von Vorurteilen entstellt." Zur Erinnerung an eine solche Gesellschaft bei Mrs. Smith schenkte Peale allen Anwesenden ein Blatt mit Humboldts Profil, das er mit einem Pantographen angefertigt hatte, einem Instrument mit Winkelarmen zur maßstabgerechten Vervielfältigung von Zeichnungen. Eines dieser Profile fand ich fast 180 Jahre später in der Kongreßbibliothek von Washington.

Am Nachmittag des 4. Juni dinierten die europäischen Besucher im Weißen Haus mit Präsident Jefferson, Finanzminister Albert Gallatin und Außenminister James Madison, der später vierter Präsident der USA wurde. Peale berichtet darüber: „. . . Was mir sehr gefiel: kein einziger Trinkspruch wurde ausgebracht oder verlangt. Die Politik wurde nicht berührt. Die Gespräche

Thomas Jefferson, den Cornelius Tiebout in ganzer Statur malte, sowie James Madison und Albert Gallatin – auch sie führende Staatsmänner – gehörten zu den Gesprächspartnern des Besuchers aus Preußen. Das Capitol war im Jahr 1800 als Parlamentsgebäude in Gebrauch genommen worden, obwohl es noch nicht fertig war

drehten sich um Naturgeschichte, Verbesserungen der Lebensverhältnisse sowie Sitten und Gebräuche in verschiedenen Nationen."

Und Dolley Madison, die wohl berühmteste Gastgeberin im Weißen Haus sowohl zur Zeit des verwitweten Jefferson als auch später während der Amtsjahre ihres Mannes, schrieb an ihre Schwester: „Wir haben vor kurzem ein großes Essen im Beisein eines charmanten preußischen Barons von Humboldt gehabt. Alle Damen sagen, sie liebten ihn, trotz eines Mangels an persönlichen Reizen. Er ist der höflichste, bescheidenste, gebildetste und interessanteste Reisende, den wir je kennengelernt haben, und er liebt Amerika sehr . . . Er beabsichtigt, wieder hierher zurückzukommen."

Für den Präsidenten war der Reisende aus der Alten Welt nicht minder eindrucksvoll. Jefferson lud Humboldt in seinen Lieblingsraum ein, das Kabinettszimmer, das mit Landkarten, Globen, Seekarten und Büchern vollgestopft war – und mit Zimmermanns- und Gärtnerwerkzeugen, mit denen der Präsident in seiner Freizeit vergnüglich arbeitete. Jefferson, damals 61 Jahre alt und mit seinen 1,88 Metern weit größer als Humboldt, verabscheute Förmlichkeit. Er war durch und durch ein Liberaler, der für die Beschränkung von Erbrechten gleichermaßen eintrat wie für die Abschaffung der Todesstrafe und der Sklaverei, für die Trennung von Kirche und Staat ebenso wie für öffentliche Schulen.

Jefferson hatte gern und oft die Gesellschaft junger Forscher. Sein Privatsekretär, Captain Meriwether Lewis, war einer von ihnen. Er lebte zwei Jahre im Weißen Haus, während der Präsident ihn gezielt auf die Erforschung des Westens vorbereitete. Just als Humboldt in Washington weilte, hatten Lewis und sein Partner Clark St. Louis verlassen und fuhren in der Hoffnung, einen Wasserweg zum Pazifik zu finden, den Missouri hinauf. Die später berühmt gewordene Lewis-Clark-Expedition, die den riesenhaften Kontinent hin und zurück durchquerte, wur-

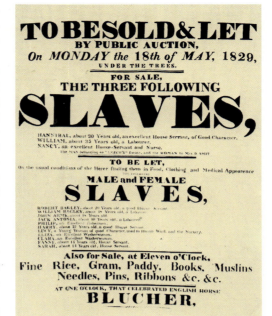

Außer männlichen und weiblichen Sklaven wurden auf öffentlichen Anschlägen auch Nahrungsmittel und Gebrauchsgegenstände zum Verkauf angeboten. Präsident Jefferson, liberal wie Humboldt, trat für die Abschaffung der Sklaverei ein

Während sich Humboldt in Washington aufhielt, war die junge amerikanische Nation noch dabei, den nördlichen Halbkontinent der Neuen Welt zu erforschen. Captain Lewis und sein Partner Clark fuhren auf der Suche nach einem Wasserweg zum Pazifik den Missouri hinauf und entdeckten in seinem Verlauf die Großen Fälle

de das erfolgreichste Unternehmen dieser Art in der Frühgeschichte der Vereinigten Staaten; sie berührte auch den nördlichen Teil des damaligen Louisiana, das zu Neu-Spanien gehörte. Gerade nun kamen Humboldt und Bonpland mit einer detaillierten Landkarte von Neu-Spanien – Jefferson war hocherfreut.

Von nun an war Humboldt häufig Gast beim mächtigsten Mann der USA. Eines Abends stand er unangemeldet in der Wohnzimmertür – eine sonderbare Vorstellung in unserer Zeit, in der das Weiße Haus, leider aus guten Gründen, scharf bewacht wird. Ein Zeuge beschrieb die Szene: „. . . er fand Mr. Jefferson auf dem Fußboden sitzend,

Mount Vernon oberhalb des Potomac südlich von Washington war das Heim des Mannes, nach dem die Hauptstadt der USA genannt ist. George Washington starb, während Humboldt noch in Caracas weilte. Mount Vernon ist heute eine patriotische Pilgerstätte der Amerikaner, aber auch Humboldt und seine Begleiter besuchten das prächtig gelegene Anwesen

umgeben von einem halben Dutzend kleiner Enkelkinder; er war so in das Spiel mit den Kindern vertieft, daß Humboldts Eintritt erst nicht bemerkt wurde. Als man es mitbekam, stand Mr. Jefferson auf, schüttelte ihm die Hand und sagte: ‚Sie haben mich dabei ertappt, daß ich den Narren spielte, Baron, aber ich bin sicher, daß ich mich deshalb nicht zu entschuldigen brauche.‘“

Und noch eine Episode, die bezeichnend für Jefferson ist, aber auch für das Verhältnis, das ihn mit Humboldt verband. Jeffersons Privatsekretär William Burwell berichtete: „Als wir eines Morgens beim Frühstück zusammensaßen, kam Mr. Jefferson mit einem

Zeitungsausschnitt herein, der die schlimmsten Beschimpfungen seiner Person enthielt. Er schenkte ihn dem Baron mit der Bitte, ihn in einem Museum in Europa auszustellen, um zu beweisen, wie wenig Schaden durch die Pressefreiheit entstehe; denn trotz zahlloser Artikel ähnlicher Art, die täglich in der Presse erschienen, war seine Regierung populärer denn je zuvor.“

Nicht nur mit dem Präsidenten verband Humboldt ein herzliches Verhältnis. Mit Finanzminister Albert Gallatin, einem Einwanderer aus der Schweiz, schloß er eine Freundschaft, die bis zum Ende hielt. In einem Brief an seine Frau Hannah beschrieb Gallatin seinen Gast so: „Ich habe einen intellektuellen Hochgenuß erlebt durch Baron Humboldt . . . Ich bin nicht so leicht zu begeistern, und er war noch nicht einmal besonders einnehmend für meinen Geschmack, denn er redet mehr . . . als jeder andere, den ich kenne – Deutsch, Französisch, Spanisch, Englisch, alles zusammen. Aber ich war wirklich entzückt, auf verschiedenen Gebieten in knapp zwei Stunden mehr Neues zu erfahren, als ich in den letzten zwei Jahren gehört oder gelesen hatte . . . Um meinen Enthusiasmus zu erklären, muß ich sagen, daß er von Landkarten, Darstellungen usw. umgeben war, die alle neu für mich waren, und von denen er uns mehrere zum Kopieren großzügig überließ."

Darüber hinaus: In seiner Überzeugung, daß Austausch von Wissen allen Menschen zugute kommt, enthielt Humboldt dem Präsidenten und dessen Mitarbeitern nichts vor; er gab ihnen sogar dieselben statistischen Aufzeichnungen über das Königreich Neu-Spanien, die er dem Vizekönig vor seiner Abreise aus Mexiko zugestellt hatte.

Von Washington unternahm Humboldt einige kleinere Expeditionen, auch wenn es hier natürlich nicht mehr die „Wunder" wie in Cumaná gab. Die Marinewerft besah er sich, aber da blieben er und seine Begleiter nicht lange, denn, so Peale, „ . . . wir verließen diese unerfreuliche Stätte, die an Tod und Zerstörung erinnert und fuhren weiter zum Capitol . . . wir hatten einen wunderschönen Ausblick auf die Landschaft." Und, ganz wie die heutigen Touristen, zum Mount Vernon fuhren sie, zum Landsitz George Washingtons am Potomac, 35 Kilometer von der Stadt entfernt. Humboldt erreichte hier den südlichsten Punkt seiner Visite in den Vereinigten Staaten. Und, wiederum wie die Touristen von heute, genossen er und seine Begleiter so sehr den Ausblick auf den Fluß und den 2000 Hektar großen Park, daß sie erst spät zurückkehrten, in der Obhut von grogbetrunkenen Kutschern, die miteinander um die Wette fuhren, so daß ausgerechnet diese eher touristische Exkursion zu einem Abenteuer geriet.

Zwei Wochen waren Humboldt und seine Begleiter in Washington, dann brachen sie nach Lancaster auf, einer Stadt in Pennsylvania, die 1790 als Hauptstadt in Betracht gezogen worden war. 6000 Menschen lebten hier, vorwiegend deutschstämmig, und die führende Familie hieß Mühlenberg. Heinrich Melchior Mühlenberg, der noch in Göttingen und Halle studiert hatte, war nun in Amerika der Patriarch der Lutherischen Kirche, während seine Söhne als Geistliche, aber auch als Soldaten während der Revolution und als Politiker in den Gründerjahren der Nation es zu einigem Ruhm gebracht hatten.

Die Reisenden besuchten den Reverend Gotthilf Heinrich Ernst Mühlenberg, einen namhaften Botaniker, der in „Fortsetzung meines Journals über Botanik und Naturgeschichte" notierte, Humboldt, Bonpland und Montúfar 161 verschiedene Pflanzen, vorwiegend Flechten, mit der Bitte mitgegeben zu haben, sie in Paris mit anderen zu vergleichen und sie zu bestimmen.

Heinrich Melchior Mühlenberg hatte noch in Göttingen und Halle studiert, ehe er auswanderte und in Lancaster der Patriarch der Lutherischen Kirche wurde. Geistliches Leben besonderer Art hat sich in Pennsylvania bis heute bei den Amish erhalten, die sich gegen jede Technisierung auch in der Landwirtschaft sperren

Fromm ist Lancaster auch heute noch. Viele Sekten-Familien haben hier durch harte Arbeit eine der landwirtschaftlich ertragreichsten Regionen im Osten der Vereinigten Staaten geschaffen. Ammanniten leben hier, Mennoniten und Dunkards, die schwarze Kleidung ohne Knöpfe tragen, keine Autos, keine modernen Maschinen und Geräte benutzen und sich nicht gern fotografieren lassen. Ich fuhr durch ihr Land und war überrascht, daß hier, zwei Autostunden von meinem Haus bei Washington entfernt, gleichsam noch die alte Zeit herrscht.

Am 18. Juni kehrten die Reisenden nach Philadelphia zurück. Die Zeit war knapp, der Abschied von Amerika nahe: Im Hafen lag schon die Fregatte „Favorite" und lud Baumwolle, Elfenbein, Schildkrötenpanzer sowie Kaffee. Sie sollte noch vor Ende Juni nach Europa auslaufen.

In diesen letzten Tagen der amerikanischen Reise geschah noch etwas, das die Zeiten überdauern sollte: Humboldt saß Charles Willson Peale drei Tage lang für das Porträt, das zu malen der Künstler entschlossen war. Es war für den Meister das erste Porträt seit sechs Jahren, und es wurde nach seiner Meinung das beste, das er je gemalt hat. Aber nicht nur ehrte Peale den Forscher, indem er ihn malte, sondern er beschenkte ihn auch – eine Schildkröte aus dem Ohio erhielt er, einen Krebs aus der Chesapeake Bay und einen kleinen, ausgestopften Alligator aus dem Süden. Dann, als es endgültig zum Abschied kam, gab Peale ein großes Essen in der Philosopher's Hall und lud dazu ein, was in den Wissenschaften Rang und Namen hatte.

Humboldt erhielt seinen Paß, der genau so ausgestellt war, wie er es vorgeschlagen hatte, unterschrieben von Außenminister James Madison: „Der Inhaber ist Baron Humboldt, ein Untertan seiner Preußischen Majestät und Mitglied der Königlichen Akademie der Wissenschaften von Preußen, mit seinem Sekretär Mr. Bonpland, auf der Rückreise von den Vereinigten Staaten, mit vierzig Kisten mit Pflanzen und anderen Sammlungen von naturge-

Von Zeit zu Zeit tritt der sonst eher gemächliche Potomac über seine Ufer. Das geschah auch während Humboldts Besuch in Washington. So schlimm war das Hochwasser, daß eine Augenzeugin ihrem Tagebuch die Frage anvertraute: „Könnte dies die zweite Sintflut sein?"

schichtlichem Wert, die alle sein Eigentum sind, über Frankreich nach Berlin, nach einer Expedition durch Südamerika und Mexiko, unternommen auf eigene Kosten im Interesse der Naturgeschichte. Hiermit werden alle Kapitäne von bewaffneten Schiffen der Vereinigten Staaten – staatlichen und privaten – ersucht, sie ungehindert passieren zu lassen und ihnen bei Bedarf alle notwendige Hilfe und Unterstützung während der Reise zu gewähren. Und unter Berücksichtigung des Respekts vor Personen, die der Förderung nützlicher Wissenschaften dienen, werden sie auch der liebenswürdigen Aufmerksamkeit der Offiziere, Bürger und Untertanen von befreundeten Mächten empfohlen . . .

Im Vertrauen darauf habe ich, James Madison, Außenminister der Vereinigten Staaten von Amerika, dieses Papier unterzeichnet und mit meinem Amtssiegel versehen am 23. Tage des Juni A. D. 1804 in der City of Washington, im 28. Jahr der Unabhängigkeit der genannten Staaten.‹‹

Humboldt bedankte sich für das wichtige Papier auf eine ihm eigene Weise: Mit der Empfehlung, durch Mittelamerika einen Kanal zu bauen, der den Atlantischen mit dem Pazifischen Ozean verbinden würde. Er schlug Madison fünf Strecken vor, die auch heute noch zumindest geographisch, allerdings wohl nicht politisch, realisierbar wären. Humboldts dritte Variante, „Panama avec le Rio Chagres", wurde 1879 begonnen und dann, nachdem bereits 75 Millionen Kubikmeter Erde bewegt worden waren, zunächst aufgegeben. Die Vereinigten Staaten vollendeten den Panama-Kanal 1914.

Der letzte Brief, den Humboldt in den Vereinigten Staaten schrieb, war besonders lang. Er ging an seinen Freund John Vaughn, den Schatzmeister der „American Philosophical Society", und enthielt einen zwanzig Seiten starken autobiographischen Abriß sowie eine Zusammenfassung der fünfjährigen Reise durch die Neue Welt zur Veröffentlichung in der Zeitschrift der Gesellschaft. Abgestempelt wurde dieser Brief in Humboldts letztem amerikanischen Anlaufhafen, in New Castle im Bundesstaat Delaware.

Die Vergangenheit lebt in New Castle, auch heute noch. Mancher Fortschritt hat hier nicht stattgefunden. Humboldt hätte keine Mühe, den Ort wiederzuerkennen, der ihn in die Alte Welt entließ. Das Stadtbild ist besser erhalten als das von Cumaná oder Caracas, Angostura oder Havanna, Bogotá oder Pasto, Loja oder Cajamarca, Lima oder Acapulco, Mexico City oder Veracruz.

Das Holländische Haus war schon ein Jahrhundert alt, als Humboldt hier durchreiste, und alle Gebäude rings um den Dorfanger standen bereits. Das Gerichtsgebäude ist so restauriert worden, daß es aussieht wie 1804. Die Atmosphäre lädt zum Verweilen ein, doch mir war klar, daß ich einen so schönen, aber auch so geruhsamen Platz wie New Castle auf Dauer nicht würde ertragen können. Ich muß reisen, ich wollte es immer und tat es immer, und nun, da ich die „amerikanische Reise" Humboldts hinter mir hatte, würde ich andere Gründe finden, zu reisen und darüber zu berichten.

Der Himmel über New Castle war bedeckt. Nasse Blätter fielen von den Ulmen. Ich ging zur bröckelnden Kaimauer hinunter, an der einst die China-Clipper und die Raddampfer anlegten.

Das Ufer war leer, denn auf eine zwar nicht direkt sichtbare, aber doch für unsere Zeit sehr kennzeichnende Weise hatte es mindestens einen dramatischen Wandel in New Castle gegeben, seit der große Naturforscher hier war: Wasserverschmutzung führte zur Vernichtung der Fischbestände und damit zum Zusammenbruch der Fischerei.

Ich blickte flußabwärts in den Nebel. Irgendwo hier segelte am Samstag, den 30. Juni 1804, die Fregatte „Favorite" unter dem Kommando von Kapitän Penrose bei steigendem Wasser hinaus. Ich sah die mir längst vertrauten Gestalten, über die Heckreling gelehnt, Alexander, Aimé und Carlos, und ich sah, wie sie auf das langsam versinkende Amerika blickten.

Es begann zu regnen.

»Ein Werk,
das mir ein halbes
Jahrhundert vor der Seele
schwebte«

Das Ende der Abenteuer war nahe, und damit begann eine Bemühung, die um nichts geringer war: Die wissenschaftlichen Erträge der amerikanischen Reise mußten ausgewertet werden. Humboldt opferte dieser Aufgabe alle Kraft – und den Rest seines Vermögens. So mußte der Mann, der die Welt veränderte, als Greis seinen König um Geld bitten

Fünf Jahre lang hatte man in Europa die sonderbarsten Nachrichten über die amerikanischen Abenteuer des preußischen Barons vernommen, nun war man in der Alten Welt begierig, den Mann zu sehen, der in Kannibalen-Hütten geschlafen, der mit mörderischen elektrischen Fischen experimentiert hatte und der auf Bergeshöhen gestiegen war, die einem das Blut in die Augenhöhlen trieben. Insbesondere in Paris wartete man mit Ungeduld auf den Forscher, von dem der „Hamburger Correspondent" am 12. Juni 1804 „mit Bedauern" gemeldet hatte, er sei im mexikanischen Acapulco an Gelbfieber gestorben.

In Wirklichkeit, wie wir sahen, wurde Humboldt um diese Zeit in Washington von Thomas Jefferson empfangen, und Tatsache war ferner, daß sich Alexander von Humboldt bei allen Strapazen, die er zu durchleiden hatte, in erstaunlich guter Verfassung befand.

In Paris, wo er, nun 35 Jahre alt, im August des Jahres 1804 ankam, wurde er bestaunt und gefeiert, Gelehrte und Adelige suchten seine Gesellschaft. Kein Zweifel: Er war nun berühmt. Sein Kindheitstraum hatte sich erfüllt.

Er war fast so berühmt wie Napoleon, was, übrigens, Napoleon nicht gerade erfreute. „Sie beschäftigen sich mit Botanik?", fragte der Kaiser beiläufig, als er es nicht mehr vermeiden konnte, den preußischen Forscher zu empfangen, und fügte dann hinzu: „Ich weiß, daß auch meine Frau sie treibt."

Humboldt tat in Paris, was er von Jugend an getan hatte und für den Rest seines Lebens tun würde: Er arbeitete nicht, er schuftete. „Ich treibe ein Metier", schrieb er einmal, „das man, um es zu lieben, nur leidenschaftlich treiben kann", und: „Ein Menschenleben wie das meinige ist zum Handeln bestimmt". Handeln, das hieß von nun an, die gigantische Fülle des Materials aufzuarbeiten, die er und Bonpland aus der Neuen in die Alte Welt gebracht hatten.

Die Rückkehr nach Europa war Humboldts letzte große Seereise. Gewiß, auch in der Zukunft würde er wieder und wieder unter jener Wanderlust leiden, die ihn schon vor seinem großen Abenteuer bedrängte, aber nie wieder sollte er unter Segeln einen Ozean überqueren oder mit dem Einbaum einen Fluß erforschen; nur zu Fahrten auf Nord- und Ostsee kam er noch und, im-

Humboldt verbrachte viele Jahre seines späteren Lebens in Paris, wo er den Umgang mit anderen Wissenschaftlern suchte und den Ursprung jener liberalen Revolution wußte, der er sich verpflichtet fühlte. Dieses Gemälde von Lallemand zeigt die Seine, das Erzbischöfliche Palais und links Notre Dame

merhin, zu einer Reise auf dem Kaspischen Meer.

Die dunkle Ahnung, in einem Vulkankrater zu sterben, jung und dramatisch, hatte sich also für Humboldt nicht bestätigt.

Von den drei Freunden, die am 3. August 1804 in Bordeaux landeten, erlitt aber Carlos Montúfar einen frühen, dramatischen Tod.

Ich wurde in der südkolumbianischen Stadt Buga an diesen Tod erinnert, als ich das Haus suchte, in dem Humboldt während seiner Expedition durch die Anden gewohnt hatte: Auf dem größten Platz der Stadt machte mir eine Marmortafel an einer Hauswand plötzlich bewußt, daß ich genau an jener Stelle stand, an der Carlos Montúfar hingerichtet worden war.

Montúfar hatte als junger Mann in Spanien die Königliche Militärakademie besucht und war während der Kämpfe gegen Napoleons Invasionstruppen bis zum Rang eines Oberstleutnants aufgestiegen. Im Hause der Familie Montúfar in Quito trafen sich unterdessen heimlich Verschwörer.

1809 wurde Montúfar von der spanischen Krone zum Führer einer Kommission ernannt, die mit den Rebellen in Südamerika verhandeln sollte. Bei seiner Ankunft in Quito erfuhr er, daß königliche Truppen viele seiner Freunde, die des Verrats verdächtigt worden waren, ermordet und überdies das Haus seiner Familie zerstört hatten.

Entsetzt von so viel Leid, fiel Montúfar von der Krone ab. Unverzüglich begann er damit, ein Rebellenheer aufzustellen, und er hatte anfänglich Erfolge, aber dann nahmen ihn die Spanier gefangen und brachten ihn in Ketten nach Panama. Er entkam, nahm erneut den Kampf gegen die Spanier auf und wurde abermals gefangengenommen. Am 31. Juli 1816 wurde Carlos Montúfar von einem Exekutionskommando in Buga erschossen – vierzehn Jahre nach den lebhaften Gesprächen in seines Vaters Haus mit dem preußischen Baron, der vom revolutionären Paris erzählte, der ihn mit ins Weiße Haus zu Präsident Jefferson nahm und der sich während

der gemeinsamen Reisen so nachhaltig und überzeugend für die politische Freiheit der Menschen engagierte.

Der Ruhm Montúfars ist ungebrochen. In Ecuador lernt heute jedes Schulkind, was es mit dem Martyrium des revolutionären Patrioten auf sich hatte.

Aimé Bonpland kehrte nach der Ankunft in der Heimat zu einem ruhigeren Leben zurück – für eine Weile. Nach einem Besuch bei seinem Bruder in La Rochelle reiste er zu Alexander nach Paris, um die Herbarien zu ordnen und die Bücher über die amerikanische Pflanzenwelt zu beginnen.

Humboldt hatte es eilig, wie immer. Er wollte, was er an Wissen zusammengetragen hatte, schnell veröffentlichen und spannte deshalb Freunde und Mitarbeiter aus vielen Wissensgebieten ein. Er engagierte auch Maler und Kupferstecher, die seine Werke illustrieren sollten.

Humboldt begann mit der Geographie der Pflanzen – seine ursprünglichste und wissenschaftlich ergiebigste Forschung –, und er brauchte, so intensiv er auch arbeitete, fast drei Jahrzehnte für die Veröffentlichung aller in Amerika gesammelten Ergebnisse, so daß er die russische Reise, 1829, auf Einladung des zaristischen Hofes antreten mußte, obwohl das amerikanische Reisewerk noch nicht abgeschlossen war.

Da war er 60 Jahre alt – und hatte doch immer damit gerechnet, jung zu sterben. Mit 24 hatte er geschrieben: „Mir dämmert die traurige Überzeugung, daß mein Körper auf Grund von frühzeitigen Überanstrengungen schneller altert, als ich es für möglich hielt." Mit 35 Jahren schrieb er an Kunth: „Sie und ich, mein guter Freund, fangen an, alt zu werden". Und als er in den Fünfzigern war, bezeichnete er sich selbst als antediluvianisch. 68 Jahre alt war er geworden, als er einen Brief an Geoffrey St. Hillaire so beendete: „Ich arbeite. Meine fünfbändige Geschichte über die Geographie im 16. Jahrhundert, vorwiegend die Entdeckung von Amerika betreffend, wird zu Beginn des Sommers fertig sein. Ich veröffentliche geo-

EN ESTE SITIO
FUE SACRIFICADO
EN ARAS DE LA PATRIA
EL CORONEL
CARLOS MONTUFAR
el 31 de Julio de 1816
1910 JULIO 20

Eine Gedenktafel erinnert im kolumbianischen Buga an Carlos Montúfar – genau an jener Stelle, an welcher der große Freiheitskämpfer von einem Exekutionskommando erschossen wurde. Mehr als zwölf Jahre zuvor hatte er Alexander von Humboldt nach Peru, Mexiko, in die Vereinigten Staaten und schließlich auch nach Paris begleitet

logische Abhandlungen über die Vulkane von Quito. Ich beschäftige mich jeden Tag mit physikalischer Geographie. Die wesentlichsten Teile davon könnten veröffentlicht werden, wenn die Räder stillstehen sollten (was in meinem Alter und bei den Leiden in meinem Leben wahrscheinlich ist)."

Aber davon konnte auch künftig keine Rede sein. Er blieb aktiv, arbeitete immer noch bis tief in die Nacht, wenn auch seine Studien, nun, da er in Paris und ein „Held" war, häufig durch gesellschaftliche Verpflichtungen unterbrochen wurden.

Er genoß auch dies. Er genoß es, als ein Mann gefeiert zu werden, der längst totgesagt worden war, der wilden Jaguaren gegenüberstand, Gewässer voll von Krokodilen befahren und mehr Abenteuer bestanden hatte als je ein Forscher zuvor.

Humboldt stellte Mineralien vom Chimborazo und Chinarinde aus Peru aus, hielt Vorträge über mexikanische Silberbergwerke, sprach während unzähliger anderer Abendveranstaltungen, wo die Zuhörer förmlich an seinen Lippen hingen und nicht aufhörten,

über die Wissensfülle dieses Mannes zu staunen. Der große französische Chemiker Berthollet, dem zu Ehren Humboldt die Paranuß benannte und der ihn oft zu seinen Gesellschaften einlud, sagte über den Preußen: „Der Mann vereint eine ganze Akademie in sich."

Derlei schmeichelte Humboldt – warum auch nicht? Ruhm war schließlich immer gewesen, wonach er sich gesehnt hatte – noch als 52jähriger schrieb er seinem Bruder, er wolle nicht sterben, bevor er berühmt sei. Aber nie lebte er nur für den Ruhm, sondern höchstens dafür, ihn ständig durch harte Arbeit zu mehren. Er brachte Tage und Nächte in seinem Studio zu – weshalb also sollte er nicht einmal 800 französische Francs für das Besticken eines Gehrocks ausgeben, den er bei Napoleons Krönung trug? Nicht, daß er den Kaiser verehrte; im Gegenteil, er haßte Tyrannen aus ganzer Seele, aber er sah andererseits in Napoleon den verschwenderischen Mäzen der Künste, der wesentlich dazu beitrug, daß Paris zum Weltzentrum der Wissenschaften wurde.

Ein früherer Bewunderer des Korsen, der damals 21jährige Simón Bolívar, war bitter enttäuscht darüber, daß sich Napoleon kaiserliche Kleider anlegte. Der Venezolaner, der später den größten Teil Südamerikas von spanischer Vormundschaft befreite und ihn beherrschte, lehnte es ab, gekrönt zu werden und lehnte – bis auf den Beinamen „Libertador" – auch jeden Titel ab.

Humboldt begegnete Bolívar zum erstenmal in Paris im Salon der jungen Fanny Dervieu du Villars, der venezolanischen Ehefrau eines alternden französischen Obristen. Bolívar war Fannys Cousin, und noch etwas mehr als das. Seine Frau war in Caracas am Gelbfieber gestorben. Er war zu jener Zeit noch kein Revolutionär, sondern reicher Großgrundbesitzer, der seine Eltern früh verloren hatte und von einem Vormund erzogen worden war. Dessen pädagogische Bibel war Rousseaus „Emil" gewesen, die romantische Botschaft also, daß der enge Kontakt des Menschen mit der Natur das beste Lehrbuch ist.

Der französische Chemiker Comte Claude Louis Berthollet war ein Bewunderer des preußischen Forschers. Humboldt revanchierte sich für die Freundschaft, indem er die Paranuß nach dem Wissenschaftler benannte: Bertholletia excelsa

Bolívar und Humboldt hatten beide in ihrer Kindheit „Robinson Crusoe" gelesen, die Geschichte jenes Schiffbrüchigen, der auf einer unbewohnten Insel allein mit der Natur fertig werden muß – ist es ganz und gar ausgeschlossen, daß diese große Erzählung das geistige Band geknüpft hat, das ihren Gesprächen über die Neue Welt und ihren Spekulationen darüber, ob die Kolonien für die Revolution reif seien, eine gemeinsame Basis gab?

Freilich ist es falsch, anzunehmen, Humboldt habe in Bolívar direkt revolutionäre Ideen geweckt. Der Baron war nicht die Ursache der südamerikanischen Unabhängigkeitsbewegung, hat aber zu ihr beigetragen. Auch als sie sich im folgenden Jahr in Italien trafen, hegte der Venezolaner keine umstürzlerischen Pläne. Noch nach seiner Rückkehr in die Heimat kümmerte er sich drei Jahre lang vorwiegend um seine Hacienda.

Die südamerikanische Revolution begann erst 1810, dann allerdings – nach der Abdankung von König Carlos IV. in Madrid und Napoleons Invasion in Spanien – gleichzeitig in mehreren Ländern. In Kolumbien erhoben sich die alten Freunde Humboldts von Mutis' „Botanischer Expedition" gegen die Krone. Auch Caldas, der so gern mit Humboldt gereist wäre, schloß sich dem Aufstand an – und zahlte dafür mit seinem Leben, wie so viele andere.

Dann, 1812, vernichtete ein Erdbeben alle venezolanischen Städte, die sich im Aufruhr befanden, verschonte hingegen jene Ortschaften, in denen man noch zur spanischen Krone hielt – ein Gottesurteil, fanden die Obdachlosen im zertrümmerten Caracas, und sie flehten zum Himmel, er möge die Aufständischen strafen.

In dieser aufgeheizten Situation stellte sich Bolívar in der Uniform der Rebellen auf die Trümmer und sagte: „Auch wenn die Natur sich gegen uns stellt, werden wir sie erobern."

Man versuchte, ihn zu lynchen, aber er zog seinen Degen und entkam – seine Worte wurden in Südamerika unsterblich. Gouverneur Emparan von Cumaná, übrigens, Humboldts erster Freund in Südamerika, wurde 1810 als neuer Gouverneur von Caracas von einer Junta zur Abdankung gezwungen und mußte das Land verlassen.

Bolívar, den man in Spanien zunächst als einen hitzigen Emporkömmling abtat, machte zielstrebig Furore. Immer mehr Anhänger gewann er, immer häufiger berichteten die Zeitungen in Europa über ihn. Er kam auf seinen Kampagnen viermal so weit wie Humboldt, sogar auf den Chimborazo kletterte er und schrieb eine Ode über den Berg, mit dem sich Humboldt einen Namen gemacht hatte. Er habe, sagte Bolívar, Humboldt früh gekannt, und er würdigte den Preußen als den „Entdecker der Neuen Welt", dessen Studium Amerika besseres gegeben habe als alle Conquistadoren.

Humboldt, der mit Verwunderung vernahm, daß sein venezolanischer Freund mehr Land als Napoleon erobert hatte, schrieb erst 1822 an „El Libertador", um ihn um Unterstützung für junge Wissenschaftler zu bitten, die der Forscher ermutigt hatte, nach Südamerika zu gehen.

In der Alten Welt macht man sich, fürchte ich, keine rechte Vorstellung von der Größe Simon Bolívars. In allen nördlichen Staaten von Südamerika heißt heute der bedeutendste Platz in fast jeder Stadt „Plaza Bolívar", und vollends in Venezuela hat der Mann,

dessen Weg den von Alexander von Humboldt kreuzte, geradezu einen Heiligen-Status.

Das schließt natürlich ein paar Legenden ein: In Schulbüchern, zum Beispiel, steht, daß der junge Bolívar mit Alexander von Humboldt den Vesuv bestieg und, wie dramatisch, auf dem rauchenden Gipfel schwor, Südamerika vom spanischen Joch zu befreien. In Wahrheit wurde Humboldt bei der Besteigung des italienischen Vulkans im Jahre 1805 nicht von Bolívar, sondern von zwei alten Freunden begleitet, von Leopold von Buch und jenem Joseph Louis Gay-Lussac, dem es gelungen war, Humboldts Höhenrekord durch einen Ballonaufstieg bis 7000 Meter zu überbieten.

Während dieser Italienreise traf Alexander seinen Bruder Wilhelm erstmals nach sieben Jahren wieder. Wilhelm, damals preußischer Resident beim Heiligen Stuhl, verpflichtete einige deutsche Künstler, die Alexander bei der Illustration seiner Bücher helfen sollten.

Der französische Physiker und Chemiker Louis Joseph Gay-Lussac begleitete Humboldt während der gemeinsamen italienischen Reise 1805 auch bei der Besteigung des Vesuvs, dessen Eruption die Wissenschaftler beobachteten. Gay-Lussac, der die Ausdehnungsgesetze der Gase entdeckte, brach den Höhenrekord, den Humboldt am Chimborazo aufgestellt zu haben glaubte, indem er mit einem Ballon bis auf 7000 Meter stieg. Die Freundschaft der beiden Forscher währte bis zum Tod des Pariser Professors im Jahre 1850

Dann reisten Alexander und Gay-Lussac weiter nach Berlin, wo der Preuße seit fast einem Jahrzehnt nicht mehr gewesen war.

Sie kamen im November 1805 an – im selben Monat, in dem Lewis und Clark nach ihrer Expedition vom Atlantik quer durch den ganzen nordamerikanischen Kontinent den Pazifik erreichten. Ist es ganz unangebracht, anzunehmen, daß Humboldt, statt an die Spree zurückzukehren, lieber jene Expedition begleitet hätte? Jedenfalls: Seine alte Abneigung gegen Berlin drückte sich unbewußt aus – er wurde prompt krank, litt unter Zahnweh und Magenbeschwerden, Rheumatismus, nervösen Depressionen und Röteln.

Aus der Krankheit flüchtete er sich in die Arbeit. Nächtens unterbrach er seinen Schlaf, um magnetische Instrumente abzulesen und damit Schwankungen im Kraftfeld der Erde festzustellen; insgesamt 6000 Meßwerte nahm er auf und hoffte auf einen wissenschaftlichen Durchbruch, der sich indes nicht einstellte. Dann drangen politische Wirren auch in sein Studio. Im Oktober 1807 zogen Napoleons Truppen in Berlin ein, der König von Preußen flüchtete, und Schloß Tegel, das „Schloß Langweil" von früher, der Familienbesitz der Humboldts, wurde von französischen Soldaten geplündert. Noch eine schlechte Nachricht gab es: Das Einkommen der Brüder Humboldt aus ihren polnischen Pfandbriefen blieb aus.

Humboldt war deprimiert, aber diese Depression führte ihn zu einer literarischen Bemühung, die viele Menschen beglückte: Er rief sich, gewissermaßen zum Trost, seine Abenteuer in der Neuen Welt ins Gedächtnis und schrieb die „Ansichten der Natur". Inmitten jener politischen Wirren widmete er sein Werk „vorzugsweise" den „bedrängten Gemütern" mit den Worten: „Darum versenkt, wer im ungeschlichteten Zwist der Völker nach geistiger Ruhe strebt, gern den Blick in das stille Leben der Pflanzen und in der heiligen Naturkraft inneres Wirken; oder, hingegeben dem angestammten Triebe, der seit Jahrtausenden der Menschen Brust durchglüht, blickt er ahnungsvoll aufwärts zu den hohen Gestirnen, welche in ungestörtem Einklang die alte, ewige Bahn vollenden."

Das Buch erschien 1808 – in eben jenem Jahr, in dem Goethe den ersten Teil seines „Faust" veröffentlichte und Beethovens Fünfte Sinfonie uraufgeführt wurde – und in dem Humboldt einen Anlaß fand, dem ungeliebten Berlin zu entfliehen, wieder die wissenschaftliche Begeisterung seiner Pariser Freunde zu genießen: Er begleitete den Prinzen Wilhelm in diplomatischer Mission nach Paris, um mit bedeutenden Persönlichkeiten zusammenzutreffen und vor allem mit Napoleon über einen günstigeren Frieden zu verhandeln. Paris hatte ihn wieder. Diesmal blieb Alexander von Humboldt seiner Vaterstadt gleich fünfzehn Jahre lang fern.

Er lebte bescheiden in gemieteten Wohnungen, oft zusammen mit einem befreundeten Wissenschaftler, insbesondere mit dem Physiker und Astronomen François Arago, dem Humboldt seit 1809 herzlich verbunden war. So sehr aber Humboldt seine Freundschaften an der Seine auch pflegte, so wenig gelang es ihm, das Mißtrauen abzubauen, das die Regierung gegen den Preußen und Liberalen hegte: Amtliche Schnüffler öffneten seine Post und waren damit reichlich beschäftigt, denn Humboldt erhielt etwa 2000 Briefe pro Jahr.

1810 kam der amerikanische Maler Rembrandt Peale nach Paris, um die berühmten Wissenschaftler seiner Zeit für das Museum seines Vaters in Philadelphia zu porträtieren – natürlich auch Humboldt. Mich hat dieses Bildnis immer tief bewegt: So, glaube ich, wie Peale ihn gesehen hat, war er wirklich der echte Alexander, ungeschönt und auf dem Höhepunkt seiner Kraft.

Unterdessen schmolz Humboldts finanzielles Erbe im Feuer seiner Aktivitäten besorgniserregend dahin. Ein volles Drittel, nämlich 52 000 Taler, war von der amerikanischen Reise verschlungen worden. Diese immense Investition war jedoch vergleichsweise gering neben den Kosten, die er bei der

Dominique François Arago, Physiker und Astronom, der sich insbesondere durch optische und elektromagnetische Untersuchungen einen Namen machte, verband seit 1809 eine Freundschaft mit dem in Paris lebenden Humboldt

Erarbeitung seiner Veröffentlichungen auf sich nahm, von denen er so viel Perfektion wie von sich selber verlangte. Oft genug verwarf er, was ihm als fertig vorgelegt wurde; so ließ er unzulänglich erscheinende Kupferstiche neu anfertigen, was doppeltes Geld kostete. Nie kam ihm in den Sinn, mit einem mittelmäßigen Ergebnis zufrieden zu sein; er forderte äußerste Akribie von allen, die an seinen Werken beteiligt waren.

So stiegen die Rechnungen ins Astronomische. Kupferstiche, Druck und Papier verschlangen 780 000 Franken – ein wahres Vermögen. Das Werk enthielt 1470 Kupferstiche. Was mögen allein die handkolorierten Ausgaben gekostet haben? Im allgemeinen meint man, die „Große Ausgabe" des Reisewerkes umfasse 30 Bände – 20 von ihnen in Groß-Folio, zehn in Groß-Quart – in Wirklichkeit aber gehören weitere sechs Bände noch dazu.

Eine komplette Ausgabe kostete 7178 französische Francs oder 2553 Preußische Taler, das waren nach heutigem Stand etwa 40 000 bis 50 000 Deutsche Mark, und trotzdem verschenkte der Autor einzelne seiner brandteuren Produktionen an mittellose Studenten, aber auch an Menschen, die sich die Bücher hätten kaufen können, an Staatsoberhäupter wie Thomas Jefferson etwa, und an Freunde in Philadelphia.

Ein anderer wäre wohl mit der Niederschrift seiner umfangreichen Arbeit ganz ausgefüllt gewesen und hätte sich gleichsam von der Welt verabschiedet, um sich ungestört seiner Arbeit widmen zu können, aber so war Alexander von Humboldt nicht. Er versuchte auch weiterhin, in allen wissenschaftlichen Gebieten auf dem laufenden zu bleiben. Als 1811 eines der größten Erdbeben in der Geschichte der Menschheit ein riesiges Gebiet in den Vereinigten Staaten erschütterte und die Topographie des Bundesstaates Missouri umschichtete – 60 Kilometer lange Erdspalten füllten sich mit Seen und Schiffe sanken auf dem Mississippi, der seinen Lauf veränderte –, versuchte Humboldt, das Beben mit anderen Erdbewegungen der damaligen Zeit zu vergleichen.

In Ostindien, wohin Humboldt immer gern gereist wäre, brach 1815 – dem Jahr von Waterloo – der Vulkan Tambora aus, warf 80 Kubikkilometer Asche in die Atmosphäre und verursachte ein globales Wetterphänomen, das Furcht und Schrecken auslöste: 1816 gab es nirgendwo auf der Welt einen richtigen Sommer. Die Nachrichten flossen in jenen Tagen so spärlich, daß nur fragmentarische Berichte über jene folgenreiche Eruption den einzigen Mann erreichten, der versuchte, alle diese Phänomene zueinander in eine Beziehung zu setzen.

Unterdessen gab es für Humboldt eine große menschliche Enttäuschung, die ihm sein getreuer Reisegefährte Aimé Bonpland bereitete. Humboldt hatte sich nachdrücklich dafür eingesetzt, daß Bonpland vom französischen Staat eine lebenslange Pension von 3000 Francs bekam. Dazu konnte der Botaniker als Freund und Mitarbeiter der Kaiserin Josephine in deren schönen Gärten in Malmaison, die heute noch existieren, ein sorgenfreies Leben führen. Aber es gelang ihm nicht, seinen Anteil am Pflanzenwerk zügig zu bewältigen. In zwölf Jahren brachte der Franzose nur vier von siebzehn Bänden zustande. Dann ließ er die Arbeit vollends liegen. In seiner Verzweiflung rief Humboldt zunächst seinen Lehrer Karl Ludwig Willdenow, dann den jungen Botaniker Carl Sigismund Kunth, den Neffen seines früheren Lehrers, zu Hilfe, der ihm in Fleißarbeit jahrelang verbunden blieb.

1816, in jenem Jahr also, in dem Carlos Montúfar exekutiert wurde, kehrte Aimé Bonpland mit seiner jungen Frau nach Südamerika zurück. Er machte sich in Argentinien ansässig, wurde Professor für Naturgeschichte in Buenos Aires – und ahnte nicht, daß ein sonderbares Schicksal in jenem Erdteil auf ihn wartete, den wissenschaftlich zu erschließen er so wesentlich geholfen hatte.

Während er dabei war, Plantagen anzulegen, wurde Bonpland 1821 von Soldaten des Diktators von Paraguay, Dr. Caspar Rodriguez Francia, gewaltsam

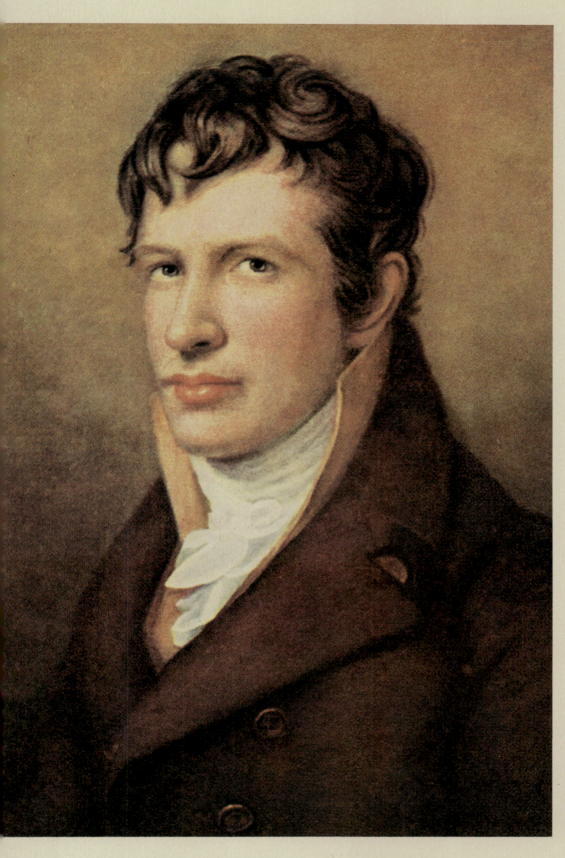

Rembrandt Peale,
der Sohn jenes Malers
Charles Willson Peale,
mit dem Humboldt in
Philadelphia Freundschaft
geschlossen hatte, kam
1810 nach Paris, um
berühmte Wissenschaftler,
also auch Alexander von
Humboldt, für das
Museum seines Vaters
zu porträtieren

über die Grenze entführt. Die meisten der Indios, die Bonpland bei der Arbeit unterstanden, wurden erschlagen, er selbst wurde durch einen Säbelhieb verwundet und bewußtlos und in Ketten nach Santa Maria gebracht, 160 Meilen südöstlich von Asunción. Dort wurde er gefangengehalten und mußte nach seiner Genesung als Arzt arbeiten.

Humboldt, als er von der Tragödie seines langjährigen Weggenossen erfuhr, reagierte sofort. Er schrieb an den Diktator Paraguays, der sich „El Supremo" – der Oberste – nennen ließ, er flehte Bolívar und die Premierminister Englands und Frankreichs um Hilfe an – vergeblich. „El Supremo" hatte sein Land so sehr von der Welt abgeriegelt, daß er auf den großen Wirbel keine Rücksicht nehmen mußte, den die Angelegenheit in anderen Ländern verursachte. Erst zehn Jahre später ließ er seinen prominenten Gefangenen frei. Die Ehe war währenddessen in die Brüche gegangen.

Bonpland wurde mit Medaillen, Doktorhüten und anderen Ehren aus Europa bedacht, aber er kehrte nicht mehr in die Alte Welt zurück. Er wolle, ließ er wissen, seine neue Freiheit nicht gegen die Gefangenschaft in einer Pariser Wohnung und die Oberflächlichkeiten des Pariser Salonlebens eintauschen. Für den Rest seines Lebens wohnte der Mann, dessen Größe, aber auch dessen Tragik darin bestand, immer im Schatten Humboldts gewesen zu sein, in einem Lehmhaus an der Grenze zwischen Brasilien und Uruguay, umgeben von Halbblutkindern, die ihm seine neue Frau, eine Indio, geboren hatte – und,

natürlich, von vielen Blumen. Humboldt, übrigens, verschaffte ihm die inzwischen verfallene Pension erneut.

Bonpland starb, als er 85 war, ein Jahr vor Humboldt. Er starb nicht unbetrauert und nicht ungerühmt. Sein Name erscheint im Titel des großen amerikanischen Reisewerkes, das Humboldt schrieb; eine Stadt in Argentinien trägt seinen Namen, ein Berg in Venezuela, auch Straßen in mehreren Ländern, vor allem aber: Viele exotische Pflanzen sind nach dem Mann benannt, dessen Rolle als Botaniker während der amerikanischen Reise von großer Wichtigkeit war.

Alexander von Humboldt, inzwischen 42 Jahre alt, hatte unterdessen wieder Fernweh, wie er es eigentlich Zeit seines Lebens verspürte, und nun, 1811, schien der Plan einer Reise nach Asien endlich Gestalt anzunehmen. Zar Alexander erwog, ihn zu einer großen Expedition jenseits des Urals einzuladen. Als Hauptziele schwebten Humboldt vor allem Tibet mit seiner legendenumwobenen Hauptstadt Lhasa und der Himalaya vor, die gleichsam weiße Flecken auf der Weltkarte waren. Sieben bis acht Jahre, so rechnete Humboldt, werde die Unternehmung dauern und den Kaukasus einbeziehen, das Hochland von Pamir, den Baikalsee, die Wüste Gobi, die Vulkane von Kamtschatka, die Philippinen, Java, Kalkutta, Ceylon – das heutige Sri Lanka –, Bombay, Teheran und Istanbul.

Aber dann war wieder alles genauso, wie es schon 1797 und 1798 gewesen war: Napoleons Aktivitäten machten Humboldts Absichten zunichte. Französische Truppen fielen 1812 in Rußland ein, so daß an die Expedition vorerst nicht zu denken war.

Humboldt, stets beharrlich bei der Verfolgung seiner Ziele, gab nicht auf. Nach Waterloo, wo Napoleons Stern endgültig verblaßt war, reiste Humboldt zweimal nach London, um die Erlaubnis für die Erforschung Indiens und des Himalaya einzuholen, die in der britischen Einflußsphäre lagen. Friedrich Wilhelm III. von Preußen verhieß seinem Landsmann jährliche Zuwendun-

gen und die besten Instrumente für die beabsichtigte Expedition. Humboldt plante bis ins kleinste Detail und wählte hervorragende Wissenschaftler als Begleiter aus – vergebens. Die Britische Ostindien-Companie hegte jenem Preußen gegenüber offenkundig Mißtrauen, der oft genug gegen Sklaverei und jede Form der Unterdrückung eingetreten war. Würde dieser liberale Geist, der enthüllende Berichte aus Mexiko und Kuba veröffentlicht hatte, nicht ähnliches aus dem Einflußgebiet der Companie berichten? Jedenfalls: Humboldt erhielt keine Erlaubnis; wieder war eine Expeditionsabsicht geplatzt.

Also erwog er andere Unternehmungen, diesmal wieder in der Neuen Welt. 1822 schrieb er an seinen Bruder Wilhelm: „Ich habe einen großen Plan eines wissenschaftlichen Zentralinstituts in Mexiko für das gesamte freie Amerika . . . Ich habe die fixe Idee, mein Leben auf die angenehmste und für die Wissenschaft nützlichste Weise in einem Teil der Welt zu beenden, wo ich außerordentlich geschätzt werde und wo alles mich ein glückliches Dasein erwarten läßt. In seiner Nähe viele unterrichtete Persönlichkeiten zu versam-

meln und die Unabhängigkeit der Meinungen und Gefühle zu genießen, die meinem Glück notwendig ist – das ist eine Art, nicht ohne Ruhm zu sterben. Du wirst vielleicht lachen, wenn Du siehst, daß ich mich so glühend mit diesem amerikanischen Projekt beschäftige, aber wenn man keine Familie und keine Kinder hat, muß man daran denken, sein Alter zu verschönern." Und weiter schrieb der damals 53 Jahre alte Forscher: „Dieser Plan eines Instituts in Mexiko zur Erforschung der neunzehn Zwanzigstel des Landes, die ich nicht gesehen habe (die Vulkane Guatemalas, der Isthmus . . .) schließt eine Reise zu den Philippinen und nach Bengalen nicht aus."

In der Tat war Humboldt in Mexiko hochgeschätzt; mehr noch: Der Boom der mexikanischen Bergwerksaktien, der in den Zwanziger Jahren des 19. Jahrhunderts begann, ließ sich hauptsächlich auf die Glaubwürdigkeit zurückführen, die man Humboldts Buch über „Neu-Spanien" unterstellte. So weit ging dieses Vertrauen in den berühmten Mineralogen, daß Industrielle ihm 20 000 Pfund Sterling und den Posten als Direktor eines Bergbau-Unternehmens anboten, aber Humboldt lehnte ab – natürlich. Er wußte, daß er seinen Namen als Wissenschaftler nicht für ein kommerzielles Abenteuer hergeben durfte. „Tugend", schrieb er seinem Bruder leicht ironisch, „wird schlecht bezahlt."

Während er Pläne erwog und wieder verwarf, schrieb er weiter an seinen Büchern. Gelegentlich veröffentlichte er einen weiteren Band über seine Reisen mit Bonpland zu den „äquinoktialen Regionen der Neuen Welt", kam aber mit der chronologischen Erzählung nie bis Mexiko, sondern nur bis zu seiner Ankunft in Kolumbien. Er schreckte vor einem volkstümlichen Reisebericht zurück, der gewiß auch finanziell ein großer Erfolg gewesen wäre. Er glaubte, alle Arten der im Raum zusammen bestehenden Erscheinungen in seinen Text mit einbeziehen zu müssen, um wirklich gelehrt zu sein – eine Denkungsart übrigens, die auch seine Gespräche beherrschte, so daß sie vorwiegend zu Monologen gerieten, in denen er von einem Thema zum anderen sprang.

Er blieb dabei: Er weigerte sich vor sich selbst, den Rest der persönlichen Erlebnisse in Amerika niederzuschreiben, weil er glaubte, daß eine einfache Erzählung der Ereignisse die Wissenschaft herabsetze und nicht genug Würde hätte.

Ich habe das immer bedauert. Ich glaube, daß Alexander von Humboldt zu sehr von den Prätentionen seiner Kollegen und von den Normen der wissenschaftlichen Prosa geprägt war, wie sie damals galten. Wie sehr wünschte ich – insbesondere nach all den Jahren, in denen ich versucht habe, seine Spuren aufzufinden –, er hätte auch die An-

strengung auf sich genommen, dem Laien die Abenteuer nacherlebbar zu machen, die er im Dienst der Wissenschaft bestand. Wie sehr wünschte ich, er hätte in Berlin seine Zeit damit verbracht, Erinnerungen an Quito und Mexico City niederzuschreiben, statt sein Genie darauf zu verschwenden, jene 6000 magnetischen Messungen zu notieren, deren Wert in keinem Verhältnis zu jenem brillanten Geist standen, der sich dieser Arbeit unterzog.

Zum Glück sind Humboldts subjektive Bewertungen der Wunder, die er sah, in anderer Form, beispielsweise in den „Ansichten" und in „Vues des Cordillères" erschienen. Nachdem er einige Facetten der indianischen Hochkulturen der Azteken und Inkas durch diese beiden Bücher in der Alten Welt bekanntgemacht hatte, unterstützte er großzügig solche Gelehrte, die an den alten Kulturen und an der Geographie der amerikanischen Länder interessiert waren, und er schickte einige Maler nach Südamerika, welche die Welt seiner großen Reise im Bilde festhielten: Rugendas, Bellermann, Hildebrandt – und Möllhausen, der nach Nordamerika ging.

Was immer Humboldt tat und wo immer er war, ob in Berlin oder in Paris: Die Sehnsucht, in die Neue Welt zurückzukehren, verließ ihn nie mehr, obwohl die Wirklichkeit immer stärker dagegenstand. 1826 sagte er Bolívar in einem Brief voraus, er werde gewiß in Amerika sterben. 1827 erklärte Mexiko sowohl Humboldt als auch Bonpland zu Ehrenbürgern der Nation. Und 1857 verfügte der mexikanische Präsident, daß eine Stadt mit dem Namen Humboldt auf dem Isthmus von Tehuantepec gegründet werden solle, in der Nähe jener Küste also, vor der das Schiff des Forschers 1803 „einem schrecklichen Sturm" ausgesetzt gewesen war. Eine schöne Geste, aber auch nicht mehr: Die Stadt Humboldt in Mexiko wurde nie gegründet.

Auch in die USA wollte Alexander von Humboldt noch einmal, freilich nicht, um sich dort niederzulassen, sondern um den Westen des nördlichen

Ferdinand Bellermann, 1814 in Erfurt geboren, gehörte zu jenen Malern, die von Humboldt ermutigt und finanziell unterstützt wurden. Er unternahm ausgedehnte Reisen nach Südamerika, wo er viele Orte besuchte, in denen zuvor auch sein Förderer gewesen war

Kontinents bis hinauf nach Alaska zu erforschen. Seine Neigung zu Mexiko war eher sentimentaler, die zu den Vereinigten Staaten mehr intellektueller Natur. Er hielt, solange er lebte, die Verbindung zu den drei Staatsmännern aufrecht, die er in Washington kennengelernt hatte: Präsident Thomas Jefferson, Präsident James Madison und Finanzminister Albert Gallatin. In einem Brief an Gallatin heißt es: „Ich beneide den Überbringer um das Privileg, einen Kontinent zu besuchen, den ich als meine zweite Heimat betrachte . . . Bitte tun Sie mir einen Gefallen. Senden Sie mir 8 Pfund Tabaksamen aus Virginia und 4 Pfund aus Maryland."

Absender und Empfänger des Briefes sahen einander wieder. Der in der Schweiz geborene Gallatin war von 1816 bis 1823 amerikanischer Botschafter in Frankreich und hatte Alexander von Humboldt neben vielen anderen bedeutenden Wissenschaftlern häufig zu Gast. Bei diesen Gelegenheiten sprach Humboldt so oft, und offenbar auch so nachdrücklich, über die Indianer, daß Gallatin nach seiner Pensionierung die „American Ethnological Society" gründete und sein erstes Buch über die Indianer dem preußischen Baron widmete.

Wie hoch Humboldts Ansehen am Potomac war, geht aus einem Brief von Präsident James Madison hervor, der den Forscher einlud, erneut die USA zu besuchen und der ihm das schönste Willkommen versprach, das man je irgendwo bereiten könne. Vollends aber die Beziehung zwischen Humboldt und Thomas Jefferson ist kennzeichnend für die Wirkung, die der Europäer in Nordamerika hinterlassen hatte. Jefferson, dem Humboldt jeweils druckfrisch Exemplare seiner Bücher schickte, freute sich besonders darüber, daß die aufschlußreichen Bände über Neu-Spanien – wie Mexiko damals hieß – gerade zur rechten Zeit erschienen, um Licht auf jene Kolonien zu werfen, die gegen ihr Mutterland rebellierten.

Jefferson befragte Humboldt brieflich über die Mentalität der Lateinamerikaner: „Welche Art von Regierung werden sie aufstellen? Wieviel Freiheit können sie vertragen, ohne in einen Rausch zu verfallen? Sind ihre Führer klug genug, um gut funktionierende Regierungen zu bilden – und die Menschen, um ihre Führer zu beobachten? Haben sie genug Verstand, um ihre domestizierten Indios mit den Weißen auf eine Stufe zu stellen? All diese Fragen können Sie besser beantworten als jeder andere."

Jeffersons Vermutungen zeigen eine bemerkenswerte Voraussicht: „Die größte Schwierigkeit", schrieb er, „wird im Aufbau der Exekutive liegen . . . Wenn sich Bildung unter ihnen nicht schneller ausbreitet als die Erfahrung verspricht, könnte Despotismus über sie kommen, bevor sie in der Lage sind, den Boden zu bewahren, den sie gewonnen haben."

Thomas Jefferson wäre wohl nicht überrascht, könnte er sehen, was seit seiner Zeit auf dem Kontinent geschah, den Humboldt als seine zweite Heimat bezeichnete. Er teilte Alexander von Humboldt die Befürchtung mit, daß „der faszinierende Glanz von Rang und Wohlstand" die lateinamerikanischen Führer blenden könne und daß sie es versäumen könnten, eine Mehrheitsentscheidung als für alle verbindlich zu akzeptieren. „Diese Lektion", schrieb Thomas Jefferson, in dem sich Weisheit und Menschlichkeit wie in wenigen Revolutionären und Politikern vereinigte, „steht in ihrer Bedeutung an erster Stelle, ist jedoch die letzte, die gründlich gelernt wird. Wird dieses Gesetz einmal mißachtet, bleibt nur die Gewalt, die automatisch in Militärdiktatur endet."

Seit Thomas Jefferson diese Worte schrieb, sind fast tausend militärische Führer durch die Drehtüren lateinamerikanischer Präsidentschaftsgebäude gegangen – die Türen drehen sich immer noch, und kein Ende ist abzusehen.

Für Humboldt mag der Briefwechsel, der sich mit amerikanischen Angelegenheiten befaßte, so etwas wie ein Ersatz für die Anwesenheit auf dem von ihm so geliebten Erdteil gewesen sein. Aber die Hoffnung auf eine Rückkehr schwand vollends, als er die Offerte seines Königs Friedrich Wilhelm III. annahm – annehmen mußte, denn der ehemals Steinreiche brauchte Geld –, für 5000 Taler jährlich plus vier Monate Pariser Ferien künftig als Kammerherr und so etwas wie ein persönliches Lexikon des Monarchen in Berlin zu dienen.

In diese Zeit fällt eine weitere Begegnung mit Goethe, der sich abermals über das immense Wissen ausließ, das in einem Menschen vereint war: „Was ist das für ein Mann!" schrieb er. „Ich kenne ihn so lange und doch bin ich von neuem über ihn in Erstaunen. Man kann sagen, er hat an Kenntnissen und lebendigem Wissen nicht seinesgleichen. Und eine Vielseitigkeit, wie sie mir gleichfalls noch nicht vorgekommen ist! Wohin man rührt, er ist überall zu Hause und überschüttet uns mit geistigen Schätzen. Er gleicht einem Brunnen mit vielen Röhren, wo man überall nur Gefäße unterzustellen braucht und wo es uns immer erquicklich und unerschöpflich entgegenströmt. Er wird einige Tage hier bleiben, und ich fühle schon, es wird mir sein, als hätte ich Jahre verlebt."

Nicht, daß alle in deutschen Landen den Gelehrten so lobten. Insbesondere am preußischen Hof hatte Humboldt auch seine Neider. Reaktionäre und in-

trigante Höflinge mokierten sich über den liberalen Humboldt, der immer in der Nähe des Königs war, gelegentlich auch in Potsdam wohnte, dann aber eine Wohnung im Norden Berlins nahm, in der Oranienburger Straße 67, wo der ausgediente Soldat Johann Seifert und dessen Frau den Gelehrten als Diener betreuten.

Humboldt beschloß, „die kulturelle Wüste" von Berlin mit etwas lebensspendendem Wasser zu begießen. Im Winter 1827/28 hielt er an der von seinem Bruder Wilhelm gegründeten Universität 61 Vorlesungen, die, seiner mitreißenden Beschreibungen von Himmel und Erde wegen, so erfolgreich waren, daß er sie in 16 konzentrierten Vorlesungen für eine breitere Öffentlichkeit im größten Saal der Stadt, der „Singakademie", wiederholen mußte. Hunderte von Menschen aus allen Schichten drängten in seine Vorlesungen – Humboldt war Stadtgespräch.

Der Verleger Cotta bot dem Gelehrten 5000 Taler und einen „Schnellschreiber" zum Festhalten der Vorlesungen an, aber Humboldt lehnte ab, und er war – stets ein Mann mit Prinzipien – zur Änderung seiner Ansicht nicht zu bewegen.

Sein Haar war schon weiß, als die seit langer Zeit ersehnte Reise nach Asien 1829 doch noch Wirklichkeit wurde. Diese Unternehmung war in jeder Beziehung des Gegenteil der langen und langsamen Reise durch die Neue Welt. Nach Asien ging es in einer oft halsbrecherischen Kutschfahrt von Berlin über Königsberg durch das Baltikum, über St. Petersburg und Moskau bis Orenburg, zum Kaspischen Meer, durch die wolgadeutschen Ansiedlungen nach Tula. Im August erreichte er die chinesische Grenze bei Baty. Seinen sechzigsten Geburtstag feierte Humboldt in dem sibirischen Ort Miask. Der Rückweg verlief auf derselben Route. Zar Nikolaus I., der sich von der Inspektion insbesondere Hinweise für den Bergbau in Rußland erhoffte, zahlte alles.

Humboldt hatte den Mineralogen Gustav Rose, den Zoologen Christian Gottfried Ehrenberg und seinen Diener

12 244 Postpferde kamen zum Einsatz, als Humboldt 1829 seine eilige Reise nach Osten unternahm, die ihn bis an die chinesische Grenze führte. Die alte Darstellung zeigt die Überquerung des Irtysch-Flusses in Sibirien. Patron der Reise war Zar Nikolaus I. Zu Humboldts Begleitern gehörten der Zoologe Ehrenberg und der Mineraloge Rose

Seifert bei sich. Auf den 658 Stationen der hektischen Reise wurden sie oft von deutschstämmigen Beamten betreut. Die Expedition verließ Berlin im April 1829, benutzte in schnellem Wechsel 12 244 Postpferde und legte bis zu ihrer Rückkehr noch vor Jahresende 15 500 Kilometer zurück, mehr, als Humboldt und Bonpland während ihrer ganzen amerikanischen Reise.

So verwegen es zuging auf dieser eiligen Erkundung, so beständig erwies sich das Expeditionsglück des erfahrenen Forschungsreisenden. Es gab keine Unfälle, und die wissenschaftliche Mission wurde erfüllt – es wurden sogar, ganz wie Humboldt vorhergesagt hatte, Diamanten entdeckt. Bei seiner Rückkehr nach Moskau wurde er mit einem Gala-Empfang geehrt, dessen höfische Pracht die Ehren verblassen ließ, die ihm in Quito oder auch in Philadelphia widerfahren waren.

Die Reise nach Asien war Alexander von Humboldts letzte Expedition, und es mag sein, daß er sich dessen nach seiner Heimkehr bewußt war. Zwar hatte er, der doch schon seit Jahrzehnten immer ein bißchen mit dem Tod kokettierte, immer noch ein ganzes Drittel seines langen Lebens vor sich, aber er betrachtete jeden neuen Tag als ein Geschenk des Schicksals und spielte gelegentlich

ironisch auf seine zunehmende „Versteinerung" an.

Berlin und der Alltag hatten ihn wieder. Das hieß, daß er sich, da er seine Unabhängigkeit dem preußischen König geopfert hatte, gelegentlich über die unbedeutenden Anforderungen ärgerte, die das höfische Leben an ihn stellte und ihm wertvolle Zeit stahlen. Andererseits: Er brauchte diese Basis und nutzte sie. Der Gönnerschaft des Hofes verdankte er Mittel, die es ihm nicht nur gestatteten, weiter zu schreiben und weiter zu veröffentlichen, sondern auch die Möglichkeiten, viele Künstler und Wissenschaftler zu fördern. Dieses Mäzenatentum war für ihn das wirksamste Mittel, um die Wissenschaft in der Welt zu unterstützen und ihr Niveau in Deutschland zu heben.

Alexander von Humboldt war nun Mitglied von über 150 Gelehrtengesellschaften und als Träger zahlloser Auszeichnungen aus ganz Europa der berühmteste Gelehrte der Welt. Menschen aus allen Schichten, Könige ebenso wie Handwerker, holten zu den verschiedensten Themen seinen Rat ein. Dazu gehörten Probleme des Luftschiffbaus ebenso wie die Frage nach dem Leben jenseits des Todes. Und natürlich gab es auch Leute, die am Ruhm dieses Mannes teilzunehmen versuchten. Ein deutscher Romanschreiber, schickte ihm ein Exemplar seines Buches „Ein Sohn Alexander von Humboldts oder der Indianer von Maypures" – Humboldt meinte lakonisch, er kenne fünf Menschen, die von sich behaupteten, seine Söhne zu sein.

Wie aber gelangte Humboldt zu seinem bekanntesten Werk, seinem „Kosmos"? Schon in seiner Jugend hatte er den Plan einer Physikalischen Geographie gefaßt. Aus dem Gehalt dreier großartiger Forschungsprogramme hatte sich bereits früh das Ziel einer nach Zusammenhängen suchenden Wissenschaft ergeben. 1796 schrieb er einem Genfer Freund: „Ich entwarf die Idee einer physique du monde". Diesen Ausdruck, mit „Physik der Erde" übersetzt, hat Humboldt mit den Begriffen „Theorie der Erde" und „Physikalische Geographie" gleichgesetzt. Später hat er fast nur noch von Physikalischer Geographie gesprochen und noch seine berühmten Berliner Vorlesungen 1827/28 so angekündigt. Der den „Kosmos" begleitende Atlas, der in einem anderen Verlag erschien, bewahrte diesen Titel.

Ursprünglich wollte Humboldt sein grundlegendes Werk um einen starken Kern eigener Forschung herum organisieren, manches seiner frühen Forschungsziele, etwa der Nachweis eines allgemeingültigen geologischen Gesetzes, hatte sich verständlicherweise nicht verwirklichen lassen. Der Plan war zwar berechtigt und großartig, aber er war weitläufig und schwierig. Humboldt mußte der Diplomatie Preußens dienen, er wollte sein amerikanisches Reisewerk herausgeben, er half Gelehrten und Künstlern mehr als sie ihm, so wurde der ursprüngliche Plan einer Forschungsleistung zu einem literarischen Werk großen Stiles umgewandelt, dem „Kosmos", den nicht mehr der junge tatendurstige Forschungsreisende schrieb, sondern ein weiser Mann, der sich in ihm von der Welt verabschieden wollte. Der „Kosmos" ist ein klassisches literarisches Zeugnis, er umfaßt entgegen der ursprünglichen Planung „Himmel und Erde", Astro-

nomie und Physikalische Geographie. Diese Umwandlung bedeutete eine durchaus kluge Selbstbeschränkung, die zugleich eine literarische Ausweitung ermöglichte, die Humboldt erst ziemlich spät „Kosmos" nannte. Obwohl er die geographisch unentbehrliche Technik der astronomischen Ortsbestimmung beherrschte, war Humboldt keineswegs ein Astronom. So suchte und fand er hier notwendigerweise Hilfe bei den Fachgelehrten.

Gerade wegen seines „Kosmos" wurde Humboldt oft bis zum heutigen Tage als Universalist oder der letzte große Universalist der Erdforschung genannt. Er selbst hat einer solchen weitgreifenden Titulierung ausdrücklich widersprochen und immer wieder darauf hingewiesen, daß er nur in Physikalischer Geographie und Geognosie (= Geologie) zu Hause sei.

In dieser Einschränkung, die in diesem Fall niemals ein spezialistisches Beschränktsein im Sinne modernen Fachidiotentums bedeutete, steckt seine Größe als Gelehrter – und auch seine Tragik: Denn er hat nicht völlig das verwirklicht, was er ursprünglich gewollt hat – einfach, weil es nicht möglich war.

Dafür ist der „Kosmos" ein Werk geworden, das als eines von sehr wenigen seiner Art in die Literatur aufgenommen worden ist. Schon Hermann Kluge hatte in seiner bereits vor der Jahrhundertwende viel benutzten „Geschichte der deutschen National-Literatur" Alexander von Humboldt neben Georg Forster und Leopold von Ranke in einem eigenen Kapitel „Klassische Prosaiker" behandelt. Inzwischen ist es Allgemeingut geworden, daß eine Literaturgeschichte auch Sprachkunstwerke der Naturforschung berücksichtigen sollte.

1845 erschien der erste Band des „Kosmos". Der Autor war sich bewußt, daß er nur eine geistige Überschau bieten konnte. Um mit seiner Arbeit so genau und aktuell wie möglich zu sein, schickte er Dutzenden von Freunden und Beratern immer neue Entwürfe seines Manuskripts und mahnte sie dringlich zu umgehender

Kommentierung, da „der Tod ein schnelles Pferd reitet".

Der große alte Mann schonte sich immer noch nicht und schrieb bis tief hinein in die Nächte. Unermüdlich glitt sein Federkiel über die Seiten in dem Bemühen, die aktuelle Naturerkenntnis von Himmel und Erde einzufangen und in die kosmische Ordnung einzuweben. Aber so sehr er sich auch um Eile bemühte: Neue Erkenntnisse auf allen Gebieten überholten den alternden Forscher – auch das Wissen um die Geschwindigkeit selbst war neu; sie wurde 1850 zum erstenmal präzise gemessen. Wenn Plinius der Ältere, Humboldts berühmter Vorgänger im Altertum, sowohl hinsichtlich des Themas als auch der Arbeitsweise die Naturgeschichte der Römischen Zeit kaum in 37 Bänden zusammenfassen konnte, wie sollte es dann Alexander von Humboldt möglich sein, das Wissen von Erde und Himmel des 19. Jahrhunderts in zwei Büchern unterzubringen?

Er konnte es nicht. Er schrieb vier dicke Bände, und das Register allein nahm 1117 Seiten ein – es war das genaueste Register, das ein Buch bis dahin je erhalten hatte.

Als die ersten Bände auf den Markt kamen, wurden sie sowohl in Europa als auch in Amerika sofort zu literarischen Sensationen. Humboldts Verleger schrieb 1847, nachdem gerade der zweite Band ausgeliefert worden war: „Der Commissionär der I. G. Cottaschen Buchhandlung kann nicht Worte finden, den Sturm zu schildern, den sein Haus zu bestehen hatte, als dieser zweite Band bei ihm ankam. Er mußte sich recht eigentlich gegen das Andrängen der Nachfragenden und Abholenden in Verteidigungsstand setzen, um nicht beraubt zu werden und die Abgabe der Pakete in Ordnung zu vollbringen, und so geschah es, daß Pakete, die nach Petersburg bestimmt waren oder nach London, geradezu geplündert wurden (ohne daß man es hindern konnte), um sie nach Wien oder Hamburg zu schicken oder umgekehrt. Es wurden wirkliche Schlachten geschlagen, um in den Besitz dieses Werkes zu

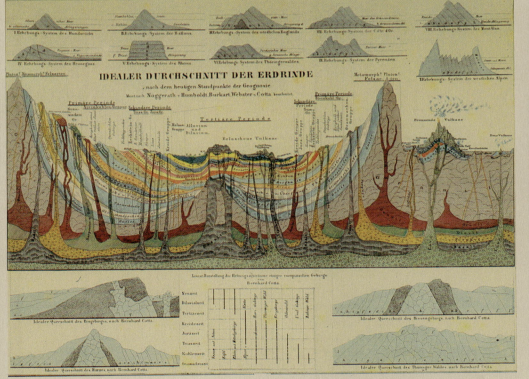

Vielfältig wie immer war Humboldts wissenschaftliche Betätigung auch in Paris. Mit einer Kanone unternahm er Experimente zur Messung der Schallgeschwindigkeit. Hauptsächlich arbeitete er jedoch weiter am „Kosmos". Für den Atlas zu diesem Werk entstand nach seinen Daten auch dieses Profil der Erdrinde

kommen, sich denselben abzuringen, ja es hat selbst an Bestechungsversuchen nicht gefehlt, um zu bewirken, daß dieser oder jener die Priorität erziele."

So erfreulich sich das auch las: Die Breitenwirkung des „Kosmos" in der Bevölkerung blieb gering, besonders im Vergleich mit einem anderen Buch, das gleichzeitig in Deutschland veröffentlicht wurde: das kommunistische Manifest.

Diese marxistische Bibel kam in eben jenem geschichtsträchtigen Jahr 1848 heraus, als Europa von Revolution aufgewühlt war, überall bestehende Ordnungen wankten und Alexander von Humboldt – der sich in dieser Zeit als „Fossil" bezeichnete – an der Spitze des Trauerzuges für 183 Märtyrer marschierte, die allein in der preußischen Hauptstadt Opfer der blutigen März-Erhebung geworden waren.

1848, als Revolution die Alte Welt erschütterte, ging Humboldt – hier der Ausschnitt eines Gemäldes von Adolf von Menzel – an der Spitze des Trauerzuges für die Opfer der Märzerhebung von Berlin. Jenseits des Atlantischen Ozeans kam es zur kriegerischen Auseinandersetzung zwischen den Vereinigten Staaten und Mexiko

Auch jenseits der Meere wurde in diesem Jahr Geschichte gemacht, besonders in jenen Regionen, die Humboldt so sehr am Herzen lagen: Die von ihm geliebten USA besiegten das mindestens ebenso sehr geliebte Mexiko.

Die Nachricht über den Friedensvertrag, den die USA 1848 mit Mexiko schlossen – er sah erhebliche Gebietsabtretungen Mexikos vor –, kam bei Humboldt zusammen mit der über sen-

sationelle Goldfunde in Kalifornien an; er nahm das alles mit großem Interesse zur Kenntnis, ganz so, als wären dies Nachrichten aus seiner Heimat.

Und noch etwas gab es 1848: eine regelmäßige Dampfschiffverbindung zwischen Europa – von Bremen aus – und den Vereinigten Staaten. Kaum war sie eingerichtet, nutzten Hunderte von Amerikanern die Möglichkeit, nach Berlin zu reisen, um den legendären alten Humboldt zu sehen. Amerikaner zu sein – das bedeutete sozusagen garantierten freien Zutritt zur Wohnung des Gelehrten, der seine überseeischen Gäste fortwährend mit Fakten aus ihrer Heimat überraschte, von denen sie selbst nichts wußten: Daß Jefferson nach dem großen Erdbeben von 1812 fünf Schiffsladungen Mehl nach Caracas geschickt hatte; daß unter dem kalifornischen Gold kein Platin gefunden worden war; daß die Indianer aussterben würden, wenn man nicht bald Maßnahmen ergriffe, um eine Menschenrasse zu retten, die das gleiche Recht auf Existenz wie jede andere habe – Humboldts Gedächtnis selbst für entlegene Details war so phänomenal wie für seine Besucher die Eloquenz, mit der er in vier Sprachen redete: Englisch, Französisch, Spanisch, Deutsch.

Ein Enkel Benjamin Franklins berichtete beindruckt: „Ich besuchte Baron Humboldt nach vorheriger Vereinbarung. Wir verbrachten fast zwei Stunden miteinander. Die Fülle von Ideen und Themen, die während dieser Zeit behandelt wurden, war überwältigend. Ich verließ ihn mit Kopfschmerzen."

Die eindrucksvollste Geschichte aber, die ich über den Besuch eines Amerikaners bei Alexander von Humboldt gelesen habe, schrieb der Weltreisende Bayard Taylor im Jahre 1856. In Auszügen liest sich das so: „Ich ging nach Berlin, nicht um seine Museen und Galerien, die schöne Straße Unter den Linden, Opern und Theater zu sehen noch um mich an dem munteren Leben seiner Straßen und Salons` zu erfreuen, sondern um den größten jetzt lebenden Mann der Welt zu sprechen – Alexander von Humboldt.

Ich war auf die Minute pünktlich und kam in seiner Wohnung in der Oranienburger Straße an. Die Glocke schlug. In Berlin wohnt er mit seinem Bedienten Seifert, dessen Name allein an der Tür steht. Das Haus ist einfach und zwei Stock hoch, von einer fleischfarbenen Außenseite und, wie die meisten Häuser in deutschen Städten, von zwei bis drei Familien bewohnt. Der Glockenzug oberhalb Seiferts Namen ging nach dem zweiten Stock. Ich läutete. Die schwere Haustür öffnete sich von selbst, und ich stieg die Treppen hinauf, bis ich vor einem zweiten Glockenzug stand, über welchem auf einer Tafel die Worte zu lesen waren: Alexander von Humboldt.

Ein untersetzter vierschrötiger Mann von etwa Fünfzig, den ich sogleich als Seifert erkannte, öffnete. ,Sind Sie Herr Taylor?' redete er mich an und fügte auf meine Bejahung hinzu: ,Seine Exzellenz ist bereit, Sie zu empfangen.'

Er führte mich in ein Zimmer voll ausgestopfter Vögel und anderer Gegenstände der Naturgeschichte; von da in eine große Bibliothek, die offenbar die Geschenke von Schriftstellern, Künstlern und Männern der Wissenschaft enthielt. Ich schritt zwischen zwei langen, mit mächtigen Folianten bedeckten Tischen zu der nächsten Tür, welche sich in das Studierzimmer öffnete.

Diejenigen, welche die herrliche Lithographie von Hildebrandts Bild gesehen haben, wissen genau, wie dieses Zimmer aussieht. Da befanden sich der einfache Tisch, das Schreibpult, mit Papieren und Manuskripten bedeckt, das kleine grüne Sofa, und dieselben Karten und Bilder auf den sandfarbenen Wänden. Die Lithographie hat so lange in meinem eigenen Zimmer zu Hause gehangen, daß ich sofort jeden einzelnen Gegenstand wiedererkenne.

Seifert ging an eine innere Tür, nannte meinen Namen, und alsbald trat Humboldt ein. Er kam mir mit Freundlichkeit und Herzlichkeit entgegen, welche mich sofort die Nähe eines Freundes fühlen ließen, reichte mir seine Hand und fragte, ob wir Englisch oder Deutsch sprechen sollten. ,Ihr Brief war der eines Deutschen', sagte er, ,und Sie müssen sicherlich die Sprache geläufig sprechen: doch bin ich auch fortwährend an das Englische gewöhnt.'

Ich mußte auf dem einen Ende des grünen Sofas Platz nehmen, indem er

Die Daguerreotypie von Hermann Biow zeigt den achtzigjährigen Alexander von Humboldt, die Farblithographie von Eduard Hildebrandt den Forscher in seinem Arbeitszimmer

bemerkte, daß er selten selbst auf demselben sitze; hierauf stellte er einen einfachen Strohstuhl daneben und setzte sich darauf, bemerkend, daß ich ein wenig lauter als gewöhnlich sprechen möge, da sein Gehör nicht mehr so gut wie früher sei.

Der erste Eindruck, den Humboldts Gesichtszüge machten, ist der einer großen und warmen Menschlichkeit. Seine massive Stirn, beladen mit dem aufgespeicherten Wissen eines Jahrhunderts fast, strebt vorwärts und beschattet, wie eine reife Kornähre, seine Brust; doch wenn man darunter blickt, trifft man auf ein paar blaue Augen, von der Ruhe und Heiterkeit eines Kindes. Aus diesen Augen spricht jene Wahrheitsliebe des Mannes, jene unsterbliche Jugend des Herzens, welche den Schnee von siebenundachtzig Wintern seinem Haupte so leicht erträglich machen. Man faßt bei dem ersten Blick Vertrauen, und man fühlt, daß er uns vertrauen wird, wenn wir desselben würdig sind. Ich hatte mich ihm mit einem natürlichen Gefühl der Ehrfurcht genähert, aber in fünf Minuten fühlte ich, daß ich ihn liebte und mit ihm ebenso unumwunden sprechen konnte wie mit einem Freunde meines eigenen Alters. Seine Nase, Mund und Kinn besitzen den schweren teutonischen Charakter, dessen reiner Typus stets eine biedere Einfachheit und Rechtschaffenheit darstellt.

Ich war sehr von dem leidenden Ausdruck seines Gesichts überrascht. Ich wußte, daß er während des letzten Jahres häufig unwohl war, und man hatte mir gesagt, daß die Anzeichen seines hohen Alters einzutreten anfingen; dennoch würde ich ihm nicht über fünfundsiebzig gegeben haben. Er hat wenig und kleine Runzeln, und seine Haut ist weich und zart, wie man sie selten bei bejahrten Leuten antrifft. Sein Haar, obgleich schneeweiß, ist noch reich, sein Gang langsam, aber fest, und sein Auftreten tätig bis zur Rastlosigkeit. Er schläft nur vier Stunden von vierundzwanzig, liest und schreibt seine tägliche Korrespondenz und läßt sich nicht den geringsten Umstand von einigem

Interesse aus einem Teil der Welt entschlüpfen. Ich konnte nicht wahrnehmen, daß sein Gedächtnis, die erste geistige Kraft, die zu verfallen pflegt, irgendwie gelitten hatte. Er spricht rasch, mit der größten Leichtigkeit, ohne je um ein Wort im Deutschen oder Englischen verlegen zu sein, und schien in der Tat es nicht zu bemerken, als er im Laufe der Unterhaltung fünf- bis sechsmal die Sprache wechselte. Er blieb auf seinem Stuhl nicht länger als zehn Minuten sitzen, sondern stand öfters auf und spazierte durch das Zimmer, indem er dann und wann ein Bild zeigte oder ein Buch öffnete, um seine Bemerkungen zu erklären.

Er spielte zuerst auf meine Winterreise nach Lappland an. ‚Warum wählen Sie den Winter?‘ fragte er. ‚Ihre Erfahrungen werden sehr interessant sein, das ist wahr, aber werden Sie nicht von der strengen Kälte leiden?‘

‚Das wird sich zeigen‘, antwortete ich; ‚ich habe alle Klimate, das arktische ausgenommen, ohne Nachteil versucht. Die beiden letzten Jahre meiner Reise brachte ich in tropischen Ländern zu, und nun möchte ich den möglichst stärksten Gegensatz erfahren.‘

‚Das ist sehr natürlich‘, bemerkte er, ‚und ich kann es begreifen, wie Ihr Reisezweck Sie zur Aufsuchung solcher Kontraste bestimmen muß; Sie müssen aber eine merkwürdig gesunde Organisation besitzen.‘

‚Sie wissen ohne Zweifel aus Ihrer eigenen Erfahrung‘, erwiderte ich, ‚daß nichts so sehr die Gesundheit erhält als Reisen.‘

‚Sehr wahr‘, sagte er, ‚wenn es einen nicht gleich im Anfang umbringt! Was mich betrifft, so bewahre ich meine Gesundheit überall, wie Sie. Während fünf Jahren in Südamerika und Westindien lebte ich inmitten von Brechruhr und Gelbem Fieber unberührt.‘

Ich sprach von meiner beabsichtigten Reise nach Rußland und meinem Wunsch, die russisch-tatarischen Provinzen Zentral-Asiens zu durchwandern. Die Kirgisen-Steppe sei sehr eintönig, meinte er: fünfzig Meilen machten einem den Eindruck von tausend;

John Charles Fremont war einer der Entdecker des amerikanischen Westens. Humboldt erreichte beim König von Preußen, daß der Amerikaner mit einer Verdienstmedaille geehrt wurde

doch das Volk sei sehr interessant. Sollte ich mich dahinbegeben, so würde ich keine Schwierigkeiten finden, von dort aus nach der chinesischen Grenze zu gelangen. Aber die südlichen Provinzen Sibiriens, meinte er, würden mich doch am meisten entschädigen. Die Natur zwischen den Altai-Bergen sei außerordentlich großartig. In einer der sibirischen Ortschaften hatte er aus seinem Fenster elf Gipfel, mit ewigem Schnee bedeckt, gezählt. Die Kirgisen, fügte er hinzu, gehörten zu den wenigen Menschenrassen, deren Gewohnheit seit Jahrtausenden unverändert geblieben sei, und sie besäßen die merkwürdige Eigenschaft, ein Mönchsleben mit einem nomadischen zu verbinden. Sie wären zum Teil Buddhisten, zum Teil Muselmänner, und ihre Mönchssekten folgten den verschiedenen Stämmen auf ihren Wanderungen, indem sie ihre religiösen Übungen in ihren Lagern innerhalb eines geheiligten Kreises, der durch Speere abgemessen werde, verrichteten. Er hat ihre Zeremonien beobachtet und war durch ihre Ähnlichkeit mit denen der katholischen Kirche überrascht.

Humboldts Erinnerungen an das Altai-Gebirge brachten ihn natürlich auf die Anden zu sprechen. ‚Sie sind in Mexiko gereist‘, sagte er; ‚sind Sie nicht mit mir der Meinung, daß die schönsten Berge in der Welt jene einzeln stehenden Kegelberge sind, die, mit ewigem Schnee bedeckt, sich aus der glänzenden Vegetation der Tropen erheben? Der Himalaya, obgleich erhabener, kann kaum gleich einen gleichen Eindruck machen; er liegt höher in dem Norden, ohne die Umgebung tropischen Wachstums, und seine Abhänge sind im Vergleich unfruchtbar und trocken. Sie erinnern sich an (den Pic von) Orizaba‘, fuhr er fort, ‚hier ist ein Stich von einer unvollendeten Skizze von mir. Ich hoffe, Sie werden sie korrekt finden.‘

Er stand auf und nahm den illustrierten Folio(band), welcher der letzten Ausgabe seiner ‚Kleineren Schriften‘ beigegeben ist, blätterte ihn durch und rief bei jedem Blatt ein oder die andere Reminiszenz einer amerikanischen Reise zurück. ‚Ich glaube noch‘, äußerte er, indem er das Buch schloß, ‚daß der Chimborazo der großartigste Berg der Welt ist.‘

. . . Er ging zu seinem Stuhl zurück und begann über amerikanische Angelegenheiten zu sprechen, mit denen er vollständig vertraut zu sein schien. Er sprach mit großer Auszeichnung von Colonel Fremont, dessen Wahlniederlage er tief bedauerte. ‚Doch es ist ein sehr erfreuliches Zeichen‘ – sagte er – ‚und ein sehr großes Omen für Ihr Land, daß mehr als eine halbe Million Stimmen einen Mann von Fremonts Charakter und Fähigkeiten getragen haben . . .‘

. . . Er sprach auch von unseren Schriftstellern und erkundigte sich besonders nach Washington Irving, den er einmal sah. Ich bemerkte, daß ich Herrn Irving kannte und nicht lange vor seiner Abreise nach New York gesehen hatte. ‚Er muß wenigstens fünfzig Jahre alt sein‘, bemerkte Humboldt.

‚Er ist siebzig‘, erwiderte ich, ‚aber so jung wie immer.‘

‚Ah‘, bemerkte er, ‚ich habe so lange gelebt, daß ich fast den Maßstab der Zeit verloren habe. Ich gehöre dem Zeitalter der Jefferson und Gallatin an, und ich hörte von dem Tode Washingtons, während ich auf der Reise in Südamerika war.‘

Ich habe nur den kleinsten Teil seiner Unterhaltung wiedergegeben, welche in einem ununterbrochenen Strom des Wissens dahinfloß. Seifert erschien endlich und sagte zu ihm in einem Tone, der ebenso ehrerbietig als vertraulich war: ‚Es ist Zeit!‘, und ich empfahl mich.

‚Sie sind viel gereist und haben viele Ruinen gesehen‘, sagte Humboldt, indem er mir seine Hand reichte: ‚jetzt haben Sie eine mehr gesehen.‘

‚Keine Ruine‘, war meine unwillkürliche Antwort, ‚sondern eine Pyramide.‘ Ich drückte die Hand, welche die Friedrichs des Großen, Forsters – des Gefährten Cooks –, Klopstocks und Schillers, Pitts, Napoleons, Josephinens, der Marschälle des Kaiserreichs, Jeffersons, Hamiltons, Wielands, Herders, Goethes, Cuviers, La Places, Gay-Lussacs, Beethovens, Walter Scotts – kurz aller großer Männer, die Europa in drei Vierteln eines Jahrhunderts erzeugt hat, berührt hatte. Ich blickte in das Auge, welches nicht allein die gegenwärtige Geschichte der Welt, Szene nach Szene, vorüberziehen gesehen hatte, bis die Handelnden einer nach dem anderen verschwanden, sondern das auch die Katarakte von Atures und die Wälder des Casiquiare, den Chimborazo, den Amazonas und Popocatepetl, den Altai in Sibirien, die Tataren-Steppen und das Kaspische Meer betrachtet hatte . . .

Indem ich durch das Naturalienkabinett zurückging, hielt mich Seiferts Stimme zurück: ‚Entschuldigen Sie, mein Herr‘, sagte er, ‚aber wissen Sie, was das ist?‘ indem er auf das Geweih eines Hirsches aus den Rocky Mountains wies.

‚Jawohl‘, antwortete ich, ‚ich habe manchen verzehren helfen‘. . .

Er zeigte dann auf die anderen Exemplare und führte mich in die Bibliothek, um mir einige Zeichnungen von seinem Schwiegersohn ‚Balduin Möllhausen‘ vorzulegen. Er zeigte mir auch noch ein sehr gutes Muster von Perlenarbeit in einem Goldrahmen. ‚Das ist‘, bemerkte er, ‚das Werk einer kriegerischen Prinzessin, die es Seiner Exzellenz verehrte, als wir auf der Reise in Sibirien waren.‘

‚Sie begleiteten damals Seine Exzellenz?‘ fragte ich.

‚Ja‘, sagte er, ‚wir waren da Anno 29‘. . .

Die Glocke läutete, und das Mädchen kam herein, einen Besuch anzumelden. ‚Ah, Fürst Ypsilanti‘, sagte er, ‚laß ihn nicht herein, laß überhaupt keinen Menschen ein, ich muß gehen und Seine Exzellenz ankleiden‘, und damit verbeugte er sich.“

Das liest sich, als wäre der so tief beeindruckte amerikanische Besucher bei einem nicht nur über die Maßen geistvollen, sondern offenkundig auch begüterten Mann zu Gast gewesen; indessen war die Wirklichkeit viel trister: Der

auf der ganzen Welt bewunderte Humboldt, den Jahr für Jahr mehrere tausend Briefe erreichten, war inzwischen so arm, daß er seinen Diener Seifert nicht mehr regelmäßig bezahlen konnte. 1853 mußte der Mann, der sein Vermögen der Wissenschaft geopfert hatte, den preußischen König bitten, für seine Verbindlichkeiten gegenüber dem Bankhaus Mendelsohn einzutreten, da sonst Seiferts verdientes Erbe nicht gesichert sei.

Der König genehmigte 6726 Taler und erwies seine Reverenz vor dem großen Wissenschaftler mit einem persönlichen Handschreiben: „Ich hätte nicht ruhig schlafen können in der Besorgnis, es möchte mir jemand zuvorkommen.“

Wie es bei großen alten Männern oft der Fall ist, sorgte sich Humboldt besonders penibel, sein Haus zu bestellen. So verfügte er in einem Brief an seinen Verleger: „. . . meine ganze sachliche Habe soll unverkümmert meinem Kammerdiener Seifert und den vielen Kindern, die in meinem Hause gezeugt sind, bleiben“ – eine Formulierung, die für einen Berliner Historiker vielleicht auch Humboldts besondere Zuneigung zu Frau Seiferts Töchtern Caroline und Agnes erhellt hat. In mehreren Testamenten setzte Humboldt stets seinen Kammerdiener Seifert als Universalerben ein. Nur weniges wurde davon ausgenommen, so seine Tagebücher, die in der Berliner Sternwarte aufbewahrt werden sollten.

Humboldts Sorge, daß sein Ende nahe sei, hatte besondere Gründe. Im Jahre 1857 grassierte in Berlin die Cholera. Zwar verschonte die Seuche den Mann, der auf die 90 zuging. Aber zugleich erlitt er einen leichten Schlaganfall. Er erholte sich davon ein wenig, aber er blieb kränklich.

Er wirkte blaß, ein unerklärliches Hautjucken plagte ihn. Besucher stellten gelegentlich einen Gedächtnisschwund fest, eine greisenhafte Schwäche. In seiner offensichtlichen Hinfälligkeit nach seinem Wohlbefinden befragt, äußerte er jedoch, wie obenhin, in gepflegtem Französisch: „Ich leide, aber ich klage nicht.“

Johann Seifert war mehr als dreißig Jahre lang Alexander von Humboldts vertrauter Diener. Dieses Bild entstand in Paris, wohin Humboldt ihn zu einer Tagung geschickt hatte

Eine schwere Grippe im Oktober 1858 brach seine körperliche Widerstandskraft vollends – er mußte nun häufig das Bett hüten –, aber sein Geist blieb unermüdlich. Er schrieb im Liegen Empfehlungsbriefe für junge Wissenschaftler, er las Bücher, er empfing Besucher. Der letzte, der offiziell kam, war der Prinzregent, der spätere Kaiser Wilhelm I., um von dem großen Preußen Abschied zu nehmen. Er sagte ihm ein Staatsbegräbnis zu. In vollem Bewußtsein sah Alexander von Humboldt seinem Ende entgegen.

In den letzten 14 Tagen seines Lebens verließ er das Lager nicht mehr. Seine Nichte Gabriele von Bülow und deren Schwager, der alte General von Hedemann, teilten sich die Wachen am Bett des Sterbenden. Vor allem seine Nichte, so hielt es eine Biographie fest, saß „viele stille Stunden hindurch" an Humboldts Liegestatt in einem kleinen Alkoven: „Er litt nicht, sprach selten, aber immer klar, besonnen und liebevoll. Am 6. Mai um halb drei Uhr nachmittags trat das Ende sanft ein. Es war niemand in seiner Todesstunde bei ihm als Hedemann und Frau von Bülow. Ih-

re liebende Hand schloß die Augen, die so tief forschend in die Geheimnisse der Natur geblickt."

Sechs Pferde aus dem königlichen Marstall zogen den Leichenwagen zum Dom, wo für den Ehrenbürger der Stadt die Trauerfeier abgehalten wurde. Den größten nichtmilitärischen Begräbniszug in der Geschichte Berlins führten Königliche Hoheiten, Honoratioren, Diplomaten und Intellektuelle an, gefolgt von einer unübersehbaren Menschenmenge. Die einzige Ausländerdelegation kam aus Amerika.

Am 11. Mai 1859 wurde der bekannteste Träger des Namens Humboldt in der Grabstätte der Familie im Park zu Tegel beigesetzt.

Die Welt war ärmer geworden, der Brunnen, von dem Goethe bewundernd sprach, sprudelte nicht mehr. Ein Leben war vorüber, das seinesgleichen nicht zuvor und auch nicht später hatte. Aber natürlich, es gab auch Kritik an Humboldt. Spezialforscher setzten sich mit ihm auseinander, die nie die Breite der Humboldtschen „Physikalischen Geographie" verstanden. Später dann deckten Wissenschaftler die von Hum-

Der Prinzregent von Preußen, der spätere Kaiser Wilhelm I., war der letzte offizielle Besucher Humboldts. Gabriele von Bülow weilte am Sterbebett des großen Wissenschaftlers. Im Park des Schlosses Tegel wurde Alexander von Humboldt in einem Familiengrab beigesetzt

boldt oft vergeblich gesuchten Zusammenhänge natürlicher Erscheinungen auf und stießen dabei so weit vor, daß ihre Forschungsergebnisse die Menschheit gefährdeten – die Naturwissenschaften schenkten der Menschheit schließlich nicht nur den Impfstoff gegen die Kinderlähmung, sondern auch die Wasserstoffbombe.

1981 hat eine australische Geographin, Margarita Bowen, der heutigen Wissenschaft die Besinnung auf Humboldts frühes ökologisches Denken und seine Menschlichkeit empfohlen – ein wahrhaft aktueller Rat in einer Zeit, die viele der noch von Humboldt erlebten Wunder der Natur nicht mehr bestaunen kann und mehr und mehr die Kalamität begreift, die sich ergab, als der Mensch aufhörte, in Harmonie mit der Natur zu leben.

Jedenfalls: Als maßgebender Forschungsreisender und größter Geograph der Neuzeit, der in der Wissenschaft nur ein Vehikel zur Befreiung und Menschlichkeit erblickte, steht Alexander von Humboldt an der Seite der großen Gestalten der Menschheit von Aristoteles bis Albert Schweitzer.

Kein anderer Naturwissenschaftler hat je so viele posthume Ehren erfahren wie Humboldt anläßlich der Hundertjahrfeier seines Geburtstages am 14. September 1869, und, wiederum, besonders in Amerika, wohin sich der große Mann jahzehntelang zurücksehnte.

Den Grad der Verehrung mache ich wohl am deutlichsten, wenn ich Berichte wiedergebe, die ausgerechnet aus dem Städtchen Dubuque stammen, einer Gemeinde im Bundesstaat Iowa, die erst gegründet wurde, als Humboldt bereits 63 Jahre alt war, und die heute in den Vereinigten Staaten sprichwörtlich als Heimstatt des Provinzialismus gilt. Denn daß man des großen Forschers zum hundertsten Geburtstag in Universitäten und Schulen gedachte, in naturwissenschaftlichen Vereinigungen und den Kulturteilen der Zeitungen, war schließlich zu erwarten. Was aber trieb im kleinen Dubuque am Ufer des Mississippi erstaunliche 10 000 Menschen auf die Straße?

An der Spitze eines Festzuges fuhr ein Wagen mit einer Humboldt-Büste, gefolgt von Wagen mit Mädchen in Uniformen, die jeweils einen der 38 repräsentierten Staaten vertraten. Kein Bevölkerungsteil, der an dieser rührenden Würdigung Humboldts nicht teilgenommen hätte, die Zigarrenmacher marschierten ebenso mit wie Metallarbeiter, Eismänner und die Feuerwehr. Lebende Bären waren im Zug, ausgestopfte Vögel und Meeresmuscheln – und ein 103 Jahre alter Mann. Auf dem Festwagen der Kunsttischler fuhr ein Bild Humboldts durch Dubuque mit der Aufschrift: „Ehre dem Manne, der für uns alle gewirkt hat; Arbeit und Studium; Ehre sei Humboldt, der von allen Nationen geliebt wird, dem größten Mann dieses Jahrhunderts."

In einer Gedenkrede in einem anderen Ort, mit dessen Namen man in Europa nicht viel anfangen kann, nämlich in Peoria im US-Staat Illinois, sagte der Festredner am selben Tag: „Wir verbinden den Namen Humboldt mit Ozeanen, Kontinenten, Bergen . . . und mit jedem Stern, der in der Unendlichkeit des Weltraums leuchtet."

Ich habe das immer getan, solange ich Alexander von Humboldt auf den Spuren war.

Wenn ich an die Jahre zurückdenke, in denen ich ihm durch Amerika folgte, sah ich ihn immer am deutlichsten vor mir, wie er um Mitternacht die Sterne beobachtete. Manchmal, wenn ich unter dem Geäst des Urwaldes an einem Flußufer meinen Weg suchte oder wenn ich mit Indios über die Schneegrenze in den Anden kletterte, stellte ich mir vor, Alexander zu sehen, wie er mit dem Sextanten die Höhe von Alpha Crucis ermittelte, des schönen Sterns am Fuße des Kreuzes des Südens. Aimé Bonpland an seiner Seite hielt dabei ein Licht, um die Zeit auf dem Berthoud-Chronometer in genau dem Augenblick ablesen und notieren zu können, in dem Humboldt rufen würde: „Notiere!".

Und dann lauschte ich der einzigen Musik, die Alexander von Humboldt liebte: dem Trommeln des Regens auf den Blättern des tropischen Urwalds.

„Zum ehrenden Gedächt-
nis an den Illustrator der neuen
Welt" gab John Charles Frémont,
Kartograph und Entdecker
des amerikanischen Westens,
dieser Bergkette in den
Vereinigten Staaten 1848 den
Namen Humboldts

Humboldt Redwoods

Im nordkalifornischen
Humboldt County wird der
Mann, dem die Botanik
wesentliche Dienste
verdankt, durch einen „State
Park" geehrt. Die hier
wachsenden Baumgiganten
erreichen Höhen
von mehr als 100 Meter

Humboldt Creek
Durch die neuseeländi-
schen Humboldt Mountains
windet sich der Humboldt Creek.
Das Gewässer und das
Gebirge sind Teile des Fiord-
land National Parks

Humboldt House

von 1869 bis 1900 war
Humboldt House in Nevada
eine Station der Central Pacific
Railroad, ein berühmtes
Restaurant und eine
Oase in der großen Wüste.
Heute ist der Ort, der blühte,
als der Westen der Vereinigten
Staaten erschlossen wurde,
— eine Geisterstadt

Humboldt City
In einem vorwiegend von Menschen deutscher Abstammung besiedelten Gebiet in der kanadischen Provinz Saskatchewan, wo es auch ein Engelfeld, ein Muenster und ein Fulda gibt, liegt die nach Humboldt genannte Stadt, die von Heilquellen und den Erträgen der Landwirtschaft lebt

Pico Humboldt
Auf dem Gipfel des 4942
Meter hohen Berges in Venezuela ehrt eine 1959 ange-
brachte Bronzetafel den
preußischen Baron. Rechts
neben dem Humboldt ge-
widmeten Berg steht der 4883
Meter hohe Bonpland-Gipfel,
so nach dem französischen
Botaniker genannt, der Humboldt auf seinen amerikanischen Reisen begleitete

Humboldt Bai

Am 12. August 1827 kam der französische Forschungsreisende Dumont d'Urville mit seiner Korvette „Astrolabe" in eine Bucht vor dem heutigen West Irian. „In ... Ehrerbietung" gab er der Bucht den Namen „des ersten Reisenden dieses Jahrhunderts"

Humboldt Falls

Seit dem 26. Juni
1961 heißen diese neu-
seeländischen Wasserfälle
nach dem Mann, der mit
seiner amerikanischen Reise,
aber nicht nur mit ihr, ein
bedeutendes Stück
Weltgeschichte der Natur-
forschung schrieb

Humboldt River

Mit ungenießbarem Wasser windet sich der vom Humboldt Range kommende und in den salzreichen Humboldt Lake mündende Fluß annähernd 500 Kilometer lang durch Nevada. Früher verlief hier der „Trail", auf dem Auswanderer unter großen Strapazen nach Kalifornien treckten

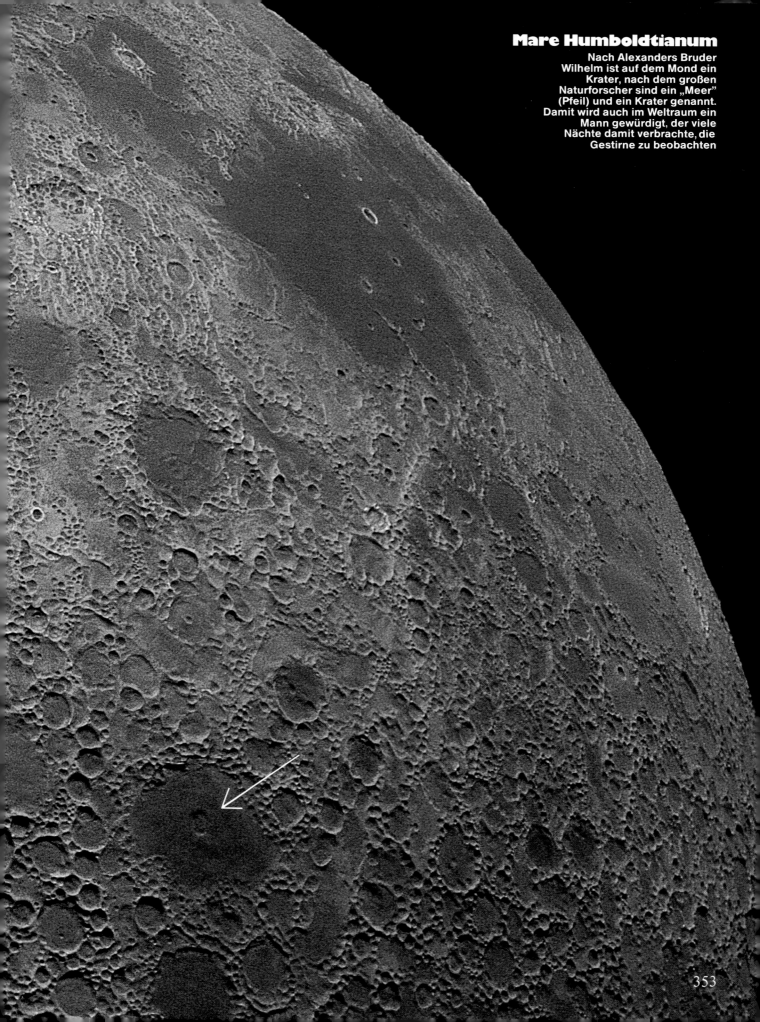

Mare Humboldtianum

Nach Alexanders Bruder Wilhelm ist auf dem Mond ein Krater, nach dem großen Naturforscher sind ein „Meer" (Pfeil) und ein Krater genannt. Damit wird auch im Weltraum ein Mann gewürdigt, der viele Nächte damit verbrachte, die Gestirne zu beobachten

1769 *14. September: Alexander von Humboldt in Berlin, Jägerstraße 22, geboren. Taufzeuge u. a. Prinz Heinrich von Preußen (später König Friedrich Wilhelm II.)*

In diesem Jahr kamen ebenfalls zur Welt: Napoleon Bonaparte, die deutschen Dichter Ernst Moritz Arndt und Christian Fürchtegott Gellert.

Beginn der industriellen Revolution durch Dampfkraft. Richard Arkwrights Spinnerei in Nottingham mit fortentwickelten Maschinen gilt als erste moderne Fabrik.

James Watt erhält Patent für eine verbesserte Dampfmaschine.

Cugnot erfindet den Straßendampfwagen.

Erster Blitzableiter in Deutschland.

1770 Der Seefahrer James Cook nimmt für die britische Krone Australien in Besitz.

Goethe studiert in Straßburg.

Kant wird Professor in Königsberg.

1771 Cook entdeckt die Gesellschaftsinseln, Ostaustralien und die Zweiteilung Neuseelands.

C. W. Scheele entdeckt das Element Sauerstoff in der Luft.

1772 Erste Teilung Polens zwischen Österreich, Preußen und Rußland.

Ende der Inquisition in Frankreich.

D. Rutherford entdeckt das Element Stickstoff in der Luft.

J. H. Lambert entwickelt flächentreue Kartenprojektion.

1773 Die Britisch-Ostindische Kompanie erhält Monopol für Opiumhandel in China.

Goethe: „Götz von Berlichingen" und „Urfaust".

In Amerika wird das „Philadelphia Museum" als Sammlung von Gemälden und naturgeschichtlichen Präparaten gegründet.

1774 Ludwig XVI. wird König von Frankreich (bis 1792).

Goethes Briefroman „Die Leiden des jungen Werther".

Pestalozzi gründet „Armenanstalt".

A. Lavoisier: Erhaltung der Masse bei chemischen Prozessen – Beginn der modernen Chemie.

1775 de Morveau entwickelt Desinfektion mit dem Giftgas Chlor (man nimmt Ansteckung durch gasförmige Ausdünstung – „Miasma" – an).

H. Volta versucht fortgesetzte elektrische Ladungserzeugung.

1776 Die USA erklären die Unabhängigkeit von Großbritannien.

Erklärung der Menschenrechte.

Abschaffung der Folter in Österreich.

James Cook entdeckt Hawaii.

1777 K. F. Gauß, deutscher Mathematiker und Naturforscher, geboren († 1855).

Lavoisier erkennt das Prinzip der Atmung und der Verbrennung durch Sauerstoff (Oxydation).

1778 George Washington, Befehlshaber der amerikanischen Revolutionstruppen, ernennt den preußischen Offizier v. Steuben zum Generalinspekteur des US-Heeres.

Benjamin Franklin erreicht Bündnis USA–Frankreich.

Buffon: „Epochen der Natur" (grundlegendes Werk über die Erdgeschichte; nimmt mehrere sintflutartige Katastrophen an. Widerruft diese Lehre später).

Carl v. Linné, schwedischer Naturforscher, Begründer des lateinischen Namenssystems für Pflanzen, gestorben.

1779 *Humboldts Vater gestorben.*

Frankreich und Spanien belagern Gibraltar.

Goethe wird Geheimrat.

1780 Maria Theresia, Herrscherin über Österreich-Ungarn, gestorben.

König Friedrich II. („der Große") entscheidet gerichtliche Streitigkeiten zugunsten des „Müllers von Potsdam".

Scheller erfindet den Füllfederhalter.

A. G. Werner veröffentlicht seine Theorie von der Entstehung aller Gesteine im Urozean („Neptunismus").

Erstes Auftauchen des Christbaumes in Deutschland.

1781 George Washington besiegt mit französischen Hilfstruppen die Engländer bei Yorktown.

Kant: „Kritik der reinen Vernunft".

de Jouffroy gelingt einer der ersten erfolgreichen Versuche mit dem Betrieb eines Dampfschiffs.

Erste Fallschirmerprobungen.

1782 Goethe wird geadelt. Schiller: „Die Räuber".

Letzte Hexenhinrichtung in der Schweiz.

1783 Versailler Friede. England erkennt Unabhängigkeit der USA an, gibt Florida an Spanien zurück.

Inquisitionsverfahren in Spanien gegen Automatenbauer.

Erste Versuche der Gebrüder Montgolfier mit Heißluft-Ballons.

de Saussure entwickelt das Haar-Hygrometer.

1784 Joseph Bramah erfindet das Sicherheitsschloß.

Goethe entdeckt den Zwischenkiefer am Schädel des Menschen.

Dahlien werden aus Mexiko nach Spanien eingeführt.

Erste Blindenschule in Paris.

1785 Preußen und die USA schließen einen Handelsvertrag.

Gründung der „Times".

Versuche Ch. A. de Coulombs zur Entdeckung der Gesetze für elektrische und magnetische Kräfte.

James Hutton begründet die Lehre vom „Plutonismus" (Entstehung der Gesteine aus feuriger Schmelze).

Erste deutsche Dampfmaschine in Preußen.

1786 Friedrich II. von Preußen („der Große") gestorben.

Goethe unternimmt seine erste italienische Reise (bis 1788).

Erste Versuche mit Gasbeleuchtung für Innenräume (in England und Deutschland).

Erstbesteigung des Mont Blanc.

1787 *Humboldt beginnt sein Studium in Frankfurt/O. (bis 1788).*

Fürst Potemkin, als Finanzminister verantwortlich für die Besiedelung Südrußlands, täuscht Zarin Katharina II. durch kulissenartige Dörfer.

Boccherini wird Hofkomponist in Berlin.

Henschel entdeckt zwei Uranus-Monde.

Lavoisier und Berthollet begründen chemische Nomenklatur.

1788 *Humboldt wird in Berlin von Carl Ludwig Willdenow in die Botanik eingeführt (bis 1789).*

Verfassung der USA in Kraft.

Carlos IV. wird König von Spanien (bis 1808).

An preußischen Gymnasien wird das Abitur eingeführt.

In Europa wird die Fuchsie aus Peru bekannt.

1789 *Humboldt studiert in Göttingen (bis 1790).*

Beginn der Französischen Revolution. Sturm auf die Bastille. Verkündigung der Menschenrechte.

George Washington wird erster Präsident der USA (bis 1797).

1790 *Humboldts erste Buchveröffentlichung „Mineralogische Beobachtungen über einige Basalte am Rhein".*

Humboldts erste Reise mit Georg Forster zum Niederrhein, nach Holland, England und Frankreich.

Humboldt studiert an der Hamburger Handelsakademie.

Goethe: „Die Metamorphose der Pflanzen" (Blatt als Urorgan).

Stadt Washington gegründet. Wird ein Jahr später Hauptstadt.

Um diese Zeit werden in Europa Zopf und Igelfrisur durch kurzgeschorenen „Tituskopf" abgelöst.

In der Männermode kommt Frack mit Halstuch auf.

1791 *Humboldt studiert an der Freiberger Bergakademie (bis 1792).*

C. G. Langhans baut Brandenburger Tor in Berlin.

Luigi Galvani veröffentlicht nach Versuchen an Froschschenkeln seine Arbeit „Über die elektrischen Kräfte der Muskelbewegung".

In dieser Zeit kommt der Zylinder (Quäkerhut) aus den USA nach Europa.

1792 *Humboldt erhält das Patent als Assessor im preußischen Bergdepartement.*

Er unternimmt bergmännische Reisen nach Franken und Polen (bis 1793).

Frankreich erklärt Österreich den Krieg. Preußen unterstützt Österreich.

Sturm auf die Tuilerien in Paris.

In Frankreich wird die Republik ausgerufen. Robespierre erklärt Recht auf Arbeit.

Claude Chappe erfindet den optischen Telegraphen.

Der Dollar wird zur Münzeinheit in den USA.

1793 *Humboldt wird Oberbergmeister in Franken.*

Zweite Teilung Polens zwischen Preußen und Rußland.

In Frankreich herrschen die Jakobiner (Guillotine).

Brotkarten in Paris.

Letzte Hexenverbrennung in Europa (Posen).

Um diese Zeit kommen in Frankreich Hosenträger in Gebrauch.

1794 *Humboldt wird zum Bergrat ernannt.*

Humboldt erläutert den schon älteren Plan einer „Geschichte der Pflanzen".

Humboldt lernt Goethe in Jena kennen.

Danton und Robespierre in Paris hingerichtet.

Beginn der Freundschaft Goethes mit Schiller: Unterhaltung über die Urpflanze.

Gadolin entdeckt erste „seltene Erden".

Erste Technische Hochschule (in Paris).

Um diese Zeit werden bis auf die Füße reichende (lange) Hosen in Europa für Männer Mode.

1795 *Humboldt wird zum Oberbergrat ernannt.*

Neue französische Verfassung.

Baseler Friede zwischen Preußen und Frankreich.

Dritte Teilung Polens.

Mit der Niger-Expedition Mungo Parks beginnt die Erforschung des Inneren Afrikas.

Einführung des metrischen Systems in Frankreich.

Erste Pferde-Eisenbahn in England.

1796 *Humboldt konzipiert „Je conçus l'idee d'une physique du monde" (Physikalische Geographie).*

Humboldts Mutter gestorben. Er verläßt den Staatsdienst.

Spanien koaliert mit dem revolutionären Frankreich.

Bonaparte beginnt seinen Feldzug in Italien.

Cuvier begründet durch Untersuchungen an Mammut-Knochen die Wirbeltier-Paläontologie.

Einführung der Pockenschutzimpfung durch Edward Jenner.

1797 *Humboldt vertieft seine Kontakte mit Goethe und Schiller in Jena. Teilung der Erbschaft mit seinem Bruder Wilhelm in Dresden.*

Er bereitet sich auf die „westindische Reise" in Wien und Salzburg durch botanische Studien und Erprobung von Instrumenten vor.

Talleyrand wird französischer Außenminister.

Friedrich Wilhelm II., König von Preußen seit 1786, gestorben. Thronfolger ist sein Sohn Friedrich Wilhelm III. (bis 1840)

Verschärfte Zensur in Preußen.

Aloys Senefelder erfindet das Steindruckverfahren (Lithographie), das für die Illustration der Werke Humboldts eine wesentliche Rolle spielt.

William Smith bestimmt die Reihenfolge der Erdschichten nach „Leitfossilien" (begründet damit die relative geologische Zeitskala).

Letzter Bär in Deutschland (Fichtelgebirge) erlegt.

1798 *Humboldt reist nach Paris, lernt dort Aimé Bonpland kennen; gemeinsam machen sie sich nach Marseille auf. Ziel: Madrid.*

Krieg der europäischen Koalition gegen Frankreich (bis 1801).

Napoleons Zug nach Ägypten beginnt (bis 1799).

Seeschlacht bei Abukir: Englands Admiral Nelson besiegt die französische Flotte.

Der englische Gelehrte Malthus fordert Geburtenbeschränkung gegen Überbevölkerung.

Erste wissenschaftliche Meteorbeobachtungen durch Brandes und Benzenberg.

Gestorben: Johann Reinhold Forster, deutscher Naturforscher, Teilnehmer an Cooks Weltumsegelung 1772–75 (erkannte Australien als Erdteil).

1799 *Humboldt unternimmt einen barometrischen Meßzug durch Spanien, der zum ersten geologischen Profil einer Landmasse führt.*

In Madrid erhält er einen königlichen Paß für die spanischen Kolonien in Amerika. In La Coruña schifft er sich ein.

5. Juni: Beginn der amerikanischen Reise.

Juni: Aufenthalt auf Teneriffa, Besteigung des Pico de Teide.

Juni/Juli: Atlantik-Überquerung nach Cumaná.

16. Juli: Humboldt sieht zum erstenmal Amerika; Ankunft in Cumaná.

Juli bis November: Aufenthalt in Cumaná, erste Streifzüge in der Umgebung, Besuch der Halbinsel Araya und der Höhle des Guacharo. Küstenfahrt nach La Guaira. Ankunft in Caracas.

Zweiter Koalitionskrieg gegen Frankreich; Preußen bleibt neutral.

Napoleon Bonaparte wird erster Konsul.

George Washington, erster Präsident der USA, gestorben.

Anti-Gewerkschaftsgesetz in England kennzeichnet den Anfang der modernen Arbeiterbewegung.

Erste Dampfmaschine in Berlin.

1800 *Januar: Besteigung der Silla oberhalb Caracas.*

Februar/März: Von Caracas durch die Täler von Aragua nach Villa de Cura, Calaboza und San Fernando de Apure.

März/Mai: Reise auf dem Apure, Orinoko, Rio Atabapo, Rio Negro bis San Carlos.

Mai: Reise auf dem Casiquiare bis Esmeralda.

Mai/Juni: Auf dem Orinoko bis Angostura.

Juli: Durch die Llanos nach Nueva Barcelona.

August: Küstenfahrt nach Cumaná.

August/November: Aufenthalt in Cumaná.

November/Dezember: Küstenfahrt nach Nueva Barcelona; Seereise nach Havanna/Cuba.

Franzosen schlagen Österreicher bei Marengo.

Errichtung des „Vereinigten Königreichs von Großbritannien und Irland".

Herschel entdeckt ultraroten Teil des Sonnenspektrums („Wärmestrahlen").

Ersteigung des Großglockner.

Paris: 550 000 Einwohner.
New York: ca. 60 000 Einwohner.

1801 *März: Seefahrt nach Cartagena.*

April: Aufenthalt in Turbaco, Reise nach Barancas Nuevas.

April/Juni: Fahrt auf dem Rio Magdalena bis Honda.

Juni/Juli: Reise nach Bogotá.

Juli/September: Aufenthalt in Bogotá, Zusammenarbeit mit José Celestino Mutis. Abreise nach Quito.

Friede zu Lunéville zwischen Österreich und Frankreich.

Alexander I. wird Zar von Rußland (bis 1825).

Thomas Jefferson wird Präsident der USA (bis 1809).

Erste Zuckerrübenfabrik in Deutschland.

Victoria regia („Königin der Nacht") am Amazonas entdeckt.

1802 *Januar: Zusammentreffen mit Francisco José de Caldas in Ibarra; gemeinsamer Ritt nach Quito. Von dort Ausflüge in die Umgebung.*

März: Ersteigung des Antisana.

April/Mai: Ersteigung des Pichincha.

Juni: Besteigung des Chimborazo.

Juni/Oktober: Reise nach Lima.

Oktober/Dezember: Aufenthalt in Lima und Umgebung.

Dezember: Abreise von Callao per Schiff.

Napoleon Bonaparte wird lebenslänglicher Konsul.

Im Frieden zu Amiens gibt England Kolonien an Frankreich zurück.

Entzifferung der babylonischen Keilschrift durch G. F. Grotefend.

Lehrlingsarbeit in der englischen Textilindustrie soll auf 12 Stunden beschränkt werden.

Seebad Travemünde eröffnet.

1803 *Januar/Februar: Aufenthalt in Guayaquil.*

Februar/März: Seereise nach Acapulco.

April: Landreise über Mexcala, Taxco und Tehuilotepec nach Mexico City.

Mai: Exkursion nach Pachuca, Regla, Atotonilco und Actopan.

August/September: Exkursion nach Queretaro, Guanajuato; Abstecher nach Norden; Valladolid (= Morelia), Besteigung des Jorullo. Rückkehr nach Mexico Stadt.

Seekriege zwischen Großbritannien und Frankreich (bis 1814)

USA kaufen westliches Louisiana von Frankreich (bis 1814).

Johann Wilhelm Ritter konstruiert eine Ladungssäule (Akkumulator).

1804 *Januar/März: Reise über Puebla und Xalapa nach Veracruz.*
März: Seereise nach Havanna/Cuba.
April/Mai: Seereise nach Philadelphia/USA.
Mai/Juli: Aufenthalt in den USA.
Juli/August: Seereise zurück nach Europa.
3. August: Ankunft in Bordeaux.

Bonaparte krönt sich zum erblichen Kaiser, Napoleon I.

Hardenberg und Freiherr vom Stein in der preußischen Regierung.

Goethe wird Geheimrat.

Beethoven: 3. Symphonie E-dur („Eroica". B. vernichtet die Widmung für Napoleon).

Oliver Evans unternimmt Probefahrt mit Straßendampfwagen durch Philadelphia.

1805 *Humboldt reist von Paris zu seinem Bruder in Rom. Besteigung des Vesuv. Reise nach Berlin. Staatspension durch königliche Order.*

Der erste Band seines großen Reisewerkes erscheint; es folgen bis 1834 weitere 34 Bände der „Voyage aux régions équinoxiales du Nouveau Continent".

Er schließt Freundschaft mit dem französischen Astronomen, Physiker und Politiker Dominique François Arago.

Bündnis England, Rußland, Österreich gegen Napoleon (3. Koalition).

Napoleon besiegt Österreich und Rußland in der Schlacht bei Austerlitz.

Der englische Admiral Nelson besiegt die französisch-spanische Flotte in der Schlacht bei Trafalgar.

Schiller gestorben (geboren 1759).

1806 Schlacht bei Jena und Auerstedt; Napoleon siegt gegen Preußen und zieht in Berlin ein.

„Kontinentalsperre" (Blockade) gegen Großbritannien (bis 1813).

Deutsche Fürsten, darunter das neue Königreich Bayern, vereinigen sich unter Napoleon gegen Österreich und Preußen.

Ende des „Heiligen Römischen Reiches Deutscher Nation". Kaiser Franz II. legt die Kaiserkrone nieder (bleibt Kaiser von Österreich).

Jacquard erfindet Webmaschine mit Lochstreifensteuerung.

Lewis und Clarke erreichen den Pazifik nach der Durchquerung der USA von Ost nach West.

Deutschland hat 29 Millionen Einwohner.

1807 *Humboldt veröffentlicht seine „Ideen zu einer Geographie der Pflanzen".*

Humboldt reist mit Prinz Wilhelm von Preußen zu Friedensverhandlungen nach Paris (bis 1809).

Gneisenau und Nettelbeck verteidigen Kolberg gegen die Franzosen bis zum Friedensschluß.

Friede zu Tilsit zwischen Frankreich und Rußland/Preußen.

Napoleon besetzt Spanien.

Aufhebung der Adelsvorrechte in Preußen.

Fichte: „Reden an die deutsche Nation" (gegen Napoleon).

Hegel: „Phänomenologie des Geistes" (gilt als Höhepunkt idealistischer Philosophie und als Tiefpunkt wissenschaftlich-empirischen Denkens).

England verbietet Handel mit Negersklaven. Die USA verbieten Sklavenhandel zur See. (1816 wird der französische, 1817 der spanische, 1823 der portugiesische Sklavenhandel aufgehoben.)

Robert Fulton fährt mit seinem Dampfschiff in 32 Stunden 240 Kilometer auf dem Hudson von New York nach Albany.

Thomas A. Knight unternimmt mit selbsterfundenen Apparaten grundlegende Versuche zur Pflanzenphysiologie.

Um diese Zeit wird in Europa das Schürzenkleid für Frauen Mode.

1808 *Humboldts „Ansichten der Natur" erscheinen in Tübingen.*
Mit kleinen Unterbrechungen lebt er nun bis 1827 ständig in Paris.

Spanischer Aufstand gegen Napoleon (1813 mit englischer Hilfe erfolgreich). Wellington siegt in Spanien über die französischen Truppen.

Goethes „Faust", I. Teil, vollendet.

Beethoven: Symphonie C-moll („Schicksalssymphonie") und 6. Symphonie F-dur („Pastorale")

Erste Kunstzähne aus Keramik.

Erster „Brockhaus" (Konversationslexikon) erscheint.

1809 *Humboldt schlägt die Berufung zum preußischen Kultusminister aus.*

Wilhelm von Humboldt wird preußischer Unterrichtsminister (bis 1810).

Napoleon zieht als Sieger in Wien ein.

Aufstand der Tiroler gegen Franzosen und Bayern (Andreas Hofer).

Gestorben: Thomas Jefferson, Präsident der USA seit 1801.
James Madison wird Präsident der USA (bis 1817).

Geboren: Charles Darwin, englischer Naturforscher.

Gauß veröffentlicht seine „Theorie der Bewegung der Himmelskörper".

Erster Telegraph auf elektrochemischer Grundlage von Soemmerring.

1810 Der Abfall der amerikanischen Kolonien von Spanien beginnt (bis 1825).

Hardenberg wird Staatskanzler in Preußen; die Reformen von Stein werden fortgesetzt.

Wilhelm von Humboldt gründet Universität Berlin.

Goethes „Farbenlehre" erscheint.

Gewerbefreiheit und allgemeine Gewerbesteuer in Preußen.

Um diese Zeit entwickelt sich die „amerikanische" (Tabellen-)Buchführung.

1811 Uruguay, Paraguay, Kolumbien und Venezuela werden unabhängig von Spanien.

Aufhebung des Frondienstes in Preußen.

Goethe: „Dichtung und Wahrheit".

Gründung der Krupp-Werke in Essen.

Friedrich Ludwig Jahn („Turnvater") errichtet ersten Turnplatz in der Hasenheide bei Berlin mit neuen Geräten (Beginn der modernen Körperertüchtigung).

Flug des „Schneiders von Ulm", L. Berblinger, mißglückt.

Erstbesteigung der Jungfrau.

1812 Rußland-Feldzug Napoleons. Moskau brennt. N. flieht nach Paris.

Erfolgloser Krieg der USA gegen Großbritannien um Kanada.

Caracas durch Erdbeben zerstört.

Judenemanzipation in Preußen.

Berzelius führt chemische Bindungskräfte auf elektrische Anziehung zurück (Verbindung Chemie/Physik).

„Maschinenstürmer" in England: Arbeiter zerstören Textilmaschinen in Nottingham.

1813 Preußen erhebt sich gegen Frankreich. Sieg in der Völkerschlacht bei Leipzig.

„Beschreibung Ägyptens" (französische wissenschaftliche Auswertung der kriegerischen Expedition Napoleons in 24 Bänden).

Um diese Zeit wird der Walzer Gesellschaftstanz.

1814 *Die Brüder Humboldt begleiten Friedrich Wilhelm III. von Preußen in diplomatischer Mission nach London.*

Wiener Kongreß der Siegerstaaten über Frankreich zur politischen Neuordnung Europas (bis 1815).

Pariser Frieden. Napoleon wird nach Elba verbannt.

Louis XVIII. König von Frankreich (bis 1824).

Allgemeine Wehrpflicht in Preußen.

Wiederherstellung des Jesuitenordens und der Inquisition durch den Papst.

Fraunhofer entdeckt die Spektrallinien im Sonnenlicht.

Lokomotive von George Stephenson.

Schnellpresse von Fr. Koenig druckt die Londoner „Times".

1815 *Humboldt schlägt die Berufung zum preußischen Gesandten in Paris aus.*

Napoleon kehrt aus der Verbannung zurück, wird in der Schlacht bei Waterloo endgültig besiegt („Hundert Tage") und nach St. Helena verbannt.

Zweiter Pariser Friede.

„Heilige Allianz" zwischen Rußland, Österreich und Preußen.

Erste Gesamtausgabe der Werke Schillers (12 Bände).

Erforschung der Marshall- und Hawaii-Inseln durch Kotzebue und Chamisso.

Sicherheitsgrubenlampe von Davy.

Vulkanausbruch auf Sumbawa mit mehr als 56 000 Toten.

1816 Sachsen-Weimar erhält als erstes deutsches Land eine Verfassung.

Argentinien wird unabhängig von Spanien; Bürgerkrieg zwischen Unitariern und Föderalisten.

Goethe: Fortsetzung der Arbeit für „Die italienische Reise" (bis 1829).

Erste Wetterkarten von Brandes.

1817 *Humboldt zeichnet die erste Karte der Isothermen (Linien gleicher Lufttemperatur).*

Wartburgfest: Die deutschen Burschenschaften fordern die politische Einheit Deutschlands.

James Monroe wird Präsident der USA (bis 1825).

Karl Friedrich v. Drais erfindet das Laufrad (Draisine).

1818 Chile wird unabhängig von Spanien.

Bayern und Baden erhalten Verfassungen.

Stearinkerzen kommen in Gebrauch.

1819 *Humboldt arbeitet am „Essay sur la Physique du Monde".*

Österreich und Preußen setzen die „Karlsbader Beschlüsse" gegen politische und geistige Freiheit in Deutschland durch (gelten bis 1847).

Verfolgung der Burschenschaften als „Demagogische Bewegung".

Die USA kaufen Florida von Spanien.

Simon Bolivar beginnt Befreiung Südamerikas von der spanischen Herrschaft; vereinigt bis 1827 Kolumbien, Panama (1821), Venezuela und Ekuador (1822) zur Republik Kolumbien.

Schopenhauer: „Die Welt als Wille und Vorstellung".

W. E. Parry erforscht die arktische Inselwelt Amerikas.

Pelletier und Caventou entdecken das Chinin.

Raddampfer „Savannah", erstes Dampfschiff von den USA nach Europa (26 Tage).

1820 André Marie Ampère entdeckt Kraftwirkung zwischen elektrischen Strömen.

Turnen wird in Preußen verboten.

Ersteigung der Monte Rosa-Zumsteinspitze (4573 m) und der Zugspitze (2963 m).

1821 Napoleon Bonaparte, Kaiser der Franzosen bis 1815, gestorben.

Mexiko wird von Spanien unabhängig.

Schinkels Schauspielhaus in Berlin fertiggestellt, Uraufführung von Webers „Freischütz".

Arago und Gay-Lussac entwickeln den Elektromagneten.

Faraday findet das Prinzip des Elektromotors.

1822 *Humboldt reist von Paris nach Verona, Venedig und Rom, besteigt dreimal den Vesuv.*

Griechenland erklärt sich unabhängig von der Türkei.

Freigelassene US-Negersklaven gründen Liberia.

Brasilien wird von Portugal unabhängig.

Bolivar befreit Ecuador von spanischer Herrschaft.

Beginn des modernen Realschulwesens in Berlin.

Die katholische Kirche hebt das Verbot der Schriften von Kopernikus auf.

1823 *Humboldt besucht nach 15 Jahren erstmals wieder Berlin, kehrt nach Paris zurück.*

Revolution in Spanien gegen den König, mit französischer Hilfe niedergeschlagen.

Mexiko wird Republik.

US-Präsident Monroe verkündet: „Amerika den Amerikanern" (isolationistische Monroe-Doktrin).

Beethoven: 9. Symphonie mit Schlußchor „An die Freude".

F. P. v. Wrangel entdeckt die nach ihm benannte Insel vor Nordsibirien.

Erster Rosenmontagszug in Köln.

1824 Charles X. wird König von Frankreich (bis 1830). Reaktion in Frankreich.

Bolivar befreit Peru von spanischer Herrschaft.

L. A. Seeber entwickelt erste Atomtheorie der Kristalle.

Erste deutsche Einwanderungswelle in (Süd-)Brasilien.

1825 Nikolaus I. wird Zar von Rußland (bis 1855).

John Quincy Adams wird Präsident der USA (bis 1829).

Bolivien wird unabhängige Republik; erster Präsident: Simon Bolivar. Damit endet die spanische Kolonialherrschaft in Südamerika.

Laplace veröffentlicht die „Himmelsmechanik".

Louis Braille entwickelt Blindenschrift.

Pferdeomnibus (Kremser) in Berlin.

1826 *Humboldt besucht Berlin, um seine Übersiedlung aus Paris vorzubereiten.*

Thomas Jefferson, US-Präsident von 1801–09, gestorben.

O. Unverdorben stellt Anilin aus Indigo her.

Erste öffentliche Gasbeleuchtung „Unter den Linden" in Berlin.

1827 *Humboldt kehrt nach Berlin zurück. Wohnung (bis 1841) „Hinter dem neuen Packhofe".*

Erste öffentliche Vorlesung in der Akademie der Wissenschaften.

Ernennung durch den König zum Präsidenten einer Kommission zur Prüfung der Unterstützungsgesuche von Gelehrten und Künstlern.

Humboldt beginnt „Kosmosvorlesungen" über Physikalische Erdbeschreibung in der Universität und in der Singakademie zu Berlin (bis 1828).

Peru wählt Simon Bolivar zum Präsidenten auf Lebenszeit.

C. E. v. Baer entdeckt das Säugetierei.

Ressel erfindet die Schiffsschraube.

Aus Tonerde wird Aluminium hergestellt.

1828 Mehrere deutsche Staaten schließen sich zum (Zoll-)Handelsverein zusammen (gegen Preußen).

Uruguay wird selbständige Republik.

Gründung der Gesellschaft für Erdkunde zu Berlin.

Erste Synthese eines organischen Stoffes (Harnstoff) aus anorganischen Stoffen durch F. Wöhler hebt grundsätzliche Unterscheidung zwischen organischer und anorganischer Chemie auf.

Der rätselhafte Findling Kaspar Hauser taucht auf.

1829 *Humboldts Schwägerin Caroline stirbt.*

April/Dezember: Reise Humboldts durch Rußland und Sibirien bis zur chinesischen Grenze – Berlin, Königsberg, Dorpat, St. Petersburg, Moskau, auf der Wolga nach Kasan, Jekaterinenburg, Tobolsk, Schlangenberg, Ust-Kamenogorsk, Baty, Omsk, Ilmensee, Orenburg, Uralsk, Elton-See, Astrachan, Fahrt auf Wolga und Kaspischem Meer, Woronesch, Moskau, St. Petersburg, Berlin.

Russisch-türkischer Friede: Griechenland wird von der Türkei unabhängig.

Briten verbieten Witwenverbrennung in Indien.

1830 *Humboldt reist in diplomatischer Mission als Begleiter des preußischen Kronprinzen nach Warschau zur Eröffnung des konstitutionellen Reichstages.*

In diplomatischer Mission – zur Pflege der Beziehungen zwischen Preußen und der neuen französischen Regierung – reist Humboldt nach Paris.

Juli-Revolution in Paris. König Charles X. dankt ab. Louis Philippe I. wird König (bis 1848).

Frankreich erobert Algerien.

Polnischer Aufstand gegen Rußland (bis 1831).

Belgische Erhebung gegen die Niederlande.

Ecuador wird selbständiger Freistaat.

R. Brown entdeckt den Zellkern.

Fr. G. Hugi beginnt die exakte Gletscherforschung.

Charles Lyell begründet geologischen Aktualismus (leitet entgegen der Katastrophentheorie Veränderungen aus gegenwärtig bekannten Kräften ab).

Eisenbahn Liverpool–Manchester (gilt als Beginn des modernen Eisenbahnwesens).

Optische Telegraphenlinie Berlin—Koblenz wird eingerichtet.

Beginn amtlicher Wetteraufzeichnungen in Berlin.

J. Madersperger erfindet die Nähmaschine.

Um diese Zeit kommt in der Männermode der Vatermörder auf.

1831 *Humboldt schlägt die Einladung des Zaren zu einer neuen Forschungsreise durch Rußland aus.*
Er fährt in zweiter diplomatischer Mission nach Paris.

Sachsen erhält eine Verfassung.

Arbeiteraufstand in Lyon.

Heinrich Heine arbeitet in Paris an seinen „Reisebildern".

Charles Darwin bricht zu seiner fünfjährigen Weltreise auf.

Goethe vermutet Abstammung des Menschen vom Tier.

John Ross entdeckt im Nordpolargebiet den magnetischen Nordpol.

Erste europäische Cholera-Epidemie (prominente Opfer u. a. Clausewitz, Gneisenau, Hegel).

Das Fußballspiel lebt in England wieder auf.

1832 Parlamentsreform in England mit erweitertem Wahlrecht.

„Hambacher" Fest der deutschen Demokraten (führt zur Aufhebung von Presse- und Versammlungsfreiheit).

Erster Konvent der Demokratischen Partei in den USA.

Goethe gestorben.

Faraday prägt den Begriff der elektrischen und magnetischen „Kraftlinien".

1833 Preußen gründet den Deutschen Zollverein.

Studenten stürmen die Hauptwache in Frankfurt/M.

List entwickelt die „Grundlage eines allgemeinen deutschen Eisenbahnsystems".

Bürgerkrieg in der Republik Mexiko (bis 1858).

Gauß und Weber entwickeln den Magnetischen Nadeltelegraphen und begründen das Absolute Maßsystem der Physik (auf cm, g., sek.).

Aufhebung der Sklaverei im britischen Reich.

Begrenzung der Arbeitszeit für Kinder in England.

1834 *Humboldt reist nach Königsberg und Danzig.*

Spanien erhält liberale Verfassung und hebt die Inquisition auf.

Leopold v. Buch veröffentlicht seine „Vulkanische Entstehungstheorie der Gebirge" (Vertreter des „Vulkanismus").

Faraday entwickelt die Gesetze der Elektrolyse.

M. H. Jacobi baut einen Elektromotor.

McCormick konstruiert erste Erntemaschinen.

Gabelsberger erfindet eine deutsche Kurzschrift.

1835 *Humboldt reist in dritter diploatischer Mission nach Paris.*

Sein Bruder Wilhelm gestorben.

Verbot der liberalen Bücher des „Jungen Deutschland" (Börne, Gutzkow, Heine u. a.).

Darwin entdeckt auf den Galapagos-Inseln die Artenbildung durch Isolation.

Erste deutsche Eisenbahn: Nürnberg–Fürth.

Halley-Komet taucht wieder auf.

1836 *Humboldt und Gauß fördern die Erforschung des Erdmagnetismus durch den „Magnetischen Verein".*

Texas wird von Mexiko unabhängig.

Dreyse erfindet das Hinterlader-Zündnadelgewehr.

1837 William IV., König von Großbritannien und Hannover, gestorben. Victoria wird Königin von Großbritannien (bis 1901). „Victorianisches Zeitalter" des Bürgertums beginnt.

König von Hannover (bis 1851) wird Ernst-August, Herzog von Cumberland.

Samuel Morse erfindet den Schreibtelegraphen.

Dove erkennt, daß polare und äquatoriale Luftströmungen das europäische Wetter bestimmen.

August Borsig gründet Maschinenfabrik in Berlin.

1838 *Humboldt reist in vierter diplomatischer Mission nach Paris.*

Großbritannien beginnt „Opiumkrieg" gegen China, um seine Handelsinteressen durchzusetzen (siegt 1842).

Comte prägt den Wissenschaftsnamen „Soziologie".

Bessel mißt erste Fixstern-Entfernung.

Louis J. M. Daguerre begründet mit der Entwicklung von lichtempfindlichen Silbersalzen auf Metallplatten die Photographie.

Erste preußische Eisenbahn Berlin–Potsdam.

1839 Bürgerkrieg in Uruguay zwischen Liberalen und Großgrundbesitzern (bis in die 80er Jahre).

Goodyear erfindet die Kautschuk-Vulkanisation.

J. L. Stephens entdeckt die Maya-Kultur.

Kinderarbeit wird in Preußen eingeschränkt (auch, um Militärtauglichkeit zu heben).

Um diese Zeit nimmt der Reiseverkehr des Bürgertums beträchtlich zu.

1840 *Humboldt wird Mitglied des preußischen Staatsrats.*

König Friedrich Wilhelm III. von Preußen gestorben. Friedrich Wilhelm IV. wird König (bis 1858).

Großbritannien erobert Hongkong.

Gauß gibt den „Atlas des Erdmagnetismus" heraus.

Jakob Henle klärt mit seinen „Pathologischen Untersuchungen" den Begriff der „Ansteckung".

Justus v. Liebig begründet mit seinem Werk „Die organische Chemie in ihrer Anwendung auf Agrikultur und Physiologie" die künstliche Düngung.

Erste Briefmarken in England.

Um diese Zeit werden die ersten Arbeiterbildungsvereine (Vorläufer der Parteien) in Deutschland gegründet.

1841 *Humboldt reist abermals in diplomatischer Mission nach Paris.*

Er nimmt Wohnung in Berlin „Hinter der Werderschen Kirche", gibt sie aber bald auf, weil sie ihm zu laut ist.

Britisch-afghanischer Krieg.

Bessel bestimmt die genaue Erdgestalt.

Kölliker entdeckt Samenfäden als Träger der Befruchtung des Eies.

Thomas Cook arrangiert erste verbilligte Gesellschaftsreise.

In Berlin wird der Zoologische Garten eröffnet.

1842 *Humboldt wird Kanzler des Ordens „Pour le Mérite".*

Er unternimmt eine weitere diplomatische Mission nach Paris.

Er zieht um in die Oranienburger Straße 67 (letzte Wohnung).

Die Buren gründen den Oranje-Freistaat.

Prinz Adalbert von Preußen startet eine Expedition zum Amazonas.

Kölner Dombaufest (letzte Bauphase beginnt – bis 1880).

Darwin beginnt die Arbeit an seiner Abstammungslehre (veröffentlicht 1859).

Baedeker gibt sein erstes Reisehandbuch heraus.

Um diese Zeit wird Polka Gesellschaftstanz.

1843 *Humboldt veröffentlicht sein Werk „Asie Centrale. Recherches sur les chaînes de montagnes et la climatologie comparée", 3 Bände, Paris (deutsch 2 Bände, Berlin).*

„1000 Jahre Deutsches Reich" wird festlich begangen.

James Joule bestimmt das nach ihm benannte Wärmeäquivalent mechanischer Arbeit.

Ross erforscht die Antarktis (seit 1839).

Erster mit Schiffsschrauben ausgerüsteter Ozeandampfer „Great Britain" (Eisen, 98 m., 2000 PS).

1844 *Humboldt begleitet den preußischen König nach Kopenhagen.*

Er unternimmt abermals eine diplomatische Mission nach Paris.

Aufstand der Weber in Schlesien.

Marx lernt Engels in Paris kennen.

Marx verwandelt Hegels „Dialektischen Idealismus" in einen „Dialektischen Materialismus" („Das Sein bestimmt das Bewußtsein").

Huc und Gabet durchqueren Tibet.

Alexander Th. v. Middendorf erforscht Nord- und Ostsibirien (1843–45).

Kölliker entdeckt die fortgesetzte Teilung der tierischen Eizelle.

Turnen wird in den Höheren Schulen Preußens eingeführt.

1845 *Humboldt veröffentlicht den ersten Band des „Kosmos. Entwurf einer physischen Weltbeschreibung", Stuttgart/Tübingen (weitere vier Bände erscheinen bis 1862).*

Marx wird aus Frankreich ausgewiesen.

Engels schreibt „Die Lage der arbeitenden Klasse in England" (entscheidende Anregung zum „Kapital" von Marx).

A. H. Layard entdeckt Ninive und gräbt es aus.

Physikalische Gesellschaft zu Berlin gegründet (wird 1899 zur Deutschen Ph. G.).

1846 Krieg zwischen USA und Mexiko (bis 1848).

Galle entdeckt den vorausberechneten Planeten Neptun.

Richard Lepsius beendet seine ägyptische Forschungsreise (seit 1842).

Erste Äthernarkose durch Morton und Jackson.

Carl Zeiss gründet optische Werke in Jena.

Erster Pferde-Omnibus-Betrieb in Berlin.

Hallstätter Gräberfeld aus der Früheisenzeit wird freigelegt („Hallstatt-Kultur").

1847 *Humboldt besucht zum letztenmal Paris – nochmals in diplomatischer Mission.*

Liberia wird selbständiger Freistaat.

Algerien wird endgültig von Frankreich unterworfen (seit 1830).

Lassell entdeckt Neptunmond.

Liebig entwickelt Fleischextrakt.

Semmelweis entdeckt die Ursache des Kindbettfiebers und führt Chlorwaschungen vor ärztlicher Behandlung ein.

Elektrofirma Siemens & Halske gegründet.

Dampfschiffahrtslinie Bremen—New York eröffnet.

A. Sobrero erfindet das Nitroglyzerin.

In England wird der Arbeitstag auf 10 Stunden beschränkt.

1848 Februar-Revolution und Juni-Aufstand in Paris. Prinz Louis Napoleon wird Präsident der Französischen Republik.

Märzaufstand und Oktoberrevolution in Wien.

Ungarische und tschechische Erhebungen gegen die Habsburger.

Straßenkämpfe in Berlin. Auflösung der Preußischen Nationalversammlung.

Die Deutsche Nationalversammlung tritt in der Paulskirche zu Frankfurt/M. zusammen und arbeitet eine Verfassung aus (bis 1849).

Das „Kommunistische Manifest" von Marx und Engels erscheint.

Arizona, Neu-Mexiko und Kalifornien kommen von Mexiko an die USA.

Bond und Lassell entdecken den achten Saturnmond.

R. Böttger erfindet Sicherheits-Zündhölzer.

Hancock nimmt die erste Blinddarm-Operation vor.

Kartoffelkrankheit vernichtet in Irland die Ernten und führt zur Massenauswanderung in die USA.

„Goldrausch" in Kalifornien.

Cholera-Epidemie in Europa.

In Deutschland wird der 12stündige Arbeitstag (statt 14 bis 16 Stunden) gefordert.

1849 Der preußische König lehnt die Wahl zum deutschen Kaiser ab.

Mai-Aufstand in Dresden. Österreich/Rußland unterwerfen Ungarn.

Fizeau mißt erstmals Lichtgeschwindigkeit.

David Livingstone erforscht Sambesigebiet in Südafrika (bis 1871).

R. Wolf beginnt laufende Beobachtung der Sonnenflecken.

Telegraph Berlin–Frankfurt/M. wird eingerichtet.

Erste Presseagenturen (Reuter/Wolff) schließen Lücken des Telegraphennetzes mit Hilfe von Brieftauben. Starker Aufschwung des Zeitungswesens.

Erste deutsche Briefmarken in Bayern.

1850 Preußen erhält Verfassung.

Preußen und Österreich ringen um die deutsche Vorherrschaft. Mit Hilfe Rußlands setzt sich Österreich durch („Vertrag zu Ölmütz").

Ungarn wird Kronland Österreichs.

Parlamentarische Selbstregierung in Australien.

Heinrich Barth unternimmt seine großen afrikanischen Expeditionen (durch Sahara und Sudan, bis 1855).

W. Bauers erste Versuche mit U-Booten.

McClure schafft die Nordwestpassage von West nach Ost.

Erste Volksbüchereien in Berlin.

In diesen Jahren kommt die industrielle Massenproduktion von Waren auf.

Das Zeitalter der Stilwiederholungen beginnt (Neugotik).

1851 Preußen verbietet die Einrichtung von Kindergärten.

J. M. Singer verbessert die Nähmaschine und produziert sie in Serie.

Erste Weltausstellung in London.

Berufsfeuerwehr in Berlin.

1852 Charles Louis Napoleon wird zum Kaiser von Frankreich gewählt (2. Kaiserreich bis 1870).

In diesen Jahren (seit 1849) verzeichnen die USA eine starke Einwanderung aus Europa aus wirtschaftlich-politischen Gründen.

J. und W. Grimm beginnen „Deutsches Wörterbuch" (1. Band erscheint 1854; der 16. und letzte posthum 1960).

Giffard erprobt Luftschiff mit Dampfmaschine.

Um diese Zeit sieht die Männermode Zylinder, Gehrock und lange Hose vor; die Frauenmode Reifröcke, Dékolleté und große flache Hüte.

Die USA importieren aus England Spatzen gegen die Raupenplage.

1853 *Humboldt ediert 350 der 1500 Sonette seines Bruders Wilhelm.*

Beginn des Krimkrieges (Rußland gegen Türkei, Frankreich und Großbritannien; bis 1856).

Ph. M. Fischer erfindet das Tretkurbel-Fahrrad.

Krupp produziert nahtlose Eisenbahnräder.

Pravaz entwickelt die Injektionsspritze.

1854 Gründung der Republikanischen Partei in den USA mit Programm gegen Sklaverei und für Hochschutzzölle.

Der deutsche Bundestag erläßt allgemeines Koalitionsverbot (Verbot der Arbeitervereine).

Gebrüder Schlagintweit unternehmen Expedition von Indien nach Innerasien.

E. Litfaß errichtet in Berlin die ersten Anschlagsäulen.

1855 Alexander II. wird Zar von Rußland (bis 1881). Es folgen innere Reformen, u. a. Aufhebung der Leibeigenschaft.

Konkordat mit Österreich beseitigt Reformen Josephs II.

H. Bessemer erfindet die Stahl-Massenerzeugung mit der nach ihm genannten Birne.

K. F. Gauß gestorben.

Livingstone entdeckt bei seiner Afrikadurchquerung (1853–56) die Victoriafälle.

Weltausstellung in Paris.

Erstes Warenhaus in Paris.

1856 Ende des Krimkrieges im Frieden von Paris.

Grundsätze des internationalen Seerechts werden aufgestellt.

Erster Neandertaler-Schädel gefunden.

VDI in Berlin gegründet.

1857 *Humboldt erleidet einen leichten Schlaganfall.*

Auf Betreiben Humboldts wird in Preußen ein Gesetz erlassen, nach welchem jeder Sklave, der das Land betritt, frei ist.

Großbritannien wirft Aufstand in Indien nieder.

Pasteur veröffentlicht seine Arbeiten über Gärung (Anfang der Bakteriologie).

Erste Weltwirtschaftskrise (geht von den USA aus).

Beginn intensiver Versuche, das Matterhorn zu besteigen (erst nach 18 Versuchen 1865 erfolgreich).

Um diese Zeit kommt in der Frauenmode die Krinoline auf.

1858 *Humboldt geht als Urwähler zur Wahlurne.*

Prinz Wilhelm von Preußen (später Kaiser Wilhelm I.) wird anstelle seines geisteskranken Bruders zum Regenten.

Aufhebung der Britischen Ostindischen Kompanie; Herrschaft über Indien durch einen Vizekönig.

China muß seine Häfen für europäischen Handel öffnen.

Barton und Speke entdecken in Afrika Tanganjika- und Victoriasee.

Virchow begründet Zellular-Pathologie.

Das erste transatlantische Kabel wird verlegt.

Pullman rüstet Luxus-Eisenbahnwagen aus.

1859 *6. Mai: Alexander von Humboldt stirbt.*

11. Mai: Beisetzung in der Grabstätte der Familie im Park zu Tegel.

Im selben Jahr sterben u. a. Fürst Metternich, Wilhelm Grimm, Bettina von Arnim.

Garibaldi führt italienischen Befreiungskrieg an.

Bismarck wird preußischer Gesandter in Petersburg.

Rußland unterwirft den Kaukasus.

Bunsen und Kirchhoff entwickeln die Spektralanalyse.

In den USA und im Kaukasus beginnt die Erdölgewinnung (für Petroleum-Beleuchtung).

Darwins Lebenswerk erscheint: „Über die Entstehung der Arten durch natürliche Zuchtwahl".

Literatur zum Thema

Associacion Cultural Humboldt (Hrsg.): Boletin de la Asociacion Cultural Humboldt (Caracas) 1.1965 ff.

Beck, Hanno: Moritz Wagner. Marburg 1951

Ders.: Gespräche Alexander von Humboldts. Berlin 1959

Ders.: Alexander von Humboldt. Bd. I: Von der Bildungsreise zur Forschungsreise 1769–1804; Bd. II: Vom Reisewerk zum „Kosmos" 1805–1859. 2 Bde. Wiesbaden 1959 u. 1961; spanische Übers.: Mexico 1971

Ders.: Alexander von Humboldt und Mexiko. Beiträge zu einem geographischen Erlebnis. Vorwort von Bundespräsident Dr. h.c. Lübke. Deutsche u. spanische Ausgabe Bad Godesberg 1966

Ders.: Germania in Pacifico – Der deutsche Anteil an der Erschließung des Pazifischen Beckens. Wiesbaden 1970

Ders. u. Adolf Meyer-Abich: Alexander von Humboldts großes amerikanisches Reisewerk. New York u. Amsterdam 1971

Ders.: Große Reisende. Entdecker und Erforscher unserer Welt. München 1971

Ders.: Geographie. Europäische Entwicklung in Texten und Erläuterungen. Freiburg u. München 1973

Ders.: Carl Ritter – Genius der Geographie. Berlin 1979

Ders.: Große Geographen. Pioniere – Außenseiter – Gelehrte. Berlin 1982

Bellermann, Ferdinand: Landschafts- und Vegetationsbilder aus den Tropen Südamerikas. Berlin 1894

Berghaus, Heinrich: Physikalischer Atlas. 1. Aufl. 2 Bde. Gotha 1845, 1848; 2. Aufl. Gotha 1849–1852; von Humboldt konzipiert, gehörte ursprünglich zum „Kosmos"

Botting, Douglas: Humboldt and the Cosmos. London 1973; deutsch München 1974

Bouvier, René u. Maynial, Edouard: Der Botaniker von Malmaison. Aimé Bonpland. Ein Freund Alexander von Humboldts. Neuwied 1949

Bowen, Margarita: Empiricism and geographical thought from Francis Bacon to Alexander von Humboldt. Cambridge 1981

Bruhns, Karl (Hrsg.): Alexander von Humboldt. Eine wissenschaftliche Biographie. 3 Bde. Leipzig 1872

Cioranescu, Alejandro: Alejandro de Humboldt en Tenerife. La Laguna de Tenerife 1960, 2. Aufl. 1978

Friis, Herman R.: Alexander von Humboldts Besuch in den Vereinigten Staaten von Amerika. In: Schultze, Joachim Heinrich (Hrsg.): Alexander von Humboldt Studien zu seiner universalen Geisteshaltung. Berlin 1959, S. 142–195

Arias de Greiff, Jorge: Itinerario de Humboldt y Bonpland (en Colombia). In: Boletin de la Sociedad Geografica de Colombia 26. 1968, S. 253–258

Ders.: El diario inedito de Humboldt. In: Revista de la Academia Colombiana de Ciencias Exactas, Fisicas y Naturales 13. 1969, S. 393–298

Ders.: El mapa de Humboldt del Rio Magdalena. In: Revista de la Academia Colombiana de Ciencias Exactas . . . 13. 1969, S. 399–401

Ders.: Algo mas sobre Caldas y Humboldt, el documenteo inedita de una lista de instrumentos. In: Boletin de la Sociedad Geografica de Colombia 27. 1970, S. 3–15

Hein, Wolfgang-Hagen: Alexander von Humboldt und Carl Ludwig Willdenow. In: Pharmazeutische Zeitung 104. 1959, S. 467–471

Hernandez de Albá Guillermo: La vida y la obra de José Clestino Mutis. Madrid 1951

Ders.: Humboldt y Mutis. In: Revista de la Academia Colombiana . . . 10. 1959, S. XLIX–LVII

Humboldt, Alexander v.: Mineralogische Beobachtungen über einige Basalte am Rhein. Mit vorangeschickten, zerstreuten Bemerkungen über den Basalt der ältern und neuern Schriftsteller. Braunschweig 1790

Ders.: Über den Zustand des Bergbaus und Hütten-Wesens in den Fürstentümern Bayreuth und Ansbach im Jahre 1792. Eingel. u. bearb. v. Herbert Kühnert in Verbindung mit O. Oelsner. Berlin 1959

Ders.: Florae Fribergensis specimen plantas cryptogamicas praesentim subterraneas exhibens. Berlin 1793

Ders.: Versuche über die gereizte Muskel- und Nervenfaser nebst Vermuthungen über den chemischen Process des Lebens in der Thier- und Pflanzenwelt. 2 Bde. Posen u. Berlin 1797

Ders.: Versuche über die chemische Zerlegung des Luftkreises und über einige andere Gegenstände der Naturlehre. Braunschweig 1799

Ders.: Ueber die Unterirdischen Gasarten und die Mittel ihren Nachtheil zu vermindern. Ein Beytrag zur Physik der praktischen Bergbaukunde. Braunschweig 1799

Ders. u. Gay-Lussac, Louis-Joseph: Das Volumgesetz gasförmiger Verbindungen. Abhandlungen. (1805–1808). Hrsg. v. Wilhelm Ostwald. Leipzig 1911 = Ostwald's Klassiker der exakten Wissenschaften, Nr. 42

Ders.: Ansichten der Natur. Tübingen 1808; 2. verb. u. verm. Ausgabe. 2 Bde. Stuttgart u. Tübingen 1826; 3. verb. u. verm. Ausgabe. 2 Bde. ebd. 1849

Ders.: Geognostischer Versuch über die Lagerung der Gebirgsarten in beiden Erdhälften. Deutsch bearb. v. Karl Cäsar Ritter v. Leonhard. Straßburg 1823

Ders.: Vorlesungen über Physikalische Geographie nebst Prolegomenen über die Stellung der Gestirne. Berlin im Winter 1827/28. Erstmalige (unveränderte) Veröffentlichung einer Kollegnachschrift. Berlin 1934

Ders.: Kosmos. Entwurf einer physischen Weltbeschreibung. 5 Bde. Stuttgart u. Tübingen 1845–1862; Kosmos für die Gegenwart bearbeitet von Hanno Beck. Stuttgart 1978

Ders.: Kleinere Schriften. Bd. I: Geognostische und physikalische Erinnerungen. Stuttgart u. Tübingen 1853; mehr nicht erschienen; Atlas der Kleineren Schriften. Umrisse von Vulkanen aus den Cordilleren von Quito und Mexico. Ein Beitrag zur Physiognomik der Natur. Stuttgart u. Tübingen 1853

Humboldts amerikanisches Reisewerk:

(Haupttitel des Werkes): Voyage aux régions équinoxiales du Nouveau Continent, fait en 1799, 1800, 1801, 1802, 1803 et 1804, par Al(éxandre). de Humboldt et A(imé). Bonpland; Rédigé par Alexandre de Humboldt. Meist Paris 1805–1834 in 36 Bänden, davon 20 in Groß-Folio und 10 in Groß-Quart (sogenannte „Grande Edition"); von dieser letzteren Ausgabe existiert ein Neudruck unter Redaktionsvorsitz Hanno Beck: Amsterdam und New York 1974.

Ders.: Ideen zu einer Geographie der Pflanzen, nebst einem Naturgemälde der Tropenländer,-Auf Beobachtungen und Messungen gegründet, welche vom 10. Grade nördl. bis zum 10. Grade südl. Br. in den Jahren 1799–1803 angestellt worden sind. Tübingen 1807; frz. Ausgabe: Paris 1805

Ders.: Atlas pittoresque (auch unter dem Titel): Vues des Cordillères, et monumens des peuples indigènes de l'Amérique. Groß-Folio. 2 Bde. Paris 1810

Ders.: Recueil d'observations astronomiques, d'opérations trigonométriques et de mesures barométriques. Groß-Quart. 2 Bde. Paris 1810

Ders.: Essai politique sur le royaume de La Nouvelle-Espagne. 2 Bde. Groß-Quart. Paris 1811; 5bändige Ausgabe: Paris 1811; zu diesem zweibändigen Werk gehört der folgende Atlas:

Ders.: Atlas géographique et physique du royaume de La Nouvelle-Espagne, Groß-Folio. Paris u. Tübingen 1808–1812; hierzu Neudruck eingeführt von Hanno Beck u. Wilhelm Bonacker. Stuttgart 1969 = Quellen u. Forschungen zur Geschichte d. Geographie und der Reisen, 6

Ders.: Voyage de Humboldt et Bonpland. Première Partie. Relation Historique. Groß-Quart. 3 Bde. Paris 1814, 1819 u. 1825; hierzu Neudruck eingeführt und mit einem Register versehen von Hanno Beck. Stuttgart 1970 = Quellen u. Forschungen zur Geschichte d. Geographie u. Reisen hrsg. v. Hanno Beck, 8. Die folgenden beiden Atlanten gehören zur „Relation Historique":

Ders.: Atlas géographique et physique des régions équinoxiales du Nouveau Continent. Groß-Folio 2 Bde. Paris 1814–1834

Ders.: Nova genera et species plantarum. Groß-Folio. 7 Bde. Paris 1816–1825

Ders.: Essai Politique sur l'île de Cuba. Avec une carte et un supplément qui renferme des considérations sur la population, la richesse territoriale et le commerce de l'archipel des Antilles et de Colombia. (Extrait de la „Relation Historique") 2 Bde. Paris 1826; Kein selbständiges Werk, sondern Abdruck aus Bd. III der „Relation Historique": S. 345–458.

Ders.: Central-Asien. Untersuchungen über die Gebirgsketten und die vergleichende Klimatologie. 3 Teile. Berlin 1844

Ders.: Alexander von Humboldt's Reise in die Aequinoctial-Gegenden des neuen Continents. In deutscher Bearbeitung von Hermann Hauff. Nach der Anordnung und unter Mitwirkung des Verfassers. Einzige von A. v. Humboldt anerkannte Ausgabe in deutscher Sprache. 6 Bde. Stuttgart 1861–1862

Humboldt-Briefausgaben:

Assing, Ludmilla (Hrsg.): Briefe von Alexander von Humboldt an Varnhagen von Ense aus den Jahren 1827 bis 1858. Nebst Auszügen aus Varnhagen's Tagebüchern, und Briefen von Varnhagen und Andern an Humboldt. Leipzig 1860

Berghaus, Heinrich (Hrsg.): Briefwechsel Alexander von Humboldt's mit Heinrich Berghaus aus den Jahren 1825 bis 1858. 3 Bde. Leipzig 1863

Bratranek, Franz Thomas (Hrsg.): Goethes's Briefwechsel mit den Gebrüdern Humboldt. (1795–1832). Leipzig 1876 u. Geiger, Ludwig (Hrsg.): Goethes Briefwechsel mit Wilhelm und Alexander v. Humboldt. Berlin 1909

Dézos de la Roquette, Jean Bernard Marie Alexandre: Oeuvres d'Alexandre de Humboldt. Correspondance inédite scientifique et littéraire. 2 Bde. Paris 1865 u. 1869

Hamy, Ernest-Théodore (Hrsg.): Lettres américaines d'Alexandre de Humboldt 1798–1817. Paris (1804)

Humboldt, Familie v. (Hrsg.): Briefe Alexander's von Humboldt an seinen Bruder Wilhelm. Stuttgart 1880

Humboldt-Gesellschaft (Hrsg.): A. v. Humboldt-Briefausgabe (in Vorbereitung).

Jahn, Ilse u. Lange, Fritz Gustav (Hrsg.): Die Jugendbriefe Alexander von Humboldts 1787–1799. Berlin 1973

Konetzke, Richard: Alexander von Humboldt als Geschichtsschreiber Amerikas. In: Historische Zeitschrift 188. 1959, S. 526–565

Krammer, Mario: Alexander von Humboldt. Mensch, Zeit, Werk. Berlin u. München 1954

Liesegang, Carl: Deutsche Berg- und Hüttenleute in Süd- und Mittelamerika. Beiträge zur Frage des deutschen Einflusses auf die Entwicklung des Bergbaus in Lateinamerika. Hamburg 1949

Mägdefrau, Karl: Kurzer Bericht über die Humboldt-Gedächtnis-Expedition 1958. In: Südamerika (Buenos Aires) 9. 1958, S. 149–150

Ders.: Vom Orinoco zu den Anden (Humboldt-Gedächtnis-Expedition 1958). In: Vierteljahresschrift der Naturforschenden Gesellschaft in Zürich 105. 1960, S. 49–71

Meyer-Abich, Adolf: Alexander von Humboldt in Selbstzeugnissen und Bilddokumenten. Reinbek 1967

Nelken, Halina: Alexander von Humboldt. Bildnisse und Künstler. Eine dokumentierte Ikonographie. Mit Einführung von Hanno Beck. Berlin 1980

Oppitz, Ulrich-Dieter: Der Name der Brüder Humboldt in aller Welt. In: Pfeiffer, Heinrich (Hrsg.): Alexander von Humboldt. Werk und Weltgeltung. München 1969, S. 277–429

Ortega y Medina, Juan A.: Humboldt desde México. Mexico 1960

Perez Arbelaez, Enrique: Alejandro de Humboldt en Colombia. Bogotá 1959

Petersen, Georg: Über die geologischen Beobachtungen Alexander von Humboldts in Peru. In: Festschrift der Deutschen Gemeinschaft in Lima zum Gedenktage des 100jährigen Todestages von Alexander von Humboldt am 6. Mai 1959, S. 16–30

Ders.: Alexander von Humboldt y la mineria peruana. In: La Revista Mineria Nr. 32 v. Juni 1959, S. 103–112

Ders.: Sobre la ruta de viaje de Alexander von Humboldt y sus observaciones geologicas y geofisicas en el Peru. Lima 1960

Ders.: La presencia de Alexander von Humboldt en el litoral del Peru. In: Amaru No. 10 v. Juni 1969, S. 2–10

Ders. u. Nuñez, Estuardo: El Peru en la obra de Alejandro de Humboldt. Lima (1972)

Röhl, Eduardo: Homenaja a la memoria de Alejandro de Humboldt en la ocasion del 150° aniversario de su llegada a Venezuela. Caracas 1950

Ders.: A la memoria de Alejandro de Humboldt en el primer centenario de su muerte. Hamburg (1959)

Rozo, Dario: El baron de Humboldt en Colombia. In: Boletin de la Sociedad Geografica de Colombia 17 1959, S. 59–87

Schumacher, Hermann, Albert: Südamerikanische Studien. Drei Lebens- und Culturbilder. Mutis. Caldas. Codazzi. 1760–1860. Berlin 1884

Scurla, Herbert: Alexander von Humboldt. Sein Leben und Wirken. Berlin 1955, neue Ausgabe 1980

Stevens, Henry: The Humboldt Library. A catalogue of the library of Alexander von Humboldt, with a bibliographical and biographical memoir. London 1863

Stevens-Middleton, Rayfred Lionel: La obra de Alexander von Humboldt en Mexico. Fundamento de la geografia moderna. Mexico 1956

Terra, Helmut de: Humboldt. The Life and times of Alexander von Humboldt 1769–1859. New York 1955, deutsch Wiesbaden 1956

Troll, Carl: Die tropischen Gebirge. Ihre dreidimensionale und pflanzengeographische Zonierung. Bonn 1959

Vareschi, Volkmar: Geschichtslose Ufer. Auf den Spuren Humboldts am Orinoko. München 1959

Zúñiga, Neptali: Humboldt y la geografia de las plantas. Obra ecuatoriana. Quito 1964

Ders.: Humboldt y el americanismo. 2 Bde. Quito 1975

Stichwort-Verzeichnis

Die Stichworte HUMBOLDT und McINTYRE sind besonders untergliedert
Ethnologische Stichworte → Indios. Zoologische Stichworte → Tiere. Vulkanologische Stichworte → Vulkane.
(Kursive Seitenzahlen verweisen auf Bilder)

Bildnachweis

Anordnung im Layout: l. = links, r. = rechts,
o. = oben, m. = Mitte, u. = unten

BÜCHER VON **GEO**

Bisher in gleichem Format und gleicher Ausstattung erschienen:

   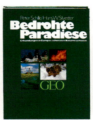 

Uwe George
DIE WÜSTE
Vorstoß zu
den Grenzen des
Lebens

Joachim W. Ekrutt
DIE SONNE
Die Erforschung
des kosmischen
Feuers

Peter-Hannes Leh-
mann/Jay Ullal
TIBET
Das stille Drama auf
dem Dach der Erde

Peter Schille/
Hans W. Silvester
BEDROHTE
PARADIESE
Erkundungen in
Europas schönsten
Naturreservaten

Uwe George
GEBURT
EINES OZEANS